# Tout comprendre À L'ENTREPRISE

# Tout comprendre À L'ENTREPRISE

BUSINESS, STRATÉGIE, ORGANISATION :
LE GUIDE GRAPHIQUE

Capital

DK | Penguin Random House

Titre original : *How Business Works*



**Responsable de projet :** Georgina Palffy
**Responsable artistique :** Saffron Stocker
**Assistants d'édition :** Anna Fischel, Alison Sturgeon, Suhel Ahmed, Hannah Bowen, Joanna Edwards, Alex Beeden, Sam Kennedy
**Maquette et mise en page :** Natalie Clay, Stephen Bere, Phil Gamble, Vanessa Hamilton, Jemma Westing
**Édition :** Stephanie Farrow, Gareth Jones
**Directrice artistique :** Lee Griffiths
**Directrice de la publication :** Liz Wheeler
**Assistante artistique :** Karen Self
**Directeur de la publication :** Jonathan Metcalf
**Directeur artistique :** Phil Ormerod
**Création de la couverture :** Mark Cavanagh
**Assistante graphique :** Claire Gell
**Graphisme de la couverture :** Sophia MTT
**Fabrication :** Ben Marcus, Nikoleta Parasaki
**Responsable de fabrication :** Christine Ni



**Éditions Prisma**
**Direction :** Pierre-Olivier Bonfillon
**Directrice éditoriale :** Françoise Kerlo
**Chargée d'édition :** Julie Drouet
**Chefs de fabrication :** Jérôme Brotons et Anne-Kathrin Fischer
**Adaptation :** InTexte, Toulouse
**Traduction :** Chantal Mitjaville



Dépôt légal : septembre 2016

ISBN : 978-2-8104-1847-3

Imprimé en Chine par RR Donnelley

Ventes interdites au Québec

A WORLD OF IDEAS:
SEE ALL THERE IS TO KNOW

www.dk.com

# Sommaire

# LA VENTE ET LE MARKETING 176

## Contributeurs

**Dr Julian Sims (consultant éditorial)** a rejoint le milieu universitaire après une brillante carrière dans l'industrie. Il est maître de conférences au département Management du Birkbeck College, université de Londres, expert-comptable et expert agréé en technologie de l'information (EATI). Son travail fait l'objet de nombreuses publications universitaires.

**Philippa Anderson** est consultante en communication et rédactrice économique. Elle a notamment conseillé les firmes multinationales 3M, Anglo American et Coca-Cola. Elle a collaboré avec Lord Browne, ancien directeur général de BP, à la rédaction de son essai *Beyond Business*.

**Alexandra Black** a étudié la communication avant de se lancer dans une carrière d'auteur qui l'a menée au Japon où elle a collaboré avec le groupe de presse financier Nikkei Inc. et la banque d'investissement J. P. Morgan. Aujourd'hui basée à Cambridge, au Royaume-Uni, elle aborde des domaines aussi variés que le monde des affaires ou la technologie.

**Joe Stanley-Smith** est journaliste pour *International Tax Review*, spécialiste des impôts indirects et litiges fiscaux. Diplômé de journalisme de l'université de Kingston, Royaume-Uni, spécialiste du monde de l'entreprise, il a un temps travaillé pour les médias sociaux et la presse locale.

**Paul McDougall** fait partie de la rédaction du journal économique en ligne *International Business Times*. Il a écrit pour de nombreux autres médias, dont le *Scientific American*. Natif de Toronto, au Canada, il réside actuellement à New York.

# Introduction

Le terme « entreprise » fait référence à une organisation ou une entreprise commerciale engagée dans la production et le négoce de biens ou de services à des fins lucratives. L'origine de cette activité remonte à l'émergence des sociétés humaines. Suite à l'évolution de l'*Homo sapiens*, les chasseurs-cueilleurs délaissèrent leur mode de vie nomade pour devenir des fermiers. Cette sédentarisation favorisa la spécialisation du travail, alors que certains individus commençaient à montrer des talents dans l'accomplissement de tâches spécifiques, répondant aux besoins particuliers d'une communauté. Au fil du temps, la production et le négoce de biens et de services gagnèrent en complexité afin de satisfaire tous les membres d'une société. C'est ainsi que les sociétés humaines s'engagèrent sur la voie de l'entreprise il y a des milliers d'années.

De nos jours, l'entreprise est omniprésente et on ne se contente plus de proposer des biens et des services sur un plan local, mais on développe de colossales organisations opérant à l'échelle planétaire. Un gouvernement ne peut fonctionner et une économie prospérer sans des entreprises florissantes. Petite ou grande, cotée en bourse ou non, à but lucratif ou non, chaque entreprise joue un rôle déterminant dans le soutien d'une économie désormais mondialisée, et toutes forment la clé de voûte du monde dans lequel nous vivons. Les entreprises sont impliquées dans chacun des aspects de notre vie quotidienne, et comprendre leurs mécanismes nous aide à comprendre la société.

Ce livre s'attache à expliquer de façon claire et graphique le monde complexe de l'entreprise et du business. Il s'intéresse à chacun de ses rouages, de la création d'une activité à la levée de fonds, en passant par le développement de produits et le marketing, les stratégies de management, la chasse aux recettes, les rapports financiers, les responsabilités juridiques, sociales et environnementales. Graphiques et textes à l'appui, études de cas puisées dans le monde réel… le concept le plus ardu gagne aussitôt en clarté. *Tout comprendre à l'entreprise* propose une approche simple et claire d'un univers qui, sous ses multiples formes, façonne nos sociétés modernes.

# L'ENTREPRISE

Question de propriété › Start-up
Acheter et vendre une société › Qui fait quoi ?
Structure organisationnelle › Ressources humaines

# Question de propriété

**Dans le monde des affaires, toute entreprise se doit de choisir une structure de propriété. En dépit de divergences à l'échelle mondiale, on retrouve dans la plupart des pays des types de personnes morales comparables, de l'entreprise individuelle au grand groupe coté en bourse. Trois critères déterminants influent sur le choix du statut de cette structure : le niveau de développement escompté, la complexité de l'enregistrement comptable, de la gestion et de la communication de l'information financière que le propriétaire souhaite assumer, ainsi que le niveau de risque qu'il est prêt à endosser.**

### Petite et simple

- Une entreprise individuelle ou une société en nom collectif est simple à créer et exige un capital minimum.
- Un ou plusieurs propriétaires gèrent l'entreprise en tant qu'entité juridique.
- Les propriétaires sont personnellement responsables des dettes de l'entreprise. *Voir p. 14-15.*

### Société non cotée

- Plus complexe à créer et à gérer, une société est une entité juridique distincte de son ou de ses propriétaires.
- Le statut de la société dégage ses propriétaires de toutes responsabilités quant aux dettes de l'entreprise.
- Les sociétés sont détenues par des actionnaires, souvent par les dirigeants de l'entreprise. *Voir p. 16-19.*

### Société cotée

- Une société cotée est une grande entreprise soumise à de nombreuses obligations de déclarations sur les plans juridique et financier.
- Le public et d'autres institutions peuvent acheter des titres d'une société cotée.
- Le statut d'une société cotée autorise l'injection de capitaux importants permettant le développement de son activité. *Voir p. 16-19.*

# 7 %

**de l'activité économique mondiale est à mettre au compte des 100 plus grandes entreprises du monde.**

## LE CHOIX DU NOM D'UNE SOCIÉTÉ

### *À faire*

- **Utiliser un outil de suggestion** de noms de domaine pour en trouver un disponible.
- **Être descriptif**, afin que les clients potentiels identifient instantanément l'activité.
- **Prononcer le nom à voix haute** car forme parlée et forme écrite peuvent être différentes. L'objectif étant que le client puisse rechercher l'entreprise en ligne, seulement en entendant son nom.
- **Faire court et simple**, en évitant les jeux de mots.

### *À ne pas faire*

- **Inclure son nom** car, en cas de défaillance, son nom reste associé à celui de l'entreprise.
- **Imiter la concurrence.** Avec un nom original, on a plus de chances de figurer en tête des résultats fournis par les moteurs de recherche. Un nom trop proche de ceux des concurrents ne permet pas de se distinguer.
- **Passer trop de temps** à réfléchir à un nom avant la finalisation du produit et de la marque. Il faut d'abord s'attaquer au produit et le nom suivra.

### Firme multinationale

- Par souci de développement et de flexibilité, les firmes multinationales disposent de filiales dans de nombreux pays.
- Les multinationales réalisent des bénéfices en créant des filiales dans des pays où les coûts de production sont peu élevés.
- Les filiales à l'étranger s'adaptent au marché local et trouvent de nouveaux marchés. *Voir p. 20-21.*

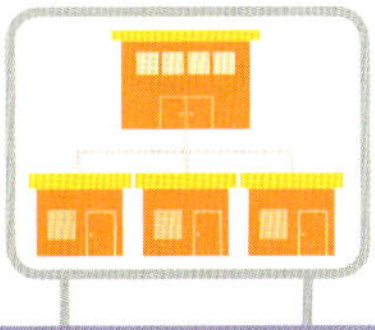

### Franchise

- Dans ce modèle économique, une entreprise (le franchiseur) autorise un franchisé à créer une succursale sous son nom, en contrepartie d'une redevance.
- Le franchiseur a besoin de moins de capitaux pour financer et développer son activité.
- Le franchisé s'appuie sur la réputation, le succès d'un concept commercial et une marque, afin de minimiser sa prise de risque. *Voir p. 22-23.*

### Secteur à but non lucratif

- Les organisations à but non lucratif incluent les associations caritatives et professionnelles.
- Leur structure organisationnelle est comparable à celle d'une entreprise.
- Elles peuvent générer de substantiels profits, mais les réinvestissent au bénéfice d'une cause, plutôt que de les distribuer à des actionnaires. *Voir p. 24-25.*

# Entreprise individuelle et société en nom collectif

**Les structures d'entreprises les plus simples sont formées par un individu, en tant que seul propriétaire, ou par deux individus ou plus, dans le cadre d'une société en nom collectif. Leur création exige peu de frais d'établissement et certaines sont très faciles à gérer.**

## Mode de fonctionnement

Beaucoup d'activités débutent sous la forme des structures les plus basiques, l'entreprise individuelle ou la société en nom collectif. L'entrepreneur individuel est seul propriétaire de l'entreprise. La création de cette structure est simple et n'exige pas l'acquittement de taxes supplémentaires, à la différence d'une société. L'entrepreneur individuel remplit une déclaration de revenus personnelle. Le risque est grand, sachant que la responsabilité de l'entrepreneur individuel est illimitée. En cas de défaillance, il est seul propriétaire et doit personnellement s'acquitter des dettes de l'entreprise. Une société en nom collectif a plusieurs propriétaires, et chacun peut être tenu pour responsable de l'ensemble des dettes de la société en cas de défaillance.

## Avantages et inconvénients

Entreprise individuelle et société en nom collectif sont parfaitement adaptées pour démarrer ou gérer une petite affaire, tant que l'entreprise est saine, car son ou ses propriétaires sont personnellement responsables des dettes de l'entreprise.

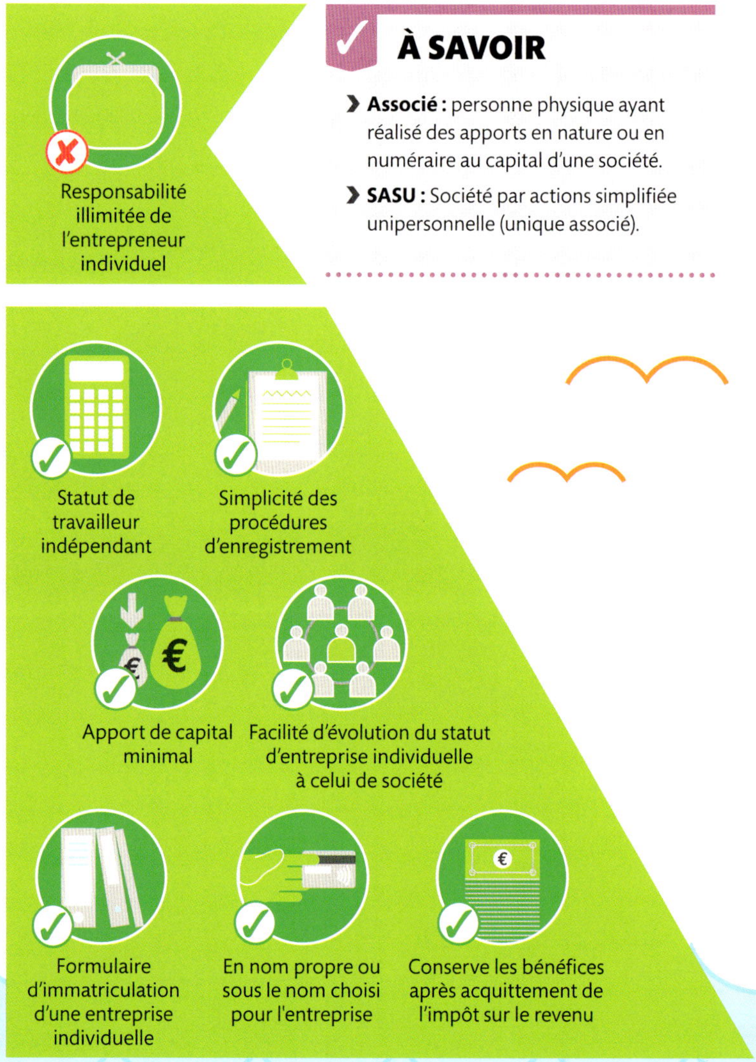


### À SAVOIR

- **Associé :** personne physique ayant réalisé des apports en nature ou en numéraire au capital d'une société.
- **SASU :** Société par actions simplifiée unipersonnelle (unique associé).

### Entreprise individuelle

Travailler seul limite les formalités administratives et les frais liés au démarrage de l'activité.

## DE L'ENTREPRISE INDIVIDUELLE À LA MULTINATIONALE

Entreprises individuelles et sociétés en nom collectif peuvent se développer et donner naissance à des sociétés de réputation internationale.

- **Sir Richard Branson :** entreprise individuelle devenue l'empire Virgin.
- **Steve Jobs et Steve Wozniak :** société en nom collectif à l'origine de la marque Apple.
- **Bill Hewlett et David Packard :** associés qui fondèrent l'entreprise technologique HP.

**66 %** des emplois privés de l'Union européenne sont créés par des PME.

### Société en nom collectif

Comme les entrepreneurs individuels, les associés sont soumis à l'impôt sur le revenu et responsables de l'ensemble des dettes de la société.

# Société par actions

**Une société par actions est une entité distincte de ses employés et actionnaires. Le principal intérêt de la société par actions est de limiter la responsabilité de ses actionnaires à leur apport.**

## Mode de fonctionnement

Une société par actions protège ses dirigeants et ses employés en cas d'action en justice et autres réclamations. Il s'agit d'une structure bien plus complexe que la simple entreprise individuelle ou la société en nom collectif, soumise à des règles plus contraignantes. Une société par actions est la propriété d'un ou plusieurs actionnaires, elle est gérée par un conseil d'administration et dirigée par un président-directeur général, nommé par le conseil d'administration. Les bénéfices conservés dans la société peuvent être distribués aux actionnaires sous forme de dividendes. La vente des actions est régie par le droit des sociétés et des valeurs mobilières. Légalement, les actionnaires ne peuvent être tenus pour responsables des actes et des dettes de la société.

## Choix de la forme de la société par actions

Démarrer une nouvelle activité sous la forme d'une société par actions exige de choisir le statut le plus adapté à son projet. La structure juridique influe sur les règles de fonctionnement, la responsabilité juridique des associés et le statut fiscal et social des revenus tirés de l'activité. En plus de la société anonyme (SA), on distingue la société par actions simplifiée (SAS) sans montant minimal de capital, avec au moins deux associés responsables des dettes de la société dans la limite de leurs apports, la société en commandite par actions (SCA), administrée par des gérants, avec deux types d'associés, les commanditaires, responsables des dettes de la société dans la limite de leurs apports, et les commandités, indéfiniment et solidairement responsables des dettes de la société.

### Société par actions cotée

Une société par actions cotée en bourse est souvent une grande entreprise, comme une entreprise de haute technologie, avec des titres échangés sur un marché d'actions, comme le Nasdaq.

### Caractéristiques de la société par actions cotée

- Mise en vente de titres *via* une introduction en bourse.
- Possibilité de vendre de futures participations.
- Accès privilégié au financement.
- Doit se conformer aux obligations déclaratives de l'Autorité des marchés financiers (AMF).
- Contrôle limité pour les propriétaires initiaux.

### À SAVOIR

- **Actionnaire :** Individu, groupe ou organisation détenant des actions dans une société.
- **Raison sociale :** Nom attribué à une société civile professionnelle, à ne pas confondre avec la dénomination sociale.
- **Ordre professionnel :** Nom donné à l'organisation professionnelle de certaines professions réglementées, comme les avocats, les architectes et les médecins.

## Société par actions

Les sociétés par actions opèrent comme des entités juridiquement et financièrement indépendantes. Une société par actions peut avoir son capital coté ou non coté en bourse.

### SOCIÉTÉ ANONYME (SA)

Une société anonyme est une société commerciale dont le statut implique la limitation de la responsabilité des actionnaires à l'égard des dettes des créanciers. Cette structure assez lourde exige au minimum sept actionnaires, la nécessité de recourir à un commissaire aux comptes, et son fonctionnement se révèle lourd et coûteux. Une société anonyme est habilitée à procéder à une offre au public de titres financiers en vue d'une augmentation de son capital.

### Société par actions non cotée

Dans une société par actions non cotée, un groupe restreint d'actionnaires privés contrôle la société. Ce type de société ne propose pas de titres au public sur un marché boursier.

### SOCIÉTÉ EUROPÉENNE (SE)

Cette structure juridique permet à une entreprise d'exercer ses activités dans différents pays de l'Union européenne sous un statut unique, défini par le droit de l'Union européenne. Une SE est constituée d'au moins deux sociétés originaires de pays de l'Union européenne différents. Un capital minimal est exigé.

**50,6 %** des entreprises françaises **étaient immatriculées** en tant que **personnes morales (société)** en 2014.

### Caractéristiques de la société par actions non cotée

- Peut émettre des titres et possède des actionnaires. Les actions ne sont pas échangées sur un marché boursier.
- Les dirigeants ne sont pas tenus de remplir de déclaration auprès de l'Autorité des marchés financiers (AMF).
- Dépend de capitaux privés.

# Société par actions non cotée et cotée

**Si les propriétaires/actionnaires d'une société par actions non cotée peuvent acheter et vendre leurs actions dans un cadre privé, tout investisseur public peut négocier sur le marché financier les titres d'une société par actions cotée.**

## Mode de fonctionnement

Si la plupart des sociétés par actions dans le monde ne sont pas cotées, les sociétés cotées sont perçues comme plus prestigieuses et rentables. Pour tout projet d'entreprise exigeant des apports en capitaux importants, une introduction en bourse multiplie les opportunités de levées de fonds, sachant que les titres peuvent être vendus à des investisseurs publics pour générer des liquidités. Une société non cotée ne peut compter que sur des investisseurs privés ou utiliser le capital investi par ses propriétaires. À la différence d'une société non cotée, une société cotée est soumise à une surveillance plus contraignante sur le plan juridique et a pour obligation de remettre une note d'informations financières détaillée à l'Autorité des marchés financiers.

**CAC 40 : principal indice boursier de la Bourse de Paris.**

### CÉLÈBRES SOCIÉTÉS PAR ACTIONS NON COTÉES

- **Mars :** Confiserie et alimentation animale, 3e plus grande société non cotée des États-Unis.
- **Rolex :** Société anglaise basée en Suisse produisant des montres prestigieuses.
- **LEGO :** Société danoise produisant des briques de jeu.
- **Hearst Corporation :** Multinationale du monde des médias, basée à New York.
- **IKEA :** Détaillant suédois de meubles en kit, enregistré aux Pays-Bas.
- **PwC :** Un des plus grands réseaux de services professionnels au monde.

## Différences entre sociétés par actions non cotées et cotées

Le président-directeur général d'une société par actions doit peser le pour et le contre d'une introduction en bourse, synonyme d'une potentielle augmentation de capital, mais aussi de lourdes obligations déclaratives visant à protéger les actionnaires publics.

***Administrateurs***

En règle générale contrôlent toutes les actions.

***Information***

À la différence des États-Unis, en France, toute société par actions non cotée a pour obligation légale le dépôt de ses comptes annuels au greffe du tribunal de commerce.

***Actionnaires et gestionnaires***

Les actionnaires sont souvent activement impliqués dans la gestion de la société, ce qui accélère la prise de décision.

***Financement***

La société s'appuie sur l'investissement privé, souvent plus difficile à attirer en raison d'un manque d'informations détaillées sur les opérations financières.

***Estimation***

La valeur de la société est plus sujette à fluctuations et plus difficile à établir en raison d'un manque d'informations détaillées sur les opérations financières.

***Taille***

Le nombre d'actionnaires est limité, généralement à moins de 2 000.

# Moins de 1 % des sociétés par actions recensées aux États-Unis sont des sociétés cotées.

### Administrateurs

Ne sont pas nécessairement des actionnaires.

### Information

Toute société par actions cotée a pour obligation légale le dépôt de ses comptes annuels au greffe du tribunal de commerce compétent et doit régulièrement se soumettre à la publication de rapports financiers.

### Actionnaires et gestionnaires

Une nette séparation entre le rôle des actionnaires et des gestionnaires peut conduire à des conflits d'intérêts.

### Financement

La société peut émettre des titres sur les marchés financiers pour lever des capitaux en vendant des actions ou des obligations.

### Estimation

La valeur de la société est facile à estimer, à partir de la valeur de ses actions et de ses rapports financiers.

### Taille

Le nombre d'actionnaires est illimité.

## PASSAGE AU STATUT DE SOCIÉTÉ COTÉE

La modification statutaire d'une société par actions non cotée entraîne des obligations légales et sociales.

### *Choisir le conseil d'administration (CA)*

En règle générale, au moins trois administrateurs doivent être désignés afin que les futures décisions du conseil d'administration puissent être votées en assemblée générale à la majorité des 2/3.

### *Informer le personnel*

Notifier par écrit l'intention de modification statutaire à toute personne ayant un intérêt dans la société (y compris employés et membres du CA proposés).

### *Soumettre au vote*

Le conseil d'administration organise un vote en faveur ou non du changement du statut de la société.

### *Enregistrement du nouveau statut*

Dépôt de l'acte modificatif et d'un dossier d'inscription modificative au centre de formalités des entreprises, puis au greffe du tribunal de commerce.

### *Annonce publique*

Insertion d'un avis dans un journal d'annonces légales, publication de l'avis au *Bulletin officiel des annonces civiles et commerciales* (Bodacc).

## À SAVOIR

- **Marché primaire :** Marché sur lequel sont émis les nouveaux titres souscrits par des investisseurs.
- **Introduction en bourse :** Mise en vente des titres d'une société à un grand nombre d'investisseurs.
- **Marché secondaire :** Marché sur lequel sont revendus entre investisseurs des titres déjà créés, afin de lever plus de capitaux.
- **Code mnémonique :** Code formé de lettres assigné à des actions (souvent établi à partir du nom de la société).

# Firme multinationale

**Une firme multinationale (FMN) opère dans différents pays. En règle générale, elle démarre son activité sous la forme d'une entreprise nationale, puis crée ou achète des sociétés (filiales) à l'étranger, pour produire et vendre.**

### Mode de fonctionnement

Une firme multinationale cible plusieurs objectifs : accroître son profit en conquérant de nouveaux marchés, rationaliser ses opérations et sa production en s'implantant dans des pays où le coût du travail et/ou des transports est faible, et s'adapter aux différences de cultures/marchés locaux. Ainsi, elle optera pour l'externalisation ou la délocalisation. La firme peut aussi choisir la réinternalisation (rapatriement de ses activités en interne) pour trouver un juste équilibre.

## Cartographie d'une firme multinationale

Spécialisée dans le sportswear, Nike a réussi son développement planétaire depuis les États-Unis. Ses activités s'appuient sur une expertise technique pour optimiser la rentabilité et garantir de faibles coûts de production, une implantation stratégique de ses centres de distribution, des services marketing et points de vente dans différents pays où elle développe des marchés locaux, et des centres d'appels où le coût de la main-d'œuvre est peu élevé.

### FIRME GLOBALE *VERSUS* FIRME MULTINATIONALE

Une firme globale possède des usines dans plusieurs pays, mais une même culture d'entreprise et des processus standardisés. Une firme multinationale possède des usines dans plusieurs pays, mais chacune reste une entité distincte, adaptée au marché local.

***Firme globale***

**Apple** est un exemple de firme globale : le produit est essentiellement le même, seule la langue change.

***Firme multinationale***

**McDonald's** est une firme multinationale : le produit change pour s'adapter au marché. Par exemple, elle propose des burgers aux crevettes au Japon, mais du porridge au riz et au poulet en Malaisie.

### Royaume-Uni

***Londres***

Parmi ses nombreux sièges sociaux régionaux, celui de Londres alimente le marché britannique. Nike possède aussi un centre de conception de produits en Italie.

**Siège social régional**
Gestion et fonctions administratives.

**Marketing**
Campagnes et merchandising pour le Royaume-Uni.

### États-Unis

***Beaverton, Oregon***

Base nationale ou « campus » de la firme, siège de la direction générale, centre de stratégie décisionnelle globale, abritant conception, marketing et fonctions administratives.

**Siège social mondial**
Gestion, finances, services juridiques, informatiques et administratifs.

**Marketing global**
Branding et marketing.

**R & D**
Laboratoire de recherche en biomécanique et de conception.

**Vente au détail**
Vente en ligne et boutiques dans toute l'Amérique du Nord.

***Memphis, Tennessee***

**Distribution**
Plate-forme logistique high-tech multimodale.

## À SAVOIR

**❯ Firme transnationale (FTN)**
Comparable à une firme multinationale, mais ne s'identifie pas elle-même à un pays en particulier.

**❯ Firme mondialisée**
Multinationale qui se charge de la conception d'un produit, mais externalise sa production.

### Pays-Bas
#### *Hilversum*

Ce siège social européen s'appuie sur sa localisation géographique centrale pour superviser toutes les opérations en Europe occidentale, centrale et orientale.

**Siège social européen**
Gestion, finances, services juridiques, informatiques et administratifs.

**Conception**
Tenues de football à l'échelle internationale.

**Vente au détail**
Vente en ligne et boutiques à travers toute l'Europe.

### Chine
#### *Shanghai*

Marché à croissance rapide, le deuxième pour la firme, la Chine est aussi une base importante de l'industrie manufacturière, en raison d'une expertise locale et de faibles coûts de production.

**Siège social chinois**
Fonctions opérationnelles et administratives.

**Fabrication**
Usines de sportswear et centres d'innovation.

**Marketing**
Campagnes à destination du marché chinois.

**Vente au détail**
Expansion du réseau de points de vente de la marque.

### Japon
#### *Tokyo*

La fabrication se concentre surtout dans la région Asie-Pacifique, où elle tire profit d'une expertise et de faibles coûts de main-d'œuvre. Les bureaux régionaux de 13 pays supervisent la production et la vente au détail.

**Siège social régional**
Fonctions opérationnelles et marketing.

**Fabrication**
Sites de production dans plusieurs pays.

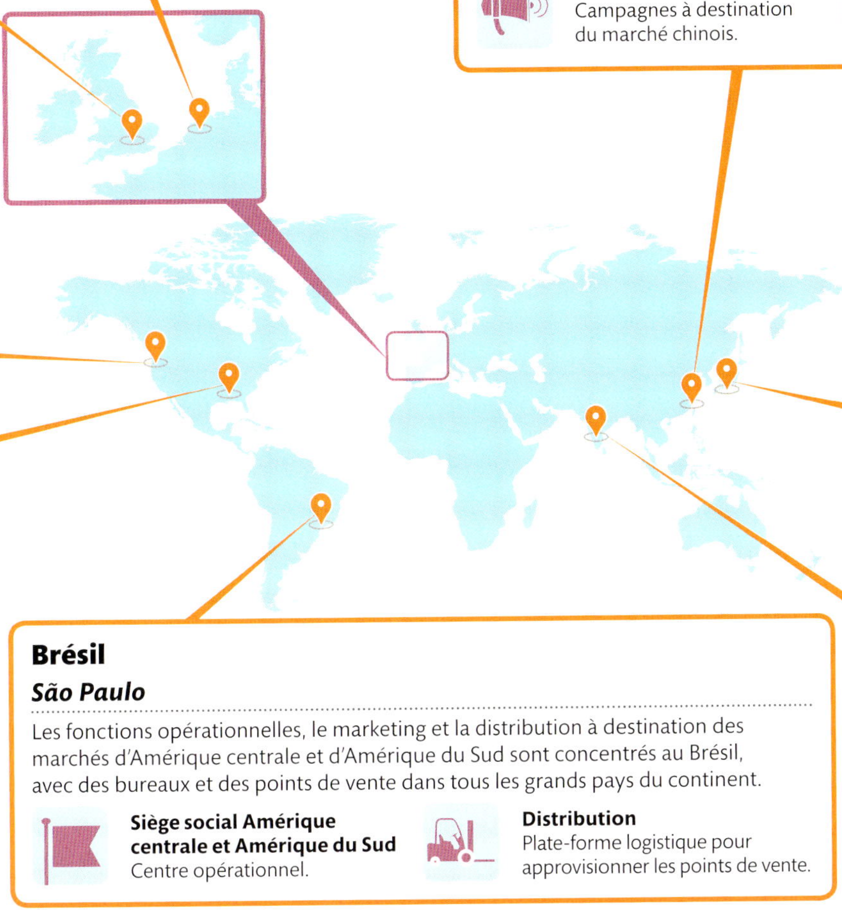

### Brésil
#### *São Paulo*

Les fonctions opérationnelles, le marketing et la distribution à destination des marchés d'Amérique centrale et d'Amérique du Sud sont concentrés au Brésil, avec des bureaux et des points de vente dans tous les grands pays du continent.

**Siège social Amérique centrale et Amérique du Sud**
Centre opérationnel.

**Distribution**
Plate-forme logistique pour approvisionner les points de vente.

### Inde
#### *Bangalore*

Les centres d'appels profitent de la manne d'une main-d'œuvre anglophone bon marché.

**Service client**
Réclamations et retours.

# Franchise

**La franchise est un modèle économique par lequel une entité indépendante, le franchisé, se voit concéder le droit d'utiliser la marque et/ou l'enseigne d'une autre entreprise, appelée franchiseur.**

## Mode de fonctionnement

Plutôt que de développer un concept commercial innovant, le franchisé crée son activité en profitant de la notoriété d'une marque et/ou d'une enseigne, en contrepartie du versement d'un droit d'entrée. La franchise commerciale peut s'adapter à tous les secteurs d'activité. La taille de l'entreprise en franchise peut varier d'une simple unité, un point de vente, à celle d'un réseau où le franchisé choisit comme option de représenter la marque à travers différentes succursales, au sein d'une ville ou à travers une région. Ce système permet au franchiseur de développer son activité en limitant son investissement, et au franchisé de lancer son activité en s'appuyant sur un modèle économique ayant prouvé son efficacité. Chacun en retire des bénéfices. La plus ancienne et plus grande organisation représentative de la franchise est l'International Franchise Association (IFA).

### ✓ À SAVOIR

- **Document d'information précontractuel (DIP)**
  Informations fournies au futur franchisé par le franchiseur vingt jours avant la signature du contrat.
- **Microfranchise solidaire**
  Soutien et formation à la création de micro-structures pour un public éloigné du marché du travail ou dans les pays en voie de développement.

## Trois types de franchise

Le niveau de contrôle du franchiseur varie, selon qu'il délègue une chaîne de production tout entière, tout en maîtrisant l'usage qui est fait de sa marque, ou qu'il s'attache à vérifier les moindres détails de chacun de ses points de vente, jusqu'à la dernière frite. Dans le cadre d'une franchise de produit, il se contente de fournir sa marque et son enseigne.

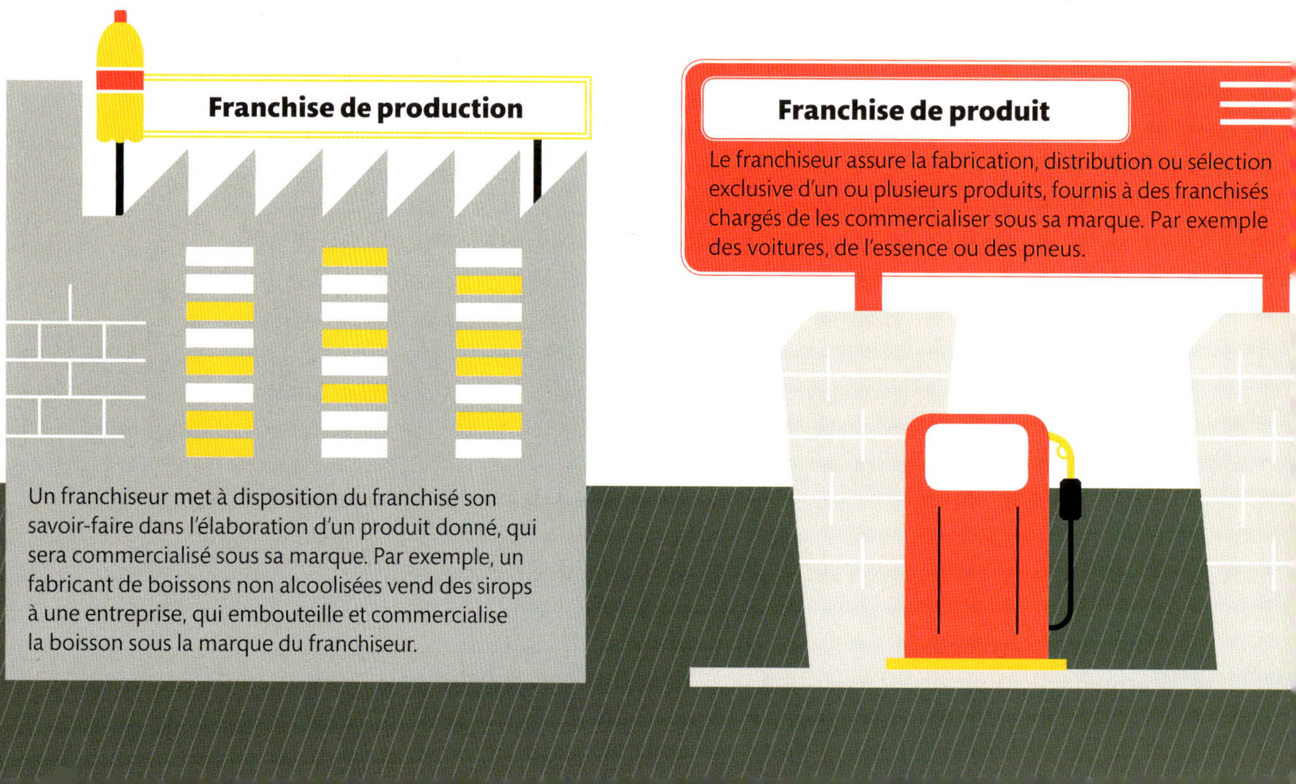

**Franchise de production**

Un franchiseur met à disposition du franchisé son savoir-faire dans l'élaboration d'un produit donné, qui sera commercialisé sous sa marque. Par exemple, un fabricant de boissons non alcoolisées vend des sirops à une entreprise, qui embouteille et commercialise la boisson sous la marque du franchiseur.

**Franchise de produit**

Le franchiseur assure la fabrication, distribution ou sélection exclusive d'un ou plusieurs produits, fournis à des franchisés chargés de les commercialiser sous sa marque. Par exemple des voitures, de l'essence ou des pneus.

## TOP 10

### *Franchises au développement international le plus rapide*

1. **Subway :** sandwicheries
2. **McDonald's :** fast-foods
3. **KFC :** fast-foods
4. **Burger King :** fast-foods
5. **7-Eleven :** supérettes
6. **Pizza Hut :** restaurants
7. **GNC :** produits de santé et de beauté
8. **Wyndham Hotel Group :** hôtels
9. **Dunkin' Donuts :** cafétérias
10. **Dia :** supermarchés hard discount

## ÉTUDE DE CAS

### *La franchise commerciale et les fast-foods*

La franchise commerciale vit le jour aux États-Unis, à la fin des années 1940.

La restauration rapide était à l'époque un concept nouveau, suscitant une forte demande. Afin d'accélérer le rythme de développement de leur affaire, les créateurs du premier restaurant McDonald's mirent au point un système de franchise, où le franchisé s'engageait par contrat à diriger un fast-food en respectant un strict cahier des charges.

La clé du succès de ce concept résidait dans le fait de proposer un menu aux choix limités et identiques dans tous les restaurants. La standardisation du menu, du service et de l'aménagement de chaque restaurant contribua à forger une image de marque forte et cohérente, assurant au consommateur de retrouver un même produit et de vivre une même expérience, quelle que soit l'implantation du fast-food dans le pays.

McDonald's occupe une place de leader sur le marché de la franchise, prélevant une redevance estimée à 11,5 % sur le chiffre d'affaires généré par ses 33 000 établissements répartis à travers le monde.

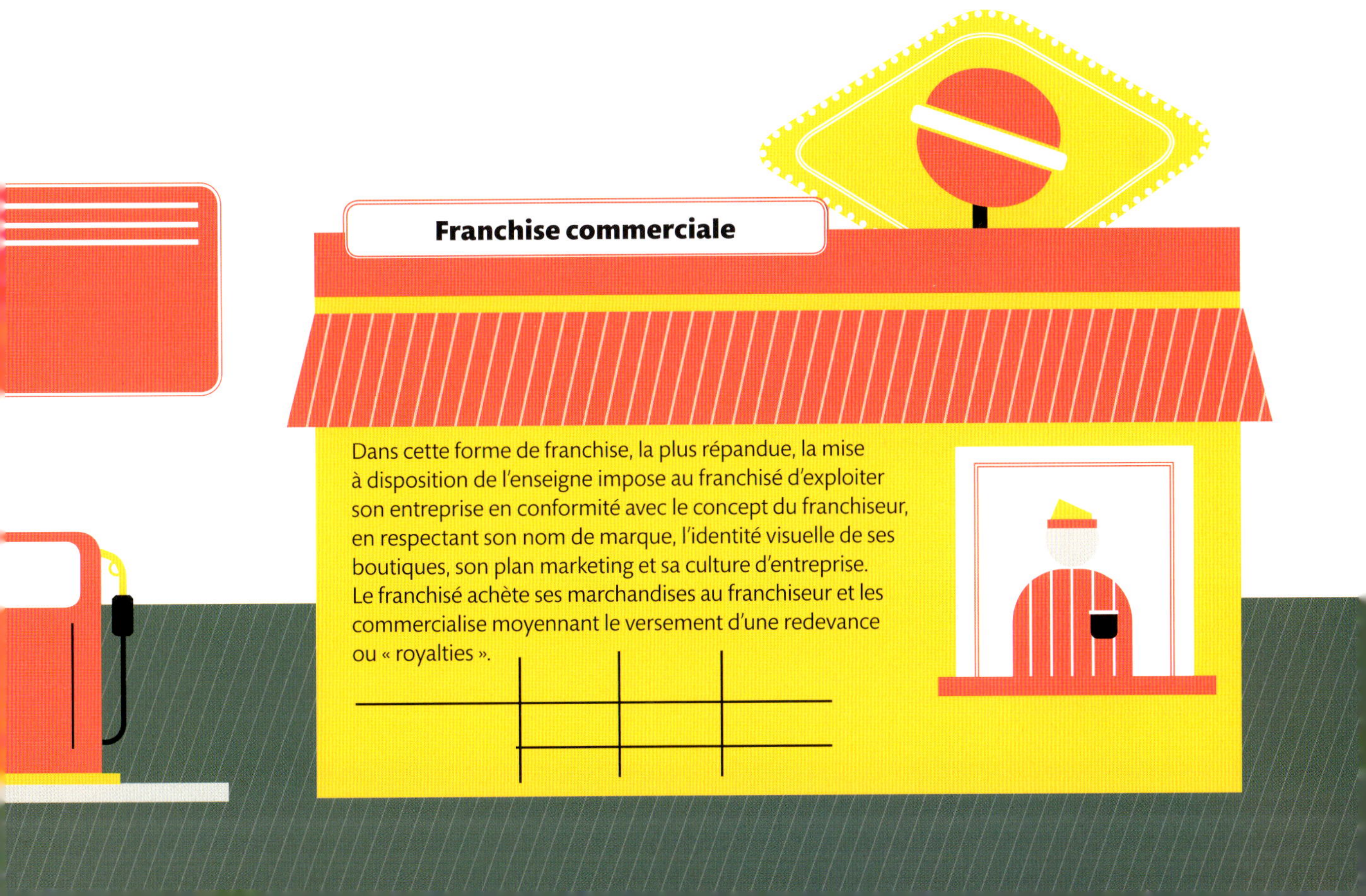

**Franchise commerciale**

Dans cette forme de franchise, la plus répandue, la mise à disposition de l'enseigne impose au franchisé d'exploiter son entreprise en conformité avec le concept du franchiseur, en respectant son nom de marque, l'identité visuelle de ses boutiques, son plan marketing et sa culture d'entreprise. Le franchisé achète ses marchandises au franchiseur et les commercialise moyennant le versement d'une redevance ou « royalties ».

# Secteur à but non lucratif

**Certaines organisations ne ciblent pas l'intérêt de leurs actionnaires, mais celui de leurs membres, d'une communauté extérieure ou d'une association caritative.**

## Mode de fonctionnement

Les organisations dont la finalité n'est pas de générer des profits pour leurs actionnaires sont autonomes, engagées dans une cause commune, et agissent dans un cadre élargi rassemblant des entités à but non essentiellement lucratif, sans but lucratif (OBSL) et à but non lucratif (OBNL). Le vaste secteur de l'économie sociale et solidaire réunit les coopératives reversant des bénéfices à leurs membres, mais aussi les associations caritatives strictement à but non lucratif. Bien que leurs objectifs diffèrent, toutes les organisations à but non lucratif présentent des statuts juridiques et une structure comparables.

## Un univers en soi

Joel L. Fleishman, professeur de droit public et de sciences politiques à l'université Duke, de Durham, en Caroline du Nord, définit le secteur à but non lucratif comme un « univers » englobant toute organisation à but non lucratif, quelle que soit sa mission.

**Coopérative**
Ses membres en sont propriétaires et peuvent tirer profit des bénéfices réalisés ; éthique claire basée sur la poursuite commune d'objectifs économiques, sociaux ou culturels ; exercice démocratique du pouvoir (un membre, un vote).

**Fondation privée**
Comparable à une association caritative, mais financée par une seule source et non par la générosité du public, les revenus sont générés par les investissements, actions de mécénat en faveur d'autres organismes caritatifs.

**Société amicale**
Ses membres sont réunis par un partage d'intérêts, de valeurs, de préoccupations sociales ou intellectuelles, ou un engagement bénévole au service d'une cause. Francs-maçons et fraternités étudiantes, aux États-Unis, en sont de parfaits exemples.

### UN SECTEUR PROSPÈRE

Bien qu'à but non lucratif, certaines coopératives et sociétés d'assurance mutuelle affichent un chiffre d'affaires annuel non négligeable.

- **Allemagne :** Edeka Zentrale AG, coopérative – 14,4 milliards d'euros.
- **États-Unis :** Nationwide Mutual Assurance – 20,7 milliards d'euros.
- **France :** Groupe Crédit Agricole, coopératives et société d'assurance mutuelle – 28,8 milliards d'euros.
- **Japon :** Zen-Noh, coopérative agricole – 47,6 milliards d'euros.
- **Royaume-Uni :** Co-operative Group – 14,4 milliards d'euros.

## À SAVOIR

- **Secteur philanthropique :** Secteur à but non lucratif, secteur non marchand ou tiers secteur.
- **Association de bienfaisance et d'assistance :** Association qui porte des actions désintéressées visant à améliorer la situation de personnes (extérieures à ses membres) ayant besoin d'assistance.
- **Fondation d'entreprise** Fondation à but non lucratif créée pour une durée déterminée, supérieure à 5 ans, à l'initiative de sociétés civiles ou commerciales pour la réalisation d'une œuvre d'intérêt général. Ses règles de fonctionnement et son indépendance sont établies par un dispositif législatif et règlementaire précis.

## ORGANIGRAMME D'UNE ORGANISATION À BUT NON LUCRATIF

**Président**
Coordonne le travail du conseil d'administration.

**Conseil d'administration** (CA)
Souvent composé de bénévoles.

**Comité**
Formé par des membres du CA affectés à des tâches spécifiques.

**Personnel administratif**
Inclut souvent une proportion de bénévoles.

**Organisation non gouvernementale (ONG)**
Financée par des dons privés, les pouvoirs publics ou des bailleurs de fonds internationaux, comme l'Organisation mondiale pour la santé (OMS) ; fonctionne en toute indépendance.

**Société d'assurance mutuelle**
La levée de fonds fait appel aux adhérents (en règle générale, clients ou sociétaires) ; prend souvent la forme d'une institution financière ; excédents réinvestis au profit des adhérents ou alloués au soutien ou au développement de la mutuelle.

**Chambre de commerce**
Organisme public qui œuvre au niveau départemental à la promotion du commerce, de l'investissement et de la coopération. En règle générale, la participation des entreprises prend la forme de taxes fiscales ou parafiscales.

**Entreprise sociale**
Pour beaucoup, la vente de marchandises ou de services sert à financer des projets communautaires, tout excédent de revenus est réinvesti dans l'entreprise au profit de la communauté.

**Association caritative**
Association d'utilité publique (France), association agréée ou reconnue. Toutes les ressources doivent être allouées à des fins caritatives. Selon les pays, avantages fiscaux. Organisée sous la forme d'une fiducie ou d'une société selon les pays.

# Start-up

**Une start-up est une entreprise en phase initiale d'activité, au cours de laquelle le (ou les) créateur(s), porteur d'un concept, produit ou service, réalise une étude de marché, rédige un business plan, lève des fonds et se lance, avec pour objectif une croissance rapide. La protection de la propriété intellectuelle (PI) représente une étape clé dans cette phase initiale. La propriété intellectuelle est constituée de la propriété industrielle (brevets, marques, dessins et modèles) et du droit d'auteur.**

## Phase initiale

Avant son plein développement et un modèle économique opérationnel, toute entreprise en phase de création est appelée start-up. Elle évolue sous l'impulsion d'un ou plusieurs entrepreneurs, porteurs d'une idée ou d'une invention. Quelques années sont parfois nécessaires pour transformer un concept ou un prototype initial en une affaire rentable, d'où la nécessité d'attirer soutiens et financements pour garantir une croissance rapide à la start-up. Au cours de cette phase, qui peut prendre de quelques mois à quelques années, le marché évolue rapidement.

### À SAVOIR

- **Start-up interne :** Start-up créée au sein d'une grande entreprise.
- **Patent trolls :** Sociétés ou personnes physiques qui rachètent des brevets de start-up en liquidation et qui prospèrent en négociant des contrats de licence auprès de potentiels contrefacteurs d'un brevet.

**476 000**

**nouvelles entreprises voient le jour chaque mois aux États-Unis.**

### VALEUR DE LA PROPRIÉTÉ INTELLECTUELLE (PI)

Le terme « start-up » s'est vulgarisé à l'apogée de la bulle Internet, vers la fin des années 1990, lorsque des milliers d'entrepreneurs aux produits et services proposés sur le Web réussirent à attirer aides et financements, beaucoup avec pour seul actif leur propriété intellectuelle. Des géants comme Google et Amazon débutèrent leur activité à cette époque. Depuis, l'archétype de la start-up a pris la forme d'une entreprise innovante du secteur de la haute technologie, dont la valeur repose à 100 % sur les droits de propriété intellectuelle.

### Définir la PI

- Protéger la PI.
- Trouver un nom.
- Acheter un nom de domaine.
- Réaliser une étude de marché.

### Choisir un type de start-up

- Avec une conscience sociale ?
- Primauté au développement ?
- Offre adaptée à un mode de vie ?

*Voir p. 30-31*

### Rédiger un business plan

- Décrire le projet et les perspectives de création de valeur.
- Insister sur les aspects innovants du projet.
- Chiffrer les besoins financiers et estimer les profits.

*Voir p. 32-33*

### Rechercher un soutien

- Rejoindre un accélérateur de start-up
- Intégrer un incubateur.
- Se lancer seul.
- Trouver un investisseur.

*Voir p. 38-39*

### Trouver des financements

- Investir ses économies.
- Solliciter ses amis et sa famille.
- Contracter un prêt bancaire.
- Rechercher des fonds de capital-risque.
- Essayer le crowdfunding.

*Voir p. 34-37*

### Préparer le lancement

- Planifier une campagne marketing.
- Procéder à un test de lancement et préciser le message et l'offre.

*Voir p. 196-197*

### Lancement

- Succès ? Échec ?
- Des études démontrent que 80 à 90% des créations de start-up dans les grands pays occidentaux se soldent par un échec.

**40 %** : croissance des ventes en ligne des start-up de l'e-commerce en France entre 2011 et 2012.

# Start-up : du concept au lancement

**Toute entreprise en phase de lancement peut être décrite comme une start-up, entre le moment où l'entrepreneur porteur d'un projet ou d'un service développe son concept et parvient à le transformer en un produit commercialisable.**

## Mode de fonctionnement

Après l'idée de départ, il faut développer le concept pour le transformer en une activité rentable. Un soutien spécialisé est parfois nécessaire dans certains domaines (location d'un site Web, services d'un concepteur de logo, conseils d'un expert-comptable sur le statut juridique le plus adapté ou le montage financier). Pour une start-up – un produit ou un service –, le nom suffit parfois à expliquer un succès ou un échec, d'où l'intérêt d'une recherche en ligne approfondie, afin de s'assurer qu'il n'est pas déjà utilisé, notamment dans un contexte négatif. Le choix de l'implantation de l'entreprise est un facteur déterminant, aux retombées importantes sur le plan financier. Il est possible de créer un bureau virtuel et de travailler à domicile. Chercher des locaux est une étape ultérieure car l'objectif premier est de minimiser les coûts de développement.

### ✓ À SAVOIR

- **Lean start-up :** Méthode basée sur l'apprentissage, la validation et l'ajustement rapide, afin de réduire le coût de développement.
- **Pivot :** Changement rapide de direction ou correction d'erreur, tenant compte du retour client ou de l'évolution technologique.

**DÉPART**

**Avoir une idée innovante**
Développer un produit ou un concept pour un produit.

**Enregistrer la PI**
Pour une invention ou une innovation, enregistrer sa propriété intellectuelle.

**Choisir un nom**
Tester la disponibilité du nom choisi, vérifier la disponibilité du nom de domaine, effectuer une recherche en ligne pour contrôler l'absence de noms similaires parmi la concurrence.

**Affirmer sa présence en ligne**
Enregistrer son nom de domaine et configurer son compte d'hébergement.

**Créer un visuel**
Concevoir un logo et une identité visuelle pour l'entreprise.

**Créer un site Web**
Concevoir un site Web. Faire appel à l'optimisation pour les moteurs de recherches (SEO) pour trouver les mots-clés à utiliser *(voir p. 230-231)*.

## STRUCTURE DE START-UP

| *Statut* | *Avantages* | *Inconvénients* |
|---|---|---|
| ***Entrepreneur individuel*** | Apport minimal, simplicité des procédures d'enregistrement, obligations comptables simplifiées. | Manque de crédibilité, difficulté à lever des fonds. |
| ***Société en nom collectif*** | Plus d'apport, plus de potentiel à lever des fonds. | Difficile à dissoudre en cas de faillite, associés responsables indéfiniment des dettes sociales. |
| ***Société à responsabilité limitée*** | Risque moins élevé de responsabilité personnelle, avantages fiscaux, dividendes possibles. | Plus d'obligations comptables, plus de paperasserie. |
| ***Société en commandite par actions*** | Responsabilité des commanditaires ou actionnaires limitée au montant de leur apport. | Obligation de dépôt de comptes annuels, dissolution possible en cas de départ d'un associé. |

**75 %**
**des start-up américaines ont fait faillite entre 2004 et 2010.**

### Étude de marché

Réaliser une étude ciblant le marché envisagé et la concurrence potentielle, puis évaluer la viabilité du concept.

### Choisir un statut juridique

Choisir un statut adapté à ses besoins initiaux, mais assez souple pour accompagner la croissance de son entreprise.

### Rédiger un business plan

Établir un business plan *(voir p. 32-33)* incluant vos objectifs, votre stratégie de développement et des informations financières clés.

### Obtenir un appui financier

Faire appel à un incubateur d'entreprises *(voir p. 38-39)* si l'activité exige un soutien à grande échelle.

### Organiser les finances

Inclure un plan comptable avec flux de trésorerie, un régime de TVA si nécessaire, et un compte bancaire.

### Stratégies marketing

Planifier une campagne publicitaire. Procéder à des tests et affiner le message ou la stratégie.

**LANCEMENT**

# Types de start-up

**Les motivations entrepreneuriales sont diverses et variées. Si, pour certains, la décision de fonder une start-up s'appuie sur une éthique et des convictions personnelles, d'autres affichent clairement leur volonté de faire du profit.**

## Mode de fonctionnement

Les start-up ne sont pas toutes basées sur le même modèle. Si dans un premier temps elles partagent souvent un même processus d'évolution, leurs profils sont aussi variés que les personnalités qu'elles abritent. On distingue néanmoins celles qui, dès le départ, se destinent à devenir de grandes entreprises, au sein d'un environnement institutionnel, de celle conçues pour œuvrer à une échelle plus personnelle, en adéquation avec la vie et les passions de leurs créateurs.

### ✓ À SAVOIR

- **Portail d'entreprise :** Plate-forme offrant aux employés, clients, partenaires et fournisseurs un accès unifié aux informations d'une entreprise. Généralement destiné aux grandes entreprises.
- **Micro-entrepreneur :** Entrepreneur individuel exerçant une activité à petite échelle avec des contraintes minimales.
- **Burn rate :** Temps que mettra une start-up à épuiser sa trésorerie avant de générer des flux monétaires positifs.

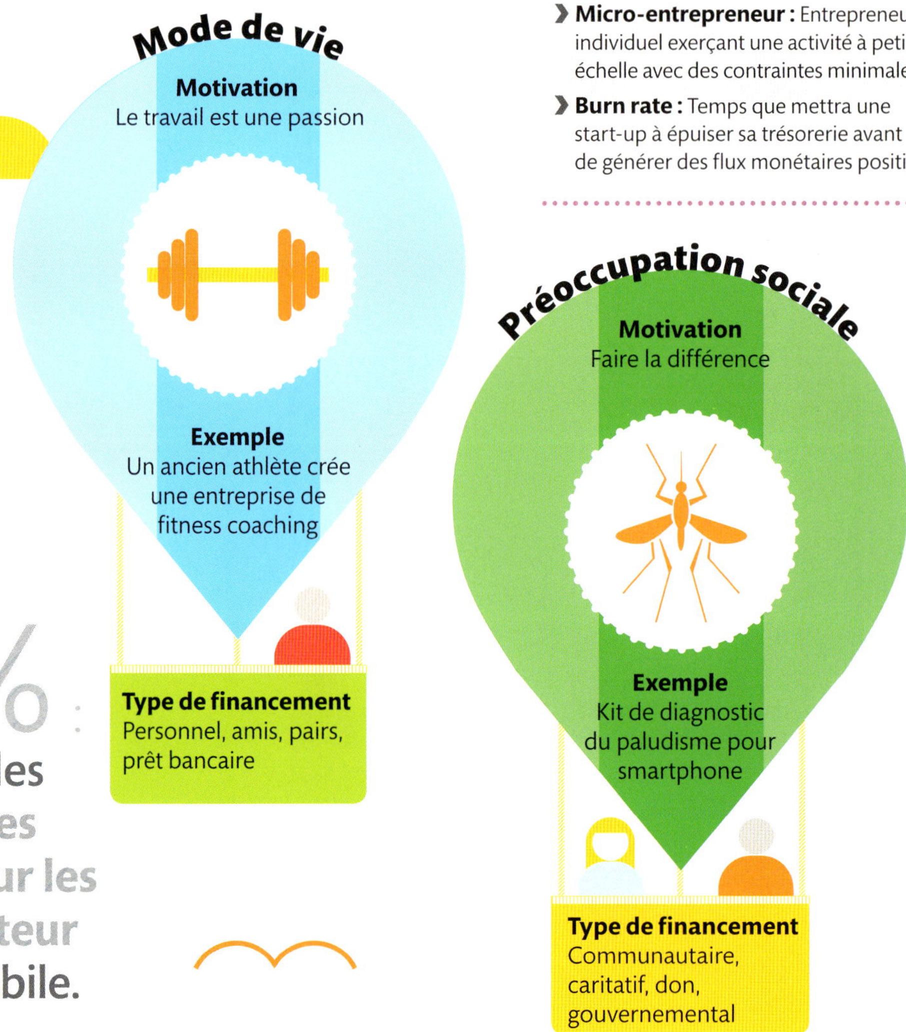


**173 % :** augmentation des recettes estimées sur trois ans pour les start-up du secteur des jeux sur mobile.

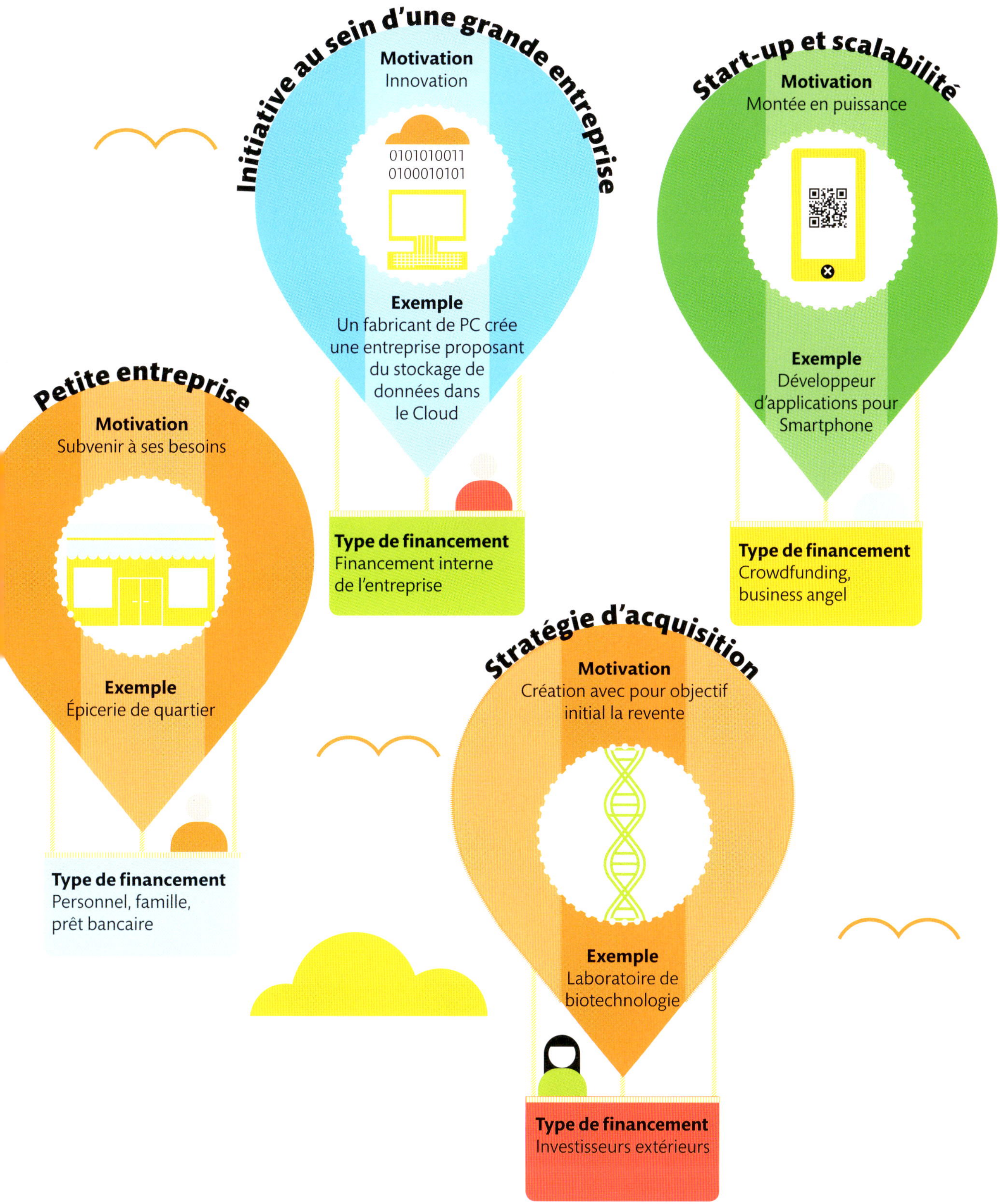
Initiative au sein d'une grande entreprise
Motivation
Innovation
0101010011
0100010101
Exemple
Un fabricant de PC crée une entreprise proposant du stockage de données dans le Cloud
Type de financement
Financement interne de l'entreprise
Start-up et scalabilité
Motivation
Montée en puissance
Exemple
Développeur d'applications pour Smartphone
Type de financement
Crowdfunding, business angel
Petite entreprise
Motivation
Subvenir à ses besoins
Exemple
Épicerie de quartier
Type de financement
Personnel, famille, prêt bancaire
Stratégie d'acquisition
Motivation
Création avec pour objectif initial la revente
Exemple
Laboratoire de biotechnologie
Type de financement
Investisseurs extérieurs

# Business plan

**L'élaboration d'un business plan est l'une des étapes les plus importantes du développement d'une start-up. Ce document stratégique fixe les objectifs de l'entreprise, analyse le marché, chiffre les recettes et profits prévisionnels.**

## Mode de fonctionnement

Avant de rédiger son business plan, tout entrepreneur de start-up doit effectuer une étude de marché approfondie afin d'identifier les opportunités de commercialisation de son produit ou service, et définir ce en quoi la nouvelle entreprise sera favorablement positionnée pour capter ce marché, à travers le produit ou les services proposés. Un aperçu des ressources financières existantes et un prévisionnel du chiffre d'affaires et des bénéfices sont des composants essentiels, notamment en vue de l'obtention de financements extérieurs.

## Éléments clés

L'élaboration d'un business plan peut prendre plusieurs semaines et mérite une attention particulière. Le document est vital pour espérer un financement, d'où l'intérêt à chiffrer précisément et de façon réaliste la partie financière du projet. Si le document doit être présenté à des partenaires, l'assortir d'un résumé opérationnel de deux pages présentant les points clés du projet, rédigé de façon claire et précise, avec une définition de tout terme technique.

**Une start-up américaine a 2,5 fois plus de chances de concrétiser son projet si elle dispose d'un business plan.**

### Résumé opérationnel

Rédiger cette partie en dernier. C'est la seule qui retiendra l'attention d'un investisseur pressé.

- **Résumé de l'activité :** Statut, nom, produit ou service et profil client.
- **Objectifs de l'entreprise :** Trois objectifs à un, trois et cinq ans.
- **Résumé financier :** Prévisionnel CA, coût de revient et financement.
- **Argumentaire éclair :** Argumentaire de deux minutes pour vendre son idée à un client.

### Description de l'équipe

Présentation détaillée de chacun des membres de l'équipe dirigeante :

- **Expérience :** Emplois en rapport avec le secteur d'activité.
- **Qualifications :** Références, comme un diplôme en horticulture pour un service d'entretien de jardin.
- **Formation :** Passée et future, y compris les qualités professionnelles comme la confiance en soi.

### Produits et services

Décrire ce que l'entreprise va commercialiser :

- **Produit ou service :** Descriptif avec illustrations en cas de produit nouveau.
- **Gamme :** Dans le cas d'une prestation complète, comme la conception et l'entretien de jardins.
- **Originalité :** En quoi le produit ou le service se distingue-t-il ?

### Marché

Mettre en avant les détails spécifiques du marché potentiel :

- **Clientèle cible :** Entreprises ou individus et leur profil, au niveau local, national ou international.
- **Étude de marché :** Marché local pour des produits ou services similaires.

### Stratégie marketing

Choisir trois de ces méthodes :

- **Bouche-à-oreille**
- **Publicité**
- **Presse spécialisée**
- **Marketing direct**
- **Médias sociaux**
- **Site Web**

## CINQ BONNES RAISONS D'ÉLABORER UN BUSINESS PLAN

- **Processus :** Passer en revue chacun des aspects du développement.
- **Calcul du coût de revient :** Seule façon d'estimer la viabilité d'un projet et le chiffre d'affaires.
- **Financement :** Un bon business plan accroît les chances d'obtenir un prêt.
- **Domaines d'expertise :** Le business plan met en évidence les aspects du projet exigeant une aide extérieure, par exemple comptabilité ou marketing.
- **Évaluation de la concurrence :** Une étude de marché est un atout dans la stratégie de développement.

## ✓ À SAVOIR

- **Analyse SWOT :** Analyse des forces, faiblesses, opportunités et menaces.
- **Proposition unique de vente (PUV) :** Concept marketing qui correspond à l'élément de votre offre qui la différencie de la concurrence.

## Analyse concurrentielle

Comparer l'offre de son entreprise à celle de la concurrence.

- **Liste des concurrents :** Qui, où, produits, prix, atouts.
- **Analyse SWOT :** Incluant les solutions pour remédier aux faiblesses et faire face aux menaces répertoriées, comme l'ouverture d'une jardinerie à proximité
- **PUV :** Proposition unique de vente d'un produit ou d'un service. *Voir encadré À savoir ci-dessus.*

## Fonctionnement et logistique

Décrire le fonctionnement de l'entreprise jour après jour :

- **Approvisionnement et distribution :** Comment les marchandises ou services passeront de A à B.
- **Équipement :** Détails sur le transport, les fournitures et équipements de bureau, les locaux commerciaux.
- **Paiement, aspect juridique et assurance :** Mode de paiement client et traduction en salaires, conformité avec les lois et règlements.

## Coût de revient et stratégie de prix

Déterminer le coût de revient du produit ou du service et son prix de vente :

- **Coût de revient :** Coût de production et de distribution de chaque unité ou lot.
- **Prix de vente :** Prix auquel sera vendu chaque unité ou lot.
- **Marge bénéficiaire :** Différence entre prix de vente et coût de revient par unité.

## Prévisions financières

Prévisionnel CA et coût de revient sur un an, en tenant compte des fluctuations saisonnières.

- **Calcul du CA :** Pour chaque mois, total des ventes et/ou prestations escomptées.
- **Calcul du coût de revient :** Coût de revient des ventes et/ou prestations escomptées chaque mois.
- **Flux de trésorerie prévisionnel :** Rentrées et sorties de liquidités liées à l'exploitation. *Voir Les Rouages de la finance, p. 98-175.*

## Plan de sortie

Prévoir un plan B en cas de problème inattendu :

- **Changements à court terme :** Réduire le coût de revient ou doper les ventes sans attendre.
- **Changements à long terme :** Transférer l'activité en ligne, et non dans des locaux commerciaux.
- **Fermeture :** Une défaillance est source d'enseignements et d'apprentissage.

# Levée de fonds

**Toute nouvelle entreprise a besoin de financement en phase de démarrage et pour se maintenir à flot le temps de générer des profits. L'aide au financement, adaptée aux étapes du développement, est à rechercher auprès de différentes sources.**

## Mode de fonctionnement

Le capital d'une nouvelle entreprise provient essentiellement des prêteurs et des investisseurs. Les prêteurs (banques) proposent des capitaux remboursés avec des intérêts. Les investisseurs (business angels et capital-risqueurs) proposent des capitaux propres sous la forme d'une prise de participation dans l'entreprise, pouvant inclure le droit à une quote-part en matière de contrôle et de récompenses. Ces deux types de financement peuvent provenir du secteur public ou privé (banque, entreprise) ou faire appel à des solutions originales et alternatives, comme le crowdfunding ou financement participatif.

## Types de financement

Le financement privé, traditionnel et substantiel, vient essentiellement des banques et des investisseurs en capital-risque, alors qu'une partie infime est assurée par les ressources personnelles.

### Prêteurs

Les capitaux d'emprunt prennent le plus souvent la forme de prêts, remboursés avec des intérêts.

**Emprunt à terme :** Remboursé régulièrement sur une période de temps donnée.

- **Banque :** Propose des prêts personnel ou professionnel.
- **État :** Propose aux start-up des prêt à faible taux d'intérêt.
- **Banque coopérative :** Établissement financier qui propose des prêts à faible taux d'intérêt à ses sociétaires.
- **Prêt entre particuliers :** Prêt personnel sans garantie.
- **Amis et famille :** Peut prendre la forme d'un prêt à taux zéro.

**Découvert bancaire ou carte de crédit :** Facturation mensuelle des intérêts débiteurs en cas de solde négatif.

- **Banque ou société de crédit :** Organisme financier qui propose des prêts aux entreprises commerciales.

**Affacturage/escompte :** Avance de fonds consentie à une start-up qui cède ou vend ses factures ou créances à une société qui se charge de leur recouvrement.

- **Affactureur et escompteur :** Société ou banque qui tire des bénéfices d'une avance de fonds consentie en échange de créances.

### À SAVOIR

- **Crédit communautaire :** Prêts entre particuliers en ligne.
- **Crowdfunding :** Forme de financement participatif en ligne.

# Financement

**5,4 % :** augmentation du nombre de clients ayant eu recours en France à des sociétés d'affacturage entre 2013 et 2014.

## Investisseurs

Des capitaux propres sont apportés à la start-up en échange d'une prise de participation dans l'entreprise.

**Fondateurs, amis, famille :** Ils peuvent acheter des parts dans l'entreprise plutôt que de prêter des liquidités.

**Crowdfunding :** Réunit un grand nombre de soutiens, avec une contribution modique de chacun, généralement en ligne.

**Business angels :** Investisseurs qui apportent leurs conseils et leurs relations à des start-up en phase de démarrage.

**Capital-risqueurs :** Sociétés qui apportent des capitaux propres en phase d'amorçage dans l'espoir de réaliser des profits.

## Subventions

Dotations et prix apportés par des organismes publics.

**Local, national, international :** Financement alloué par une autorité locale, à l'initiative de l'État ou d'une organisation caritative internationale.

### SUPER ANGELS

- **Que sont-ils :** De solides investisseurs prêts à investir dans les start-up du secteur de haute technologie. Facebook a été fondé par des super angels.
- **Qui sont-ils :** D'anciens chefs d'entreprise de la Silicon Valey ayant investi leur fortune personnelle dans de jeunes pousses.
- **En quoi diffèrent-ils des business angels et des capital-risqueurs :** Le niveau de financement se situe entre les deux, mais atteint souvent des millions de dollars, et ce qui débuta comme un simple loisir devient une véritable profession.
- **Avantages :** L'investissement réalisé par un super angel attire d'autres investisseurs.

## Modèles alternatifs

Depuis le début de la récession en 2008, plusieurs formes de financement originales et innovantes, comme le crowdfunding et le prêt entre particuliers, ont évolué et fleuri sur Internet. Toutes se basent sur le principe de l'investissement de petites sommes d'argent par un grand nombre d'individus qui mettent en commun leurs ressources pour offrir des prêts et des capitaux propres.

**ANALYSE DE LA SOLVABILITÉ POUR L'OCTROI D'UN PRÊT**

***Capacité d'emprunt***

Le business plan montre la capacité de l'emprunteur à rembourser son prêt.

***Capitaux propres***

L'actif net de l'emprunteur est évalué. Les avoirs doivent être supérieurs aux dettes.

***Historique client***

En règle générale, le prêteur privilégie un emprunteur avec de bons antécédents.

***Garantie***

L'emprunteur doit souvent céder un élément de patrimoine en garantie au cas où les fonds ne suffiraient pas à payer les intérêts mensuels ou à solder le capital à l'échéance du prêt.

***Conditions***

Conjoncture économique et montant du prêt sollicité influent sur la décision du prêteur.

## Cycle de vie de l'investissement

La clé de la réussite en matière de financement réside dans le choix d'un financement adapté à chaque étape de développement de l'entreprise. Une start-up démarre souvent modestement, avec un autofinancement, l'aide d'amis, de la famille et de toute personne prête à assumer un risque financier. Crowdfunders et business angels sont des particuliers soucieux de la réussite du projet, alors que les capital-risqueurs commencent à s'intéresser à une start-up lorsque le niveau de risque diminue et qu'ils peuvent espérer tirer profit de l'injection de fonds importants. Les marchés publics, comme les bourses des valeurs, peuvent participer lorsque les ventes décollent et que le succès est plus que probable. À chacune de ces étapes, les investisseurs procéderont à l'analyse de la solvabilité de l'entreprise.

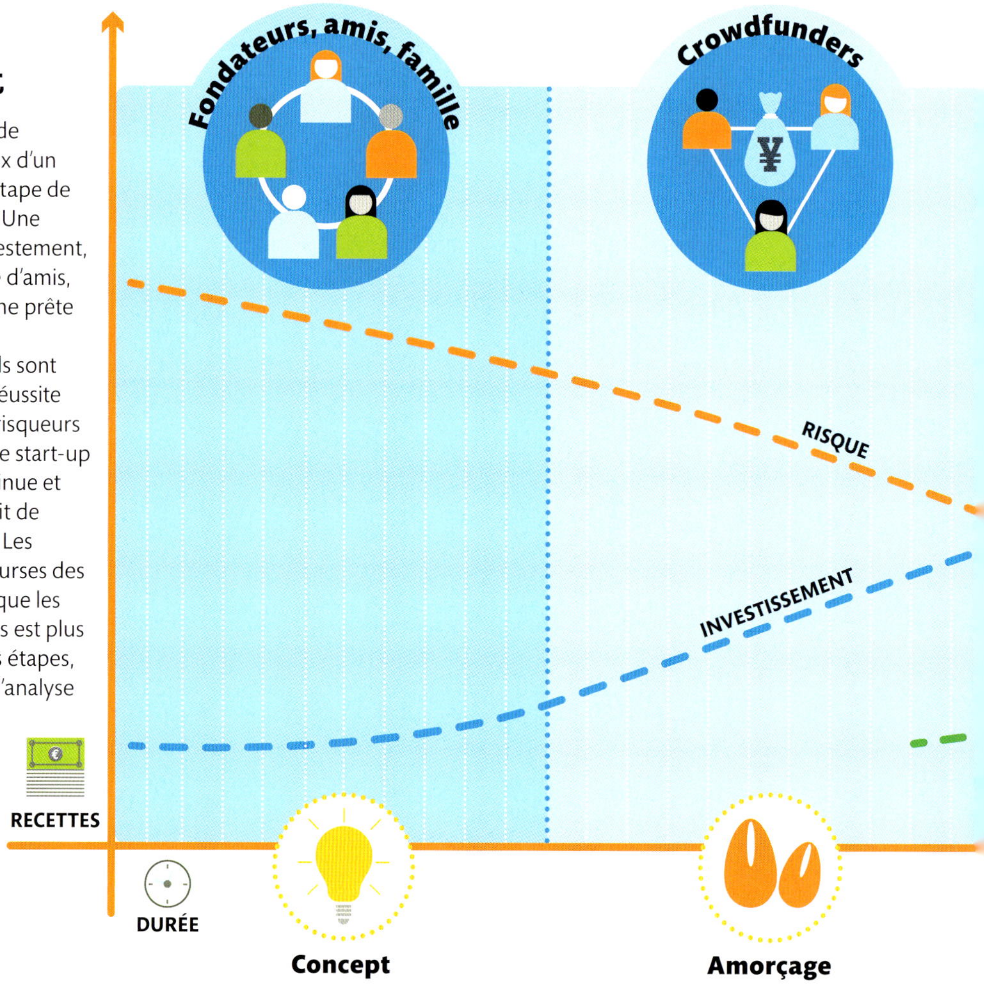

## Financement de démarrage de petites et moyennes entreprises

Les sources de financement de petites et moyennes entreprises du Royaume-Uni, sur une période de trois ans, extrait d'une étude de la Warwick Business School, de 2004. L'épargne individuelle arrive en tête du classement, et l'apport en capitaux propres en dernière position, car avant tout réservé aux grandes entreprises.

| | |
|---|---|
| 66 % | Épargne individuelle |
| 12,5 % | Amis et famille |
| 10 % | Prêt bancaire |
| 5 % | Prêt hypothécaire immobilier |
| 5 % | Pas de recours au financement |
| 1,5 % | Financement par capitaux propres |

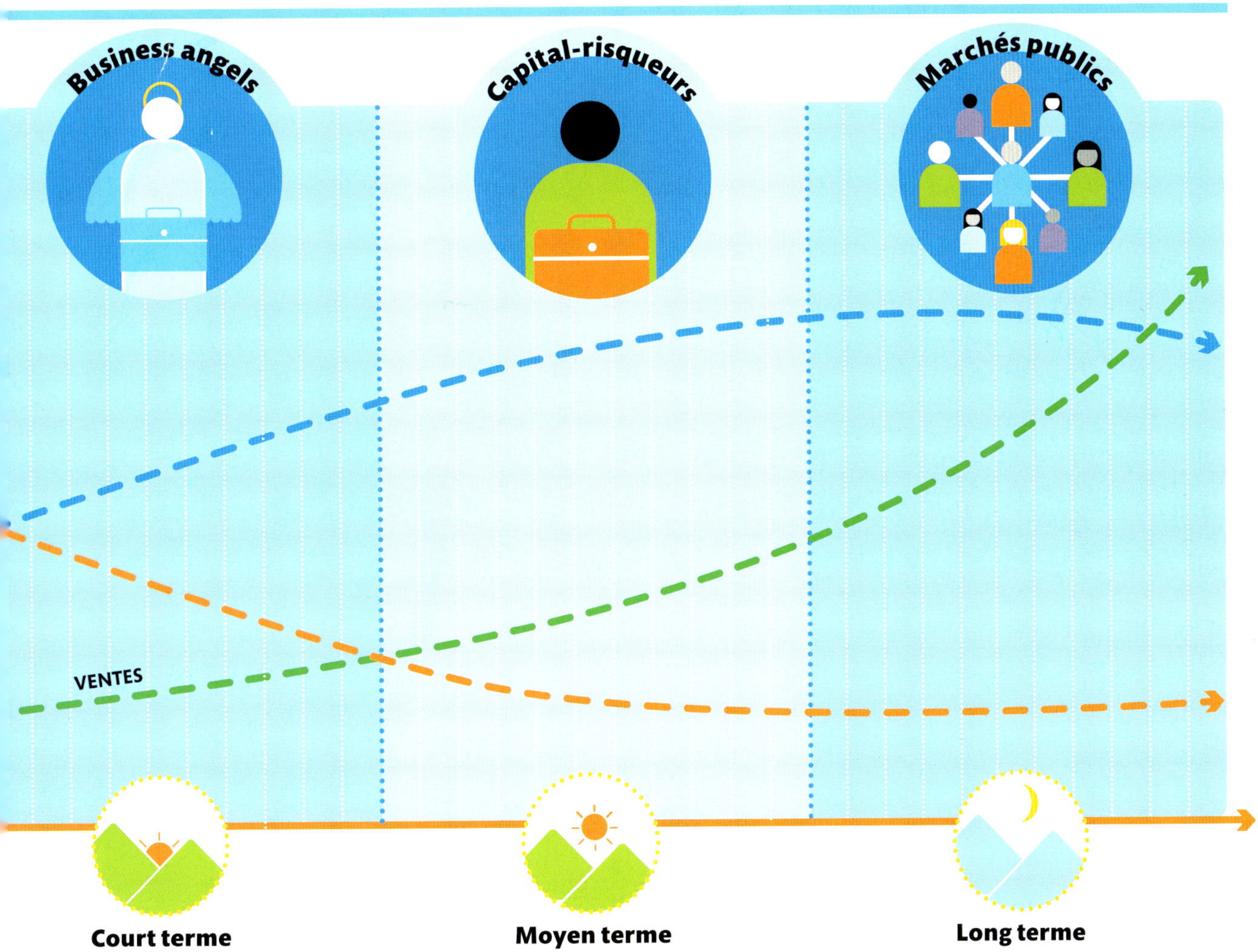

# Accélérateur et incubateur de start-up

**La création d'une entreprise est parfois un long processus. Accélérateurs et incubateurs proposent un accompagnement spécialisé, dédié au développement et au soutien de start-up en phase de démarrage.**

### Mode de fonctionnement

Accélérateurs et incubateurs apportent expertise et réseaux aux start-up en phase de développement, en contrepartie d'un pourcentage du capital de l'entreprise. On distingue deux types de prestations. Les accélérateurs proposent des programmes à court terme offrant une large gamme de services, du mentorat à la mise en relation avec de potentielles sources de financement. Les incubateurs mettent à disposition des jeunes pousses un environnement favorable à leur développement, incluant une assistance technique, un espace de travail et des opportunités d'établissement d'un réseau.

## Accélérateur

Adapté aux start-up ne disposant pas ou de peu de financement, formation à court terme de 1 à 3 mois, la clientèle inclut développeurs Web et développeurs d'applications.

## Incubateur

Souvent financé par des organisations à but non lucratif et des universités, aide à court terme de 1 à 5 ans, clientèle variée, notamment dans le secteur scientifique.

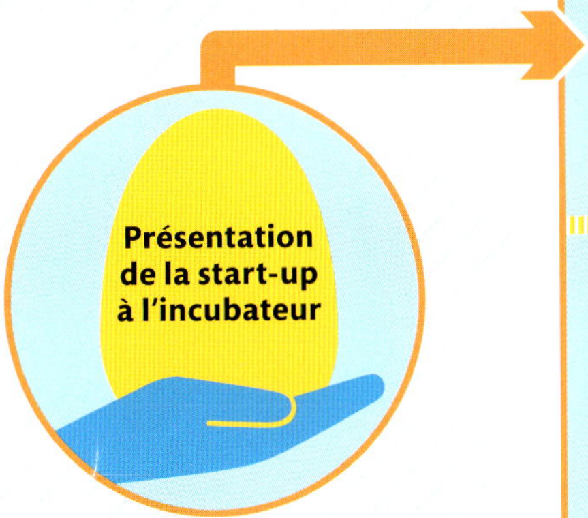


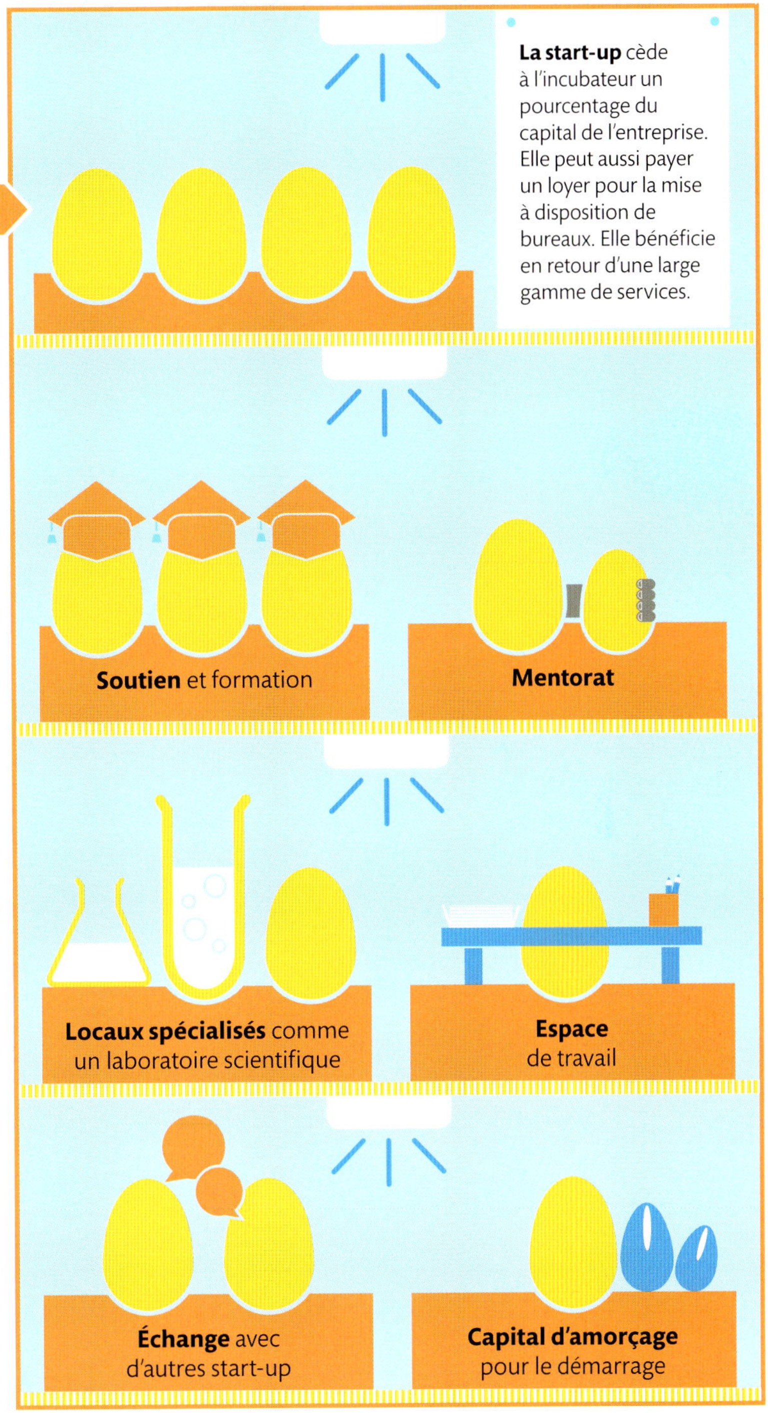


### À SAVOIR

- **Réseau d'incubateurs :** Collaboration entre incubateurs, centres de recherche et parcs scientifiques.
- **Incubateur virtuel :** Pépinière pour start-up en ligne.

**1 à 3 ans : durée maximale d'accueil d'une start-up dans un incubateur.**

# Acheter et vendre une société

**Cotées ou non, les sociétés changent régulièrement de main, sont achetées, vendues ou restructurées, afin de s'adapter à l'évolution des conditions économiques. Ces transactions sont toutes regroupées sous l'expression « fusion-acquisition ». Le financement nécessaire à une acquisition prend souvent la forme d'un prêt ou d'un apport en capitaux propres.**

## Acquisition d'une société

En règle générale, une société est rachetée par une équipe dirigeante ou par une autre société. Le rachat d'une société peut résulter en une fusion entraînant les deux entités à unir leurs forces, une acquisition (achat ferme) ou un démantèlement, conduisant au morcèlement et à la vente de la société. Le rachat d'une société par une équipe dirigeante est souvent financé un apport en capitaux propres issus de fonds d'investissement privés.

### Rachat par une équipe dirigeante

Les fonds d'investissement privés rachètent des sociétés, puis vendent leurs parts après maximisation du profit. Ils financent l'équipe dirigeante. *Voir p. 48-49.*

***Management buy-out (MBO)***

Rachat d'une société réalisé par sa propre équipe dirigeante.

***Management buy-in (MBI)***

Rachat réalisé par une équipe dirigeante ou des investisseurs extérieurs à la société cible.

### Démantèlement

Scindée pour former une nouvelle société, l'entreprise peut devenir une cible pour une acquisition. *Voir p. 44-45.*

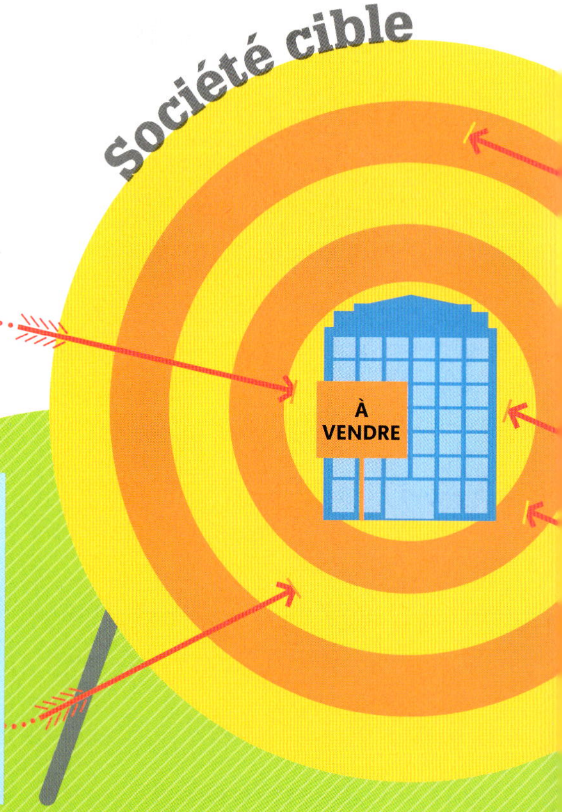

# 4 195 milliards d'euros : montant total des fusions-acquisitions dans le monde, en 2015.

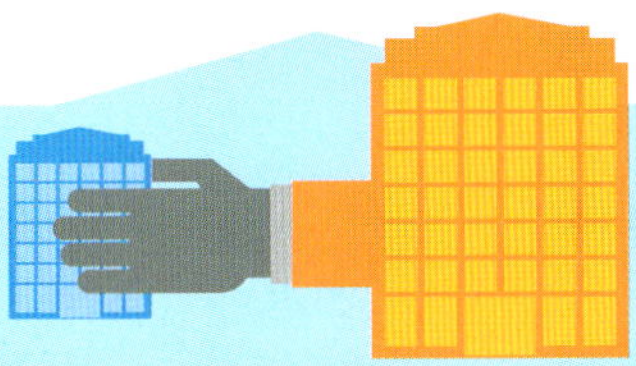

**Rachat par une autre société**

Une société peut souhaiter se développer en rejoignant une autre société.

***Fusion***

La société s'associe à une autre société. *Voir p. 42-43.*

***Acquisition***

**Concentration horizontale :** La société rachète une société à l'activité liée à son domaine de compétence.

**Concentration verticale :** La société rachète une société à l'activité non liée à son domaine de compétence. *Voir p. 46-47.*

## ESTIMATION DES FUSIONS-ACQUISITIONS

***Capitalisation boursière***

Les opérations d'acquisition sont basées sur la capitalisation boursière d'une société ou valeur des actions composant son capital.

**Small Cap :** Moins de 500 millions de dollars.

**Mid Cap :** De 500 millions à 2 milliards de dollars.

**Large Cap :** De 2 à 10 milliards de dollars.

**Mega Cap :** Plus de 10 milliards de dollars.

***Diligence raisonnable***

Avant tout rachat, les acquéreurs potentiels étudient un rapport détaillé réalisé par un cabinet d'audit indépendant.

- **Financier :** Identifier les problèmes susceptibles d'influer sur la valeur future de la société.
- **Juridique :** Estimer les risques potentiels liés au statut juridique, aux actifs, aux valeurs, à la propriété intellectuelle et à la restructuration du personnel.
- **Commercial :** Inclut les tendances de l'industrie, l'environnement du marché, le potentiel de la société et la concurrence.
- **Environmental :** Mettre au jour de potentielles responsabilités, comme la contamination du sol ou de l'eau, estimer les coûts d'assainissement.

# Fusion-acquisition

**Deux possibilités pour une société souhaitant s'agrandir : l'acquisition (rachat ou prise de contrôle d'une autre société), ou la fusion (regroupement avec une autre société).**

## Mode de fonctionnement

La fusion-acquisition est un terme générique utilisé pour décrire les opérations de rachat, vente et regroupement des sociétés. Dans le cas d'une fusion ou d'une acquisition, deux entités juridiques distinctes se rapprochent pour former une seule et même entité. Alors que la fusion regroupe deux sociétés d'envergure comparable pour créer une nouvelle entité, au bénéfice des deux parties, l'acquisition se traduit souvent par le rachat d'une petite société par une société plus importante, au bénéfice de cette dernière, mais pas obligatoirement de celui de la société cible. Une fusion-acquisition peut être amicale ou hostile, autrement dit acceptée ou imposée.

### INTÉRÊTS D'UNE FUSION-ACQUISITION

- **Économies d'échelle :** L'augmentation de taille rationalise la production et les ventes.
- **Part de marché plus importante :** Le regroupement de deux marchés accroît la part du marché total.
- **Diversification :** Une gamme de produits différente permet des ventes croisées ou la création d'une entité plus performante si les produits sont complémentaires.

## Fusion

**La société A** fabrique des voitures de luxe aux États-Unis.

**La société B** fabrique des voitures de luxe en Italie.

## Acquisition

**La société A** produit des films.

**La société B** crée des films d'animation.

## OPÉRATIONS AMICALE ET HOSTILE

- Le conseil d'administration et la direction de la société cible acceptent le rachat.
- La société initiatrice fait une offre en liquide ou en actions au CA et à la direction de la société cible.
- L'offre en actions ou en liquide est assortie d'une prime attractive.
- Parce que l'offre est supérieure au cours de bourse actuel, en règle générale les actionnaires l'acceptent.

- La société initiatrice ignore la direction et s'adresse directement aux actionnaires de la société cible.
- La direction de la société cible tente de s'opposer à la transaction.
- La société initiatrice convainc les actionnaires de ne pas reconduire la direction lors d'un vote en assemblée générale ou propose aux actionnaires d'acheter leurs actions au-dessus du cours (offre publique d'achat ou OPA).

## À SAVOIR

- **Stratégie PACman :** La société cible tente de prendre le contrôle de la société initiatrice cherchant à réaliser une OPA hostile.
- **Rapport d'échange :** Parité entre la valeur des actions de deux sociétés lors d'une fusion.
- **Fusion défensive :** Stratégie offensive visant à anticiper une fusion ou une tentative de prise de contrôle menaçant une société.
- **Économie d'échelle :** Diminution du coût de production résultant d'un accroissement des quantités produites suite à une opération de fusion entre deux sociétés.

**La nouvelle société A + B** a étendu son marché et couvre l'Europe et l'Amérique du Nord.

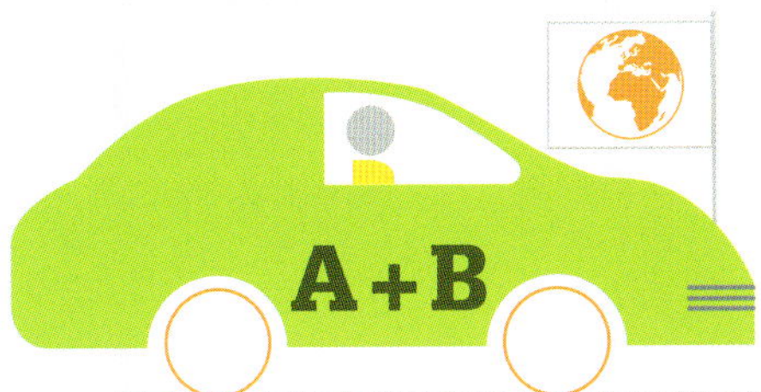

**La société A agrandie** possède désormais une expertise dans la production de films d'animation.

**112 milliards de dollars : montant record des fusions-acquisitions réalisées à l'étranger par les sociétés japonaises, en 2012.**

# Démantèlement

**Si la fusion donne naissance à une société de taille plus importante, un démantèlement réduit la taille d'une société en la fractionnant en plusieurs petites unités ou divisions, destinées à être vendues ou liquidées.**

## Mode de fonctionnement

Le scénario typique d'un démantèlement est celui d'une société qui peine à rembourser des dettes liées à son expansion et à l'introduction de nouveaux secteurs d'activités encore peu rentables. Pour désendetter la société, la direction entame une procédure de démantèlement. En règle générale, l'objectif est de se débarrasser des secteurs d'activités les moins rentables ou, du point de vue d'un potentiel acquéreur, de secteurs porteurs mais pas encore rentables. Cette restructuration libère la société de divisions à faible rentabilité, permet de réduire la dette, de financer les besoins, et offre aux actionnaires un intéressant retour sur investissement. Souvent, le cours des actions de la société mère rebondit avec un effet de contagion sur celui des sociétés dérivées.

**SOCIÉTÉS DÉRIVÉES PROSPÈRES**

**Mondelez :** Dérivée de Kraft Foods Group possédant Oreos, Ritz et Trident.

**Coach** : Dérivée du conglomérat Sara Lee présent dans l'agroalimentaire, spécialisée dans la maroquinerie de luxe.

**Expedia :** Société dérivée de l'entreprise américaine de médias IAC, exploitant d'agences de voyages en ligne.

## Démantèlement en pratique

Smith Industries Inc. est un conglomérat ayant connu une croissance rapide au cours des cinq dernières années, en raison d'une augmentation de ses profits liée à un accroissement de ses ventes en Chine. La diversification de son activité a fait l'objet de la création de divisions distinctes. Le cours des actions chute en réponse à de faibles résultats financiers.

### Prendre une décision

Face à une contraction de son activité, la société se sépare de ses nouvelles activités n'ayant pas encore fait preuve de leur rentabilité, en dépit de signes positifs de croissance.

### Annoncer la vente

Smith Industries Inc. annonce la vente de trois de ses divisions : engrais chimiques, textiles et biotechnologie.

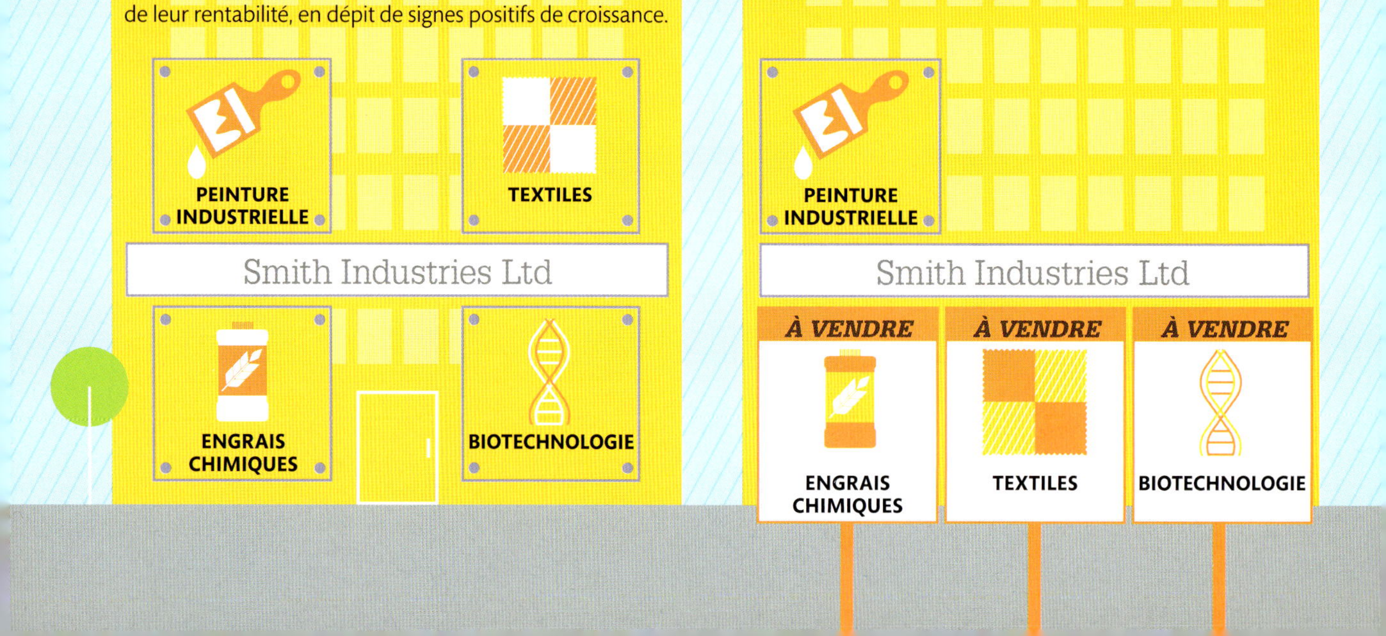

## À SAVOIR

- **Dérivée :** Qualifie une société née d'un démantèlement. On parle aussi d'essaimage.
- **Action traçante :** Une catégorie d'action émise par une société mère pour une division ou une filiale qu'elle envisagera de vendre. L'action traçante reflète la performance de la division en question plutôt que celle de la société tout entière. Synonyme : action reflet.
- **Lettre d'intention :** Document formalisant un engagement ferme et concernant souvent les opérations de fusion-acquisition.
- **Acquisition inversée :** Opération financière qui constitue une alternative à la procédure de cotation classique et par laquelle les actionnaires majoritaires d'une société non cotée acquièrent le contrôle d'une société cotée. Le nouvel ensemble créé demeurera coté. Les actionnaires de la société mère n'ont pas à présenter une offre publique soumise au visa de l'Autorité des marchés financiers.
- **Scission :** Terme communément utiliser pour désigner un démantèlement.

**52 % : augmentation potentielle du cours des actions d'une société mère après son démantèlement.**

### Profit des actionnaires

Les actionnaires de la société mère reçoivent un pourcentage égal aux parts détenues dans les trois nouvelles sociétés.

### Une société se scinde en quatre

Les trois divisions sont vendues à des investisseurs différents et deviennent trois sociétés séparées. Les actions de chaque société sont négociées en Bourse. La société initiatrice est réduite à son activité principale. Le cours de ses actions rebondit.

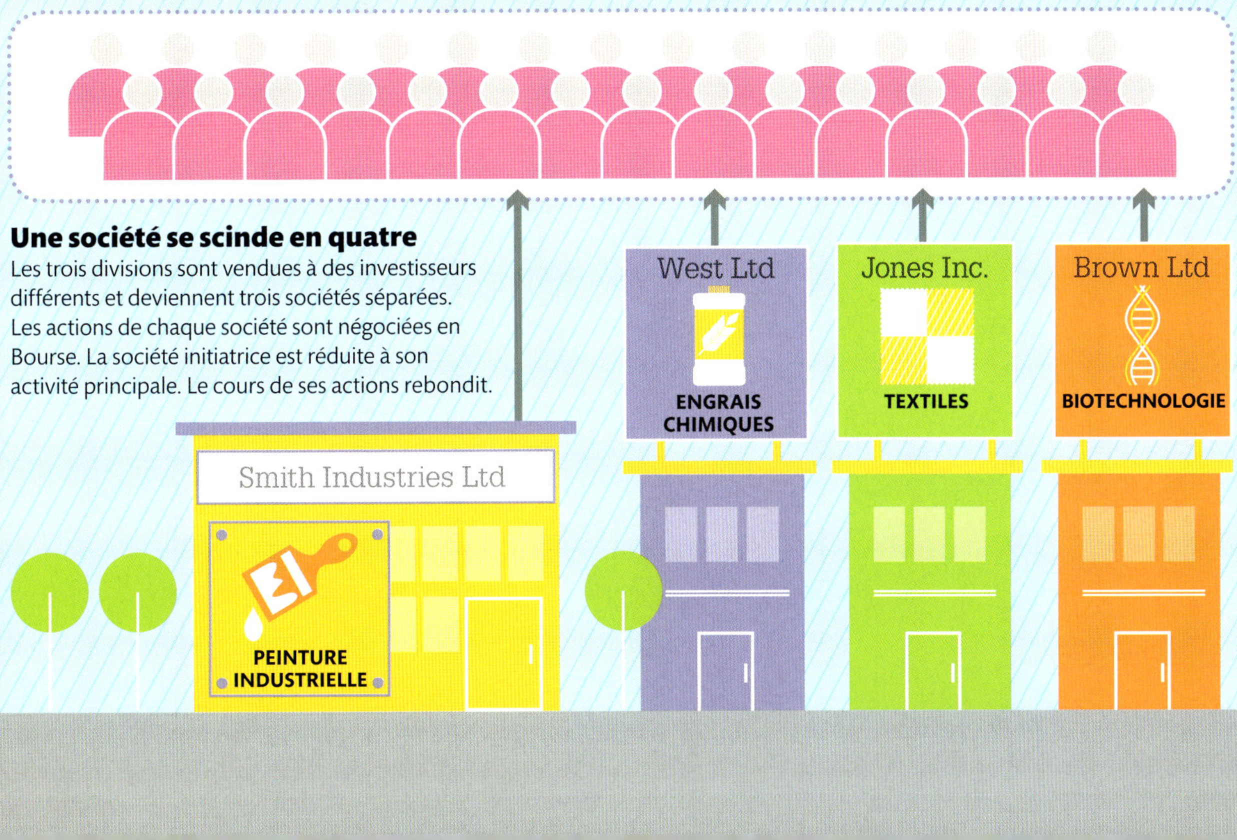

# Intégration verticale et intégration horizontale

**Une société qui souhaite s'agrandir par une fusion ou une acquisition doit décider d'une stratégie d'intégration horizontale ou verticale, impliquant le rapprochement ou l'acquisition de sociétés impliquées dans des activités comparables ou différentes.**

## Mode de fonctionnement

Les stratégies les plus courantes sont l'intégration horizontale et l'intégration verticale. Une intégration horizontale est toujours opérée entre deux sociétés concurrentes produisant un même type de produits, par exemple voitures ou téléphones portables, et qui partagent souvent fournisseurs et clients.
La nouvelle société peut ensuite réaliser des économies sur ses coûts de production, distribution, ventes et marketing. Une intégration verticale est opérée entre des sociétés œuvrant dans un même secteur industriel, mais à des stades différents dans le processus de production, par exemple un fabricant d'ordinateurs et un fabricant de composants électroniques. Ces opérations de regroupement peuvent s'effectuer dans deux directions : en amont (approvisionnement) ou en aval (distribution).

### ✓ À SAVOIR

- **Intégration latérale :** Autre terme pour l'intégration horizontale.
- **Monopole horizontal :** Contrôle du marché par une société après acquisition des concurrents directs.
- **Synergie :** Création de valeur résultant de la fusion de sociétés.

## Modèles d'intégration en pratique

Dans cet exemple, plusieurs sociétés réunissant une imprimerie, deux maisons d'édition et une librairie procèdent à des opérations de fusion ou d'acquisitions selon un modèle d'intégration horizontale ou verticale, afin de renforcer leur position sur le marché, tirer avantage d'économies d'échelle et exploiter cette synergie.

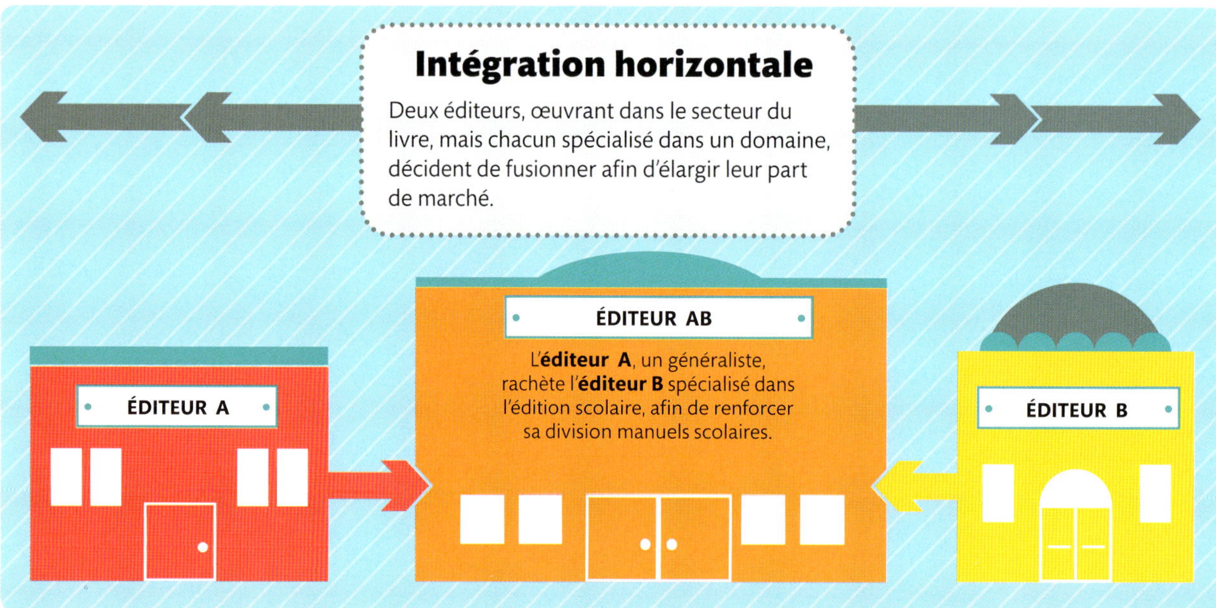

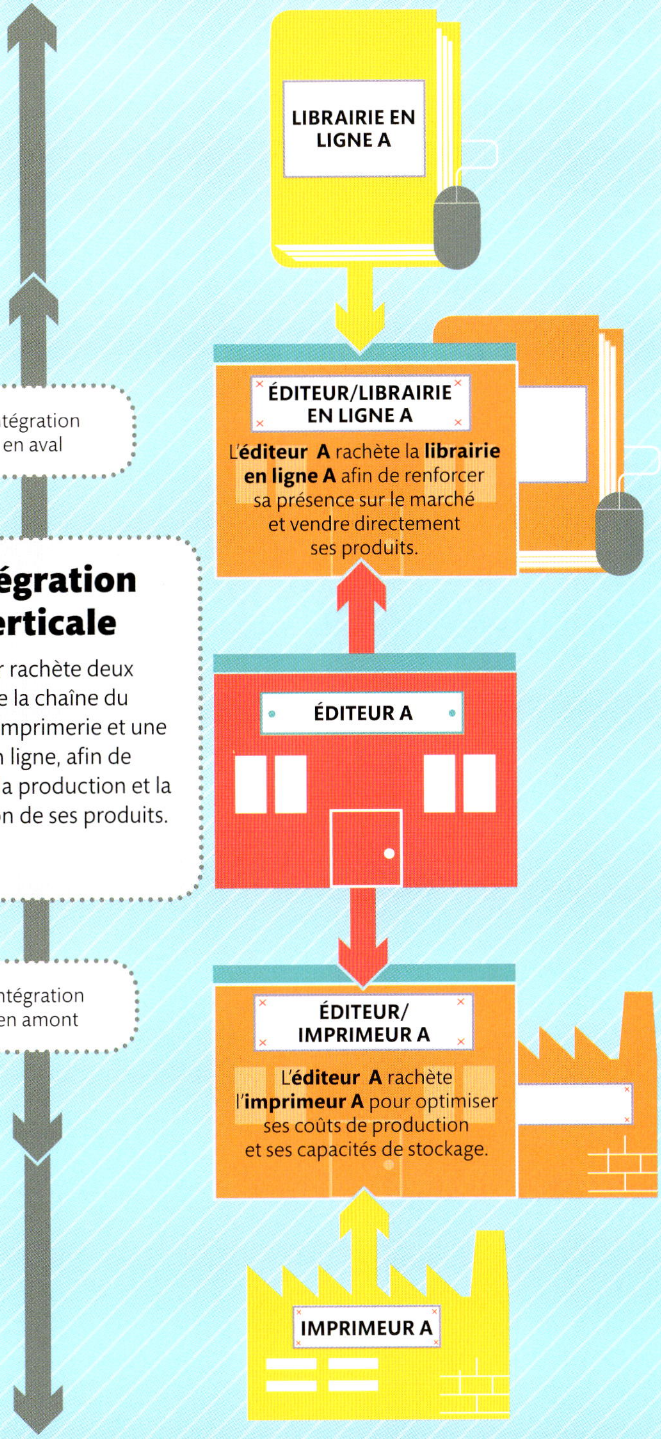


## Intégration verticale

Un éditeur rachète deux sociétés de la chaîne du livre, une imprimerie et une librairie en ligne, afin de contrôler la production et la distribution de ses produits.

**En 2014, 31 % des sociétés à l'échelle mondiale envisageaient une opération de fusion ou une acquisition dans les trois ans à venir.**

### TYPES DE FUSION ET ACQUISITION

***Conglomérat***

Regroupement de sociétés sans complémentarité industrielle ou commerciale. En 1985, le cigarettier Philip Morris racheta General Foods, un nouveau secteur sans rapport avec l'industrie du tabac.

***Élargissement de marché***

Regroupement de sociétés proposant des produits identiques, sur des marchés différents. En 1996, Union Pacificic Railroad Company racheta Southern Pacific Rail Corporation pour réunir deux réseaux de chemins de fer de régions contiguës des États-Unis.

***Élargissement d'une gamme***

Regroupement de sociétés présentes sur un même marché avec des produits différents, mais complémentaires. En 2014, Microsoft racheta la division téléphone mobile de Nokia.

# Management buy-in et buy-out

**Une société peut faire l'objet d'un changement de propriétaire, lors de son rachat par une équipe dirigeante extérieure, dans le cas du management buy-in, ou intérieure, dans le cas du management buy-out.**

## Mode de fonctionnement

Lors d'une opération de management buy-in (MBI), un groupe de dirigeants ou d'investisseurs extérieurs à une société cible lève des fonds afin de financer l'acquisition de la majorité de ses parts et sa prise de contrôle. Cette stratégie est mise en place lorsque la société cible paraît sous-évaluée ou sous-performante.

Lors d'une opération de management buy-out (MBO) l'équipe dirigeante rachète tout ou partie de la société pour laquelle elle travaille. Cette opération de rachat est réalisée avec tout ou partie des salariés de la société dans le cadre d'un rachat de l'entreprise par les salariés (RES).

### ✓ À SAVOIR

- **Earn-out :** Pourcentage du prix d'achat d'une société versé par l'acquéreur au cédant en fonction des futurs résultats d'exploitation.
- **Acquisition avec effet de levier :** Opération de rachat des actions d'une société majoritairement financé par un emprunt.

## Management buy-in

Certaines investisseurs, à l'image des banques d'investissement ou des fonds de capital investissement, réalisent de considérables profits en rachetant des sociétés sous-évaluées et en les valorisant.

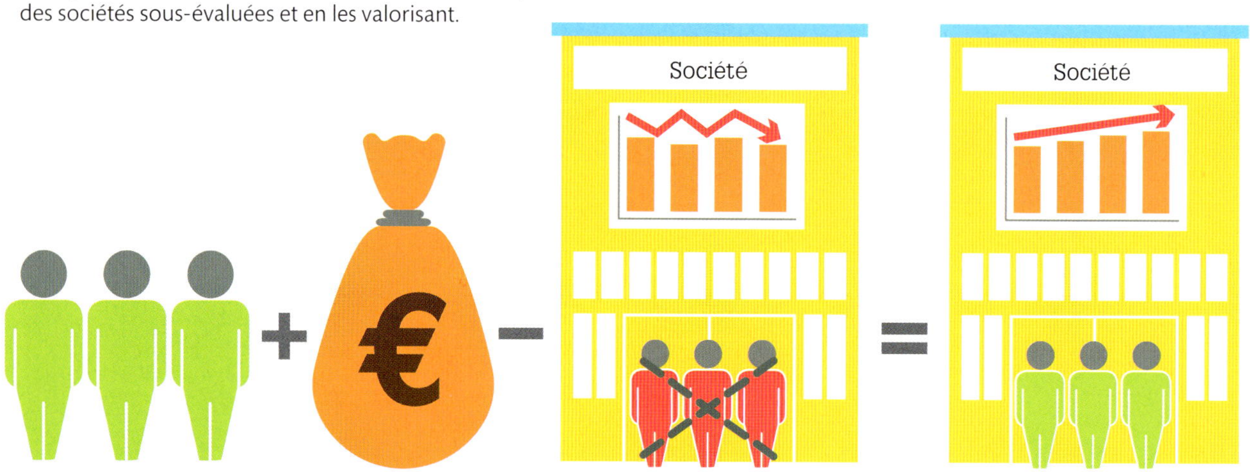


**Équipe dirigeante extérieure** ou groupe d'investisseurs ciblant une société sous-évaluée.

**Levée de fonds** pour acquérir la majorité des actions.

**Remplacement de l'ancienne équipe dirigeante** par les nouveaux actionnaires majoritaires.

**Remaniement** de la société, afin d'optimiser ses performances et de la valoriser.

### BUY-IN MANAGEMENT BUY-OUT (BIMBO)

Dans ce type de transaction, une équipe dirigeante en place organise le rachat de sa société, en associant des repreneurs extérieurs afin de consolider la direction et apporter une expertise dans des domaines faisant défaut à l'équipe dirigeante initiale.

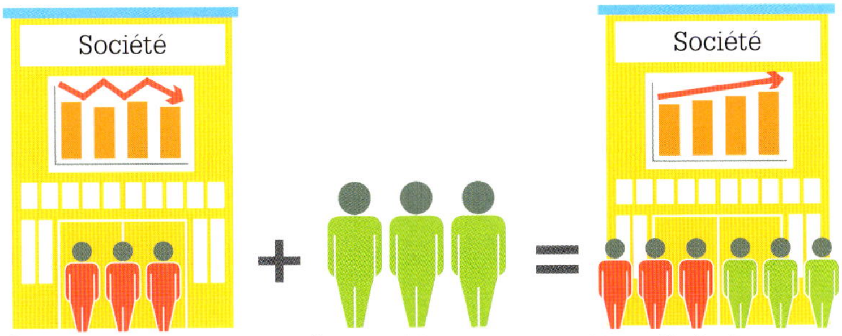


**Équipe dirigeante en place** rachète la société.

**Équipe dirigeante extérieure** intègre la société.

**Nouvelle équipe dirigeante**

**19,5** milliards d'euros : **plus grosse acquisition avec effet de levier réalisée en Europe,** en 2007, à l'origine d'Alliance Boots (géant du secteur pharmaceutique).

## Management buy-out

Le management buy-out permet à une grande société de se séparer d'une partie de ses activités ou facilite le rachat d'une petite société par son équipe dirigeante et ses salariés.

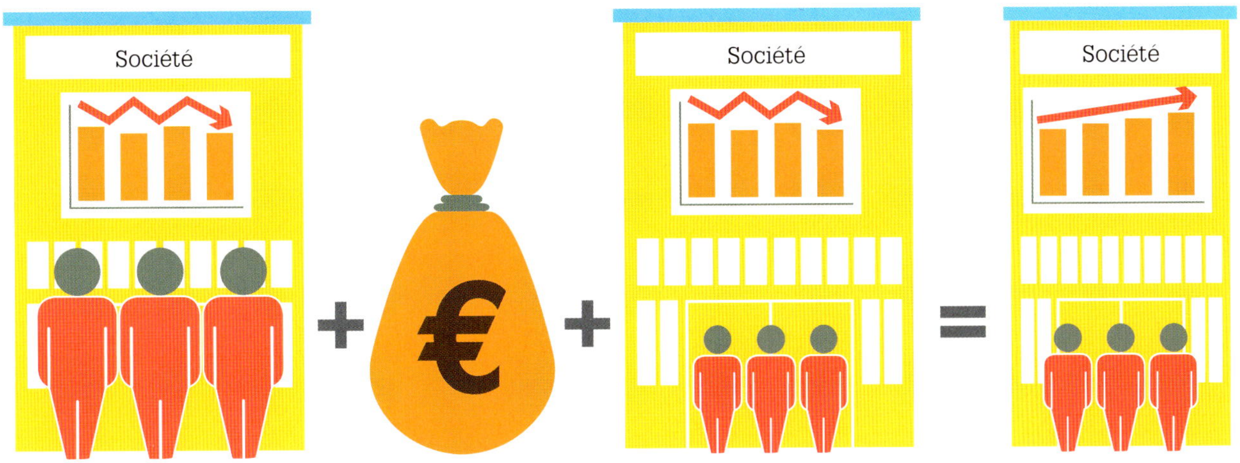


**Équipe dirigeante** saisissant l'opportunité de racheter sa société suite à sa mise en vente après un démantèlement.

**Levée de fonds** *via* prêts bancaires, fonds d'investisseurs privés, fonds personnels ou prêt de la société.

**Rachat** de la société.

**Équipe dirigeante,** propriétaire de la société, rationalise la production afin d'accroître la rentabilité.

# Qui fait quoi ?

**Structurer la hiérarchie au sein d'une société, et notamment définir le nombre de niveaux hiérarchiques et d'employés affectés à chaque niveau, est l'un des plus grands défis du management moderne. Dans une entreprise familiale, les postes sont souvent occupés par des membres de la famille qui rendent compte au chef de famille. L'émergence des sociétés par actions a conduit à la séparation des fonctions de propriété et de direction et, du même coup, à privilégier les intérêts des actionnaires.**

## Qui fait quoi au sein d'une société ?

### Parties prenantes et actionnaires

Les parties prenantes désignent tout individu ou groupement ayant un intérêt dans les activités de la société. Les actionnaires sont des parties prenantes détenant des actions dans une entreprise. *Voir p. 60-63.*

### Conseil d'administration

Il contrôle la gestion et la rentabilité de la société, afin d'assurer un retour sur investissement aux actionnaires. Le conseil d'administration élit un président, qui assure souvent la fonction de directeur général (P-DG). *Voir p. 52-55.*

### Cadres dirigeants

Le niveau supérieur de la hiérarchie gère et définit les stratégies au jour le jour. Les cadres dirigeants sont placés sous l'autorité du directeur général. *Voir p. 56-59.*

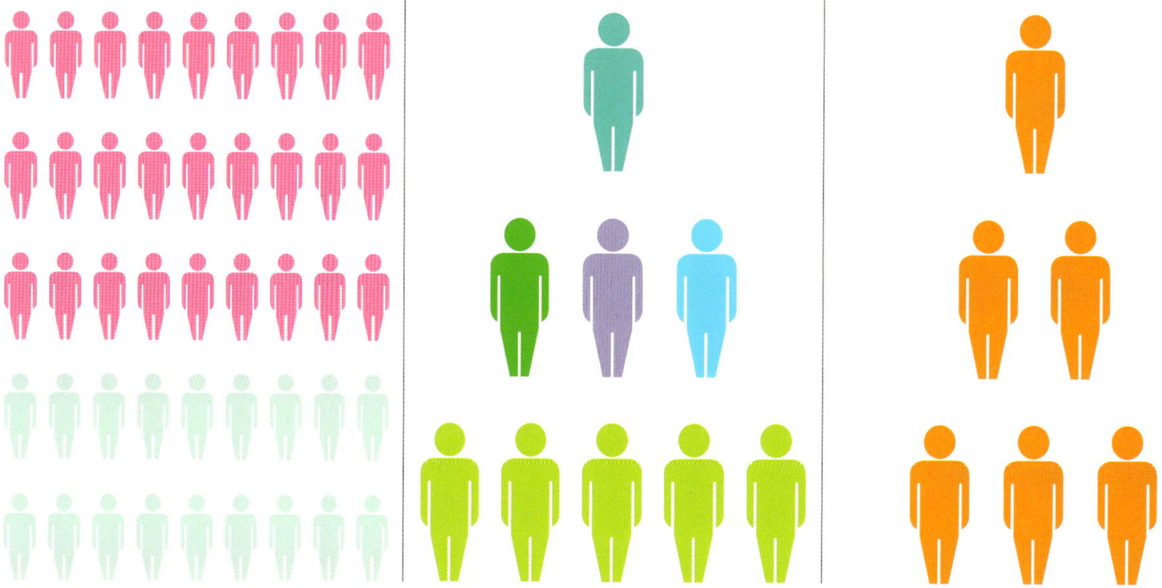

# 27,8 % : pourcentage de femmes au sein des conseils d'administration de l'ensemble des sociétés cotées en France.

## QUESTIONS DE STRUCTURE

### *Paiement des heures supplémentaires*

Les cadres dirigeants sont exclus des dispositions du Code du travail sur la durée du travail et la rémunération des heures supplémentaires. Pour les autres, le travail réalisé au-delà de la durée légale ouvre droit au paiement d'heures supplémentaires.

### *Qui décide quoi*

La structure est centralisée quand le pouvoir de décision se situe à un seul point dans l'organisation. La décentralisation correspond à une distribution du pouvoir décisionnel.

### Cadres moyens

Les responsables de divisions ou services sont généralement appelés directeurs. Les postes de ce niveau hiérarchique sont souvent les premiers à être supprimés en cas de réduction des effectifs ou de restructuration. *Voir p. 56-59.*

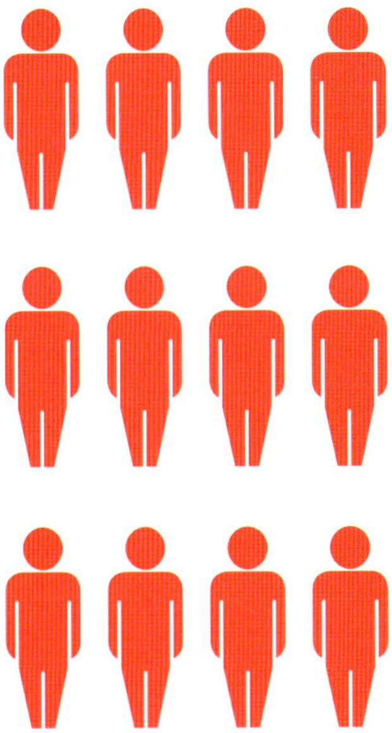

### Cadres subalternes

Chefs de service et chefs d'équipe supervisent des employés effectuant des tâches spécifiques. On retrouve par exemple à ce niveau hiérarchique l'infirmière en chef ou le chef d'équipe d'un centre d'appels. *Voir p. 56-59 et p. 74-75.*

### Employés non cadres

Le niveau hiérarchique le plus bas de l'organisation réunit une main-d'œuvre qualifiée et non qualifiée effectuant des tâches essentielles au fonctionnement de l'entreprise. *Voir p. 56-59 et p. 74-75.*

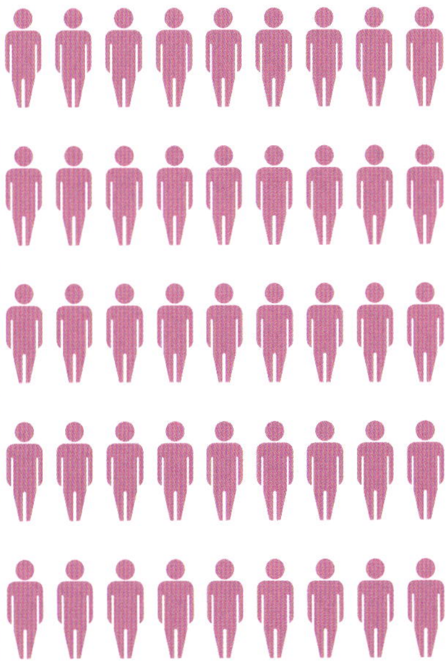

# Conseil d'administration

**Toute société par actions cotée doit se pourvoir d'un conseil d'administration, assurant un rôle de supervision.**

## Mode de fonctionnement

Toute société par actions doit disposer d'au moins trois administrateurs. Dans une société par actions cotée, la nomination d'un conseil d'administration (CA) est obligatoire. Cette instance collégiale est constituée de conseillers expérimentés assurant en toute indépendance un rôle de supervision et de gestion de la société pour le compte des actionnaires, avec pour obligation d'agir en toutes circonstances dans l'intérêt de la société.

La composition du CA réunit administrateurs actionnaires, administrateurs salariés et administrateurs indépendants, extérieurs à la société. Les administrateurs doivent faire preuve d'une expertise spécifique dans les domaines juridique, comptable, financier ou marketing, ou d'une connaissance des métiers de la société, de son secteur d'activité et de ses marchés.

Les membres du CA sont élus par l'assemblée générale ordinaire des actionnaires. Le président et le vice-président sont élus parmi les membres du CA. Le secrétaire du CA et le commissaire aux comptes sont élus par l'assemblée générale (AG) ordinaire des actionnaires.

### Conseil d'administration (CA)

Le conseil d'administration d'une société cotée se situe entre la société et ses actionnaires.

ÉVALUE

REND COMPTE À

### Secrétaire

***Nommé par***

CA

***Fonctions***

- Préparation, déroulement, suivi et procès-verbal des réunions du CA.

### Commissaire aux comptes

***Nommé par***

AG ordinaire

***Fonctions***

- Audit et certification.
- Rapport sur les comptes annuel à l'AG ordinaire.

### Actionnaires

Toute personne physique ou morale détenant des actions dans une société cotée est un actionnaire. Le CA travaille pour les actionnaires qui sont les propriétaires de la société.

## Président

***Élu par***

CA

***Fonctions***

- Représentant du CA.
- Organise et dirige les travaux du CA.
- Veille au bon fonctionnement des organes de la société.
- Interlocuteur entre la direction générale et les tiers dans leurs rapports avec le CA.

## Aux États-Unis, un conseil d'administration compte en moyenne 9,2 administrateurs.

## Vice-président

***Élu par***

CA

***Fonctions***

- Remplace le président en cas de nécessité.
- Dirige les initiatives et projets spéciaux attribués par le président ou le CA.
- Assume le mentorat des nouveaux membres.

REND COMPTE À

ÉVALUE

## Société

Responsable de la production, des ventes, des opérations marketing et des finances. La société rend compte de ses actes au CA par l'intermédiaire de son directeur général, qui exécute les décisions du CA.

### Directeur général

***Nommé par***

CA

***Fonctions***

- Représentant légal de la société, il détient le pouvoir exécutif.
- Gestion opérationnelle de la société au quotidien.
- Obligation d'information envers le président du CA et les administrateurs.

REND COMPTE À

ÉVALUE

### Équipe dirigeante

Les directeurs transmettent les décisions du directeur général au personnel.

## Administrateurs

***Élu par***

AG ordinaire des actionnaires

***Fonctions***

- Définition des stratégies.
- Nomination et révocation du président, du directeur général.
- Établissement des comptes sociaux et du rapport de gestion.
- Compte-rendu des activités de la société aux actionnaires.

## Équilibrer le CA

Le CA dispose de trois domaines de compétences distincts : définition de la stratégie de la société, rôles de conseil et de contrôle de la gestion de la société. La diversité des compétences, des expériences et des origines de ses membres assure une indispensable cohérence au conseil d'administration.

Les membres du CA ne sont pas tous issus de l'entreprise. Quand ils y travaillent (administrateurs exécutifs ou internes), ils possèdent une plus grande expertise en matière de gestion et de gouvernance, mais les administrateurs indépendants (non exécutifs ou externes) sont souvent mieux placés pour apporter une vision à long terme, évaluer les actions des dirigeants et leur demander des comptes. Lors d'un conflit d'intérêts potentiels entre la direction et les actionnaires, les administrateurs indépendants sont plus à même d'émettre recommandations et avis préservant les intérêts de la société.

L'équilibre idéal est la clé d'une bonne gouvernance. La décision de combiner les rôles de président et de directeur général est laissée à la discrétion du conseil d'administration, mais la bonne pratique vise à la dissociation de ces fonctions.

### ✓ À SAVOIR

- **Administrateur indépendant :** Ne représente ni l'actionnaire ni la direction et n'entretient pas de relations commerciales, familiales ni autres liens avec l'entreprise.
- **Administrateur exécutif :** Membre du CA qui exerce une fonction et des responsabilités exécutives dans la société.
- **Charte de gouvernance :** Document de référence établi par la société et qui décrit les principaux aspects de sa gouvernance.

## Variantes de structure du CA

### CA indépendant

Le CA se situe entre les actionnaires et la société. Le directeur général est le canal de communication entre le CA et la société, alors que le président assure l'interface entre les actionnaires et le CA. Cette structure offre le plus d'indépendance au CA.

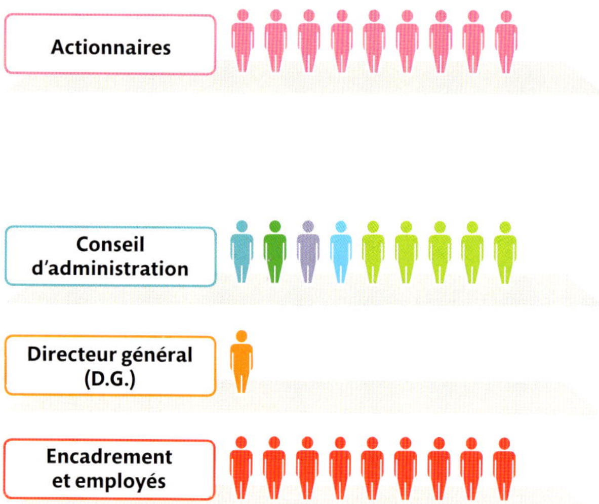


### CA avec président-directeur général (P.-D.G.)

Largement représenté aux États-Unis, et dans les PME de nombreux autres pays, ce mode de direction, avec un président du CA cumulant la fonction de directeur général, offre une moindre garantie d'indépendance en matière de contrôle de la gestion, de la stratégie, des performances et des rémunérations, mais il évite un dédoublement des rôles.

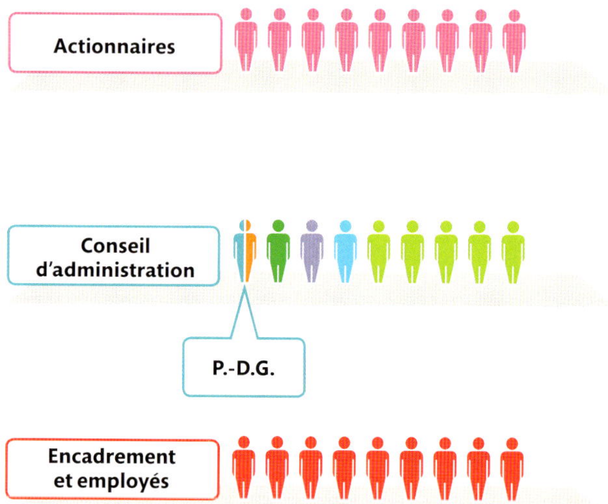

### P.-D.G. : AVANTAGES ET INCONVÉNIENTS

*Avantages*

- **Pouvoir centralisé :** Les décisions du CA entraînent moins de conflits.
- **Efficacité :** Mise en œuvre plus rapide des décisions du CA.
- **Expertise :** Le D.G. connaît les métiers de la société, de son secteur d'activité et de ses marchés. Il peut devenir président à sa retraite.
- **Équilibre des pouvoirs :** La hiérarchie établie entre le P.-D.G. et les autres dirigeants limite les conflits au sein du CA.

*Inconvénients*

- **Manque de transparence :** Potentiels conflits d'intérêts ou corruption.
- **Manque d'objectivité :** Difficulté à évaluer de façon objective le travail du P.-D.G.
- **Niveau de rémunération :** Le cumul des fonctions conduit à un niveau de rémunération plus élevé, comparé à celui de deux fonctions séparées.
- **Monitorat :** Impossibilité d'assurer un rôle de conseil et de soutien.

**En France, une personne physique ne peut pas exercer simultanément plus de 5 mandats d'administrateur.**

### CA avec administrateurs exécutifs

Une structure où le CA intègre des membres de la direction. Le directeur administratif et financier (DAF) est nommé trésorier du conseil d'administration et le directeur des opérations (DOP) fait office de vice-président. Dans certains pays, comme la France, la présence de représentants des salariés au sein du CA est obligatoire dans les sociétés de plus de 1 000 salariés.

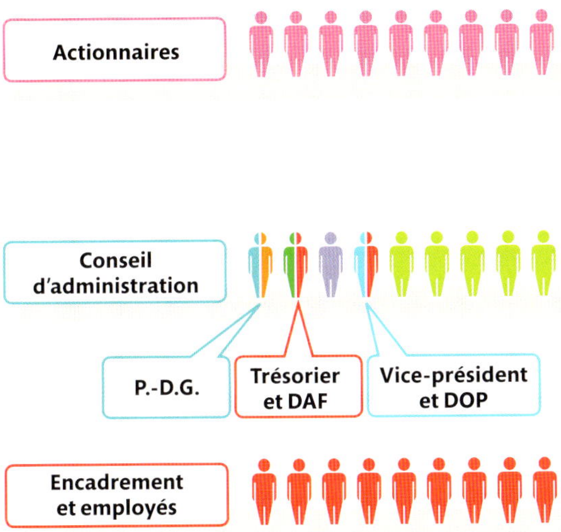


### Directoire et conseil de surveillance

Le conseil de surveillance est composé d'administrateurs élus par l'assemblée générale ordinaire des actionnaires et présidé par un président. Le directoire comprend des dirigeants, dont le directeur général, nommés par le conseil de surveillance. Ces deux organes collégiaux se réunissent séparément.

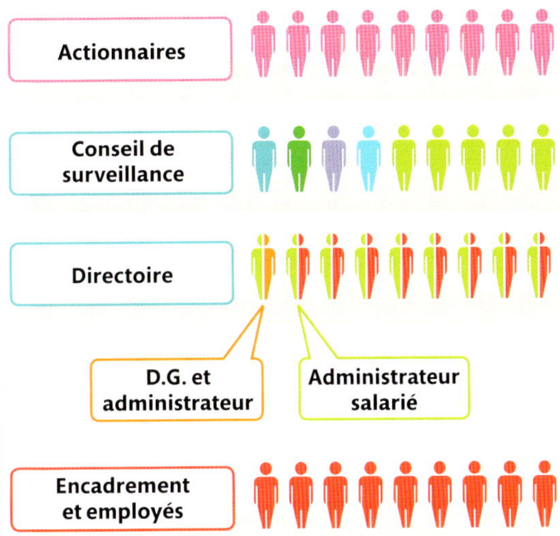

# Hiérarchie

**Les entreprises présentent une organisation hiérarchique à plusieurs niveaux, définissant la fonction et le statut de ses membres, du CA aux employés subalternes. La tendance actuelle est à la réduction du nombre de niveaux hiérarchiques.**

## Mode de fonctionnement

La structure organisationnelle classique d'une entreprise distingue cinq niveaux hiérarchiques, avec une autorité s'exerçant du sommet vers la base. Le directeur général occupe le plus haut niveau hiérarchique au sein de l'entreprise. Il rend compte au CA et assure parfois la fonction de président du CA. Un certain nombre de hauts dirigeants rendent compte au directeur général. Placés sous l'autorité de ces cadres dirigeants, les cadres moyens et le personnel d'encadrement sont répartis selon différents niveaux hiérarchiques suivant les entreprises, avec les employés à la base de la structure. En plus des employés qualifiés et non qualifiés, l'entreprise peut embaucher des salariés en CDD pour la durée d'un projet, mais aussi des intérimaires.

### LES CADRES DIRIGEANTS

En plus des trois fonctions exécutives clés au sommet de la hiérarchie on peut trouver :

**DA :** Directeur administratif.

**DSI :** Directeur des systèmes d'information.

**DTI :** Directeur technique informatique.

**DP :** Directeur de production, responsable de la stratégie de fabrication et de la performance globale de la production.

**DM :** Directeur marketing, responsable de la politique marketing de l'entreprise.

Les fonctions de cadres dirigeants ont évolué pour s'adapter aux conditions du marché et à de nouvelles priorités. Certaines fonctions traditionnelles tendent à disparaître, comme celle de directeur de production, au profit de nouvelles, comme :

**DPVP :** Directeur de la protection de la vie privée.

**DDD :** Directeur du développement durable.

**DDN :** Directeur du développement numérique.

**DGC :** Directeur de la gestion des connaissances.

### Cadres dirigeants

Il s'agit des postes à plus haute responsabilité de l'entreprise, avec le directeur général à leur tête. Traditionnellement, le directeur des opérations et le directeur administratif et financier occupent le deuxième rang de la hiérarchie, avec d'autres directeurs placés sous leur autorité. Tous rendent compte directement au directeur général.

### Cadres moyens

Responsables de la supervision de fonctions spécifiques dans l'organisation, la plupart des cadres moyens dirigent différents services ou divisions. Ils conçoivent, mettent en œuvrent, contrôlent et évaluent les plans d'action en fonction des objectifs qui leur ont été assignés. Les fonctions exactes et le nombre de ces cadres varient selon les entreprises.

### Cadres subalternes et autres employés

Les chefs d'équipe, comme les chefs de service et les sous-directeurs, exécutent les directives de la direction. Chargés de l'encadrement opérationnel d'équipes d'employés qualifiés et non qualifiés, par exemple des secteurs production, clientèle et ventes, ils assurent le bon fonctionnement des opérations, de l'équipement et des équipes, indispensable à la performance et à la rentabilité de l'entreprise.

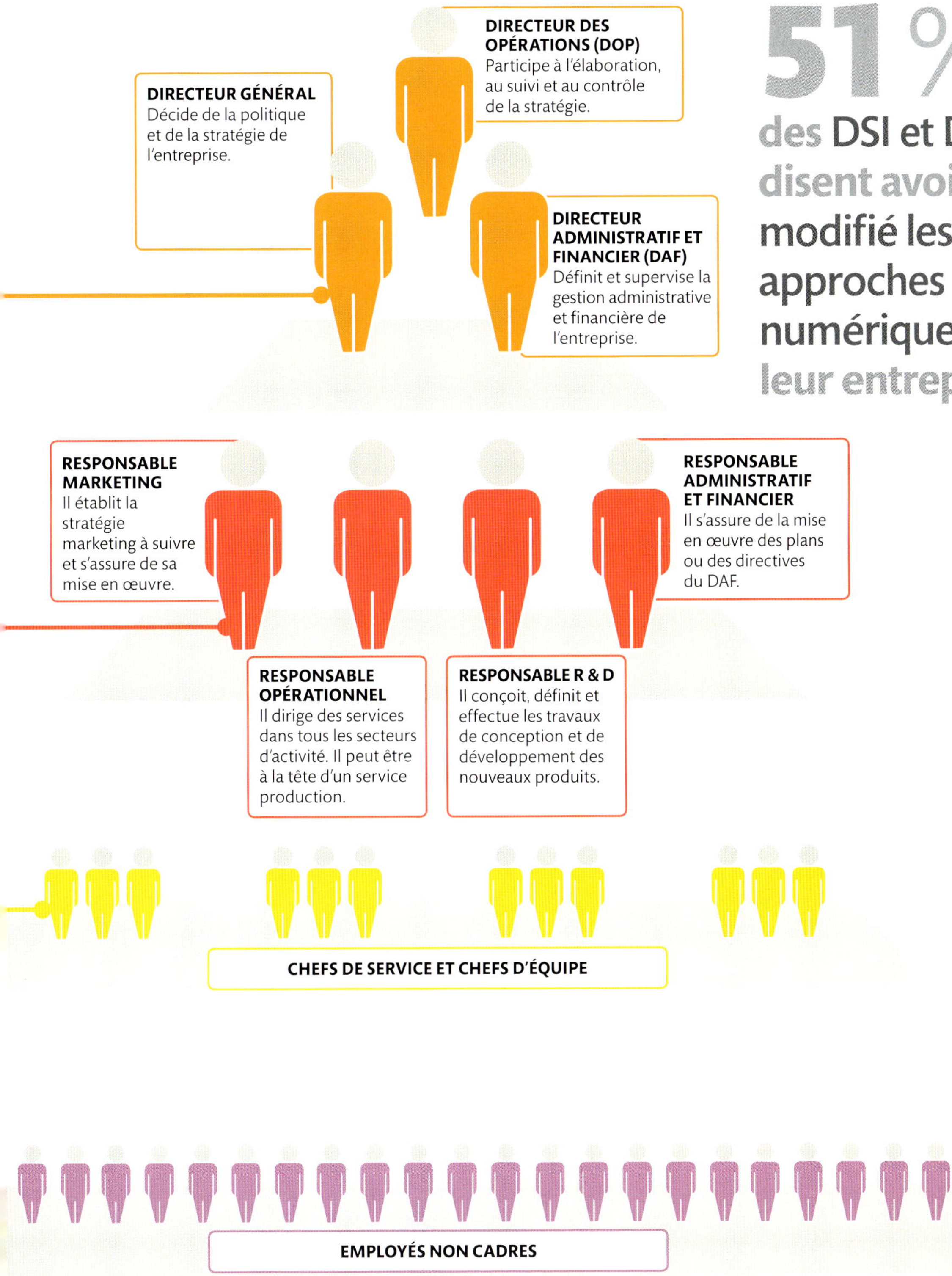


**51 %** des DSI et DTI disent avoir modifié les approches numériques de leur entreprise.

## Aplatir la hiérarchie

La tendance de ces dernières décennies consiste à réduire le nombre de niveaux du modèle d'organisation hiérarchique de l'entreprise, ce qui conduit à un aplatissement de la structure – le nombre de niveaux à franchir pour atteindre le sommet est donc moindre.

Cette tendance s'est notamment concrétisée par la disparition de la fonction de directeur des opérations. Entre 2000 et 2012, on note dans le Fortune 500 (classement annuel des 500 premières entreprises américaines selon leur chiffre d'affaires établi par le magazine *Fortune*) un déclin de 10 % du nombre d'entreprises avec un directeur des opérations. Seulement 38 % des entreprises citées en intègrent un. Les directeurs généraux ont aussi éliminé le niveau hiérarchique des cadres moyens. Entre 1986 et 2003, aux États-Unis, on note dans les entreprises une augmentation de 300 % des chefs de service rendant compte directement au directeur général.

Il arrive aussi que certaines entreprises décident une restructuration inverse, délaissant le modèle horizontal au profit d'une structure hiérarchique verticale, en éliminant un certain nombre de postes de cadres dirigeants pour les remplacer par un plus grand nombre de postes de chefs de service subalternes.

### ✓ À SAVOIR

- **Étendue des responsabilités :** Nombre maximal de personnel ou d'activités qui peuvent être effectivement contrôlées par une seule personne.
- **Structure hiérarchico-fonctionnelle :** Structure mise au point dans les années 1970 aux États-Unis, plus connue sous le nom de *staff* (conseil) *and line* (pouvoir de décision). Ce modèle d'organisation hiérarchique propose une ligne de gestion et de pouvoir décisionnel, avec des directeurs opérationnels, et une ligne de conseil et d'assistance, avec des directeurs fonctionnels qui ne donnent pas d'ordre.

## Hiérarchie verticale et horizontale

Les deux modèles d'organisation hiérarchique présentent leurs avantages et leurs inconvénients. Chaque entreprise doit définir le nombre de niveaux hiérarchiques et les fonctions les plus adaptées à la nature de ses activités.

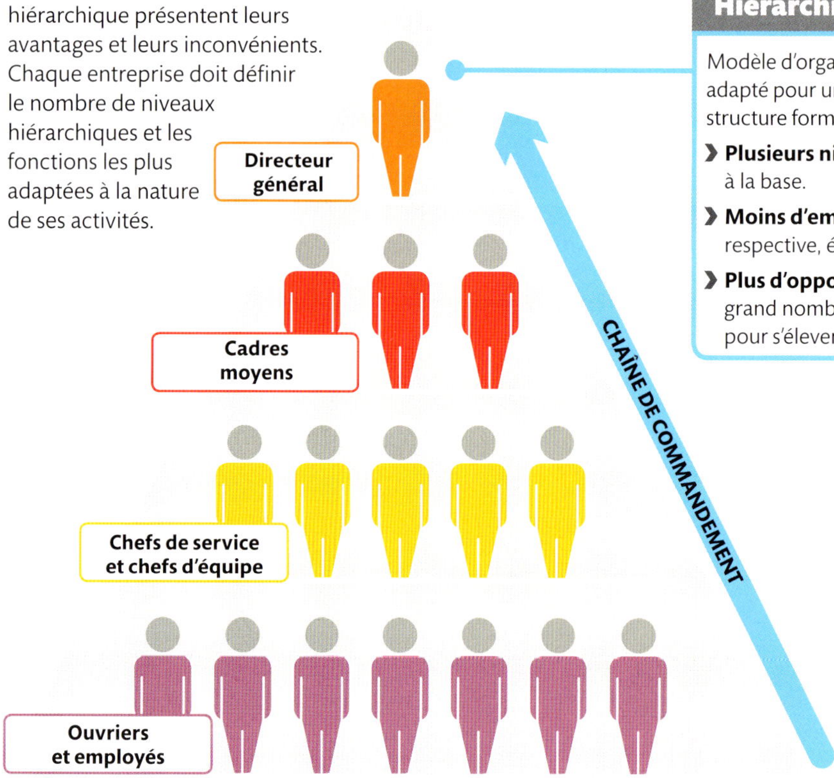


### Hiérarchie verticale

Modèle d'organisation hiérarchique traditionnel, adapté pour une chaîne de commandement à structure formelle, par exemple dans un cadre militaire.

- **Plusieurs niveaux hiérarchiques** du sommet à la base.
- **Moins d'employés** rendant compte à leur direction respective, étroite supervision possible.
- **Plus d'opportunités d'avancement** en raison du grand nombre de niveaux hiérarchiques à franchir pour s'élever dans la hiérarchie.

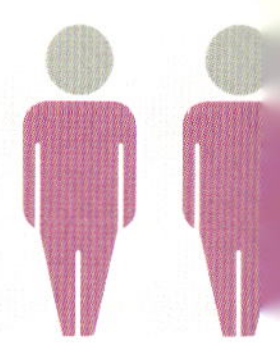

## ÉTUDE DE CAS

***Restructuration des trois plus grands constructeurs automobiles américains***

La crise économique de 2008 poussa les trois géants de la construction automobile aux États-Unis (General Motors (GM), Ford et Chrysler) à repenser leur structure organisationnelle dans un contexte de réduction de la production et de licenciement dû à l'érosion des parts de marché.

Les trois firmes adoptèrent les mêmes solutions : elles réduisirent les postes de cadres moyens et installèrent plus de chefs d'équipe au niveau hiérarchique inférieur, de façon à créer un modèle d'organisation hiérarchique plus plat.

- **Avant la restructuration :** Trente techniciens rendaient compte au chef de service production.
- **Après la restructuration :** Soixante-quinze techniciens rendent compte à un seul chef de service, par le biais de 18 postes de chefs d'équipe nouvellement créés.

**Dans les sociétés les plus efficaces, il existe seulement 5 ou 6 niveaux entre le P.-D.G et le directeur opérationnel.**

*(Source : cabinet de stratégie AT Kearney)*

### Hiérarchie horizontale

Modèle d'organisation hiérarchique allégé, plus souple et plus adapté aux entreprises privilégiant la créativité.

- **Moins de niveaux hiérarchiques** avec un fusionnement des strates cadres moyens et cadres subalternes.
- **Plus d'employés** rendant compte à leur direction respective, étroite supervision impossible .
- **Plus grande liberté de prise de décision** pour les employés.

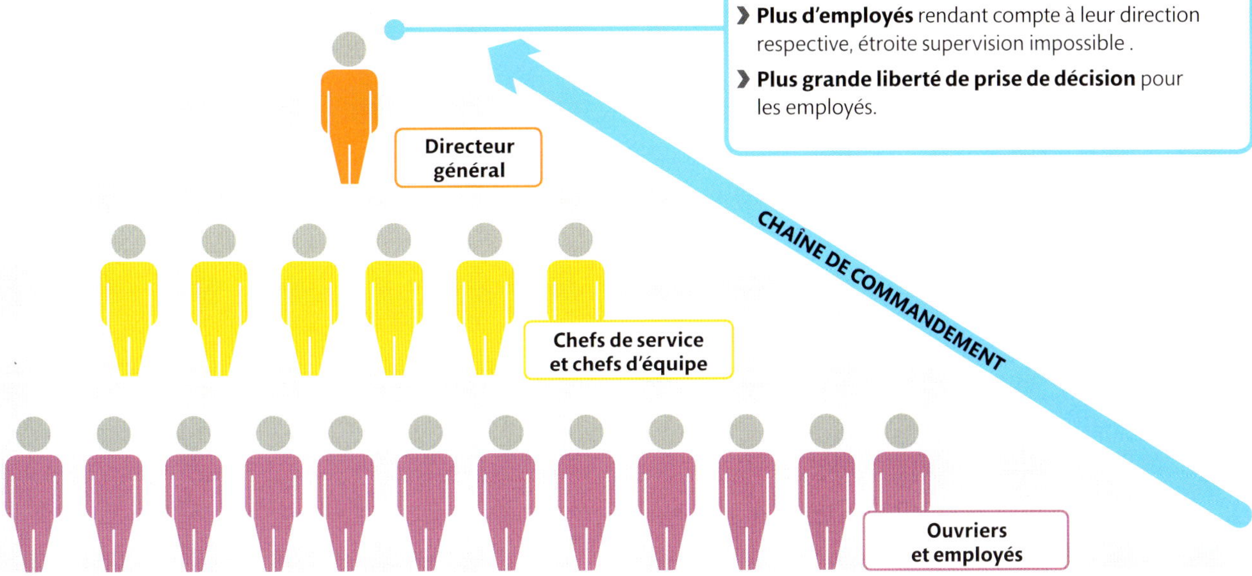

# Parties prenantes

**Une partie prenante désigne tout individu ou groupement affecté par les performances d'une entreprise, alors que l'actionnaire désigne toute personne physique ou morale possédant une ou plusieurs actions dans l'entreprise.**

## Mode de fonctionnement

Les actionnaires détenant en partie l'entreprise, ils ont droit au vote sur la gestion de l'entreprise et se partagent les bénéfices. Tous les actionnaires sont des parties prenantes, les performances de l'entreprise influant directement sur la valeur des actions qu'ils possèdent. Une entreprise qui se porte bien voit le cours de ses actions grimper ; à l'inverse, le cours de ses actions chute. Néanmoins, les parties prenantes ne sont pas obligatoirement des actionnaires. Il s'agit d'individus ou de groupements ayant un intérêt dans les activités de l'entreprise et dont la situation financière est tributaire de l'entreprise. L'intérêt de certaines parties prenantes se porte essentiellement sur le traitement éthique réservé aux travailleurs, l'approche en matière de développement durable et la gouvernance. Ces principes environnementaux, sociétaux et de gouvernance (ESG) relèvent de la responsabilité sociétale des entreprises (RSE).

## Domaines d'intérêt des parties prenantes

Parmi les parties prenantes, certains groupements se préoccupent uniquement de critères environnementaux, sociaux et de gouvernance (ESG), mais d'autres, comme les actionnaires et les fournisseurs, sont plus intéressés par les performances financières. Néanmoins, la plupart des groupements affichent un minimum d'intérêts communs, car une mauvaise image de l'entreprise est susceptible d'influer négativement sur le cours de ses actions.

### Parties prenantes aux intérêts ESG

Les parties prenantes ne sont pas directement impliquées dans l'entreprise, mais jugent que l'entreprise a une responsabilité sociétale quant à l'impact de ses activités en matière de respect de l'environnement, de droits de l'homme et de bien-être animal.

***Organisations non gouvernementales (ONG)***

- Contribution aux causes environnementales et sociales.
- Conformité juridique.

***Associations de consommateurs***

- Impact sur des communautés locales.
- Souci de bien-être social.

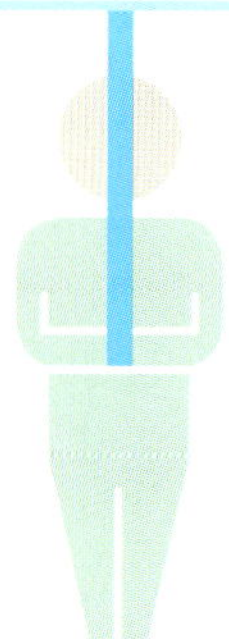

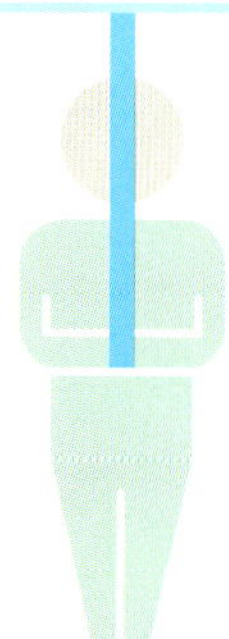

**892 milliards de dollars : perte moyenne de la valeur boursière d'une entreprise suite à la diffusion d'une image négative sur le plan des droits de l'homme.**

### Parties prenantes aux intérêts économiques et ESG

Les parties prenantes s'appuient sur l'obligation de reporting de critères environnementaux, sociaux et de gouvernance liés à la responsabilité sociétale de l'entreprise, pour évaluer et déterminer les futures performances financières de l'entreprise.

#### *État*

- Paiement d'impôts.
- Conformité juridique.

#### *Actionnaires*

- Capacité à verser des dividendes.
- Augmentation de la valeur de l'action.

#### *Clients*

- Qualité du produit.
- Prix du produit.
- Service client.

#### *Syndicats*

- Traitement des salariés.
- Salaires, avantages sociaux et conditions de travail.

#### *Fournisseurs*

- Capacité à régler les traites.
- Niveau des liquidités.

#### *Employés*

- Salaires et avantages sociaux.
- Longévité de l'entreprise.
- Perspectives d'emplois.

#### *Prêteurs*

- Capacité à rembourser les prêts.
- Intégrité de la direction.
- Atouts financiers de l'entreprise.

### Les parties prenantes en action

Comparés à d'autres parties prenantes, ce sont les actionnaires qui ont le plus d'intérêt dans les performances financières de l'entreprise. Mais ils sont aussi contraints de s'intéresser au sérieux de la RSE, qu'ils soient eux-mêmes préoccupés ou non par les questions d'ordre social et environnemental. En de nombreuses occasions, largement médiatisées, les parties prenantes ont démontré leur capacité à entraîner une chute sensible du cours des actions d'une entreprise. En utilisant les médias sociaux, les parties prenantes peuvent déclencher la colère des consommateurs et l'inquiétude des investisseurs.

## Influence des parties prenantes sur la valeur des actions

En avril 2010, une plateforme pétrolière propriété de British Petroleum (BP) explosait dans le golfe du Mexique. BP tenta d'atténuer les inquiétudes des parties prenantes, sans succès. Celles-ci firent éclater leur colère sur les réseaux sociaux. Au 66e jour de la marée noire, le cours de l'action BP à la Bourse de New York avait chuté de 52 %.

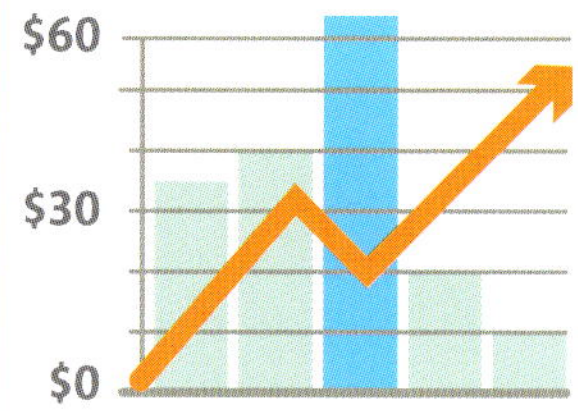


**20 avril 2010 :** les actions BP se négocient à

**60,57 $**

**Les médias** se font l'écho de la réaction violente des parties prenantes.

**La campagne** des parties prenantes dans les médias sociaux s'intensifie.

**Les informations** font état d'une marée noire pire que celle annoncée par BP.

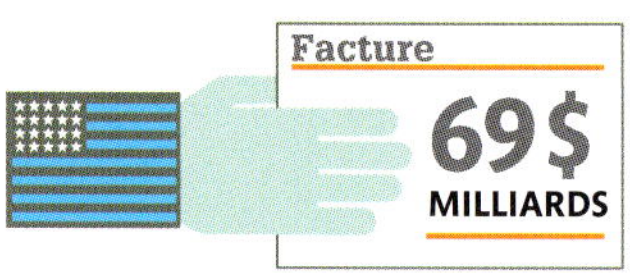


**Le gouvernement** américain intervient et fait parvenir à BP une facture de 69 milliards de dollars pour dépollution.

**L'administration** américaine envisage d'empêcher BP, par voix de justice, de payer les dividendes aux actionnaires.

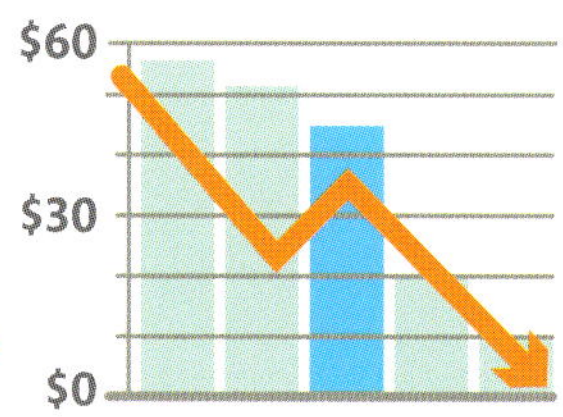


**La valeur de l'action BP** chute de 7 % à la Bourse de Londres.

# 75 % : augmentation du nombre des sociétés cotées en bourse* engagées dans une démarche de reporting RSE.

(* Sources : données Bloomberg pour la période 2008-2011)

**L'explosion de la plateforme** pétrolière entraîne la mort de 11 employés et le rejet de millions de litres de pétrole.

**Les médias** s'emparent de l'affaire.

**BP entame** une campagne sur Twitter et tente dans un premier temps de minimiser l'impact de la marée noire.

***Parties prenantes de la marée noire BP***

- Habitants des zones littorales affectées
- Pêcheurs locaux
- Personnel travaillant à la dépollution
- Activistes de la protection environnementale
- Employés BP
- Actionnaires BP
- Consommateurs d'essence
- Touristes et entreprises touristiques
- Médias
- État
- Grand public

**Les parties prenantes** utilisent les réseaux sociaux pour faire entendre leur colère quant au manque de responsabilité de BP. Les écologistes font état de la destruction de la faune sauvage. Des célébrités offrent leur aide et les parties prenantes exigent plus de transparence de la part de BP.

**Cinq des dix** plus gros actionnaires de BP vendent leurs actions.

**Le 25 juin,** le cours de l'action BP chute de plus de la moitié de sa valeur.

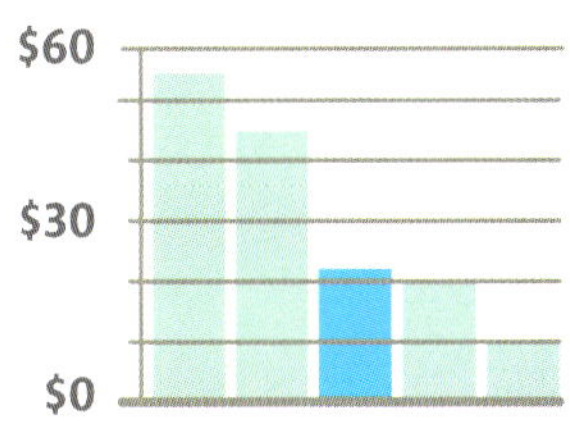


**25 juin 2010 :**
les actions BP se négocient à

**23,91 $**

# Culture d'entreprise

**Toute organisation présente un environnement de travail, consciemment ou inconsciemment façonné par les personnalités, les valeurs et le comportement des individus qui la dirigent et y travaillent.**

## Mode de fonctionnement

La culture organisationnelle de chaque entreprise est différente. Elle reflète l'éthique, les habitudes de travail et l'image reflétée par l'entreprise. Elle est également liée au secteur d'activité dans lequel elle œuvre. Dans une entreprise commerciale aux enjeux financiers importants, la pression du travail crée un environnement de travail tendu, à la différence d'une entreprise basée sur l'innovation et la créativité, dans laquelle l'ambiance est plus détendue. Le type de primes proposées aux cadres et aux employés peut influer sur l'environnement de travail, en créant une culture d'entreprise où domine la compétitivité ou la collaboration, ou un mélange des deux.

### ✓ À SAVOIR

- **Systèmes de contrôle :** Utilisé par les dirigeants pour établir des standards et mesures de performance.
- **Pression :** Force exercée pour peser sur un individu ou une situation.
- **Paradigme :** Système de valeur des objectifs, des missions et croyances.

## Types de culture d'entreprise

Les spécialistes en management ont tenté de définir le fonctionnement des cultures organisationnelles. Charles Handy, ancien professeur à la London Business School, distingue quatre types de culture : de rôle, club, de tâche et de la personne.

### Culture de rôle (ou bureaucratique)

La structure de l'entreprise repose sur le support de rôles spécialisés. Chaque rôle/fonction est déterminant et persiste même après le départ de la personne qui l'occupait. Procédures et systèmes sont rigoureusement appliqués, comme dans un ministère.

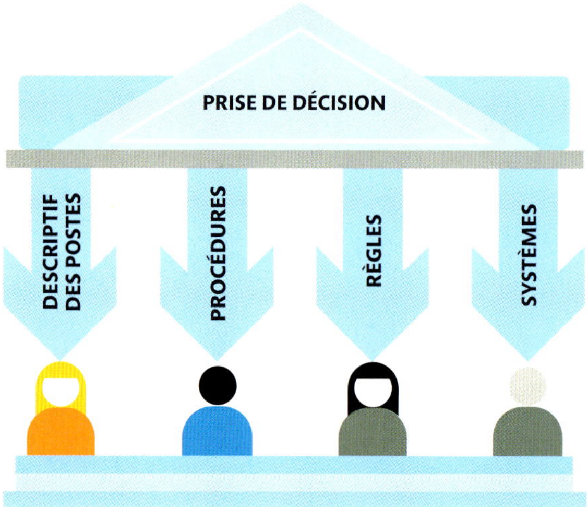


### Culture de club (ou de pouvoir)

Un modèle centré sur l'autorité d'un individu au centre de l'organisation, sur lequel repose la prise de décision et le succès de l'entreprise. Les individus les plus proches du centre disposent d'une plus grande influence. C'est un classique de l'entreprise familiale.

bureaucratique/contrôle

## COMPOSANTES DE LA CULTURE D'ENTREPRISE

Plusieurs facteurs renforcent la culture d'entreprise. Pour évoluer, les forces vives doivent trouver l'inspiration dans différentes motivations, valeurs et modèles.

**Taille de l'entreprise**
Grande ou petite entreprise

**Leaders**
Leur personnalité et comportement

**Structure organisationnelle**
Strictement hiérarchique ou autorité partagée

**Symboles**
Logos, code vestimentaire, mobilier et design intérieur

**Valeurs fondatrices**
Entre autres, les mythes et histoires des origines

**Systèmes de contrôle**
Récompenses, primes, évaluation de la performance

**86 %** des cadres dirigeants de sociétés internationales pensent que la culture organisationnelle est essentielle à la réussite.

### Culture de tâche (ou d'équipe)

Un modèle orienté vers la réalisation d'un projet comme force de motivation. Repose sur l'expertise d'équipes ou d'individus, mais les résultats sont plus importants que les objectifs. Une organisation notamment rencontrée dans les entreprises technologiques.

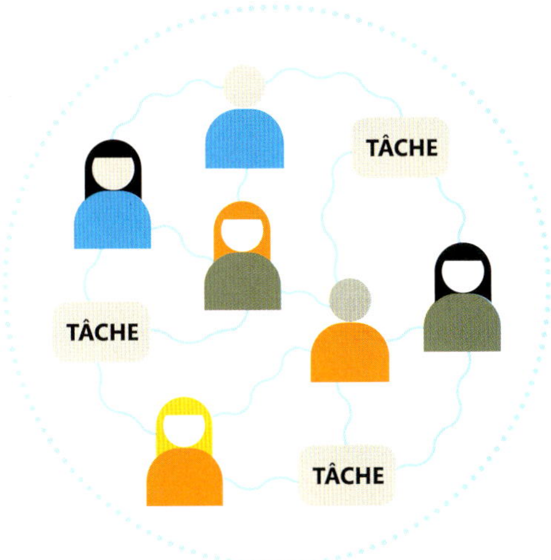


### Culture de la personne (ou existentielle)

Pouvoir et influence de l'entreprise sont partagés entre des personnes travaillant en semi-autonomie. La personne prime sur l'entreprise, constituée d'individus aux niveaux de spécialisation comparables, comme dans un cabinet d'architecte.

**entrepreunariale/souple**

# Structure organisationnelle

**La structure d'une entreprise peut avoir un impact majeur sur ses performances. Dans le monde des affaires, on distingue plusieurs types de structure organisationnelle, et ces modèles ne cessent d'évoluer. Il convient avant tout de décider si l'autorité doit être centralisée au sommet de l'organisation, avec un pouvoir décisionnel aux mains de quelques dirigeants clés, ou décentralisée, avec une répartition de l'autorité entre tous les niveaux de l'organisation et une ligne hiérarchique raccourcie.**

## Choisir une structure

La plupart des start-up optent pour une structure centralisée. Les structures plus complexes évoluent ou font l'objet d'une réorganisation au fil de la croissance de l'entreprise, en tenant compte de la nature de ses activités et de sa taille, de la complexité des tâches, de besoins ponctuels de compétences externes et de la localisation géographique d'une partie de ses activités.

### Centralisée

L'autorité est détenue par un nombre restreint d'individus, avec une longue chaîne de commandement.

- Pouvoir au sommet
- Rigide
- Conventionnelle
- Inflexible
- Résiste au changement

### Fonctionnelle

Adaptée à un contrôle strict et des relations hiérarchiques formelles, comme dans le cadre militaire. *Voir p. 68-69.*

**LE DIRECTEUR GÉNÉRAL COORDONNE L'ENSEMBLE**

### Divisionnelle

Adaptée aux entreprises disposant de nombreux bureaux ou lignes de production à travers le monde. *Voir p. 70-71.*

**LE DIRECTEUR GÉNÉRAL COORDONNE L'ENSEMBLE ET CHAQUE DIVISION A POUR RESPONSABILITÉ DE GÉNÉRER DES PROFITS**

### Matricielle

Adaptée aux grandes entreprises, avec des projets complexes et différentes implantations géographiques. *Voir p. 72-73.*

**RESPONSABLES DIVISIONNELS ET FONCTIONNELS COORDONNENT L'ACTIVITÉ**

# 100 %*

## des groupes parviennent à solutionner plus rapidement des tâches complexes dans une structure décentralisée.

*78 % des groupes parviennent à solutionner plus rapidement des tâches simples dans une structure centralisée.

### CHANGEMENT NÉCESSAIRE

Parmi les signes du mauvais fonctionnement de la structure organisationnelle d'une entreprise : manque de motivation, roulement du personnel important, absence de développement de nouveaux produits, accélération ou décélération brutale des profits.

***Outils à utiliser pour y remédier :***

- **Réingénierie des processus d'affaires (RPA) :** Analyse et reconfiguration des méthodes de travail au sein de l'entreprise.
- **Modification de la ligne hiérarchique :** Lorsqu'un unique responsable supervise les objectifs et performances, il peut être utile d'alléger la ligne hiérarchique, en optant pour une structure plus décentralisée, où le responsable fixe une partie des objectifs, mais pas tous.

### En réseau/ virtuelle

Adaptée aux entreprises des secteurs créatifs et technologiques, avec des échanges en ligne. *Voir p. 74-75.*

**L'ENTREPRISE CENTRALE COLLABORE AVEC UNE COMMUNAUTÉ VIRTUELLE**

### En équipes

Organisation adaptée aux entreprises s'appuyant sur l'innovation, avec une démarche axée sur le client. *Voir p. 76-77.*

**CHAQUE ÉQUIPE AUTO-COORDONNE SON ACTIVITÉ**

## Décentralisée

Distribution de l'autorité à tous les niveaux de l'organisation, délégation du pouvoir décisionnel au personnel.

- Pouvoir partagé
- Organique
- Expérimentale
- Flexible
- Réactive face au changement

# Structure fonctionnelle

**La forme d'organisation la plus classique pour une entreprise consiste à la diviser en services reflétant ses principales fonctions, chacun avec un directeur ou un responsable à sa tête.**

## Mode de fonctionnement

La chaîne de commandement ou ligne hiérarchique est directe. La structure fonctionnelle repose traditionnellement sur l'autorité d'un directeur général ou président-directeur général au sommet de l'organisation, supervisant différents services ou divisons spécialisés, comme le marketing ou la finance.

Chaque service opère comme une entité indépendante, avec son propre budget, et rend compte directement au directeur général, responsable des activités de tous les services. Ce type de structure organisationnelle est le plus répandu.

### DANGERS DE LA MENTALITÉ EN SILO

La mentalité en silo décrit un scénario où chaque service reste cloisonné dans son activité et sa fonction, sans partage des connaissances et de l'information.

**1 Le service marketing et vente** décide d'une offre spéciale en ligne « deux pour le prix d'un ».

**2 Le service administratif et financier**, pas informé, traite les commandes pour un seul exemplaire.

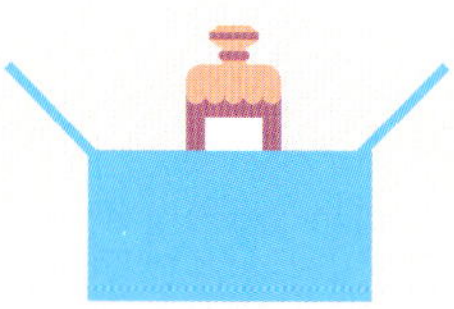

**3 Le service exploitation**, pas informé, envoie un seul exemplaire du produit.

**4 Le service après-vente** n'est pas préparé à recevoir les appels de clients mécontents.

## Modèle d'organisation fonctionnelle

Les services opèrent indépendamment les uns des autres, avec des responsables qui rendent compte au directeur général ou au président-directeur général supervisant l'ensemble des services. En règle générale, le service marketing et vente a pour responsabilité la gestion des lignes de produits.

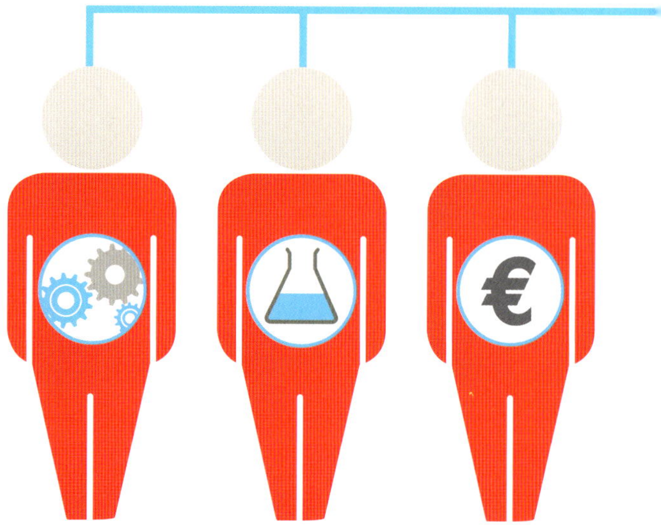

**Responsable production/ exploitation**

**Responsable recherche et développement**

**Responsable administratif et financier**

***Décider que vendre***

Le service marketing est au plus près du marché, et donc le mieux placé pour analyser le potentiel des lignes de produits. Le responsable marketing et vente peut suggérer l'introduction d'une nouvelle gamme de produits.

PRODUIT A

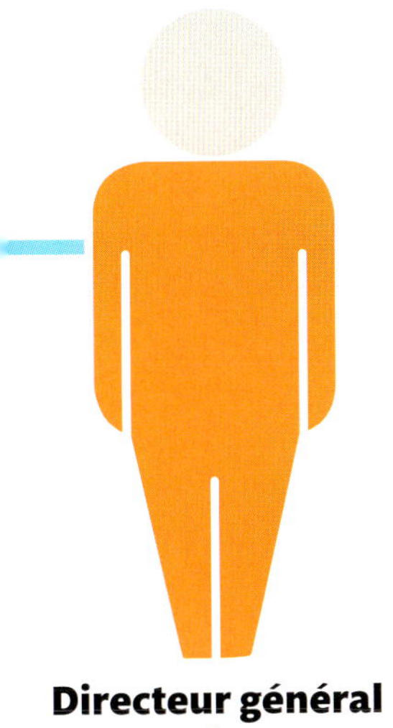


**41 %**

**des entreprises du Royaume-Uni pensent que leur structure organisationnelle est un frein à l'amélioration de l'expérience client.**

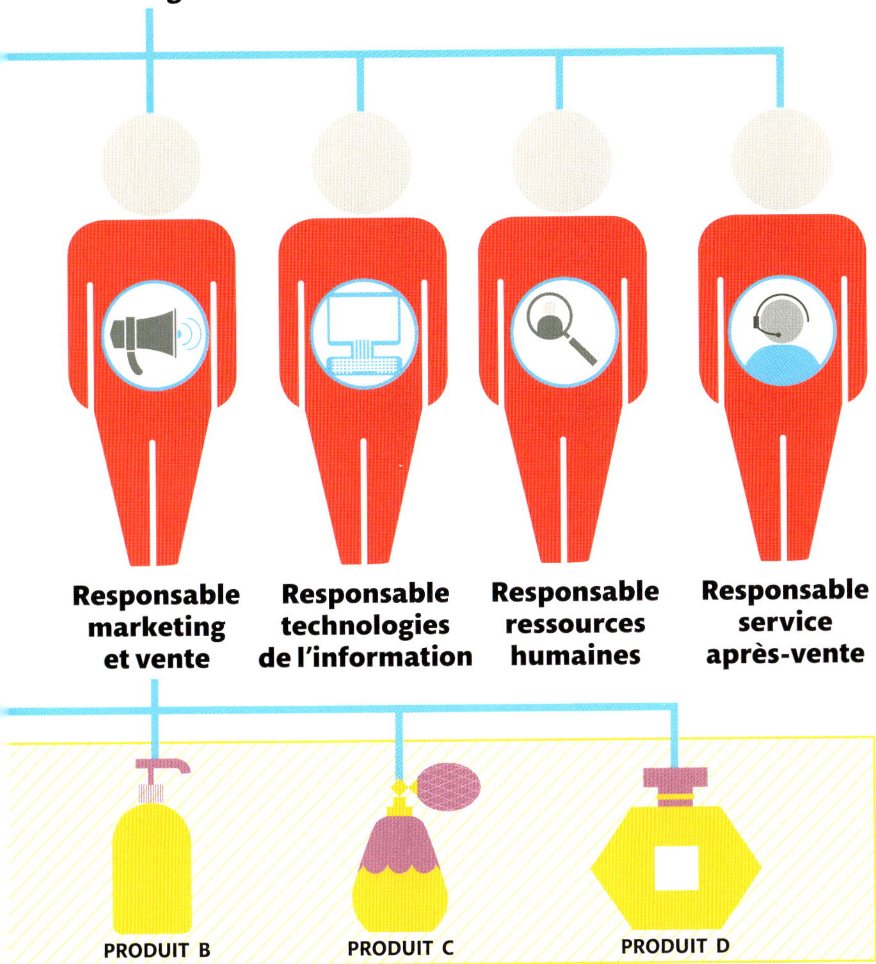


## AVANTAGES ET INCONVÉNIENTS

### *Avantages*

- Autorise le développement de la spécialisation et de l'expertise.
- Permet une concentration optimale des ressources et de potentielles économies d'échelle.
- Offre dans chaque service d'évidentes opportunités de carrière.
- Structure simple et efficace pour des usines fabriquant une gamme limitée de produits de consommation.

### *Inconvénients*

- Relations hiérarchiques formelles, frein à l'innovation et à la créativité.
- Manque de coordination efficace entre services.
- Manque de réactivité face aux problèmes, lenteur de la circulation de l'information entre services.
- Trop de décisions à soumettre au sommet de l'organisation, source de retard.

## À SAVOIR

- **Ligne hiérarchique :** Chaîne de commandement du sommet à la base d'une structure.
- **Organigramme :** Représentation schématisée de l'organisation et de la hiérarchie d'une entreprise.
- **Mentalité en silo :** Expression péjorative qualifiant le cloisonnement d'un service.

# Structure divisionnelle

**Certaines entreprises répartissent leur personnel au sein de divisions ou branches spécialisées, dédiées à un produit ou un marché spécifique. Chaque division forme une entité autonome, avec son personnel et sa propre structure fonctionnelle.**

## Mode de fonctionnement

Sous la supervision d'un directeur général ou d'un président-directeur général, plusieurs divisions travaillent les unes aux côtés des autres pour concevoir, rechercher, produire et vendre un type de produit, ou desservir un marché spécifique. Chaque division coordonne ses propres fonctions spécialisées, comme les fonctions exploitation et production, marketing et vente, finance. Chaque entreprise organise ses divisions selon le type de produits qu'elle fabrique, les régions dans lesquelles elle opère ou la clientèle qu'elle cible. Les entreprises de grande taille peuvent adopter des structures hybrides, par produits et zones géographiques par exemple.

### AVANTAGES ET INCONVÉNIENTS

***Avantages***

- La défaillance d'une division ne menace pas l'ensemble de la structure.
- Réactivité face aux évolutions du marché.
- Concentration sur les attentes de la clientèle.
- Les performances de chaque division sont facilement mesurables.

***Inconvénients***

- Multiplication et dispersion des ressources, par exemple chaque division compte un personnel affecté aux finances.
- Manque de partage d'expertise entre division.
- Plan de carrière limité au sein de chaque division.

## Division par zone géographique

Pour une entreprise dont les produits doivent s'adapter aux exigences de marchés locaux, l'organisation peut être structurée selon chacun de ses marchés régionaux. Ces marchés peuvent être domestiques ou internationaux. Entreprise du secteur des technologies d'impression et des services, Xerox a adopté avec succès cette structure organisationnelle *(voir étude de cas, page suivante).*

**Amérique du Nord**
Principal marché de l'entreprise

### Divisions par produit

Une entreprise commercialisant différents types de produits peut choisir une structure organisationnelle où chaque division prend en charge une ligne de produits (par exemple, McDonald's).

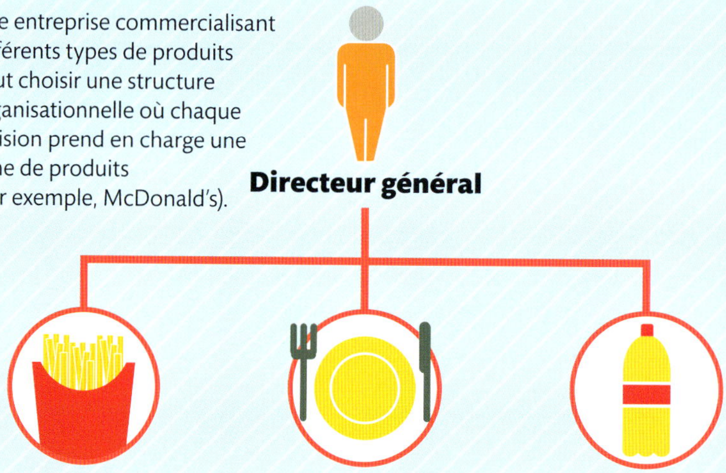

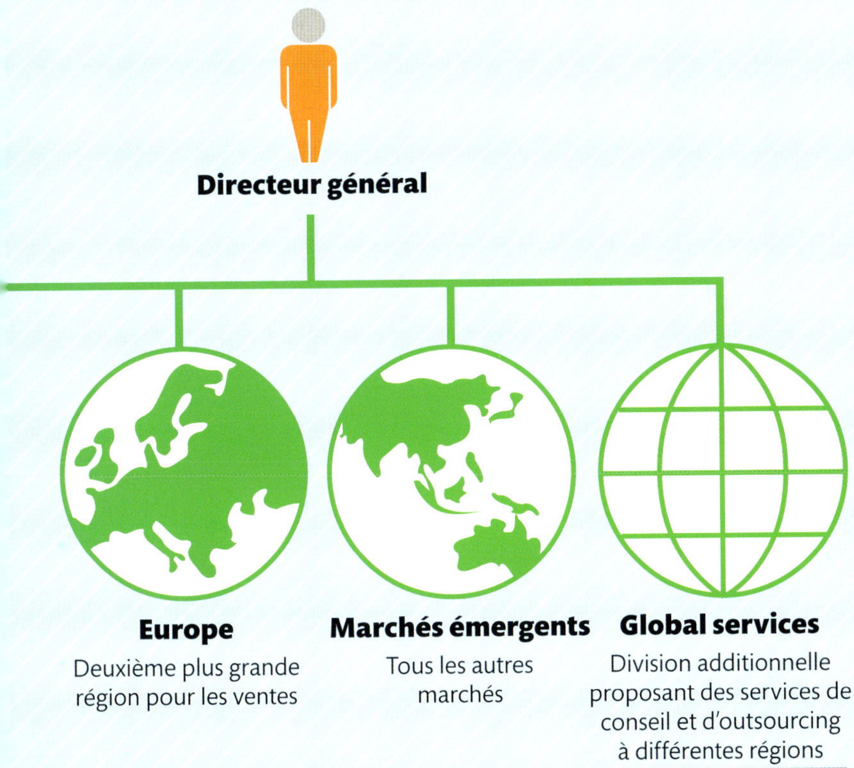


## Division par type de clientèle

Les entreprises avec des segments de marché distincts peuvent être organisées en division par type de clientèle.

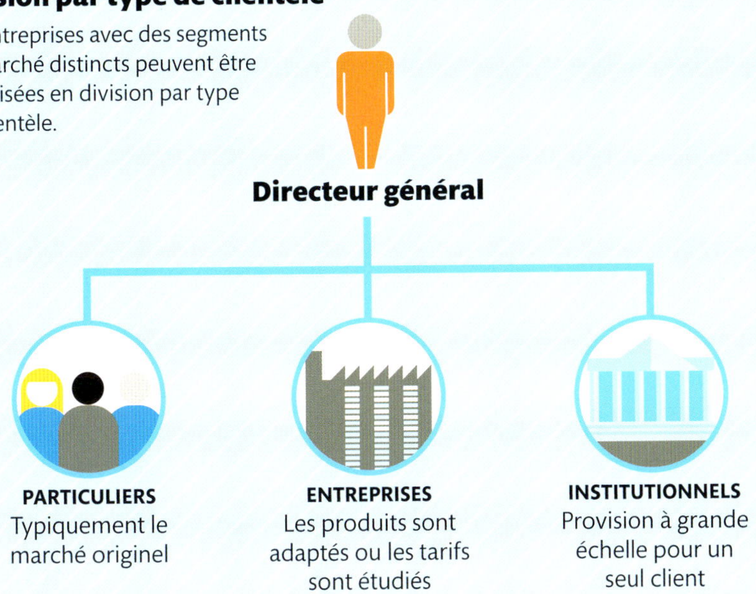


## ÉTUDE DE CAS

L'entreprise de technologies d'impression et de services Xerox fut restructurée à plusieurs reprises pour adapter ses activités aux principaux marchés qui achètent ses produits. En 1992, Xerox opta pour un changement structurel très médiatisé, en passant d'une structure fonctionnelle à une structure divisionnelle, réunissant neuf divisions, chacune dédiée à un segment de marché. Cette évolution permit à l'entreprise de se recentrer sur le cœur de ses activités : solutions de publication numérique, reprographie couleur et impression.

La division selon la localisation des marchés est une autre stratégie que Xerox utilisa avec succès. En 2006, chaque division fut une nouvelle fois réorganisée, par zones géographiques, afin de s'assurer que les décisionnaires se trouvent au plus près de la clientèle de chaque marché.

**7 % : augmentation du cours de l'action Xerox à l'annonce de son passage d'une structure fonctionnelle à une structure divisionnelle, en 1992.**

# Structure matricielle

**À la différence de la structure hiérarchique classique par fonctions ou divisions, la structure matricielle associe les deux approches, au sein d'unités à la fois fonctionnelles et divisionnelles, avec un personnel placé sous un double commandement.**

## Mode de fonctionnement

Une entreprise structurée selon une organisation matricielle adopte souvent en début d'activité une structure fonctionnelle plus traditionnelle. Il peut être judicieux d'y juxtaposer une structure divisionnelle lorsque l'entreprise se charge de plusieurs grands projets pour un client, ou se développe à l'international et commercialise ses produits dans plusieurs régions. La matrice peut se mettre en place temporairement quand il s'agit de prendre en charge des projets à court terme, puis devenir permanente.

Les deux chaînes de commandement créent une grille, associant une hiérarchie verticale, avec des responsables fonctionnels, et une hiérarchie horizontale, avec des chefs de projet/produit supervisant une ligne de produits, une marque, un projet ou une région.

### GRANDES ORGANISATIONS MATRICIELLES

Chacune des entreprises suivantes a été citée comme modèle de réussite d'une structure matricielle.

- **Procter & Gamble (P&G) :** Par souci d'innovation et d'adaptation au marché, cette entreprise du secteur des produits de grande consommation est segmentée en différentes lignes de produits : soins du bébé et de la famille, beauté, santé et bien-être, produits d'entretien textile et maison.
- **IBM :** Parce qu'elle doit contrôler plusieurs processus globaux, la matrice de cette entreprise technologique du secteur des services informatiques est structurée verticalement par divisions (ventes, distribution, finances, marketing, software), et horizontalement, par pays et région.
- **Cisco Systems :** En 2001, cette entreprise du secteur électronique et informatique se réorganisa pour déléguer un pouvoir décisionnel à des comités supervisant différentes fonctions et divisions, avec pour objectif une plus grande stimulation de réflexion à travers toute l'organisation et l'apport plus rapide de solutions face aux problèmes.
- **Starbucks :** Une chaîne de cafés structurée par produits sur un axe de la matrice et par fonctions sur l'autre, afin de s'assurer que qualité et innovation répondent aux exigences de la clientèle et anticipent ses désirs.

## Structure matricielle

Une entreprise de prospection et production pétrolière gère différents projets de raffinage du pétrole. Le gardien de la matrice la supervise et s'assure de son fonctionnement optimal.

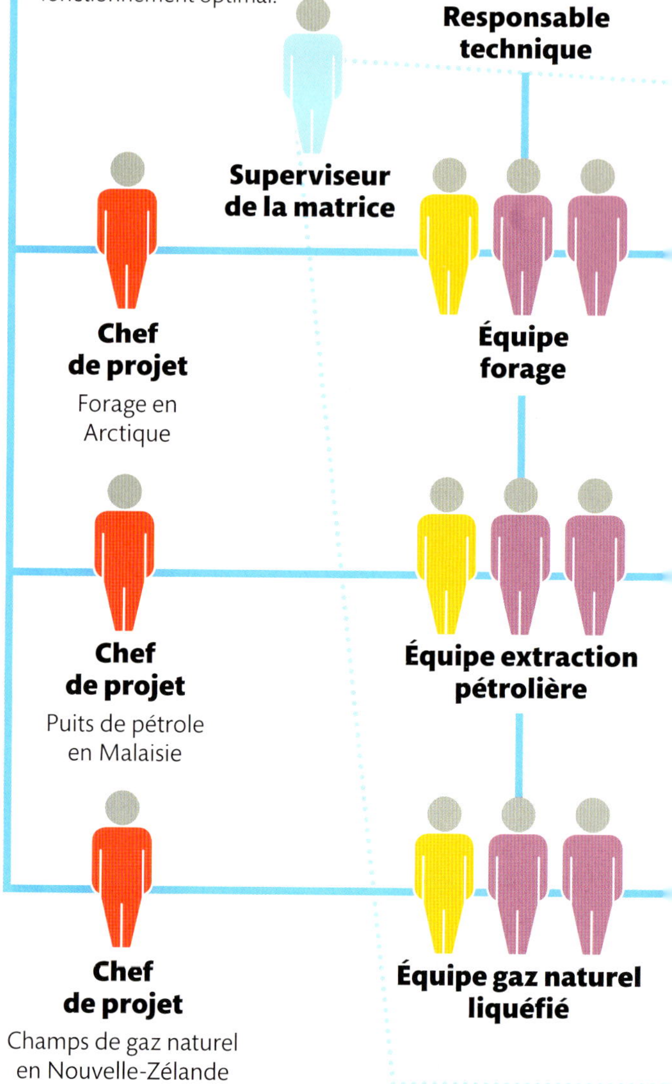

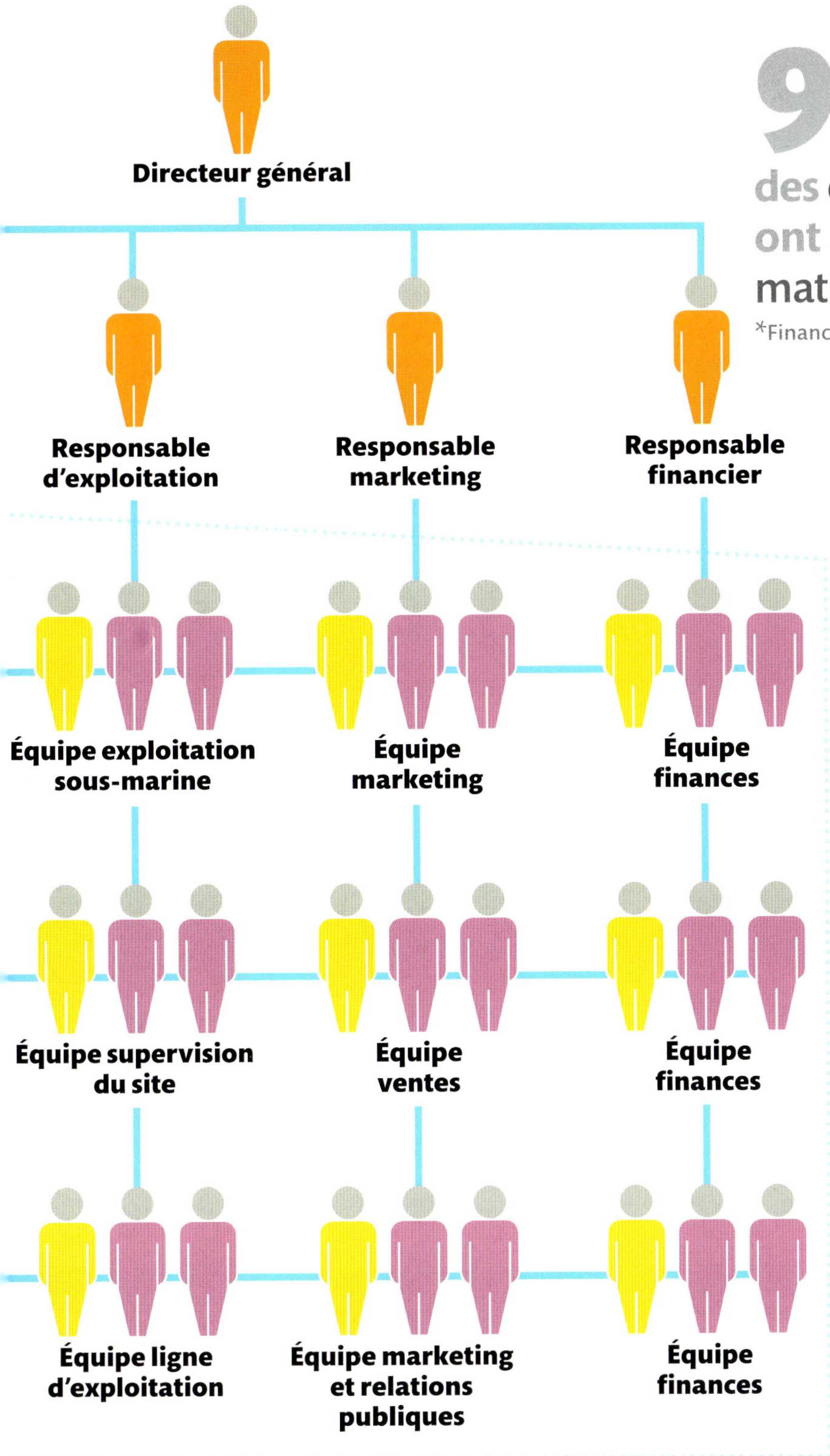


**90 %** des entreprises du FTSE 50* ont adopté une structure matricielle en 2013.

*Financial Times Stock Exchange

## À SAVOIR

- **Project management professional (PMP®) :** Certification en gestion de projets, géré par le Project Management Institute.
- **Superviseur de la matrice :** Cadre dirigeant nommé pour superviser la matrice et s'assurer de son fonctionnement optimal.
- **Matrice de maturité :** Structure matricielle où responsables fonctionnels et divisionnels disposent d'une même autorité.

## AVANTAGES ET INCONVÉNIENTS

***Avantages***

- Prise de décision plus rapide.
- Potentiel d'amélioration de la productivité.
- Flexibilité du personnel.

***Inconvénients***

- Structure coûteuse à établir et à gérer.
- Source de confusion liée à une dualité de commandement.
- Source de conflit interpersonnel, avec des objectifs d'équipes parfois concurrentiels.

# Structure en réseau

**Également qualifiée de structure virtuelle ou réticulaire, une structure en réseau est centrée sur une entreprise dégraissée, reliée à un maillage d'intervenants indépendants par le biais des technologies de communication.**

## Mode de fonctionnement

L'entreprise au centre de la structure est réduite aux fonctions basiques essentielles à sa gestion, selon ses activités, comme la fonction recherche et développement pour une entreprise technologique. Les fonctions périphériques sont externalisées et confiées à des prestataires spécialisés indépendants.

Les différents acteurs peuvent être éparpillés à travers le monde, et reliés entre eux par le biais d'Internet. Ensemble, ils fournissent tous les services et compétences nécessaires au réseau pour fonctionner comme une entité. Ce type de structure organisationnelle s'inspire du modèle de réseau des médias sociaux, d'où le nom d'entreprise en réseau.

### ✓ À SAVOIR

- **Entreprise agile :** Qualifie une entreprise en réseau, associant flexibilité, réactivité et productivité.
- **Décentralisée :** Qualifie une organisation présentant une plus large étendue des responsabilités et souvent un échange d'idées selon un flux montant.

## Structure en réseau en pratique

Network Screen est une petite entreprise de production cinématographique basée à Los Angeles, opérant depuis un studio où travaillent seulement deux employés, le producteur et son assistant. Pour chaque projet, le producteur fait appel aux compétences de prestataires extérieurs, pour produire son film. Le producteur établit un contrat et rémunère chacun de ces intervenants extérieurs.

### VARIANTE : LA STRUCTURE MODULAIRE

Dans une entreprise à structure modulaire, la production des composants ou modules d'un seul et même produit est externalisée (dans une structure en réseau, les fonctions ou processus, et non les produits, sont externalisés). La structure modulaire est surtout adaptée aux entreprises produisant biens d'équipement, ordinateurs, voitures et biens de consommation mécaniques. Toyota est un exemple d'entreprise à structure modulaire, mutualisant et coordonnant le travail de centaines de fournisseurs extérieurs, pour produire au final des voitures.

***Avantages***

- Production continue liée à l'implantation mondiale des unités de production.
- Recherche de la meilleure expertise à travers le monde.
- Frais généraux réduits en raison d'un personnel réduit au sein de l'entreprise centrale.
- Environnement souple et plus créatif.

***Inconvénients***

- Extrême dépendance envers la technologie, une panne ou erreur réseau peut nuire aux performances de l'entreprise.
- Confusion possible en l'absence de communication directe.
- Difficulté à organiser des réunions virtuelles en raison des décalages horaires.

**27 %** des entreprises en réseau font état de marges bénéficiaires plus élevées par rapport à la concurrence.

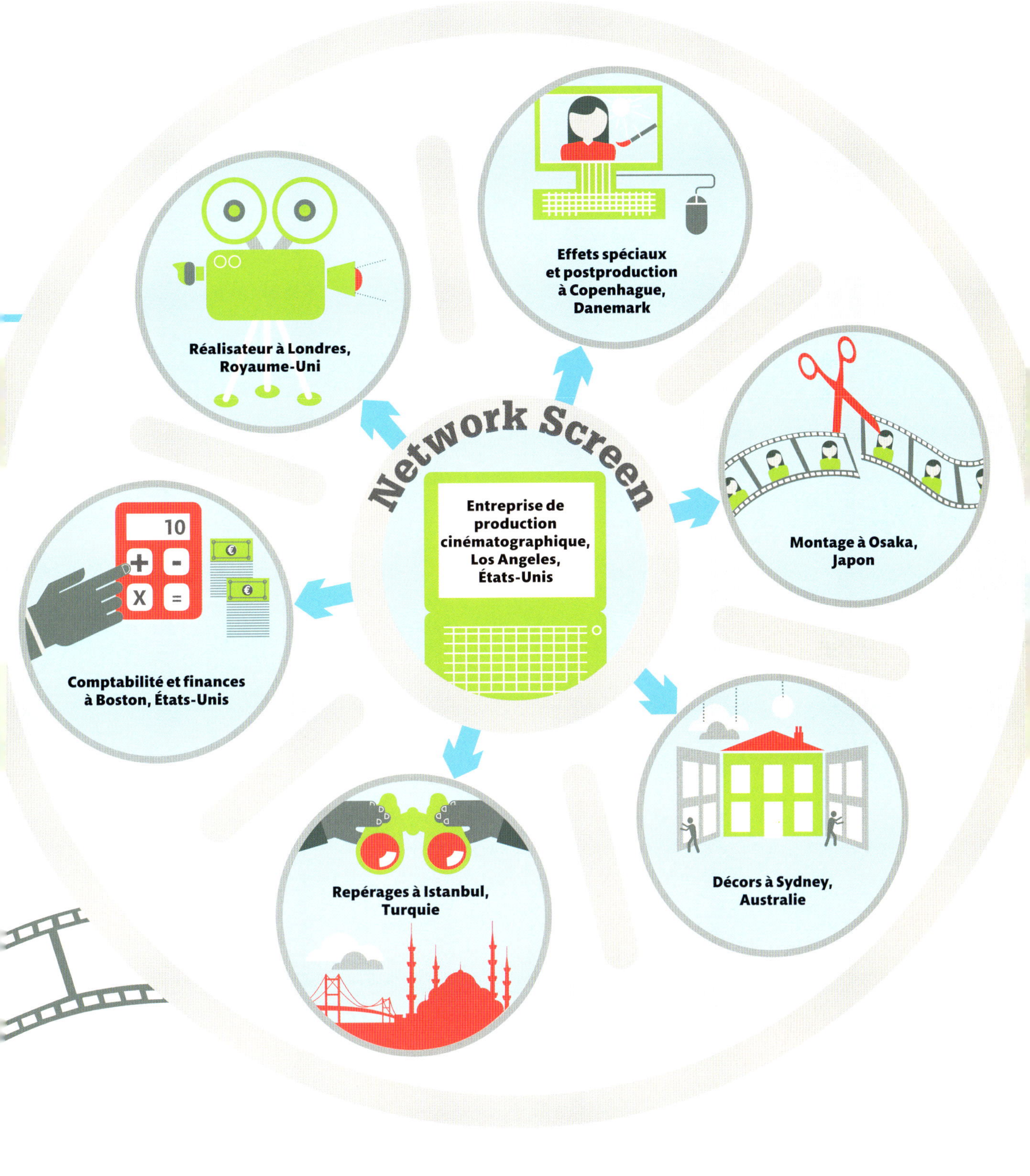
Network Screen
Entreprise de production cinématographique, Los Angeles, États-Unis
Effets spéciaux et postproduction à Copenhague, Danemark
Montage à Osaka, Japon
Décors à Sydney, Australie
Repérages à Istanbul, Turquie
Comptabilité et finances à Boston, États-Unis
10
Réalisateur à Londres, Royaume-Uni

# Structure en équipes

**Comme son nom l'indique, la structure en équipes est exclusivement constituée d'équipes ou de groupes de travail. Responsables et personnel de différents services se regroupent autour de projets spécifiques, à court ou long terme.**

### Mode de fonctionnement

Dans une telle structure, la prise de décision passe par l'organisation de réunions de travail et s'appuie sur la recherche d'un consensus mutuel au sein de l'équipe, et non plus sur l'application des ordres d'un membre de la direction, comme cela se produit dans une structure organisationnelle traditionnelle, avec une chaîne de commandement du sommet vers la base. Au sein d'une structure en équipes, une communication moins formelle emprunte souvent la voie d'un média social, blogs ou forums, et le recours à des logiciels de travail collaboratif, comme Groupware. L'étape au-dessus de la structure en équipes est l'holacratie *(voir encadré page suivante)*, une forme d'organisation innovante, sans responsables hiérarchiques, où le directeur général se déleste d'une partie de son pouvoir décisionnel, au profit de cercles interdépendants et auto-organisés, procédant à la tenue régulière de réunions.

### ✓ À SAVOIR

- **Transmission en cascade :** Passage successif d'une information ou d'objectif, du sommet stratégique aux niveaux inférieurs de la hiérarchie.
- **Structure latérale :** Structure décentralisée où les services travaillent à un objectif commun.
- **Structure en treillis :** Structure sans chaîne de commandement, les employés suivent des représentants.

## Modèle d'organisation par équipes

La structure en équipes conserve encore son directeur général, mais les niveaux hiérarchiques intermédiaires ont disparu. Les représentants d'équipe font partie intégrante de l'équipe, bien plus que d'une chaîne de commandement. Sous sa forme la plus aboutie, ce modèle organisationnel développe une culture favorisant la confiance entre membres de l'équipe, avec des individus plus motivés et responsables, pour une meilleure productivité et rentabilité.

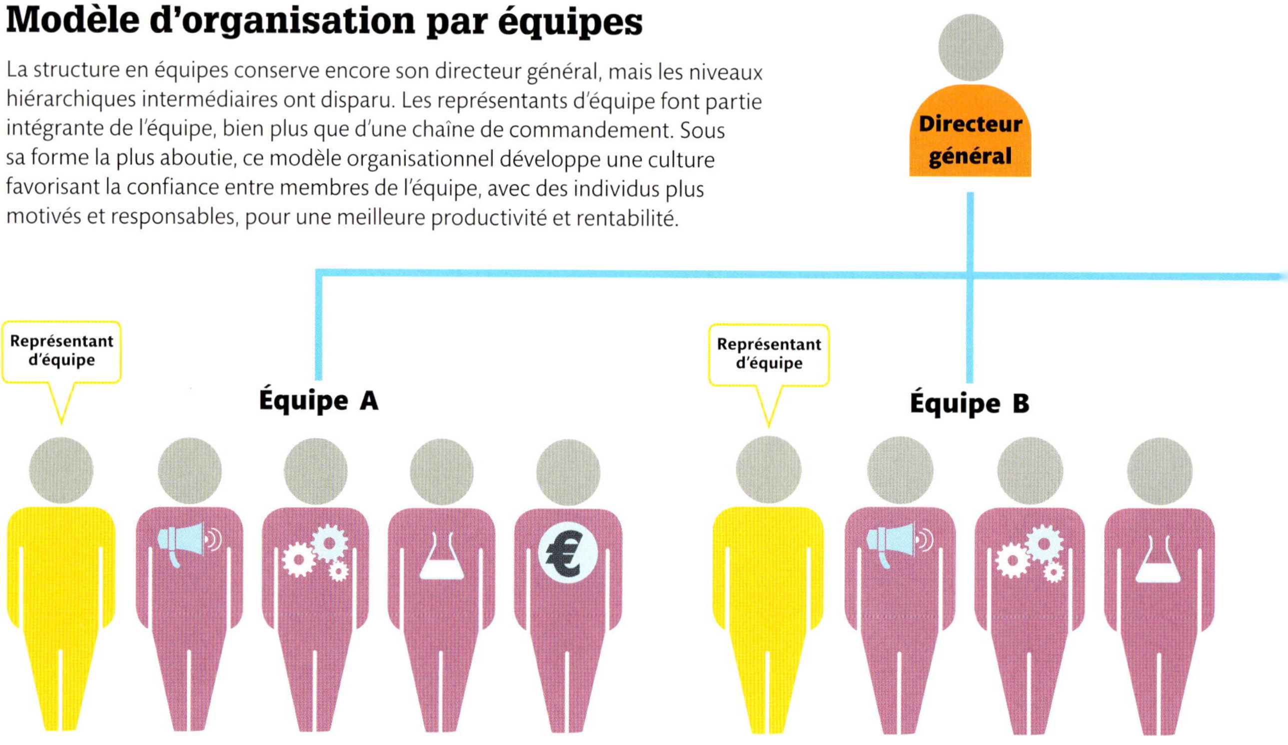

## L'HOLACRATIE BRISE LES FRONTIÈRES

Dans ce mode d'organisation, le personnel est groupé en cercles qui définissent leurs propres rôles et objectifs et choisissent leurs propres représentants. L'idée repose sur le principe selon lequel le partage du pouvoir et des responsabilités permet aux employés d'offrir le meilleur d'eux-mêmes. En 2014, Zappos, pionnier de la vente de chaussures en ligne basé à Las Vegas, adopta ce modèle pour ses 1 500 employés. Ce système organisationnel a été inventé par une entreprise technologique, qui déposa le nom Holacracy®. Si le système s'appuie sur le principe de la structure organisationnelle en treillis, il développe un peu plus le concept, en présentant une structure de gestion plus globale définissant des processus clairs sur les plans opérationnels et stratégiques, et en matière de gouvernance.

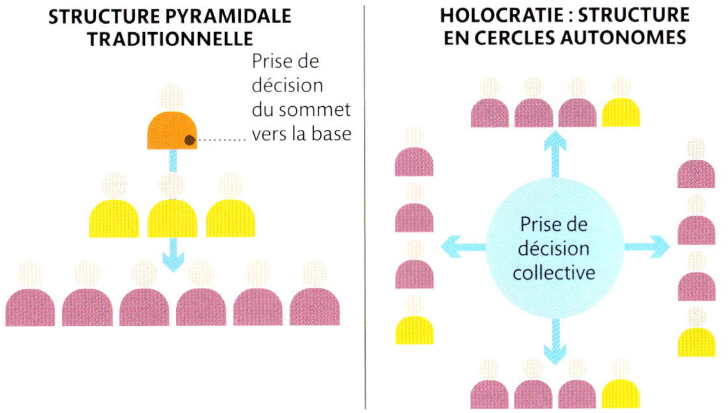


**200 à 300 % : augmentation de la productivité du fabricant américain Johnsonville Foods, de 1982 à 1990, après son passage à une structure en équipes.**

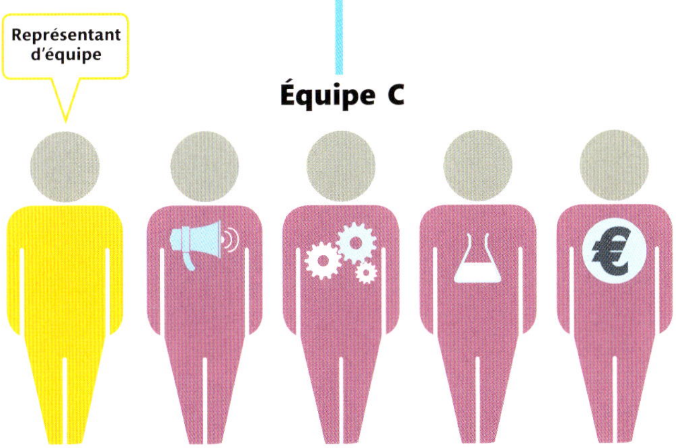


## AVANTAGES ET INCONVÉNIENTS

### *Avantages*

- Prise de décision plus rapide et plus grande réactivité face aux problèmes et défis.
- Frais généraux réduits en l'absence d'une lourde structure de direction.
- Liberté d'expression, sans crainte des réactions de la direction.

### *Inconvénients*

- Si l'équipe manque d'expertise, les décisions peuvent manquer de stratégie.
- Échange limité entre équipes, peut nuire aux performances de l'entreprise.
- Prise de décision par consensus, difficile à atteindre.

# Ressources humaines

**La fonction ressources humaines (RH) est responsable de toutes les politiques et processus se rapportant aux employés d'une entreprise. Pour aider l'entreprise à atteindre ses objectifs, la fonction RH doit s'assurer de recruter les individus possédant les bonnes compétences, les traiter avec équité et cohérence, et disposer d'un cadre de soutien pour les conduire au niveau de performance attendu.**

## Cadre des RH

Le point de départ de toute décision au sein d'une organisation se rapporte aux objectifs à atteindre. La fonction RH soutient la réalisation de ces objectifs, à travers une politique de recrutement au service de l'entreprise. Typiquement, la fonction RH définit une stratégie de personnel, tenant compte des compétences individuelles les plus adaptées à l'organisation. Une stratégie mise en œuvre dans différents domaines, du recrutement et de la sélection, à la formation et au développement. Les professionnels des ressources humaines travaillent en étroite collaboration avec les dirigeants et les cadres subordonnés, à la conception et à l'implantation de systèmes d'information de gestion des ressources humaines, en soutien des objectifs stratégiques de l'entreprise.

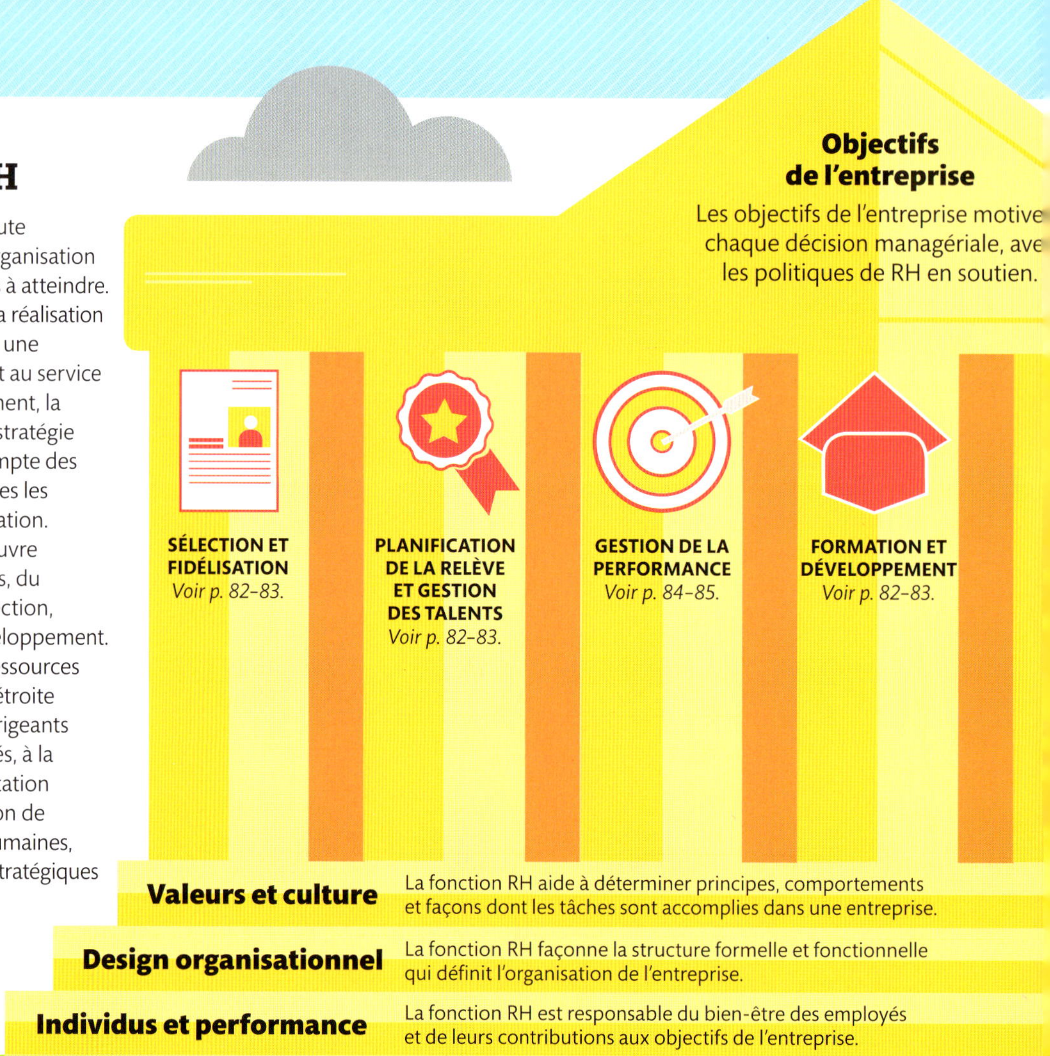

# 3,2 milliards :

## nombre d'individus occupant un emploi déclaré à travers le monde en 2014.

### DES TALENTS HUMAINS ESSENTIELS

Outre sa stratégie de recrutement, visant à s'assurer du rendement des employés, la fonction RH joue un rôle de soutien et d'accompagnement des talents individuels à tous les niveaux de l'organisation.

#### *Relations humaines*

- Certains individus sont des leaders naturels, mais tous les leaders peuvent bénéficier des apports d'une réflexion objective sur la stratégie de leadership qu'il souhaite adopter. *Voir p. 88-89.*
- Même au sein d'un modèle d'organisation hiérarchique allégé, les chefs d'équipe doivent développer une culture du leadership pour guider et soutenir leurs équipes. *Voir p. 90-91.*
- En dépit de l'évolution des technologies, l'homme reste indispensable à toute organisation, avec ses talents et ses connaissances au cœur du succès de l'entreprise. Ainsi la fonction RH voit son champ d'action s'élargir. Chez Google, cette fonction requalifiée fonction People Operations (POPS) veille au bien-être de son personnel, considéré comme un atout précieux, en offrant une large gamme d'avantages à ses employés, afin de « les attirer, d'accompagner leur développement et de les fidéliser ».

#### *Gestion de projet*

- La gestion de projet est un talent indispensable à tout dirigeant, tant pour les activités au jour le jour que pour les projets spéciaux. *Voir p. 94-95.*

#### *Négociation*

- La capacité à négocier est un talent essentiel. Vigilance et écoute, en matière de stratégie et de styles de leadership, sont une des clés du succès. *Voir p. 96-97.*

# Cycle des ressources humaines

**Dès le moment où une entreprise recrute un collaborateur, jusqu'au départ de ce dernier, l'employé entre dans un cycle géré par la fonction ressources humaines.**

## Mode de fonctionnement

L'individu représente un coût significatif pour toute organisation, mais aussi une valeur non négligeable. Pour de nombreux directeurs généraux, le personnel est perçu comme leur principal atout, à l'image de l'industriel américain Henry Ford, qui confia un jour : « Prenez-moi mes usines, prenez-moi mon argent, mais laissez-moi mes hommes et je rebâtirai mon empire ». La fonction RH est là pour s'assurer que les bons individus occupent les bons postes, afin que l'entreprise puisse déployer sa stratégie et maintenir sa compétitivité. La complexité de l'organisation influe sur les étapes du cycle des ressources humaines, mais on retrouve à la base les mêmes éléments.

### À SAVOIR

***Code du travail***

Le Code du travail définit les règles applicables en matière d'embauche, de contrat de travail et de licenciement. En France, il interdit notamment toute discrimination à tous les stades de la vie professionnelle.

L'entreprise identifie un besoin en recrutement et met en place un processus pour attirer des candidats. Évaluation des dossiers de candidature et entretiens permettent de retenir le meilleur candidat.

Après acceptation des conditions et signature de son contrat d'embauche, le candidat devient un employé de l'entreprise.

> « Identifiez les talent qui vous manquent et embauchez les gens qui les possèdent. »
>
> Howard Schultz

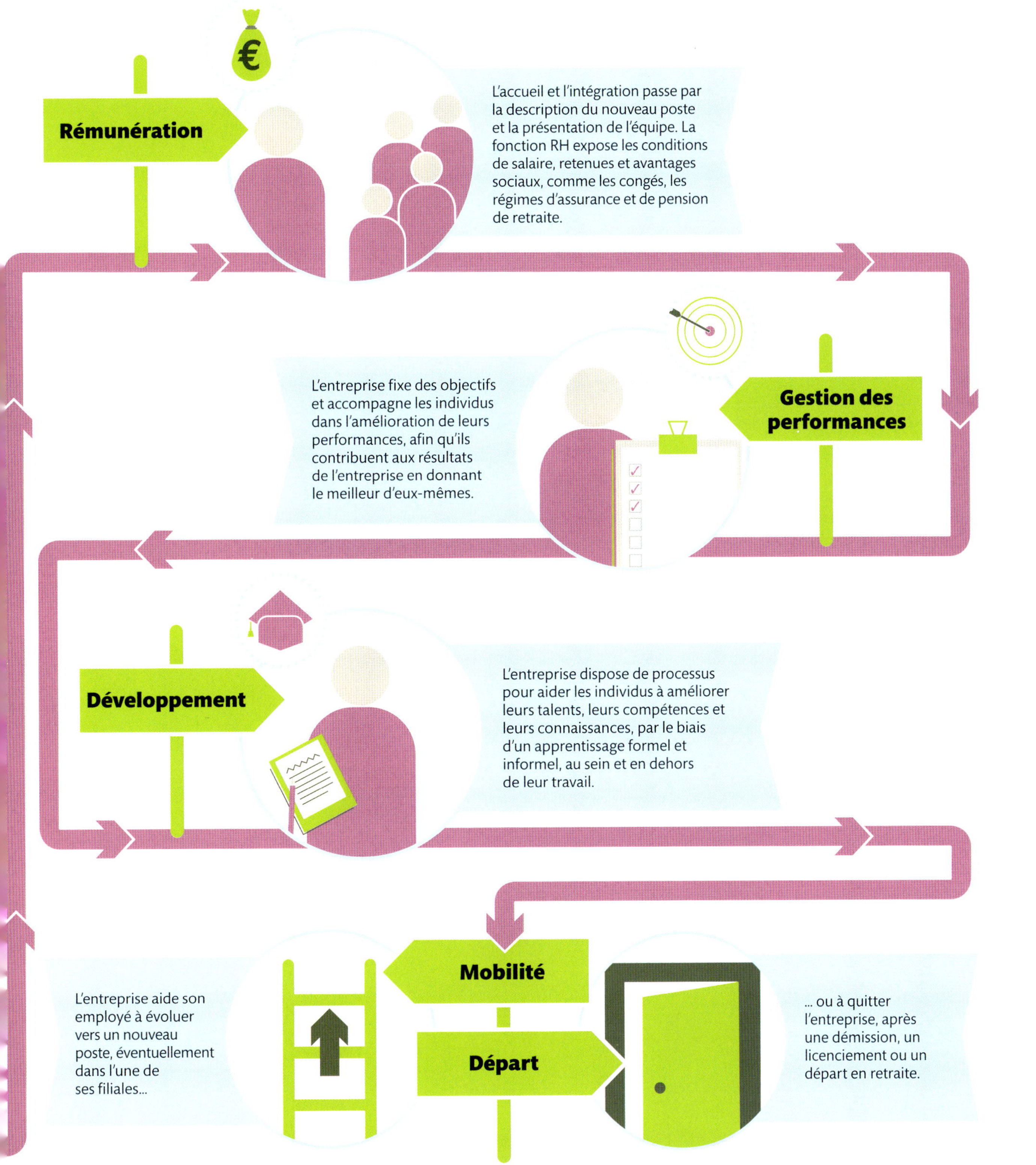
Rémunération
L'accueil et l'intégration passe par la description du nouveau poste et la présentation de l'équipe. La fonction RH expose les conditions de salaire, retenues et avantages sociaux, comme les congés, les régimes d'assurance et de pension de retraite.
Gestion des performances
L'entreprise fixe des objectifs et accompagne les individus dans l'amélioration de leurs performances, afin qu'ils contribuent aux résultats de l'entreprise en donnant le meilleur d'eux-mêmes.
Développement
L'entreprise dispose de processus pour aider les individus à améliorer leurs talents, leurs compétences et leurs connaissances, par le biais d'un apprentissage formel et informel, au sein et en dehors de leur travail.
Mobilité
L'entreprise aide son employé à évoluer vers un nouveau poste, éventuellement dans l'une de ses filiales...
Départ
... ou à quitter l'entreprise, après une démission, un licenciement ou un départ en retraite.

# Recrutement et sélection

**Embaucher la bonne personne au bon poste est vital au succès de l'entreprise. Cette étape repose sur le processus de sélection et de recrutement. L'évolution des nouvelles technologies a modifié les voies de recrutement traditionnelles.**

## Mode de fonctionnement

La gestion de ce processus est confiée à la fonction RH. De plus en plus, les chargés de recrutement travaillent en ligne avec des outils souvent disponibles *via* l'intranet de l'entreprise.

Le recrutement débute par l'identification d'une vacance et la collecte des informations relatives à la nature exacte du poste. Différents aspects sont à prendre en compte, comme la raison d'être du poste, l'identification des tâches requises, l'appréciation du rendement ou des résultats attendus, mais aussi la façon dont le poste s'insère dans la structure de l'organisation. Ces informations constituent la base de l'élaboration d'un profil de poste et de candidat. La recherche peut alors débuter. Site Web de l'entreprise, cabinets de recrutement, sites d'offres d'emploi en ligne et annonces dans la presse sont les moyens généralement employés pour attirer l'attention de candidats. Internet est aujourd'hui largement utilisé. De nos jours, les dossiers de candidature sont souvent soumis en ligne, et font l'objet de réponses et d'un tri automatique des candidatures.

### RESTER EN PLACE

En période de récession, les individus ont tendance à ne pas quitter leur poste. Aux États-Unis, 9 millions de travailleurs ont été embauchés au cours du deuxième trimestre 2009 (mi-récession), contre 12,8 millions lors du dernier trimestre 2007 (avant récession), soit une baisse d'environ 30 %. Selon le Bureau of Labor Statistics, 80 % de ce déclin était lié à une chute du taux de roulement du personnel, autrement dit à la mobilité des travailleurs, plutôt qu'à une baisse des créations d'emploi.

**10 000 :** nombre de candidatures reçues sur le site Web de L'Oréal en 2015.

**Profil de poste et de candidat**

Description écrite claire du poste, incluant le titre du poste, sa raison d'être, les tâches, les responsabilités, les objectifs, la structure de subordination, mais aussi les compétences et qualités requises. Ce document utilisé lors du processus de recrutement permet de proposer un cadre clair aux candidats et aux chargés de recrutement.

**Profil de candidat**

Résumé des critères exigés ou souhaités à la sélection d'un candidat, incluant les talents et/ou les compétences requis pour le poste, l'expérience et le niveau d'études.

## Sources internes

La recherche de sources en interne crée avant tout des opportunités, en matière de développement et d'évolution de carrière, participe à améliorer l'implication et la fidélisation des employés.

## Recommandation personnelle

Certaines entreprises à la recherche de candidats encouragent leurs employés à leur présenter leurs connaissances.

## Sources externes

De plus en plus, entreprises et candidats utilisent des réseaux sociaux à vocation professionnelle comme Linkedin, ou des médias sociaux comme Facebook ou Twitter. Le recrutement en externe participe à la diversification de la main-d'œuvre, mais son coût est plus élevé.

## Candidature

Le curriculum vitae (CV) est un document essentiel, souvent accompagné d'une lettre de motivation. Certaines entreprises peuvent lui préférer un formulaire de candidature.

## Sélection

À l'issue d'une présélection par la fonction RH, chaque candidat est évalué lors d'un entretien individuel en face à face, d'un entretien de groupe et/ou de tests sychométriques.

## Embauche

L'entreprise peut demander au candidat sélectionné des références et/ou le passage d'une visite médicale d'embauche. L'offre d'emploi est un contrat ayant force obligatoire qui définit les modalités du poste.

### À SAVOIR

› **Tests psychométriques :** Ils visent à évaluer des qualités comme l'intelligence émotionnelle, les aptitudes fondamentales et les traits de personnalité du candidat par le biais de tests de raisonnement verbaux et non verbaux et de questionnaires de comportements professionnels.

# Évaluation

**Pour atteindre ses objectifs, une entreprise doit disposer d'un processus d'évaluation des contributions et performances individuelles au regard de ses objectifs.**

### Mode de fonctionnement

La façon dont les tâches sont exécutées est aujourd'hui aussi importante que les tâches elles-mêmes. Les organisations reconnaissent donc l'intérêt de développer une culture d'entreprise adaptée à l'expression des compétences individuelles. Pour toute entreprise, une juste évaluation des compétences de son personnel permet d'optimiser le rendement des individus, des équipes et de l'organisation tout entière.

## Cycle traditionnel de la gestion de la performance

La gestion de la performance est un processus permanent et continu. Certaines entreprises s'éloignent aujourd'hui du modèle traditionnel de la gestion de la performance et se tournent vers le « crowdsourcing » pour collecter, évaluer et partager des informations sur les performances individuelles.

### UNE SITUATION GAGNANT-GAGNANT

L'évaluation de la performance est bénéfique pour l'entreprise autant que pour l'individu.

***Pour l'entreprise***

- Aligne les objectifs individuels sur ceux de l'entreprise et apporte une approche cohérente, avec des points de repère.
- Source d'amélioration constante, elle encourage bons comportements et qualités des relations sociales.

***Pour l'individu***

- Favorise la compréhension de ce que l'on attend de lui et encourage l'expression des talents.
- Soutien permettant de combler une faille au niveau des capacités.

1

**Objectifs individuels**

Cadrer les objectifs personnel pour les aligner sur les orientations stratégiques de l'entreprise.

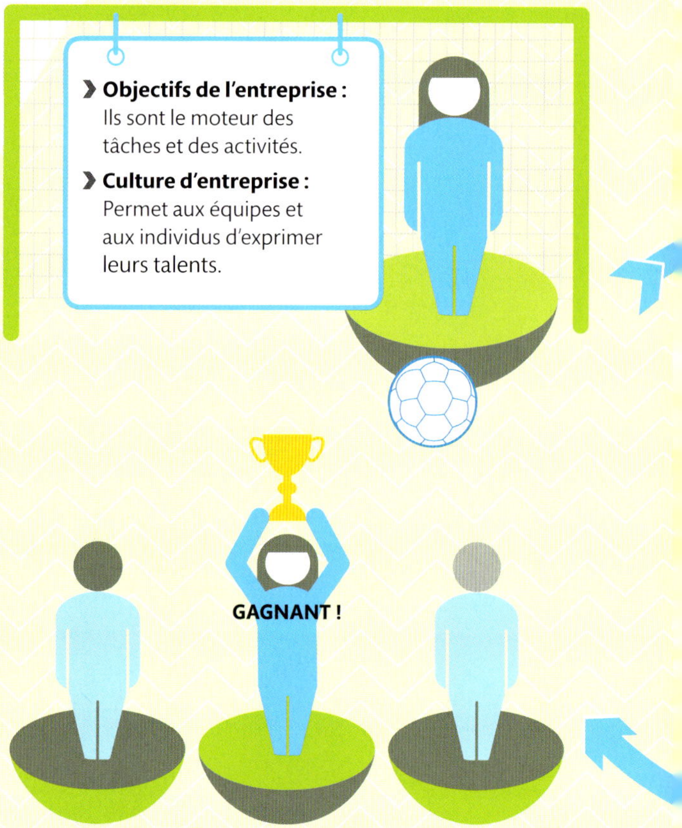


5

**Récompenses**

Promotion et augmentation de salaire vont de pair avec la performance.

## 2 Discussion

Échanges continus sur les normes en matière de travail et de comportement, pour améliorer les relations de travail.

## 3 Coaching

Retour d'informations sur les performances, pour aider les individus à travailler de façon plus efficace.

## 4 Évaluation

Entretien formel avec le responsable hiérarchique, retour d'informations et opportunité de participation.

**DONNÉES DES COLLÈGUES**

## À SAVOIR

- **Tableau de bord prospectif :** Outil managérial développé par Kaplan et Norton, utilisé pour mesurer l'activité de l'entreprise au regard de ses objectifs stratégiques.
- **Évaluation de performance :** Procédure entrant dans le cadre d'un programme d'évaluation de la performance individuelle, se déroulant sous la forme d'une discussion formelle entre l'employé et son supérieur hiérarchique.

## Évaluation à 360° (ou multisource)

Vision d'ensemble, avec meilleures informations sur les relations de travail.

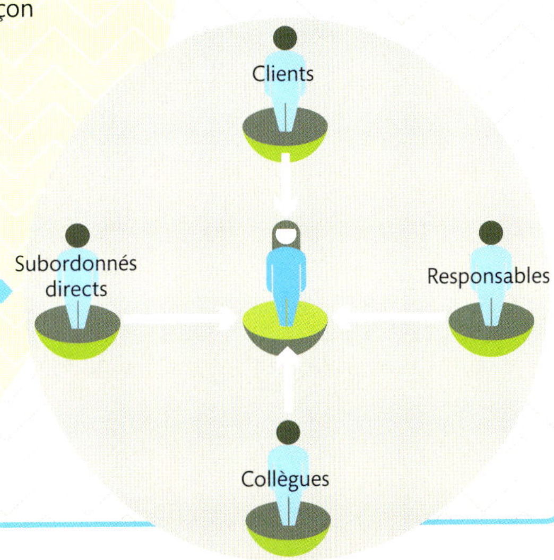

# Motivation et récompenses

**Les hommes travaillent pour un salaire, mais sont également motivés par d'autres facteurs, comme la qualité de leur travail et le sentiment d'être valorisé.**

## Mode de fonctionnement

Autrefois, salaire conséquent et avantages pécuniaires étaient les outils de motivation privilégiés. Ces récompenses sont dites extrinsèques car elles sont extérieures au salarié lui-même, leur montant, leur répartition et le moment où elles sont versées étant contrôlés par d'autres que lui. Les employeurs admettent aujourd'hui le rôle déterminant des récompenses intrinsèques (psychologiques).

## Analyse de la motivation dans l'entreprise

Un personnel heureux travaille bien et la satisfaction que l'employé retire de son travail repose sur de subtils facteurs de bien-être, autant que sur le salaire. Un employé qui aime son travail aura tendance à rester dans son entreprise. Satisfaction au travail et roulement de la main-d'œuvre suivent des directions opposées.

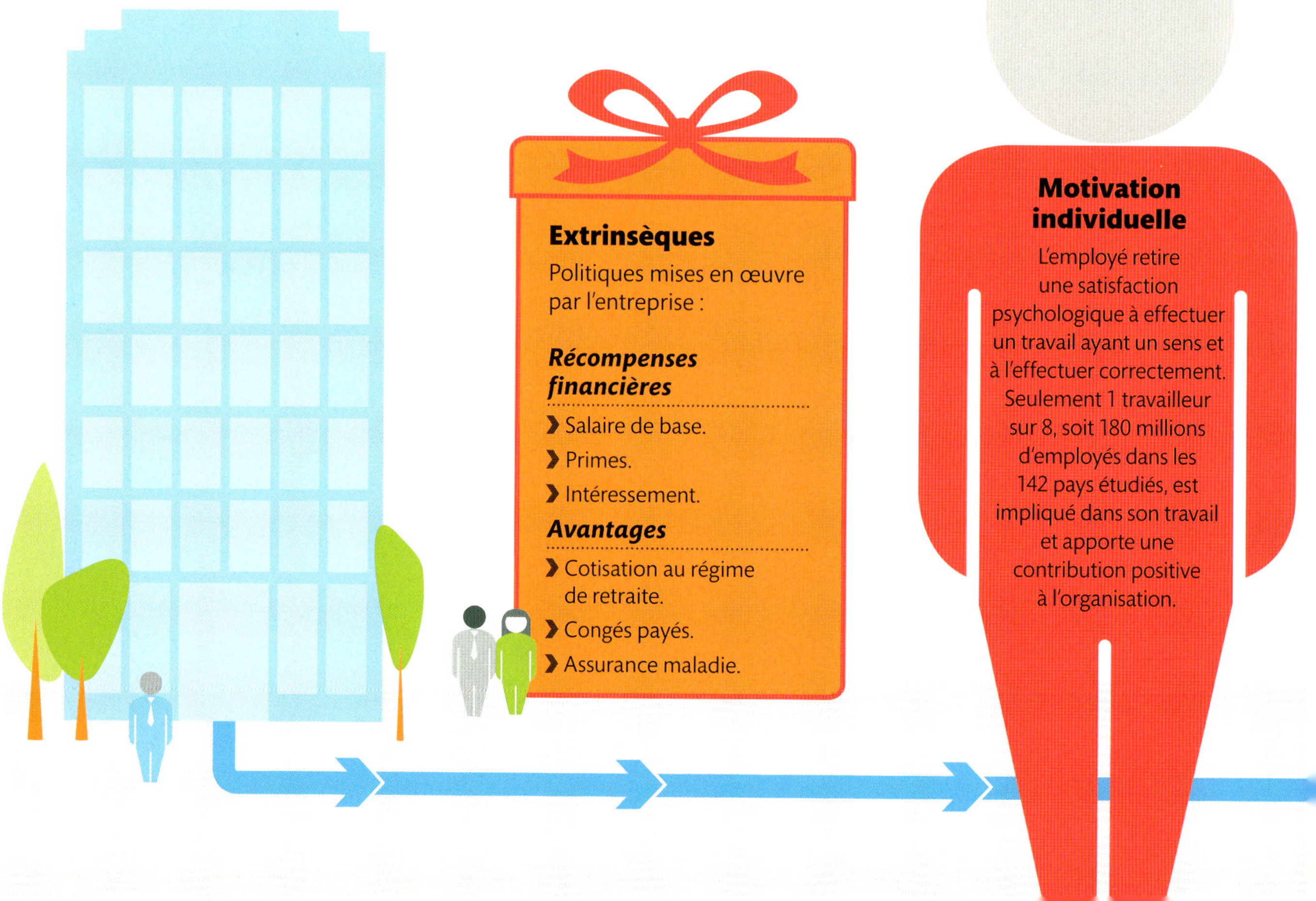

**13 %**
**des employés dans le monde sont pleinement impliqués dans leur travail.**

## POURQUOI EXÉCUTER UNE TÂCHE

Seule source de motivation positive

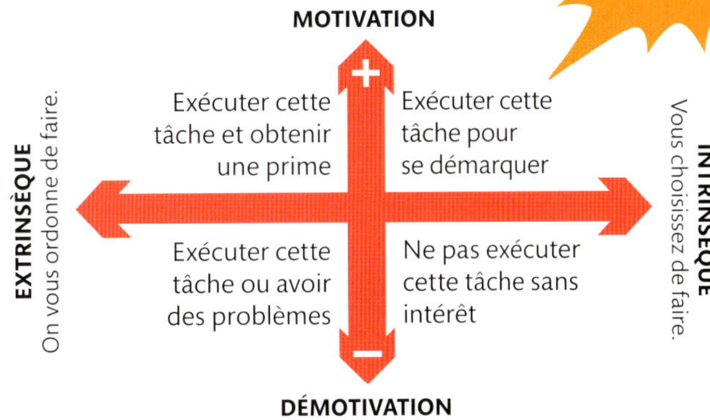


### Intrinsèques

Satisfactions personnelles que l'individu retire de son travail.

- **Finalité :** Aptitude à accomplir un travail valorisant.
- **Choix :** Sentiment d'appropriation et de contribution au résultat.
- **Progrès :** Volonté et perception de l'évidence à faire progresser les choses.
- **Compétence :** Fierté et satisfaction dans son travail.

### Renforcement des récompenses intrinsèques

Le succès d'une entreprise tient à la confiance qu'elle génère et à la motivation des employés. Les facteurs ci-dessous y contribuent :

***Finalité pour l'entreprise et l'individu***

- Vision claire de l'organisation.
- Compréhension de la place de l'individu dans l'organisation pour parvenir à cet objectif.
- Clarification des objectifs et des attentes pour l'individu.

***Reconnaissance***

- Retour d'informations continu.
- Engagement soutenu.
- Récompenses non financières comme des éloges.

***Plan de carrière***

- Progression et promotion.
- Mentorat et coaching.
- Opportunités d'apprentissage.

***Culture***

- Cohésion de l'équipe et renforcement des comportements.
- Communication ouverte.

MOTIVATION ACCRUE

# Stratégie et styles de leadership

**Le leadership qui s'exerce du sommet vers la base, avec dirigeants donneurs d'ordre, n'est pas toujours le meilleur moyen pour obtenir des résultats. Les experts du management identifient différents styles de leadership.**

## Mode de fonctionnement

Chaque leader est un individu, avec sa propre approche. Mais au fil des ans, les spécialistes du management ont identifié différents styles de leadership, dont l'utilisation permet de parvenir à des résultats différents, selon l'environnement. De nombreux modèles s'appuient sur les idées du psychologue Kurt Lewin, qui développa sa théorie dans les années 1930, et identifia trois grands styles : autocratique, démocratique et permissif (non-ingérence). En 2007, les auteurs Éric Flamholtz et Yvonne Randle développèrent une matrice basée sur les théories de Lewin, mettant en évidence le style de leadership le plus adapté dans un contexte donné, du style autocratique (pouvoir aux mains d'un seul leader) à consensuel (décisions prises à l'unanimité). Le leader charismatique est celui qui encourage les individus à croire en eux, jusqu'à les conduire à atteindre des objectifs au-delà de leurs propres attentes.

> « Les leaders exceptionnels font un effort conscient pour maximiser l'estime de soi de leur personnel. »
>
> Sam Walton

### LEADERSHIP TRANSFORMATIONNEL

Si différents styles de leadership peuvent s'adapter à différents contextes, le leadership transformationnel, identifié par le spécialiste du management James McGregor comme l'un des plus efficaces, incite leaders et collaborateurs à se dépasser pour atteindre les plus hauts niveaux d'intégrité et de motivation. Une théorie développée par d'autres, comme le psychologue du travail Bernard Bass, qui identifia les qualités du leader transformationnel.

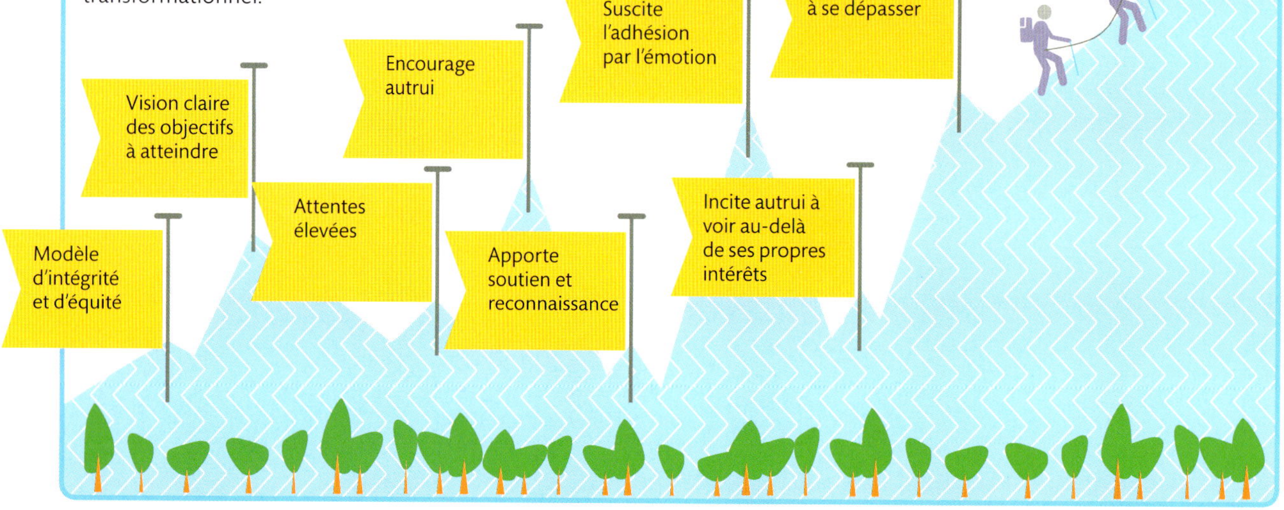

## Style de leadership selon le contexte

Une étude menée durant trois ans auprès de 3 000 dirigeants conduisit le psychologue Daniel Goleman à distinguer six styles de leadership. Chaque style impacte de façon significative le ressenti de l'individu par rapport à son travail. Les leaders les plus performants maîtrisent plusieurs styles et les utilisent selon le contexte.

| | Style | Contexte | Inconvénients |
|---|---|---|---|
| **Affiliatif**  | **« Les collaborateurs d'abord ! »** Centré sur la création de liens émotionnels au sein de l'équipe et d'un sentiment d'appartenance à l'organisation. | À utiliser en période de crise, pour surmonter un conflit parmi les collaborateurs ou rebâtir la confiance au sein de l'équipe. | Éloges et soutien peuvent entretenir un manque de performance et un sentiment d'absence de direction. |
| **Coach** 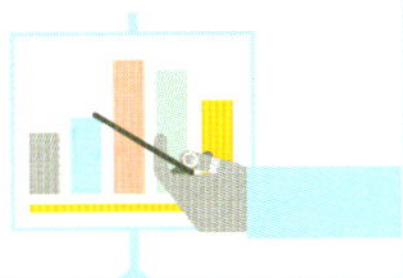 | **« Essayez ça ! »** Aide les individus à identifier leurs forces et leurs faiblesses, en lien avec leurs aspirations professionnelles et leur activité. | À utiliser pour aider les collaborateurs à développer des forces personnelles sur le long terme, pour plus de réussite. | Inefficace avec des collaborateurs réfractaires et/ou peu décidés à changer ou à apprendre, ou lorsque le leader manque d'expérience. |
| **Coercitif/directif**  | **« Faites ce que je vous dis ! »** Exige un accord immédiat, sans laisser place à la discussion ou à la négociation. | À utiliser uniquement en cas de crise ou pour contrôler un employé qui pose problème, lorsque tout le reste a échoué. | L'insistance, à utiliser uniquement en cas d'absolue nécessité, peut aliéner les individus, brider la créativité et participer à la création d'un climat de tension. |
| **Démocratique**  | **« Et vous, qu'en pensez-vous ? »** Le but est de parvenir au consensus par le biais de la participation. | À utiliser lorsqu'il est nécessaire pour l'équipe de souscrire à une décision, un plan ou un objectif fixé, ou de se sentir concernée. | À ne pas utiliser en temps de crise, ou lorsque des collaborateurs insuffisamment informés sont incapables de proposer une orientation adaptée au leader. |
| **Chef de file**  | **« Regardez-moi et faites comme moi ! »** Montre l'exemple et attend l'excellence, en créant défis et objectifs stimulants pour l'équipe. | À utiliser uniquement lorsque l'équipe est déjà motivée et compétente, quand des résultats rapides sont nécessaires. | Un style qui peut écraser certains collaborateurs et avoir un effet négatif sur l'engagement des employés. Susceptible de brider la créativité et l'innovation. |
| **Visionnaire**  | **« Venez avec moi ! »** Fédère l'équipe autour d'une vision et d'un objectif, en laissant aux individus les moyens d'y parvenir. | À utiliser pour apporter une vision nouvelle, face à un contexte ayant évolué, ou lorsqu'une orientation claire et sans équivoque n'est pas jugée nécessaire. | Inefficace quand le leader travaille avec une équipe de spécialistes ou un groupe plus informé que lui. |

# Leadership et mobilisation de l'équipe

**À l'image du général d'armée qui cherche à tirer le meilleur de ses troupes, un leader s'emploie à tirer le meilleur de ses équipes. Tout réside dans l'art de mobiliser les individus à la poursuite d'un objectif commun.**

### Mode de fonctionnement

Des hommes d'État, comme l'ancien Premier ministre Winston Churchill, à l'ancien directeur général de General Electric, Jack Welch, tout grand leader sait que, pour atteindre un objectif à long terme, il faut non seulement puiser dans ses propres capacités, mais aussi optimiser la mutualisation des forces à disposition. Ces leaders charismatiques, habités par une passion qui fédère et motive autrui, apprennent de leurs erreurs et sont prêts à modifier leur cap pour s'adapter aux changements de contexte. Nombre de travaux académiques se sont penchés sur les traits et stratégies de tels leaders.

## Le leader, source d'inspiration

L'étude menée durant près de trois ans par le chercheur Carl Larson et l'expert en efficacité organisationnelle Frank La Fasto, auprès d'un peu plus de 75 équipes différentes, les a conduit à identifier six caractéristiques d'un leadership conduisant une équipe à des résultats optimaux.

**Concentration sur l'objectif**

- Vision claire et motivante de l'objectif à atteindre.
- Aider chaque collaborateur à trouver le moyen de contribuer à l'objectif.
- Ne pas se livrer à une politique partisane.

**Encourager la collaboration**

- Autoriser les discussions ouvertes.
- Exiger et récompenser la collaboration.
- Impliquer et engager l'individu.

**Bâtir la confiance**

- Renforcer le positif.
- Montrer sa confiance par la délégation de responsabilité.
- Dire « merci ».

> « Le leadership, c'est l'art de faire faire à quelqu'un quelque chose que vous voulez voir fait, parce qu'il a envie de le faire. »
>
> Dwight D. Eisenhower

## BÂTIR UNE ÉQUIPE PERFORMANTE

Dans leur livre *The Wisdom of Teams* (1993), Jon Katzenbach et Douglas Smith distinguent « équipe » et « groupe ordinaire d'individus travaillant ensemble ». Ils définissent l'équipe comme « un petit nombre d'individus aux talents complémentaires, ayant un intérêt commun, des objectifs de rendement et une approche dont ils sont solidairement responsables ».

Pour les auteurs, le leader qui réussit à bâtir une équipe performante a tendance à :

- Choisir des collaborateurs pour leurs talents et leur potentiel, et non leur personnalité.
- Se concentrer d'abord sur des tâches et des objectifs à court terme, pour souder l'équipe.
- Fixer des limites et des normes comportementales.
- Stimuler régulièrement l'équipe en encourageant les discussions ouvertes et la résolution active de problèmes.
- Encourager l'équipe à passer du temps ensemble, à la fois au travail et en dehors.

« Ne cherchez pas la faute, cherchez le remède ! »

Henry Ford

### Proposer un savoir-faire

- Connaître son propre domaine.
- Faire appel aux conseils d'experts pour d'autres domaines.
- Partager le contexte avec l'équipe.

### Fixer des priorités

- Faire preuve de concentration, éviter l'ambiguïté.
- Être clair sur ce qui doit et ne doit pas se produire.
- Se préparer à changer de cap si les priorités changent.

### Gérer la performance

- Fixer des objectifs clairs.
- Proposer un retour sur informations constructif, confronter et résoudre les questions liées à la performance.
- Aligner les incitations sur les objectifs de l'équipe.

# Communication et relations de travail

**Toute organisation prospère reconnaît l'importance d'exploiter idées et énergies des individus pour acquérir un avantage concurrentiel, tandis que ses dirigeants s'emploient à gagner, retenir et bâtir l'implication et l'engagement des employés.**

## Mode de fonctionnement

La communication et les relations de travail, gérées par la fonction RH ou une fonction à part entière, sont incroyablement sophistiquées. Au-delà de simples échanges en face à face ou du bouche-à-oreille, les entreprises performantes utilisent d'autres outils de communication pour aider les individus à cerner objectifs stratégiques et attentes sur le plan des contributions individuelles aux résultats. Aujourd'hui, les leaders ne communiquent plus par voie unique, mais exploitent nombre de médias interactifs, comme la visioconférence. Individus et équipes peuvent utiliser des médias sociaux professionnels adaptés, comme Yammer, pour partager idées et connaissances, même si beaucoup restent encore attachés au cadre plus formel de comités d'entreprise et forums d'entreprise.

## La communication en pratique

Dans le cas de figure ci-contre, une entreprise organise un forum de discussion hebdomadaire afin de faciliter la communication et développer la confiance au sein de l'organisation. Pour renforcer l'attention, l'engagement et l'implication de chacun des employés autour d'une idée, différents médias sont utilisés, du mail aux conférences en ligne (Webinaire), en passant par la discussion. Les dirigeants misent bien plus sur la collaboration que la simple transmission d'informations.

### FORUM D'ENTREPRISE

Dans de nombreux pays, la communication dans le travail se basait sur le modèle de relations industrielles structurées, gérées par la fonction RH. Les relations de travail misent aujourd'hui bien plus sur la confiance et la volonté de bâtir de solides relations. De nombreuses grandes entreprises mettent en place de véritables comités d'entreprise ou forums d'entreprise.

Un forum d'entreprise performant :

- Permet aux représentants des différents services de l'organisation de partager et générer de nouvelles idées visant à améliorer la performance.
- Encourage les discussions autour de la stratégie, des changements et des schémas opérationnels.
- Reconnaît la valeur des employés.

## ÉTUDE DE CAS

### *John Lewis*

La chaîne de grands magasins John Lewis, basée au Royaume-Uni, est célèbre pour son statut atypique d'entreprise à actionnariat salarié, détenu à 100 % par les salariés/associés. Les politiques de communication interne sont variées :

- **Journal :** Les employés peuvent écrire directement à la direction, par le biais d'un journal hebdomadaire publié en interne, *The Gazette*. Les responsables sont tenus d'y répondre et de publier leur réponse dans le journal.
- **Conseil des associés :** Composé de 80 associés élus, le conseil se réunit quatre fois par an. Le président et le comité de direction rendent compte au conseil, qui peut démettre le président de ses fonctions.
- **Forums de discussions :** Chaque branche locale élit un représentant régional, chargé de participer à des forums de discussions avec la direction. Chacun peut influer sur la gestion de son magasin.

**316 millions de dollars : montant des primes versées au personnel par John Lewis, en 2013.**

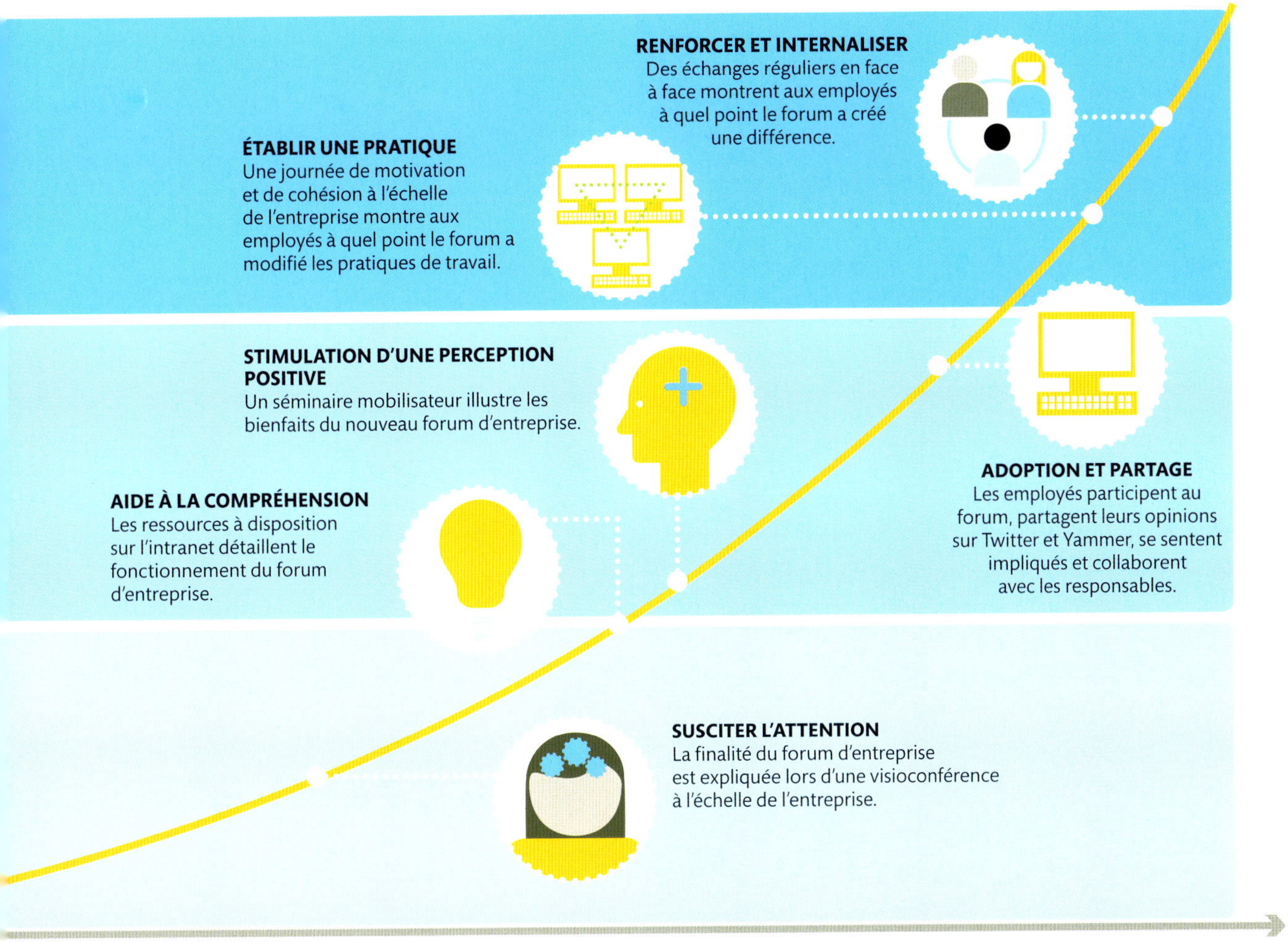

# Gestion de projet

**En plus de ses opérations au jour le jour, l'entreprise peut avoir des projets ponctuels, temporaires ou spécifiques. Un projet doit être géré pour répondre aux exigences en matière de délais, de coûts et de spécifications.**

## Mode de fonctionnement

La gestion de projet est un processus complexe de prise en charge d'un projet, de sa conception à son achèvement. Elle fait appel à des connaissances, des expériences et des talents, y compris les ressources génériques de l'entreprise, pour atteindre l'objectif dans le respect des limitations imposées. Ces contraintes incluent le périmètre du projet, les délais, la qualité et les coûts. L'équipe responsable du projet peut intégrer des individus de différentes entreprises, disciplines et pays. La gestion d'un projet implique de superviser les individus œuvrant à la concrétisation d'un objectif spécifique, mais aussi de gérer les risques, l'échéancier, les relations humaines, les individus et l'équipe, ainsi que les actionnaires possédant des intérêts directs dans le projet et les ressources financières.

Dans toute entreprise, la performance en matière de gestion de projet est de plus en plus considérée comme une compétence stratégique *(voir page 85)* permettant l'introduction de nouveaux produits, méthodes et technologies.

### ✓ À SAVOIR

***Outils de gestion de projet***

Les outils de gestion de projet sont nombreux, notamment en matière de logiciels. Un de ces outils, PRINCE2®, est une approche de gestion de projet reposant sur les processus, inscrite dans un cadre clair. La méthode insiste sur la division du projet en étapes gérables et contrôlables, avec une structure définie pour l'équipe responsable.

## La gestion de projet étape par étape

Les systèmes de gestion de projet performants sont nombreux, avec différentes définitions pour leurs étapes clés, toutes regroupées sous grandes cinq rubriques.

**Initiation**

- Charte du projet, avec *business case* ou dossier de justification économique, objectif, périmètre du projet, coûts, livrable et échéancier.
- Rôles et responsabilités.
- Allocation des ressources.

**Planification**

- Plan détaillé des tâches.
- Analyse de chemin critique.
- Risques.

**Exécution**

- Coordination des hommes et des ressources.
- Assurance qualité.
- Communication avec l'équipe et les actionnaires.

## COMMENT SURMONTER LES ÉCUEILS

Tout projet est un défi et se heurte à des obstacles. Les écueils listés ci-dessous comptent parmi les plus courants, mais une gestion efficace permet d'y faire face.

| Écueils | | Gestion du projet | Options |
|---|---|---|---|
|  | **Non-respect du planning ou manque de temps** | ❯ Organiser le calendrier des activités et le chemin critique à l'aide d'outils et techniques.<br>❯ Passer en revue le travail restant, identifier les risques, barrières et stratégies de mitigation. | ❯ Négocier le périmètre du projet, les coûts et les ressources.<br>❯ Informer les autres équipes et envisager des changements. |
|  | **Incertitudes ou manque de clarté** | ❯ Reconsidérer la charte du projet, revoir le périmètre du projet et l'objectif.<br>❯ Impliquer l'équipe, afin que tous comprennent l'orientation du travail et éviter la paralysie. | ❯ Clarifier le projet auprès des sponsors et/ou de la direction. |
|  | **Changement de périmètre (en cours de réalisation)** | ❯ Gérer les demandes en tenant compte du *business case* et de l'objectif. | ❯ Communiquer pour définir l'intérêt du changement, envisager de l'intégrer ou trouver une autre option. |

### Monitoring et contrôle

❯ Mesure des moyens et de l'avancement.

❯ Gestion des risques.

❯ Gestion des hommes.

### Clôture

❯ Finalisation des activités.

❯ Communication.

❯ Retour d'expérience.

**97 %**

**des dirigeants* pensent que la bonne gestion d'un projet est un critère de réussite.**

*de 34 pays différents

# Stratégie de négociation

**L'art de la négociation est vital au sein de l'entreprise lorsque deux parties ou plus expriment des points de vue différents, et que chacune fait pression pour défendre ses propres intérêts. L'issue idéale est le compromis, pour résoudre le conflit.**

### Mode de fonctionnement

La négociation est un processus visant à trouver une solution mutuellement acceptable. Avant toute discussion, chaque partie doit travailler pour comprendre les intérêts de la partie adverse et décider d'une stratégie. En l'absence de stratégie, la confrontation peut se solder par une impasse, des sentiments négatifs et des pertes pour l'entreprise. Être capable de négocier est vital pour construire de solides relations de travail, proposer une solution réfléchie et durable (plutôt qu'un accord à court terme) et éviter de futurs conflits.

## Parvenir à un accord

Toute stratégie de négociation, de la négociation salariale entre syndicat et employeur, à la négociation commerciale entre client et fournisseur, repose sur la qualité des relations entre les deux parties. Une bonne négociation est une négociation qui satisfait les deux parties à l'issue de la discussion, et qui incite à renouveler l'expérience.

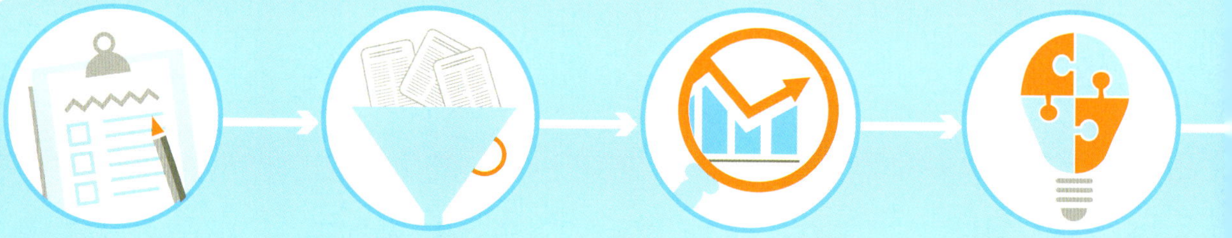

**Préparation et planification**

- Définir les objectifs et l'issue idéale (évaluer ceux de la partie adverse).
- Classer et évaluer les différentes issues, en pensant à de possibles concessions.
- Réfléchir à l'ordre du jour idéal et au cadre de négociation. Répéter.

**Définir des règles de base**

- Définir la logistique – lieu, aménagement de la salle, ordre du jour, horaires, nombre de négociateurs.
- Définir des règles, par exemple : pas de téléphones portables, parole donnée à une seule personne à la fois, pauses formelles.
- Se mettre d'accord sur la façon dont l'information sera présentée.

**Proposer, clarifier, justifier**

- S'assurer d'un temps de parole équitable pour chacune des parties.
- Clarifier tous points de désaccord.
- Centrer la discussion sur la compréhension, plutôt que sur la résolution.

**Négocier pour résoudre les problèmes**

- Offrir alternatives et concessions.
- Discuter de ce qui peut être acceptable pour chacune des parties.
- Cibler une solution gagnant-gagnant.

# 65 %
## de la communication en face à face repose sur des signaux non verbaux.

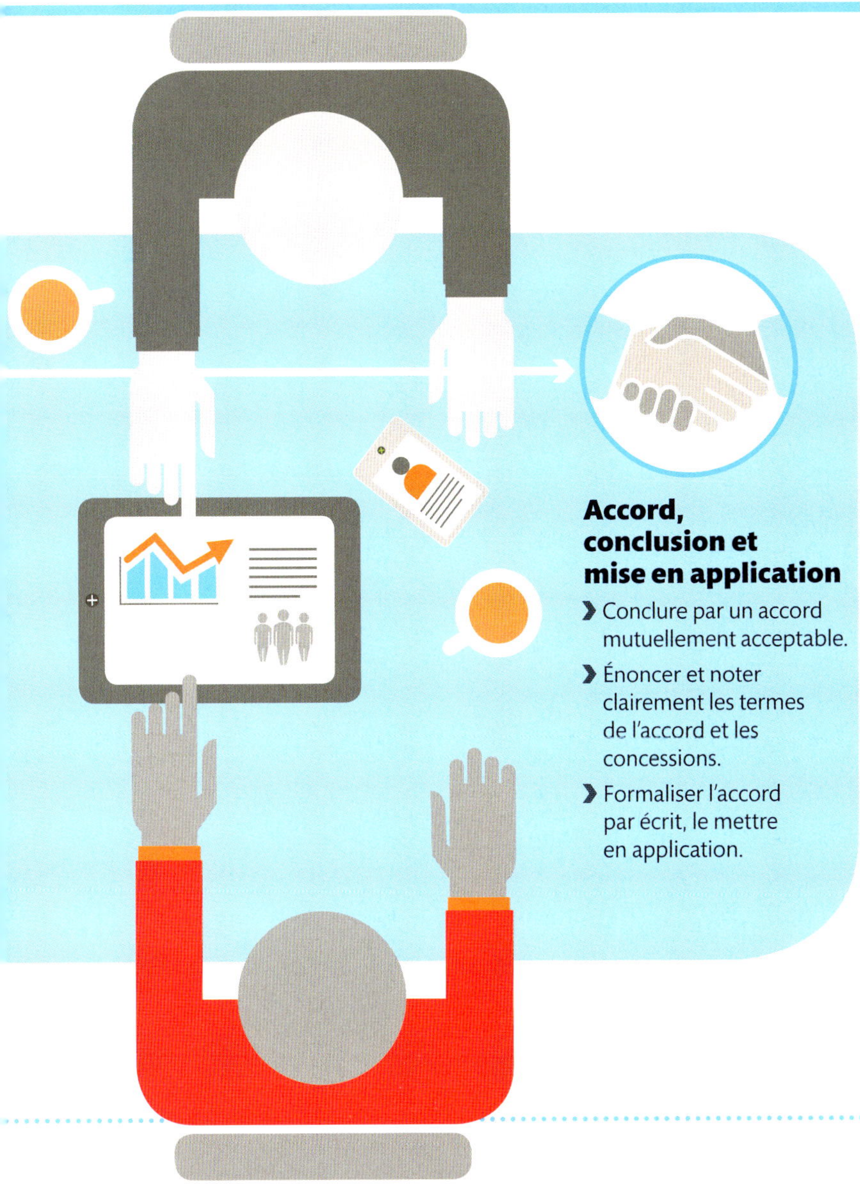

### Accord, conclusion et mise en application

- Conclure par un accord mutuellement acceptable.
- Énoncer et noter clairement les termes de l'accord et les concessions.
- Formaliser l'accord par écrit, le mettre en application.

### LANGAGE CORPOREL DANS DIFFÉRENTES CULTURES

Il est parfois difficile d'interpréter le langage corporel, sachant que la signification d'un geste peut varier d'un pays à un autre.

**Contact visuel :** Les Chinois évitent de fixer l' interlocuteur dans les yeux, par marque de respect, alors que les Américains perçoivent cette absence de contact visuel comme un manque de franchise.

**Expressions faciales :** Lorsque les esprits s'échauffent, aux États-Unis, il est accepté de froncer les sourcils, parfois même de jurer, mais pas de crier. Au Japon, on peut sourire ou rire, mais ne jamais froncer les sourcils ou crier.

**Mouvements de la tête :** En Europe et aux États-Unis, on hoche la tête pour marquer l'acquiescement, on la secoue pour marquer le refus. Mais dans certains pays, c'est le contraire.

**Gestuelle :** Le geste qui consiste à faire signe à quelqu'un de s'approcher avec son index, le dos de la main tourné vers le sol, peut être perçu comme une marque de mépris en Chine.

**Posture :** Aux États-Unis, la décontraction est appréciée. Peu importe d'avoir le dos voûté en se tenant debout ou assis. Dans certains pays européens, comme en Allemagne, une posture voûtée est perçue comme impolie. Le formalisme prévaut également au Japon, où l'on accorde une importance particulière au maintien et à la capacité à garder son calme.

# LES FINANCES

Reporting financier › Comptabilité financière
Comptabilité de gestion › Mesure de la performance
› Recherche de financement

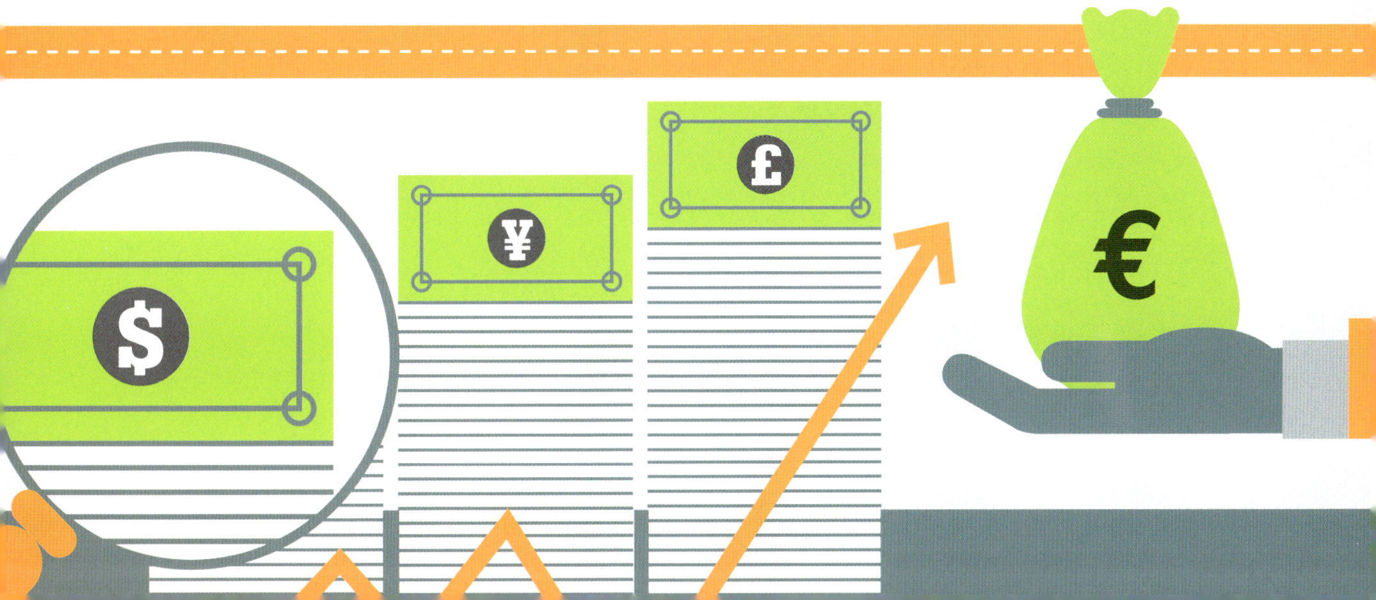

# Reporting financier

**Les rapports financiers sont partout : une facture, un ticket de caisse ou un relevé de compte bancaire sont des exemples quotidiens. Dans le monde des affaires, le reporting financier fait référence à la présentation des états financiers d'une entreprise à travers la publication de son rapport et de ses comptes annuels. Compilés par un comptable, les états financiers fournissent aux investisseurs et prêteurs l'information nécessaire sur la rentabilité d'une entreprise, tout en permettant à ses dirigeants, à l'État, à l'administration fiscale, et aux autres parties prenantes, d'évaluer l'entreprise.**

## Types de rapports financiers

Les rapports financiers prennent de multiples formes et peuvent abriter nombre d'informations sur la situation financière d'une entreprise, son cœur de métier, ses performances, ses employés, sa conformité aux règlementations locales, logistiques, nationales et internationales. Le rapport ou bilan financier le plus important est souvent le rapport annuel ou rapport d'activité, regroupant une multitude d'autres rapports plus modestes, et résumant les performances de l'entreprise au cours de l'année civile écoulée. Plusieurs obligations légales, règlementaires et administratives détaillent les informations à faire figurer dans ce rapport.

### LE CYCLE COMPTABLE

Presque tous les comptables ont recours aux huit étapes du cycle comptable. Un cycle aux procédures standardisées, garantissant la fiabilité d'un travail effectué toujours de la même façon et selon le même ordre, pour chaque activité.
*Voir p. 102–103.*

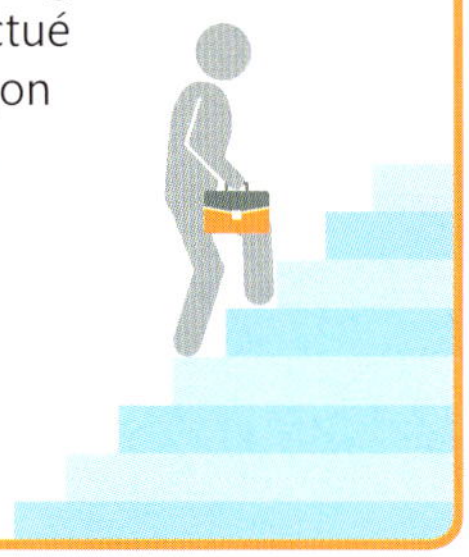

### Le rapport annuel

Les états financiers figurent dans le rapport annuel de l'entreprise et résument ses activités financières à l'attention de différents publics, de façon standardisée et synthétique, pour une interprétation rapide. Ces états financiers peuvent se présenter sous différentes formes, mais comptables et hommes d'affaires possèdent ce talent essentiel permettant d'analyser ces documents afin d'évaluer et d'expliquer la rentabilité d'une entreprise.

**50 milliards de dollars : montant de la fraude comptable de Lehman Brothers en 2008.**

## TYPES DE COMPTABILITÉ

On reconnaît sept grands types de comptabilité :

- **Financière :** Établie par les comptables, utilisée par les investisseurs, les créanciers et les professionnels du management. *Voir p. 110-129.*
- **De gestion :** Utilisée par les dirigeants, pour contrôler les flux de trésorerie, le budget, et les ventes prévisionnelles. *Voir p. 130-143.*
- **Publique :** Utilisée par le secteur public pour la comptabilité non commerciale.
- **Fiscale :** Dicte les règles exactes applicables aux entreprises et aux particuliers au moment de la préparation et de la déclaration de revenus.
- **Expertise comptable judiciaire :** En cas de désaccords et litiges, dans les enquêtes criminelles ou les affaires de fraude. *Voir p. 152-153.*
- **De projet :** Relève d'un projet particulier, un outil précieux dans la gestion de projet.
- **Sociale et environnementale :** Une façon pour l'entreprise de marquer positivement sa différence vis-à-vis de la communauté et de l'environnement.

## États financiers

- **Rapport annuel :** Compte-rendu complet des performances d'une entreprise au regard de différents critères, dont ses états financiers. *Voir p. 104-105.*
- **Bilans :** Les principaux sont d'ordre financier, d'autres incluent la durabilité, la rémunération des administrateurs et les dons à des associations caritatives. *Voir p. 106-107.*
- **Utilisateurs des états financiers :** Certaines parties concernent les banques, les actionnaires, l'État, les commissaires aux comptes, le personnel et les médias. *Voir p. 108-109.*
- **Notes annexes :** Les états financiers principaux comportent des annotations détaillées. *Voir p. 104-109.*
- **Règles :** Les normes d'information financière internationales régissent les rapports financiers. *Voir p. 112-113.*
- **États financiers les plus importants :** Compte de résultats (profits et pertes), bilan et tableau des flux de trésorerie présentent des chiffres clés. *Voir p. 114-121.*

# Cycle comptable

**Le cycle comptable suit des procédures utilisées par les comptables pour enregistrer, organiser et classer les transactions financières d'une entreprise. Il pousse à suivre les mêmes méthodes et permet de limiter, voire d'éliminer, les erreurs.**

### Mode de fonctionnement

Le cycle fonctionne comme une chaîne cyclique, aux étapes conçues pour refléter les mouvements entrants et sortants des éléments d'actif, de la trésorerie et des créances au sein d'une entreprise. Il progresse en suivant huit procédures différentes, répétées dans le même ordre à chaque fois. Le cycle est basé sur une durée, connue sous le nom de période comptable, généralement fixée à un mois, un trimestre ou une année civile. Les comptes relatifs aux recettes et aux dépenses sont remis à zéro à la fin de chaque exercice comptable, mais le solde des comptes figurant les créances, les dettes et les fonds propres est reporté d'une année civile sur l'autre.

## Les huit étapes du cycle

Les procédures détaillées ci-contre sont répétées à l'identique lors de chaque exercice comptable. Toute entreprise traverse différentes phases, se reflétant dans le fonctionnement du cycle comptable. Les états financiers préparés vers la fin de chaque cycle aident à évaluer les performances de l'entreprise d'une période comptable à une autre.

**TENUE DES COMPTES ET COMPTABILITÉ**

- **Contrôle interne :** Méthodologie de déploiement et de pilotage d'un système de mesure et de surveillance des ressources de l'entreprise. Il participe à prévenir toute fraude et permet le suivi de la valeur des éléments d'actif.
- **Comptabilité en partie double :** Procédure d'enregistrement de chaque écriture comptable en double, en débit et en crédit.
- **Créance irrécouvrable :** Créance qui ne peut ou qui a peu de chance d'être recouvrée, d'où l'inutilité pour le prêteur de l'inscrire dans un compte de charge.

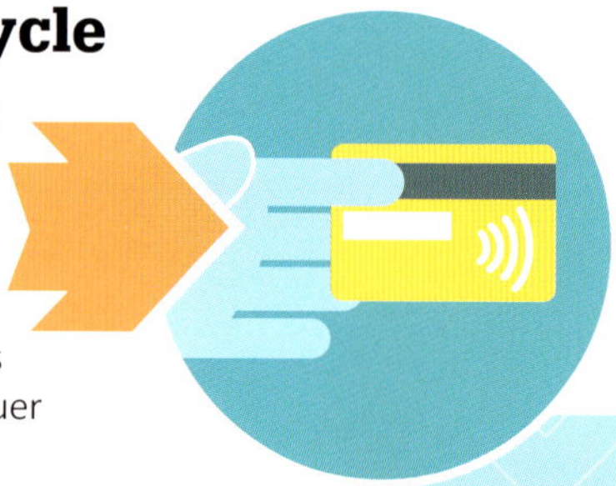

**Transactions**

Tous types de transaction financière, de l'acquisition ou de la cession d'éléments d'actif au remboursement d'une créance, initient le cycle comptable.

Nouveau cycle

**Clôture de l'exercice**

Les écritures de clôture, basées sur les écritures de régularisation, marquent la clôture de l'exercice comptable et le recommencement du cycle.

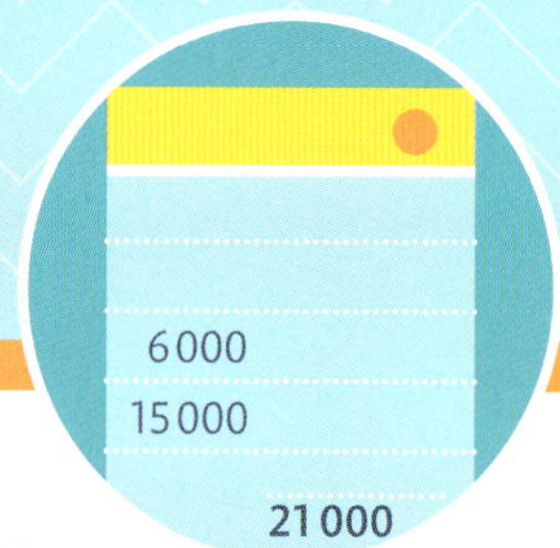


**États financiers**

Les balances équilibrées sont utilisées pour préparer les états financiers de l'entreprise.

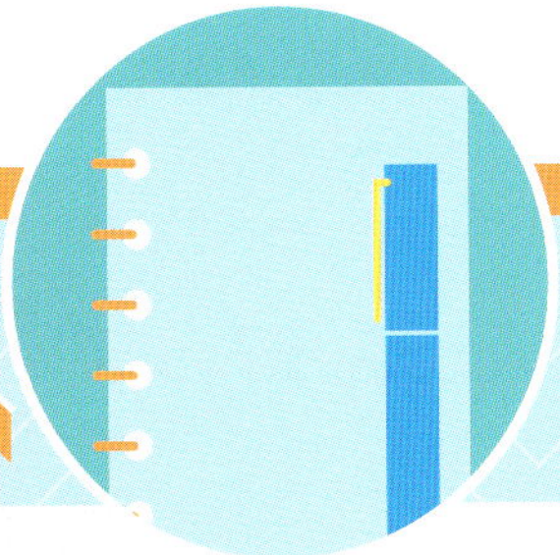

### Écritures de journal

Les comptables analysent la transaction et la notent dans le journal concerné, un livre journal ou un document électronique.

### Report d'écriture

Les écritures de journal sont ensuite reportées dans le grand-livre général ou un document électronique regroupant tous les comptes de l'entreprise.

## À SAVOIR

- **Débits :** Charges – dividendes, créances et pertes. Dans la comptabilité en partie double, le débit apparaît sur la colonne de gauche de chaque compte.
- **Crédits :** Recettes – bénéfices, recettes, capital propre et engagements. Dans la comptabilité en partie double, le crédit apparaît sur la colonne de droite de chaque compte.
- **Plan comptable :** Document sur lequel figurent tous les numéros de comptes d'une entreprise, utilisé pour enregistrer les écritures comptables.
- **Contrôle et suivi des opérations :** Historique d'une transaction, permettant aux commissaires aux comptes de remonter jusqu'à sa source.

**13 %** de comptables supplémentaires seront nécessaires aux États-Unis d'ici 2022.

### Balance de vérification

La liste de tous les comptes de l'entreprise est préparée en fin de période comptable, généralement en fin d'année civile, de trimestre ou de mois.

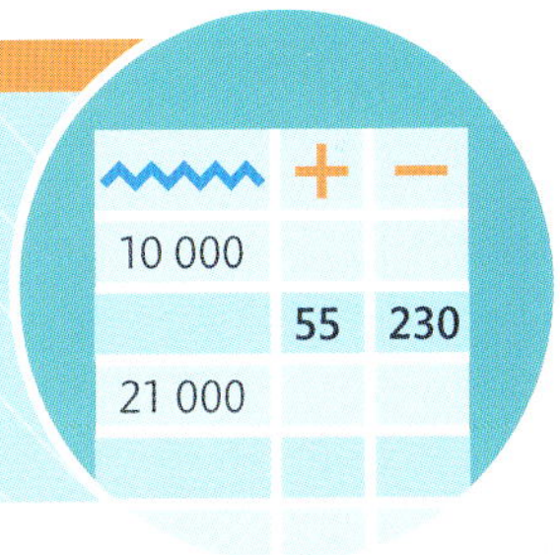


### Feuille de calcul

Souvent, les totaux de la balance de vérification diffèrent de ceux du grand-livre général *(voir p. 116-117)*. Dans ce cas, les modifications sont effectuées sur une feuille de calcul.

### Écritures de régularisation

Lorsque les comptes sont équilibrés, les régularisations sont notées dans le grand-livre général, en fin de période comptable.

# États financiers

**Les activités financières d'une entreprise sont présentées sous la forme d'états financiers. Ceux-ci doivent être précis, conformes aux dispositions légales d'information financière et sous la responsabilité des administrateurs.**

## Mode fonctionnement

Les états financiers synthétisent sous forme claire et succincte les activités commerciales d'une entreprise, en détaillant ses résultats et tout changement de sa situation financière. Ils s'adressent à différentes parties et ont pour obligation d'être précis, mais néanmoins accessibles au grand public. Les différents composants des états financiers sont généralement regroupés dans le rapport annuel ou rapport d'activité, avec comptes-rendus détaillés et annexes. Les obligations légales peuvent varier, mais les comptes doivent être exacts.

## Que comporte un rapport annuel

Le sommaire précise où trouver les trois principaux postes des états financiers : bilan, tableau des flux de trésorerie et compte de résultat, mais aussi d'autres informations moins formelles, par exemple la présentation du conseil d'administration et des déclarations d'actionnaires. Le rapport annuel est l'opportunité d'attirer actionnaires et apporteurs de capitaux, mais aussi de répondre aux obligations légales en matière de reporting financier. Il doit comporter toutes ou la plupart des rubriques suivantes.

Il est habituel pour le président-directeur général de rédiger une introduction insistant sur les points positifs et expliquant les points négatifs du rapport annuel à l'attention des actionnaires.

Une rubrique dédiée aux informations sur les protocoles environnementaux de l'entreprise, pour la plupart spécifiques à l'industrie. *Voir p. 122–123.*

Une rubrique soulignant la responsabilité sociale et éthique de l'entreprise, et notamment son engagement vis-à-vis de la communauté. Les valeurs mises à l'honneur diffèrent selon les entreprises et leurs activités.

Une rubrique consacrée au personnel, détaillant différents domaines, comme le développement et la formation, la santé et la sécurité, et des statistiques clés sur la satisfaction des employés.

Un bref aperçu de quelques points clés en matière financière, incluant performance générale, chiffre d'affaires, coûts d'exploitation, investissements, amortissements, intérêts, prélèvements fiscaux et dividendes. *Voir p. 114–121.*

La rubrique infrastructure du rapport annuel est idéale pour faire figurer plus en détail les immobilisations et expliquer en quoi l'entreprise peut représenter un investissement attractif pour les investisseurs.

## ÉTATS FINANCIERS CONSOLIDÉS

Dans une ère de globalisation, les grands groupes sont désormais constitués de multiples entreprises, propriétés d'une société mère et qualifiées de filiales. Ces dernières procèdent toujours à leurs propres enregistrements comptables, mais la société mère produit des états financiers consolidés, reflétant les transactions financières de l'ensemble des entreprises. Selon les juridictions et les obligations légales en matière d'information financière, si une entreprise possède une participation minoritaire dans une autre entreprise, cette dernière ne figurera pas dans les états financiers consolidés de la première.

## À SAVOIR

- **Filiale :** Entreprise contrôlée par une autre, généralement une holding ou société faîtière.
- **Holding :** Société créée pour détenir des participations dans d'autres sociétés, afin d'en prendre le contrôle.
- **Globalisation :** Processus d'internationalisation des transactions industrielles, commerciales et financières contribuant à l'effacement des frontières nationales.

Les indicateurs de performance sont mis en place dans toutes les industries. Ils permettent d'évaluer différents domaines, comme la satisfaction client et la qualité des biens et services proposés par l'entreprise.

Dans cette rubrique, les membres du conseil d'administration donnent un avis professionnel sur les performances de l'entreprise au cours de l'année écoulée.

Cette rubrique présente chiffres et données se rapportant à l'environnement, souvent relatifs à des obligations légales, comme la mention des émissions de gaz à effet de serre.

Les commissaires aux comptes sont des comptables indépendants chargés de contrôler et certifier les comptes de l'entreprise, afin d'éliminer les risques d'erreurs et de traquer toute irrégularité délictuelle.

La rubrique dédiée au conseil d'administration, au rapport sur la gouvernance de l'entreprise et aux responsabilités des administrateurs, présente les membres de l'équipe dirigeante, leurs qualifications, leurs rôles et leurs rémunérations.

Les notes annexes sont une composante clé des états financiers. Elles apportent informations supplémentaires, approfondissements et explications aux chiffres bruts fournis dans les premières pages du rapport.

## Analyse des états financiers

Le compte de résultat fait apparaître les recettes (produits), les coûts et dépenses (charges), autrement dit la rentabilité de l'entreprise sur une période comptable donnée. Le bilan met en évidence les points forts de l'entreprise au moment de sa publication. Document comptable pertinent pour les investisseurs, il montre les éléments de l'actif, du passif et les capitaux propres d'une entreprise, des informations déterminantes pour évaluer sa santé financière. Le tableau des flux de trésorerie reflète les mouvements de trésorerie. En plus des trois principaux composants des états financiers, le rapport annuel livre des informations sur les performances de l'entreprise, utiles aux actionnaires. Les notes annexes visent souvent à rendre les états financiers plus vivants.

### IMPÔTS ET TAXES

Le pourcentage des taxes et impôts redevables par les entreprises varie d'un pays à un autre, mais leur nature reste sensiblement identique dans tous les pays.

- **Impôts directs :** Prélevés directement sur les bénéfices ou les revenus, ils incluent l'impôt sur le revenu, droits de succession et impôts relatifs à la cession ou l'acquisition de biens immobiliers et autres actifs corporels.
- **Impôts indirects :** Impôts payés sur les biens ou les services, comme la taxe sur la valeur ajoutée (TVA). Certains impôts indirects visent à décourager la consommation de biens considérés comme nocifs pour la santé, ce qui impacte des industries comme celles de l'alcool et du tabac.
- **Taxes environnementales :** Taxes toujours plus nombreuses et souvent indirectes. Elles visent à augmenter de façon prohibitive le prix de biens ou services à l'impact négatif sur l'environnement, comme le transport aérien, les sites d'enfouissement des déchets ou l'essence, afin d'inciter à une diminution de leur utilisation.
- **Impôt sur les sociétés :** Essentiellement payé par les sociétés de capitaux sous la forme d'un pourcentage prélevé sur les bénéfices réalisés au cours d'un exercice annuel.

## Étude de cas : autres informations

Les états financiers ne sont qu'une partie du rapport annuel d'une entreprise. D'autres informations y figurent, comme des études de cas, des cotations, des statistiques, des profils de clients, fournisseurs, employés et administrateurs. Les annexes, courant souvent sur plus de 20 pages, présentent tableaux et textes complétant l'information financière. L'exemple ci-contre est extrait du rapport annuel 2013 de l'entreprise britannique du secteur de l'eau, Wessex Water.

### Nos finances

Cette rubrique fait apparaître les chiffres clés en matière financière, comme ceux relatifs aux bénéfices, taxes et impôts, éléments d'actif, passif et dividendes distribués, mais aussi des explications plus détaillées sur ces chiffres.

### Investissement durable

Les investissements de Wessex Water en matière de durabilité incluent dépenses incompressibles et dépenses discrétionnaires (début 2016 : 1 £ = 1,27 €).

| | 2013 m£ | 2012 m£ |
|---|---|---|
| CLIENTS ET COMMUNAUTÉ | 55 | 38 |
| ENVIRONNEMENT | 30 | 25 |
| EMPLOYÉS | 49 | 46 |
| INFRASTRUCTURE | 139 | 116 |
| **TOTAL** | **273** | **225** |

## À SAVOIR

- **Monopole :** Situation de marché où un offreur unique en position dominante propose un produit ou un service donné. Hors de tout contrôle de l'État, une entreprise en situation de monopole peut entraîner hausse de prix et baisse de qualité, face à une clientèle privée.
- **Oligopole :** Situation de marché avec un petit nombre d'offreurs. La concurrence étant moins féroce que sur un marché dérèglementé, l'État impose souvent des obligations aux entreprises afin de s'assurer de la qualité et du maintien de prix équitables.
- **Rémunération :** Argent versé en contrepartie d'un travail ou un service effectué. Terme financier synonyme de paie ou salaire.

## CONSEIL D'ADMINISTRATION

L'essentiel de l'information relative aux administrateurs d'une société anonyme cotée relève du domaine public. Les obligations légales exigent en règle générale la mention de :

- Noms des administrateurs gestionnaires.
- Noms des administrateurs non dirigeants, et leur statut d'administrateurs indépendants ou d'actionnaires.
- Détention d'actions.
- Comptabilité des jetons de présence
- Date de départ de chaque administrateurs du CA.
- Rémunération, incluant primes, option sur actions, plan de retraite et avantages.
- Période de préavis et indemnités de départ.
- Potentiels conflits d'intérêt.

### Dons à des associations caritatives

Le rapport annuel est aussi prétexte pour les entreprises à faire état de leur philanthropie, en détaillant montants des dons octroyés, avec résultats à l'appui. Une entreprise peut soutenir une association caritative relevant de son secteur d'activité ou laisser aux employés le soin de décider de l'œuvre à soutenir.

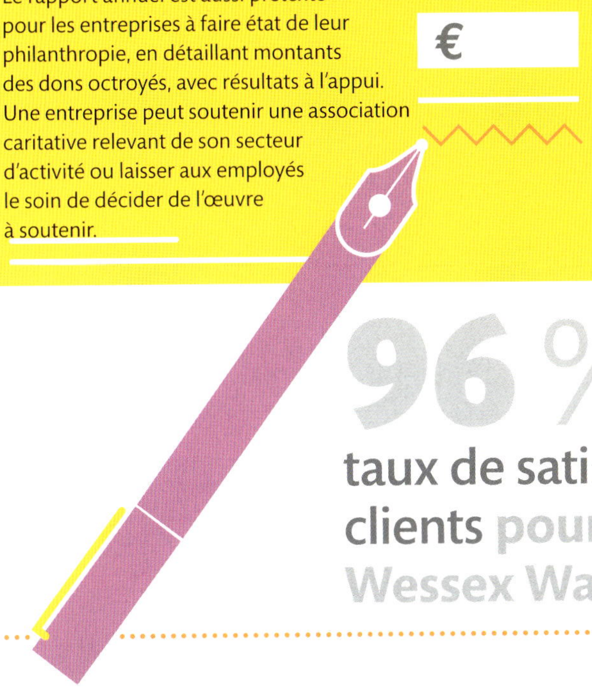


**96 % : taux de satisfaction clients pour Wessex Water.**

### Satisfaction clients

Cette rubrique a pour objectif de faire part de l'engagement de l'entreprise vis-à-vis de ses clients et de sa volonté à améliorer les services et la qualité de son offre. Pour les entreprises en situation de monopole ou d'oligopole, la satisfaction clients est un critère déterminant, sachant que les exigences de l'État vis-à-vis de ces entreprises sont souvent drastiques. Le rapport annuel de Wessex Water fait état d'un taux de satisfaction clients de 96 %.

## Les utilisateurs des états financiers

Les nombreux états financiers inclus dans le rapport annuel fournissent une mine de renseignements à tous ceux capables de les déchiffrer. On y trouve chiffres clés des bénéfices, explications des administrateurs sur les enjeux stratégiques, données financières détaillées et autres informations sur les activités et les politiques de l'entreprise. Ainsi, les états financiers trouvent leur utilité auprès de ce large éventail que constituent les parties prenantes, englobant employés, clients, actionnaires et potentiels investisseurs, mais aussi État, administration fiscale, journalistes, agences de notation, banques et grand public.

# Qui lit quoi ?

Différentes parties prenantes s'intéressent à diverses rubriques du rapport annuel. Ainsi, les clients d'un prestataire de services s'intéresseront à la rubrique « clients et communauté », alors que de potentiels apporteurs de capitaux s'attarderont sur les états financiers.

| Parties prenantes | Rubriques importantes | Pourquoi ? |
| --- | --- | --- |
| ACTIONNAIRES | › Compte de résultat (profits et pertes).<br>› Bilan.<br>› Dividendes. | › Estimer les bénéfices de l'entreprise.<br>› Évaluer la solidité de l'entreprise à long terme.<br>› Estimer les bénéfices qui leurs seront redistribués. |
| EMPLOYÉS | › Nos employés.<br>› Rapport sur la gouvernance.<br>› Indicateurs de performance. | › Connaître les programmes de formation ou des avantages sociaux mis en avant par l'entreprise.<br>› Connaître le montant des rémunérations des administrateurs gestionnaires et non dirigeants.<br>› Estimer les performances de l'entreprise et sa capacité à progresser. |
| COMMISSAIRE AUX COMPTES | › L'ensemble des états financiers.<br>› Rapport du commissaire aux comptes indépendant. | › Contrôler la régularité des comptes et l'absence d'erreurs.<br>› S'assurer que l'entreprise se conforme aux normes comptables internationales (IAS). *Voir p. 112-113.* |

## ANALYSE DES STATISTIQUES

Exemples tirés du rapport annuel de l'entreprise britannique du secteur de l'eau Wessex Water :

**6 % rendement après impôt du coût du capital**
Pourcentage estimé en divisant les recettes d'exploitation après impôt par le montant des investissements. Une statistique utile aux actionnaires pour évaluer les retours qu'ils sont en droit d'attendre de leurs investissements.

**64 % capacité endettement**
Pour la plupart des industries, la capacité d'endettement correspond aux dettes financières de l'entreprise comparées à ses capitaux propres. Dans le secteur de l'eau, il compare la dette nette à la valeur du capital règlementaire (valeur de l'entreprise qui dégage un retour sur investissement). Ce ratio est exprimé en pourcentage. *Voir p. 174-175.*

**A3/A-/BBB + notation**
La notation découle du processus d'évaluation du risque rattaché à un titre de créance. Elle détermine la solvabilité d'une entreprise. Les grandes agences de notation financière des États-Unis sont Moody's, Standard & Poors et Fitch. Chaque agence possède son propre système de notation, de AAA (triple A) note maximale, à C, pour risque de défaut de remboursement.

| Parties prenantes | Rubriques importantes | Pourquoi ? |
|---|---|---|
| ÉTAT/ADMINISTRATION FISCALE | Fiscalité.<br>Rapport du commissaire aux comptes indépendant.<br>Rubrique et annexes relatives à l'environnement. | Vérifier l'exactitude des sommes reportées et le montant des impôts payés.<br>Vérifier le rapport du commissaire aux comptes et les comptes.<br>Vérifier le respect des obligations légales en matière environnementale. |
| INSTITUTIONS FINANCIÈRES/BANQUES | Bilan. | Estimer l'actif et le passif financiers de l'entreprise, afin d'évaluer sa solidité.<br>Décider de l'intérêt ou non de l'octroi de prêts. |
| JOURNALISTES | Mot du président-directeur général<br>Comptes et annexes | Trouver des éléments à commenter.<br>Évaluer la solidité et les performances de l'entreprise.<br>Analyser les raisons des performances ou des contre-performances, et enquêter en cas de suspicion de fraude. |

# Comptabilité financière

**Les comptes financiers d'une entreprise classent, quantifient et enregistrent ses transactions. Des informations déterminantes pour les personnes extérieures à l'entreprise, comme les prêteurs et de potentiels investisseurs, mais aussi tous les décisionnaires en charge des investissements. Il faut donc présenter ces comptes de façon concise et claire, reflétant les échéances et le caractère certain des flux de trésorerie futurs, afin que les intéressés puissent prendre leur décision.**

## Éléments clés

Le compte de résultat (pertes et profits), le bilan et le tableau des flux de trésorerie sont les états financiers les plus importants du rapport annuel, complétés par les notes annexes. Pour comprendre ces informations, une connaissance des principes comptables, des notions de dépréciation et d'amortissement pour épuisement sont indispensables. Le comptable doit se conformer aux obligations légales en matière de présentation des états financiers et vérifier dans quelle mesure la législation environnementale peut influer sur l'activité et les comptes de l'entreprise.

### Normes comptables

Les normes comptables internationales standardisent la pratique à travers le monde, garantissent sa fiabilité et préviennent la fraude. *Voir p. 112-113.*

- Les normes internationales simplifient le reporting financier.
- Les entreprises doivent se conformer aux règles et règlementations en matière de reporting environnemental. *Voir p. 122-123.*

### Compte de résultat (pertes et profits)

Son objectif est de faire apparaître le résultat net, autrement dit le montant du bénéfice réalisé, information indispensable pour de potentiels investisseurs et les parties prenantes. *Voir p. 114-115.*

- Met en évidence les recettes et profits moins les charges et pertes ou coûts d'exploitation.
- Informe l'entreprise de la nécessité d'annoncer une alerte aux résultats.

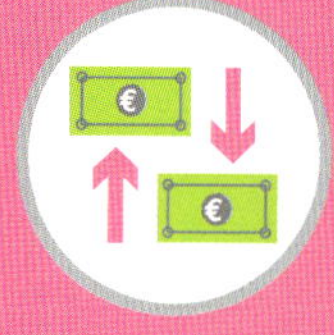

### Bilan

Un instantané de la situation financière de l'entreprise, constituant un excellent indicateur de sa santé financière à long terme. *Voir p. 116-119.*

- Cible l'équilibre entre éléments de l'actif et du passif, et capitaux propres de l'entreprise.
- Liste différents types d'actif, dont immobilisations corporelles et éléments de l'actif courant.

# 74 milliards

## de dollars : pertes des actionnaires suite aux scandales comptables d'Enron, en 2001.

### MISSION D'AUDIT

Les comptes d'une entreprise cotée font l'objet d'un examen impartial conduit par un commissaire aux comptes indépendant, chargé de contrôler leur exactitude et leur sincérité. Obligation légale dans la plupart des pays, ce contrôle vise à instaurer un climat de confiance sur les marchés et une plus grande transparence dans la gestion financière. Une entreprise peut aussi mettre en œuvre une procédure d'audit en interne : ses comptes seront examinés avant d'être soumis à un auditeur externe.

### Tableau des flux de trésorerie

Fait apparaître les liquidités de l'entreprise en suivant les flux de trésorerie – flux monétaires de liquidités ou investissements à court terme – entrants et sortants de l'entreprise. *Voir p. 120–121.*

- Indique si l'entreprise est en mesure de générer une trésorerie suffisante au financement de ses activités, à son développement et aux remboursement de ses créances.

### Comptabilité environnementale

Prise en compte des règles et règlementations obligeant une entreprise à réduire l'impact environnemental de ses activités. *Voir p. 122–123.*

- Met en évidence l'engagement écologique de l'entreprise à travers ses états financiers.
- Souligne la responsabilité sociétale de l'entreprise et l'intégration des critères ESG (environnement, sociétal, gouvernance).

### Dépréciation

Prise en compte de la perte de valeur au fil du temps des immobilisations corporelles, de façon à répartir le coût de l'actif sur toute la durée de sa vie économique. *Voir p. 124–127.*

- Possibilité de calcul à l'aide de différentes méthodes.
- Les immobilisations corporelles incluent notamment les constructions, les installations générales et les équipements.

### Amortissement et épuisement

Prise en compte de la perte de valeur au fil du temps d'une gamme d'immobilisations incorporelles, prêts et ressources naturelles. *Voir p. 128–129.*

- Les immobilisations incorporelles incluent notamment les brevets, les licences, les marques, les logos et les droits de propriété.
- Les ressources naturelles incluent notamment les minerais et les forêts.

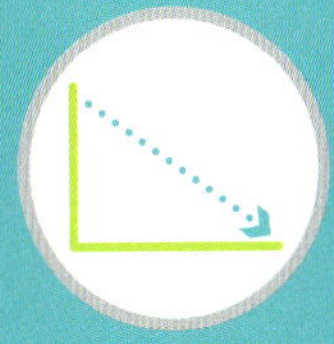

# Normes comptables internationales

**Sous l'effet de la mondialisation croissante des échanges, les normes comptables internationales participent à l'harmonisation des méthodes comptables à travers le monde, essentielles à la préparation des états financiers.**

| | Référentiel comptable | | | | |
|---|---|---|---|---|---|
| | **POSTULAT DE L'ENTITÉ ÉCONOMIQUE** | **POSTULAT DE L'UNITÉ MONÉTAIRE** | **POSTULAT DE CONTINUITÉ D'EXPLOITATION** | **POSTULAT DE PÉRIODICITÉ** | **PRINCIPE D'INFORMATION COMPLÈTE** |
| **Règle** | Les transactions d'une entreprise propriété d'un groupe ou d'un individu sont séparées des transactions d'une autre entreprise propriété du même groupe ou individu. | L'activité économique internationale a pour dénominateur commun la monnaie. Selon ce postulat, toutes les données sont exprimées en termes monétaires, avec une unité monétaire stable dans le temps. | L'entreprise est présumée continuer ses activités financières indéfiniment. | Différentes activités de l'entreprise peuvent être divisées en périodes artificielles. | Les informations, passées, présentes ou futures, susceptibles d'impacter les performances financières doivent être communiquées, en règle générale dans les notes annexes des états financiers. |
| **Exemple** | Un groupe possède deux entreprises, l'une fabriquant des téléviseurs, l'autre commercialisant des téléphones portables. Chacune des entreprises présente des états financiers distincts. | Une entreprise fabriquant des ballons de football est comparée sur le plan financier avec une entreprise qui œuvrait dans le même secteur il y a 30 ans, mais sans tenir compte de l'inflation. | Les réserves pétrolières ne s'épuiseront jamais, les ressources aurifères d'une mine seront inépuisables, un fabricant ne se retrouvera jamais à court d'activité. | La vente de brosses à dents peut être mesurée quotidiennement, mensuellement, trimestriellement (même si en réalité ces ventes sont constantes ou soumises à des variations imprévisibles). | Un importateur de noix de coco apprend qu'un cyclone a anéanti ses espoirs de récolte pour l'année à venir. Il doit faire mention de cet événement dans l'état financier correspondant. |
| **Objectif** | Aide le groupe et les investisseurs à comparer les états financiers des deux entreprises avec ceux de la concurrence. | Faire apparaître le plus d'éléments possibles dans les états financiers, sachant que tout ce qui est propriété de l'entreprise est quantifiable. | Proposer un modèle aux entreprises avec une vision à long terme de leurs activités. | Facilite le reporting financier. | Fournir une information complète aux actionnaires et potentiels investisseurs. |
| **Pour et contre** | ✓ Très bénéfique.<br>✗ Les entreprises d'un même groupe, dans des pays différents, doivent prouver qu'ils pratiquent les prix du marché dans leurs échanges inter-entreprises. | ✗ La valeur monétaire d'une chose est parfois difficile à mesurer (par exemple, quelle est celle d'un ouvrier ?).<br>✗ Comparaison difficile dans le temps, en raison de l'inflation ou de la déflation. | ✗ Non applicable aux entreprises proches de la liquidation, car cela suppose que la valeur des éléments d'actif correspond à celle de leur coût d'acquisition. | ✓ Plus on mesure l'activité économique, plus les tendances sont faciles à estimer.<br>✗ Surcroît de travail, donc de données, avec un risque de multiplication des erreurs. | ✗ L'entreprise peut chercher à taire l'information.<br>✗ Les pays ne sont pas tous équipés pour traquer les transgressions aux principes comptables. |

## Mode de fonctionnement

Les normes d'information financière internationales (IFRS) sont aujourd'hui utilisées dans plus de 110 pays. Introduites à l'origine pour standardiser la présentation des données comptables au niveau européen, elles se sont imposées partout à travers le monde. Ces normes ne doivent pas être confondues avec les anciennes normes comptables internationales (IAS) ayant vu le jour en 1973 et en application jusqu'en 2001. Depuis 2005, dans l'Union européenne, les sociétés cotées et leurs filiales ont pour obligation de se conformer à la standardisation IFRS. Les Generally Accepted Accounting Principes (US-GAAP) ou « principes comptables généralement admis » sont les règles comptables en vigueur aux États-Unis.

| PRINCIPE DU COÛT HISTORIQUE | PRINCIPE DE RAPPROCHEMENT DES PRODUITS ET DES CHARGES | PRINCIPE DE LA CONSTATATION DES PRODUITS | PRINCIPE DE PRUDENCE | PRINCIPE DE L'IMPORTANCE RELATIVE |
|---|---|---|---|---|
| Éléments d'actif et de passif sont évalués à leur valeur nominale, sans tenir compte de leur actualisation dans le temps. (Les normes IFRS ont révolutionné ce principe en imposant celui de la juste valeur.) | Selon ce principe, toutes les charges doivent correspondre aux produits auxquels elles ont contribué, et tous sont pris en compte au cours du même exercice. | Le produit est enregistré : a) à la livraison de marchandises ou la prestation de services ; b) à la conversion des éléments d'actif en trésorerie ; c) à la facturation et non à l'encaissement. | Un principe évitant au comptable d'enregistrer des provisions excessives ou de ne pas enregistrer provisions ou informations relatives à des opérations importantes. | Toute opération ayant un caractère significatif est prise en compte dans les états financiers, mais cette importance s'apprécie par rapport à la nature et au montant de la transaction. |
| Une entreprise a fait l'acquisition d'une usine, il y a 50 ans, au prix de 100 000 €. Ce prix d'acquisition sera celui de son évaluation actuelle, même si sa valeur sur le marché est aujourd'hui plus élevée. | Un supermarché estime les coûts engagés et les bénéfices réalisés sur une même période, car lorsque les ventes augmentent, les coûts engagés sont aussi plus élevés. | Un fabricant de jouets passe un ordre de 500 pièces pour juillet, livre en septembre, pour un encaissement en décembre. Le produit sera enregistré en septembre, à la livraison des marchandises. | Une entreprise faisant l'objet d'une action en justice doit mentionner ses pertes potentielles plutôt que ses profits dans les notes annexes de ses états financiers. | Une raffinerie de pétrole fait l'acquisition pour 100 € d'un tableau blanc, d'une durée de vie estimée à 10 ans. Le comptable enregistre le montant total de cet achat en une seule fois. |
| Assure une permanence et prévient une surévaluation des éléments d'actif, comme cela se produisit lors du krach boursier de Wall Street, en 1929. | Évite différentes échelles de temps, susceptibles de refléter une image tronquée et des résultats financiers aléatoires, par exemple avec des bénéfices en hausse sur une période et des coûts d'achat sur une autre. | Inclure tous les produits sur le même exercice, peu importe le moment où ils ont été encaissés, comme dans le principe du rapprochement des produits et des charges. | Évite une surestimation des futurs profits et un endettement, en l'absence de concrétisation des profits escomptés. | Gain de temps pour l'enregistrement comptable et le regroupement de transactions au montant négligeable, en l'absence de risque de report erroné. |
| ✗ L'évaluation de certains éléments d'actif, notamment les propriétés acquises depuis un certain temps, est largement inférieure à leur valeur réelle actuelle. | ✓ Contribue à présenter les comptes de façon cohérente. | ✗ L'encaissement peut ne pas être perçu.<br>✓ En cas de doute sur la solvabilité d'un client, l'entreprise peut procéder à une provision pour créances douteuses. | ✗ Exige une grande objectivité de la part des comptables, de façon à publier des états financiers restituant une image fidèle à la réalité de l'entreprise. | ✓ Gain de temps comptable<br>✓ Favorise la clarté des états financiers et la lecture des informations. |

# Compte de résultat

**Le compte de résultat est un composant des états financiers récapitulant l'ensemble des recettes (produits), coûts et dépenses (charges) sur une période définie. Il est aussi appelé état du résultat global ou compte de profits et pertes.**

## Mode de fonctionnement

L'objectif du compte de résultat est de refléter la rentabilité de l'entreprise. Avec le tableau des flux de trésorerie et le bilan, ces informations financières permettent aux investisseurs de juger du niveau de rentabilité de l'entreprise. En règle générale, le compte de résultat fait apparaître recettes et profits, auxquels ont été soustrait dépenses et pertes, mais aussi acquisitions et cessions d'éléments d'actif. Toute entreprise commerciale doit déposer ses comptes annuels, mais la loi de simplification adoptée en 2012 dispense les SARL et les sociétés par actions non cotées (SAS, SCA, SA). Entreprises individuelles et sociétés civiles immobilières (SCI) sont dispensées de ce dépôt.

## Lire un compte de résultat

En règle générale, le compte de résultat illustre les performances financières de l'entreprise sur un mois, un trimestre ou une année donnée. Les informations clés sont fournies par le chiffre d'affaires (recettes) et le résultat d'exploitation. Si les bénéfices sont inférieurs à ceux escomptés, l'entreprise peut placer une alerte aux résultats avant la publication du compte de résultat.

### Étude de cas : compte de résultat

Extrait de compte de résultat du rapport annuel 2013 de l'entreprise britannique du secteur de l'eau, Wessex Water, avec un solide chiffre d'affaires (taux de change de la livre sterling fin 2013 : 1 £ = 1,19 €).

**Montant des affaires** réalisées par une entreprise au cours d'une période comptable. On note une augmentation de 5,3% par rapport à l'année passée.

**Résultat tiré de l'activité principale,** après avoir soustrait les charges, mais avant déduction des impôts. Ce résultat n'inclut pas l'argent gagné sur les investissements.

**Résultat avant impôt,** après prise en compte du résultat d'exploitation et des charges financières, à l'exception des encaissements exceptionnels.

**Part des bénéfices** distribuée aux actionnaires de l'entreprise sous forme de dividendes.

| | 2013 m£ | 2012 m£ |
|---|---|---|
| **Chiffre d'affaires** | **492,1** | **467,5** |
| Coûts d'exploitation | (268,1) | (248,5) |
| **Résultat d'exploitation** | **224,0** | **219,0** |
| Intérêts dus et charges similaires | (86,9) | (81,7) |
| Intérêts perçus | 2,9 | 1,2 |
| Autres coûts financiers | (1,5) | (1,0) |
| **Résultat courant avant impôt** | **138,5** | **137.5** |
| Impôt sur les résultats provenant des éléments courants | (30,6) | (44,3) |
| **Résultat net attribuable aux actionnaires** | **107,9** | **93,2** |

Les chiffres entre parenthèses renvoient à des nombres négatifs

## CHARGES TYPES

***Charges de personnel***

Salaires et traitements payés au personnel, sous-traitants et main-d'œuvre indirecte.

***Fournitures non stockables***

Eau, électricité, gaz, carburant.

***Assurances***

Assurance sur immobilisations et assurance de responsabilité civile.

***Frais postaux et de télécommunications***

Timbres postaux, expéditions, abonnement Internet, communications téléphoniques.

***Publicité, publications, relations publiques***

Ensemble des moyens de communication commerciale utilisés par l'entreprise pour faire connaître et vendre ses produits.

***Fournitures administratives***

Petit matériel de bureau, comme stylos, papier et classeurs, imprimante, consommables...

***Honoraires professionnels et juridiques***

Frais juridiques et comptables, payés aux comptables, commissaires aux comptes et conseillers juridiques.

***Intérêts sur emprunts***

Les intérêts payés sur l'argent emprunté entrent dans les charges de l'entreprise.

***Impôts et taxes***

Variables selon les juridictions administratives, incluant taxe sur les salaires et professionnelle.

***Frais de réception***

Les frais de réception sont déductibles sous réserve de respecter certaines conditions.

## Étude de cas : coûts d'exploitation

Ce tableau détaille les coûts d'exploitation d'une entreprise. Il est important de tenir compte de toute note se rapportant à la dépréciation, aux produits (recettes) et charges (dépenses) courants et exceptionnels.

**Coûts de la main-d'œuvre** incluant salaires de base et pensions, heures supplémentaires, formation des salariés, congés maternité.

**Perte de valeur** progressive d'un actif, sous l'effet de différents facteurs, comme l'usure et les conditions du marché.

**Diminution** au fil du temps de la valeur des actifs incorporels ou de prêts.

**Profits ou pertes** sur la cession d'immobilisations.

**Coûts de location** d'immeubles et équipement.

**Recherche et développement** ciblant l'amélioration de la fiabilité et de la performance des services.

**Rémunération des administrateurs** incluant salaires de base et avantages, pensions, avantages sociaux, option sur titres et bonus.

| | 2013 m£ | 2012 m£ |
|---|---|---|
| **Coûts de la main-d'œuvre** | **51,7** | **45,3** |
| Équipements et consommables | 29,1 | 26,7 |
| Autres coûts d'exploitation | 67,6 | 63,8 |
| **Dépréciation** | **120,3** | **114,0** |
| Amortissement de subventions et d'apports | (0,8) | (0,8) |
| **Pertes/(profits) sur cessions d'immobilisations** | **0,2** | **(0,5)** |
| | **268,1** | **248,5** |
| **Contrats de location/exploitation des installations et machines** | **1,5** | **1,2** |
| **Recherche et développement** | **0,1** | **0,1** |
| **Rémunération des administrateurs** | **2,1** | **1,8** |
| Honoraires payés au commissaire aux comptes | 0,2 | 0,2 |

Les chiffres entre parenthèses renvoient à des nombres négatifs

# Bilan

**Le bilan est un composant des états financiers informant de l'équilibre et de la position financière d'une entreprise à un moment précis. Son objectif premier est de faire apparaître l'actif, le passif et les capitaux propres, plutôt que les résultats financiers.**

### Mode de fonctionnement

Le bilan témoigne du patrimoine de l'entreprise : ce qu'elle possède, ce qu'elle doit et les investissements qu'elle représente. Il est basé sur une formule (ou équation) comptable, sur laquelle se fonde l'enregistrement comptable en partie double. Cette formule établit une relation entre total de l'actif, total du passif et capital du propriétaire – ce que l'entreprise possède (actif) est acquis par le biais de la dette (passif) ou l'investissement (capital). Une équation toujours équilibrée, car ce que possède l'entreprise doit avoir été acheté par les fonds propres de son propriétaire ou par le biais de l'emprunt.

### ✓ À SAVOIR

› **Produit constaté d'avance :** Produit comptabilisé par anticipation, avant la livraison d'un bien ou la prestation d'un service au client. Avant encaissement, ils figurent au passif du bilan.

## L'équation comptable du bilan

L'équation comptable du bilan doit toujours être équilibrée. En effet, tout ce que possède l'entreprise (actif) doit être couvert par l'équivalent capital (capitaux propres) plus passif (dettes).

### Entreprise sans passif

Une jeune entreprise peut avoir **1 000 €** d'actif. Elle ne présente pas encore de passif, donc son capital est égal à son actif, soit l'équivalent des apports des propriétaires ou des actionnaires dans l'affaire. Une équation comptable qui pourrait être illustrée comme suit :

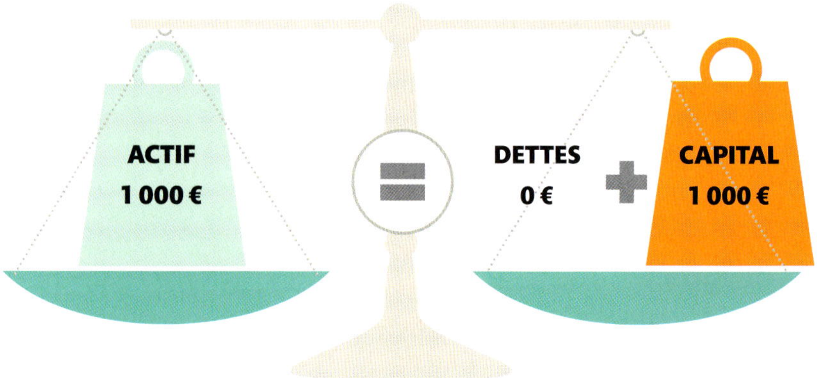


### Entreprise avec un passif de 400 €

Après avoir dépensé **400 €,** par exemple dans l'achat d'une enseigne lumineuse pour sa façade, le propriétaire de l'entreprise contracte une dette de **400 €** et l'équation change. Mais l'enseigne coûtant **400 €** , il reste **600 €** au propriétaire. L'équation reste équilibrée, comme elle doit toujours l'être.

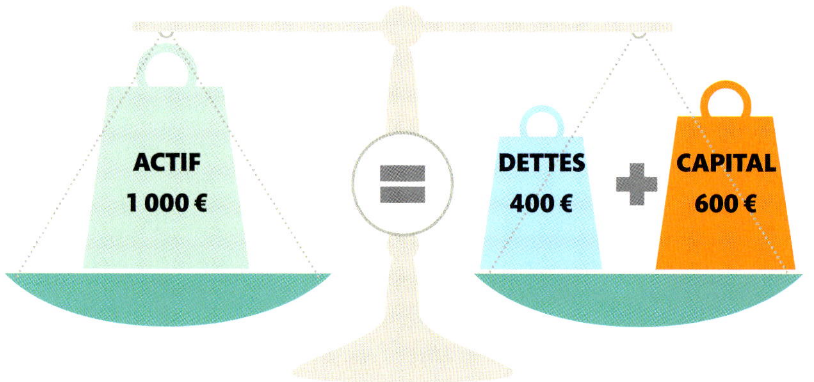

## Étude de cas : bilan

Extrait du bilan du rapport annuel 2013 de l'entreprise britannique du secteur de l'eau, Wessex Water (taux de change de la livre sterling fin 2013 : 1 £ = 1,19 €).

**Actif immobilisé** (ou actif à long terme), difficile à convertir en liquidités, dont la durée de vie excède généralement un an. Un actif constitué d'immobilisations corporelles (terrain) et incorporelles (logo).

**Actif courant** (ou actif à court terme), facile à convertir en liquidités, dont la durée de vie est égale ou inférieure à un an. Trésorerie, équivalents de trésorerie, et stock constituent les éléments d'actif courant les plus répandus.

**Créanciers :** ils font référence à des individus ou entités à qui l'entreprise doit de l'argent. Ici, les créances sont exigibles dans le courant de l'exercice.

**Actif courant net :** équivalent de l'actif courant après déduction du montant des créances remboursées

**Total de l'actif moins passif exigible :** total de l'actif immobilisé et de l'actif courant net, moins le montant des créances à rembourser dans le courant de l'exercice.

**Créances exigibles** à plus d'un an, déduites du total de l'actif net et de l'actif courant net.

**Actif net :** fait référence au montant restant après déduction des dettes du total de l'actif net et de l'actif courant net. Permet d'obtenir l'actif net comptable.

**Fonds propres** ou capitaux propres, fait référence au capital restant. En cas de bénéfices, l'argent peut être réinvesti dans l'entreprise ou redistribué sous forme de dividendes annuels.

| ACTIF, PASSIF ET CAPITAL | 2013 m£ | 2012 m£ |
|---|---|---|
| **Actif immobilisé** | | |
| Immobilisations corporelles | **2 167,1** | **2 069,2** |
| Investissements | - | - |
| **Actif courant** | | |
| Stock et en-cours | 7,0 | 6,3 |
| Débiteurs | 162,6 | 153,9 |
| Trésorerie (fond de caisse et avoirs bancaires) | 181,0 | 211,0 |
| | 350,6 | 371,2 |
| **Créanciers** – montants échéant dans l'année | (198,8) | (171,7) |
| **Actif courant net** | **151,8** | **199,5** |
| **Total de l'actif moins passif exigible** | **2 318,9** | **2 268,7** |
| **Créanciers** – montants échéant à plus d'un an | (1 891,5) | (1 811,9) |
| Provisions pour risques et charges | (114,9) | (115,3) |
| Engagements de retraite et assimilés | (93,1) | (83,0) |
| Produits constatés d'avance | (17,2) | (17,9) |
| **Actif net** | **202,2** | **240,6** |
| **Capital et réserves** | | |
| Capital social appelé | 81,3 | 81,3 |
| Compte de résultat | 120,9 | 159,3 |
| **Fonds propres** | **202,2** | **240,6** |

**FONDS PROPRES**

Les comptables utilisent abréviations et symboles différents pour signaler débits et crédits. Certains notent « déb. » pour débit et « cr. » pour crédit. D'autres utilisent le symbole « – » pour débit et « + » pour crédit. Dans cet extrait de bilan, les parenthèses sont utilisées pour signaler les crédits (nombres négatifs).

## Comprendre les notes annexes

Le bilan donne des informations utiles sur la santé financière de l'entreprise, et il est important que les investisseurs sachent l'analyser. Un bilan peut se lire de deux façons, d'un simple coup d'œil, comme l'exemple de la page précédente, avec une présentation synthétique de l'information, ou de manière plus poussée en détaillant chaque poste. Après la présentation synthétique du bilan, une section additionnelle détaille les postes spécifiques de l'entreprise, à travers une série de notes annexes. Cette section fait apparaître les postes où de l'argent a été gagné ou perdu, à travers la mention de chiffres, souvent accompagnés de commentaires sur de potentiels développements susceptibles d'affecter l'entreprise, comme un procès, un recrutement ou la disponibilité de ressources.

# Notes annexes du bilan

Pour disposer d'informations plus détaillées sur les données chiffrées de la présentation synthétique du bilan, les investisseurs consultent notes et tableaux annexes (taux de change de la livre sterling fin 2013 : 1 £ = 1,19 €)

### Étude de cas : immobilisations corporelles

Ce tableau présente le détail des immobilisations corporelles (éléments d'actif à long terme difficilement convertibles en liquidités) de Wessex Water.

**Immobilisations corporelles** incluant terrain et machines.

**Acquisitions :** nouvelles immobilisations corporelles acquises par l'entreprise dans l'année.

**Cessions :** toutes immobilisations corporelles vendues ou dont l'entreprise s'est débarrassée dans l'année.

**Valeur totale** des immobilisations corporelles de l'entreprise listées par catégorie.

**Dépréciation** ou perte de valeur d'un actif au fil du temps.

**Provisions** pour dépréciation des actifs listés par catégorie et provision totale.

**Valeur comptable nette** d'un actif, soit son coût initial diminué du cumul des amortissements et du cumul des pertes de valeurs.

**Valeur combinée** des immobilisations corporelles dans chaque catégorie et au total.

| | TERRAIN ET IMMEUBLES | INFRASTRUCTURE | INSTALLATIONS, MACHINES ET MATÉRIEL ROULANT | AUTRES ACTIFS |
|---|---|---|---|---|
| | m£ | m£ | m£ | m£ |
| **Coût** | | | | |
| Au 1er avril 2012 | 676,3 | 1 229,7 | 1 204,6 | 105,0 |
| Acquisitions | 9,5 | 67,8 | 49,1 | 2,3 |
| Transferts après commissioning | 13,7 | 11,2 | 42,2 | 2,8 |
| Cessions | (0,2) | – | (13,1) | (0,5) |
| Subventions et contributions | – | (5,0) | – | – |
| **Au 31 mars 2013** | **699,3** | **1 303,7** | **1 282,8** | **109,6** |
| **Dépréciation** | | | | |
| Au 1er avril 2012 | 211,3 | 435,5 | 558,8 | 34,0 |
| Charges pour la période | 13,7 | 43,2 | 56,8 | 6,6 |
| Cessions | (0,1) | – | (11,5) | (0,5) |
| **Au 31 mars 2013** | **224,9** | **478,7** | **604,1** | **40,1** |
| **Valeur comptable nette** | | | | |
| **Au 31 mars 20133** | **474,4** | **825,0** | **678,7** | **69,5** |
| Au 1er avril 2012 | 465,0 | 794,2 | 645,8 | 71,0 |

| ACOMPTES ET IMMOBILISATIONS EN COURS | TOTAL |
|---|---|
| m£ | m£ |
| 93,2 | 3 308,8 |
| 96,2 | 224,9 |
| (69,9) | - |
| - | (13,8) |
| - | (5,0) |
| **119,5** | **3 514,9** |
| - | 1 239,6 |
| - | 120,3 |
| - | (12,1) |
| **-** | **1 347,8** |
| **119,5** | **2 167,1** |
| 93,2 | 2 069,2 |

## Étude de cas : débiteurs

Les débiteurs sont des individus ou entités qui doivent de l'argent à l'entreprise. Wessex Water a quatre types de débiteurs.

**Les individus ou entités** qui cèdent des éléments d'actif à crédit à des tiers, reçoivent un paiement à date ultérieure. → Débiteurs commerciaux

**Paiement anticipé** de services à recevoir, pour lesquels l'entreprise a déjà été payée, et d'**effets à recevoir**. → Comptes de régularisation

| | 2013 m£ | 2012 m£ |
|---|---|---|
| Débiteurs commerciaux (comptes clients) | 48,9 | 48,1 |
| Dues par des entreprises affiliées | 31,8 | 35,0 |
| Comptes de régularisation | 70,3 | 62,1 |
| Autres débiteurs | 11,6 | 8,7 |
| | **162,6** | **153,9** |

## Étude de cas : créanciers

Les créanciers sont des individus ou entités à qui l'entreprise doit de l'argent. Ils sont créditeurs de Wessex Water.

**Argent** dû à la banque. → Découvert bancaire

**Individus ou entités** à qui est dû de l'argent pour la fourniture de matières premières ou de composants. → Créanciers commerciaux

**Argent** dû à des entreprises apparentées propriété du même groupe. → Montants dus à une filiale ; Montants dus à d'autres entreprises du groupe ; Montants dus à des entreprises associées

**Rémunération** versée aux actionnaires. → Dividendes

**Impôt** et avantages sociaux. → Impôts et Sécurité sociale

| | 2013 m£ | 2012 m£ |
|---|---|---|
| Découvert bancaire | 21,8 | 18,6 |
| Prêt interentreprises | - | 1,3 |
| Obligations au titre de crédit-bail | 7,0 | 6,3 |
| Créanciers commerciaux (compte fournisseurs) | 4,3 | 3,1 |
| Montants dus à une filiale | 18,9 | 14,2 |
| Montants dus à d'autres entreprises du groupe | 0,6 | 0,6 |
| Montants dus à des entreprises associées | 0,7 | 0,2 |
| Dividendes | 23,3 | 21,7 |
| Autres créanciers | 2,4 | 2,0 |
| Taxe professionnelle | 16,7 | 9,2 |
| Impôts et Sécurité sociale | 1,9 | 1,7 |
| Comptes de régularisation | 101,2 | 92,8 |
| | **198,8** | **171,7** |

**Note** relative aux créanciers → Le prêt interentreprises dû à une filiale apparentée, SC Technology GmbH, a été remboursé.

# Tableau des flux de trésorerie

**Ce document fait apparaître la variation des flux financiers au cours du dernier exercice comptable. Il révèle l'état de la trésorerie de l'entreprise – autrement dit, vérifie si les encaissements sont supérieurs aux décaissements.**

## Lire un tableau de flux de trésorerie

Le tableau des flux de trésorerie répond à une question clé, celle de savoir si l'entreprise génère une trésorerie suffisante au financement de ses activités, dégage des profits pour se développer, s'acquitter de ses créances et redistribuer des dividendes. Les chiffres entre parenthèses sont des nombres négatifs.

### Étude de cas : tableau des flux de trésorerie

L'analyse du tableau des flux de trésorerie de ce service de distribution d'eau permet aux décisionnaires de modéliser les futurs flux de trésorerie (taux de change de la livre sterling fin 2013 : 1 £ = 1,19 €).

**Méthode indirecte** partant du résultat avant impôt, les flux nets de trésorerie liés aux activités d'exploitation sont déterminés après déduction des revenus et dépenses.

**Retour sur investissement,** dans ce cas le total des intérêts perçus moins le total des intérêts versés, mais aussi les intérêts versés sur les contrats de location financement.

**Imposition** ou total de tous les taxes versées et crédits d'impôt perçus.

**Augmentation de capital** et investissement financier, ici total des cessions d'immobilisations corporelles, encaissements de frais de raccordement, subventions et revenus différés.

**Dividendes** ou sommes redistribuées aux actionnaires chaque année.

**Somme** de tous les montants inscrits plus hauts.

**Variations** des sommes encaissées et décaissées liées aux prêts, contrats de location financement et obligations.

**Évolution** du montant de la dette nette d'un exercice à l'autre, correspondant à la somme des deux montants inscrits au-dessus.

**Une société de services** aux collectivités peut se permettre de fonctionner avec plus de dettes, comparée à une entreprise au marché moins pérenne.

| | **Au 31 mars 2013 m£** | **Au 31 mars 2012 m£** |
|---|---|---|
| Flux nets de trésorerie liés aux activités d'exploitation | 334,6 | 303,2 |
| Retours sur investissements et autres actifs financiers | (80,0) | (79,2) |
| Imposition | (21,8) | (31,5) |
| Augmentation de capital et investissement financier | (215,4) | (149,7) |
| Dividendes versés | (129,6) | (129,4) |
| Flux de trésorerie avant activités d'investissement financier | (112,2) | (86,6) |
| Variations des prêts et avances consenties | 79,0 | 222,2 |
| (Diminution)/augmentation de trésorerie | (33,2) | 135,6 |
| **Rapprochement des variations de trésorerie avec les variations de la dette** | | |
| (Diminution)/augmentation de trésorerie | (33,2) | 135,6 |
| Variation des prêts et contrats de location financement | (79,0) | (222,2) |
| **Variation de trésorerie** | **(112,2)** | **(86,6)** |
| **Trésorerie d'ouverture** | **(1 626,1)** | **(1 539,5)** |
| **Trésorerie de clôture** | **(1 738,3)** | **(1 626,1)** |

## Mode de fonctionnement

Pour les investisseurs cherchant à évaluer une entreprise, le tableau des flux de trésorerie est souvent plus utile que les autres composants des états financiers, car il fait clairement apparaître la performance opérationnelle, à la différence du compte de résultat, qui occulte cette information en intégrant des facteurs non monétaires, comme la dépréciation. De même, le bilan privilégie les actifs aux liquidités.

# Trois types de flux de trésorerie

La trésorerie renvoie aux liquidités disponibles, mais aussi aux équivalents de trésorerie, comme les liquidités détenues en banque, les lignes de crédit, les investissements liquides à court terme, comportant peu de risques de variation de valeur. La trésorerie n'inclut pas intérêts, dépréciations ou dettes irrécouvrables.

### Flux de trésorerie liés aux activités d'exploitation

L'essentiel des flux de trésorerie est lié aux activités d'exploitation, dont le calcul fait appel à une formule comptable. La variation du besoin en fonds de roulement (actif courant moins passif à court terme) peut être un chiffre négatif.

**( RECETTES - DÉPENSES ) - IMPÔT + DOTATION AUX AMORTISSEMENT + VARIATION DU BESOIN EN FONDS DE ROULEMENT = FLUX DE TRÉSORERIE LIÉS À L'EXPLOITATION**

***Flux de trésorerie liés aux activités d'exploitation en pratique***

Une entreprise produisant des jus de fruits vend pour 100 € de jus d'orange, après avoir dépensé 20 € à l'achat d'oranges. Elle paye 25 % d'impôts sur ses 80 € de recettes. Le pressoir fait l'objet d'une dotation d'amortissement de 20 € au cours de l'exercice comptable (un ajustement positif sur le coût d'acquisition de la machine).

### Flux de trésorerie liés aux activités d'investissement

Acquisition/cession d'immobilisations ou investissements entrent dans cette catégorie. Ce chiffre est généralement négatif en raison d'un plus grand nombre d'acquisitions que de cessions, mais il peut être positif en cas de ventes significatives.

### Flux de trésorerie liés aux activités de financement

Sont inclus dans cette catégorie l'achat ou la vente d'obligations et le versement de dividendes. Les liquidités dégagées suite à une vente correspondent à un encaissement ou entrée de fonds, les liquidités perdues suite à un achat correspondent à un décaissement ou sortie de fonds.

### Flux de trésorerie totaux

Addition des trois types de flux de trésorerie. L'analyse séparée des trois types de trésorerie aide les décisionnaires à juger des performances opérationnelles de l'entreprise, en les comparant à ses activités de financement et d'investissement, sans réel rapport avec ses activités au jour le jour.

# Comptabilité environnementale

**Les réglementations environnementales obligent les entreprises à prendre en compte l'impact de leurs activités et à assumer leur responsabilité sociétale face à la législation, au changement climatique et à l'opinion publique.**

## Mode de fonctionnement

À l'échelle mondiale, les entreprises se trouvent désormais confrontées à une multitude de lois environnementales régissant leurs différentes activités au sein de différents pays. Un cadre légal qui englobe aussi bien l'atmosphère, l'eau douce, l'environnement marin, la préservation de la diversité biologique que la sûreté nucléaire ou la pollution sonore. Les lois environnementales s'appliquant à l'échelle internationale sont généralement ratifiées par chaque pays avant de prendre effet à l'échelon national. Une des mesures prises à l'échelle mondiale est la bourse au carbone, ciblant la réduction des émissions de gaz à effet de serre à travers la mise en place d'un système de plafonnement et d'échange, où l'entreprise achète un permis pour chaque tonne de $CO_2$ émis au-delà d'un certain niveau. Les entreprises émettant moins que le niveau accepté peuvent vendre leur permis à d'autres entreprises.

### ÉTUDE DE CAS

#### *Nettoyage de cours d'eau*

Les actions de Wessex Water dans la lutte contre la pollution sont mentionnées plusieurs fois dans son rapport annuel. Une insistance stratégique pour une entreprise sachant à quel point l'adoption d'une politique éco-responsable revêt une importance particulière pour les investisseurs. Ainsi, l'entreprise communique sur les différents domaines où ses efforts, conjugués à d'autres, ont eu un effet positif sur l'environnement.

- Collaboration avec l'association Surfers Against Sewage, faisant campagne en faveur d'une mer propre.
- Stratégie sur les cours d'eau : collaboration avec des lobbys et des ONG/associations à la réduction de rejets polluants et de leurs impacts sur les habitats naturels, afin d'accroître le nombre de plantes aquatiques, invertébrés et poissons dans les cours d'eau du pays.
- Amélioration de la qualité des eaux de baignade de la région, en conformité avec les normes environnementales.

## Références sur le plan environnemental

La plupart des entreprises incluent une rubrique comptabilité environnementale dans leur rapport annuel. Si la publication de certaines données est obligatoire, le rapport annuel est aussi l'occasion pour l'entreprise de détailler sa politique environnementale à l'attention des parties prenantes.

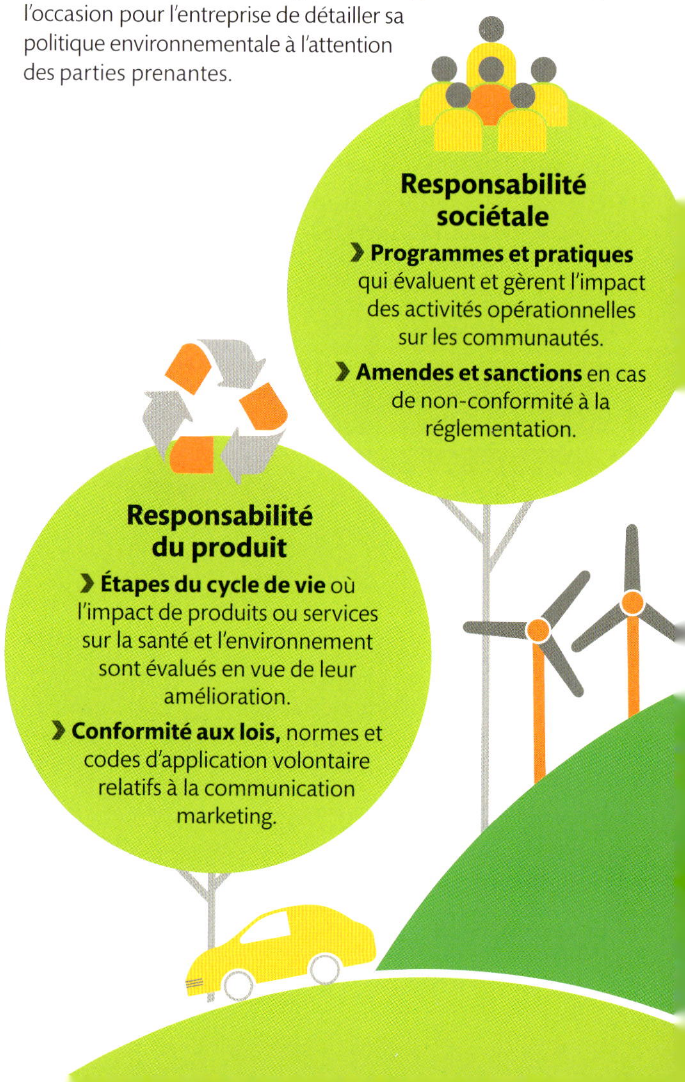

## ÉMISSIONS DE GAZ À EFFET DE SERRE

Dans certains pays, la législation oblige les entreprises à communiquer sur leurs émissions de gaz à effet de serre. Cette communication passe en général par la publication d'un tableau dans la rubrique comptabilité environnementale du rapport annuel, où sont listés les niveaux d'émissions directes ou indirectes, par l'entreprise elle-même et par des tiers, de gaz, diesel et autres carburants, mais aussi de dioxyde de soufre, protoxyde d'azote, méthane et autres gaz appauvrissant la couche d'ozone. Dans le tableau ci-contre de l'entreprise de distribution d'eau Wessex Water, ces émissions apparaissent en kt d'équivalent $CO_2$.

| Postes fixes | Consommation directe de carburant | Réseau électrique | Tierces parties | Total 2012-2013 | Total 2011-2012 |
|---|---|---|---|---|---|
| Gaz, diesel, autres carburants | 6 | 0 | 4 | 10 | 8 |
| Réseau électrique | 0 | 115 | 0 | 115 | 107 |
| Transport | 9 | 0 | 1 | 11 | 11 |
| Méthane | 17 | 0 | 2 | 20 | 20 |
| Protoxyde d'azote | 10 | 0 | 7 | 17 | 19 |
| Énergie renouvelable exportée | 0 | (3) | 0 | (3) | (4) |
| **TOTAL (net émissions)** | 42 | 112 | 14 | 169 | 161 |

### Responsabilité économique

- **Implications financières,** risques et opportunités pour les activités de l'organisation en raison du changement climatique.
- **Aides financières** allouées par l'État.

### Droits de l'homme

- **Accords d'investissement** incluant des clauses sur le respect des droits de l'homme ou ayant fait l'objet d'un contrôle sur ce point.
- **Fournisseurs et sous-traitants** ayant été soumis à un contrôle sur le respect des droits de l'homme, prise de mesure pour résoudre tout problème.

### Pratiques et droits du travail

- **Main-d'œuvre** par type d'emploi, contrat et région.
- **Nombre d'heures moyen de formation** par an, par salarié et par catégorie professionnelle.
- **Rapport du salaire de base** des hommes et de celui des femmes par catégorie professionnelle.

### Responsabilité environnementale

- **Consommation d'énergie** directe et indirecte.
- **Déchets** par catégorie et méthode d'élimination.
- **Prélèvement d'eau** par source, rejet par destination et qualité.
- **Amendes et sanctions** en cas de non-conformité à la réglementation.

# Dépréciation et amortissement

**Quand une entreprise fait l'acquisition d'un actif, son coût peut être déduit du résultat, à des fins comptables et fiscales. L'amortissement permet d'étaler le coût de cette acquisition, en calculant la valeur de la dépréciation de l'actif au fil du temps.**

## Mode de fonctionnement

Lors de l'acquisition d'un actif destiné à être utilisé durablement (bâtiment, machines-outils, ordinateur…) l'entreprise peut améliorer son résultat comptable en compensant cette charge par les avantages économiques attendus liés à l'utilisation de l'actif. Néanmoins, ces avantages ne seront pas tous concentrés sur l'année d'acquisition de l'actif, qui au fil du temps perdra en efficacité du fait de son usure, jusqu'à devenir obsolète ou inutilisable.

Le comptable dispose de procédures pour transformer cette dépréciation en un avantage fiscal. Dans un premier temps, il constate la perte de valeur de l'actif sur une période donnée, autrement dit, il procède à son amortissement. Dans un second temps, il compare cette perte de valeur à l'avantage économique tiré de son utilisation au cours de la même période, afin de transformer la dépréciation en une déduction du résultat imposable.

Il existe différentes méthodes d'évaluation comptable. Pour l'entreprise, le choix d'une méthode peut être fonction de son activité, du type d'actif à amortir, des règlementations fiscales ou de préférence personnelle. Les principales méthodes utilisées sont celles de l'amortissement linéaire ou de l'amortissement sur le coût de l'actif *(voir ci-dessous et p. 126)*.

### ✓ À SAVOIR

- **Actif immobilisé/immobilisation corporelle :** Désigne les éléments tangibles utilisés de façon durable dans le cycle d'exploitation de l'entreprise, mais qui ne font pas partie du fond commercial. Des éléments dont la durée d'utilisation excède un an peuvent être amortis.
- **Durée d'utilité/de vie économique :** Durée exprimée en termes de capacité productive et ayant une valeur comptable.
- **Valeur résiduelle :** Valeur d'un actif au-delà de sa durée d'utilité, souvent établie par l'administration fiscale.

## Évaluation de la dépréciation

La méthode d'amortissement linéaire est le moyen le plus simple pour constater la perte de valeur de la plupart des actifs. Cette dépréciation est évaluée en annuités constantes sur la durée d'utilité du bien amorti. La valeur résiduelle de l'actif est déduite de sa valeur d'acquisition et le montant divisé par le nombre d'années de la durée d'utilité de l'actif.

$$\frac{\text{VALEUR D'ACQUISITION} - \text{VALEUR RÉSIDUELLE}}{\text{DURÉE D'UTILITÉ (ANNÉES)}} = \text{DÉPRÉCIATION ANNUELLE (€)}$$

### Exemple

Une entreprise d'aménagement paysager achète un véhicule pour un montant de 25 000 €. L'administration fiscale a fixé sa valeur résiduelle à 5 000 € après 5 ans d'utilisation.

$$\frac{25\,000\text{ €} - 5\,000\text{ €}}{5} = 4\,000\text{ €}$$

**Année 1 :** Au bout d'un an la valeur du véhicule est dépréciée de 4 000 € (valeur d'acquisition moins valeur résiduelle, divisée par durée d'utilité). Sa valeur est désormais estimée à 21 000 €.

## DURÉE D'UTILITÉ MOYENNE DES IMMOBILISATIONS

Par mesure de simplification, l'administration fiscale a établi des durées d'utilité à appliquer par types d'actifs. Une façon de standardiser la constatation de la dépréciation d'un actif, mais aussi d'éliminer toute incertitude quant à la valeur et au nombre d'années à prendre en compte dans l'amortissement d'un actif.

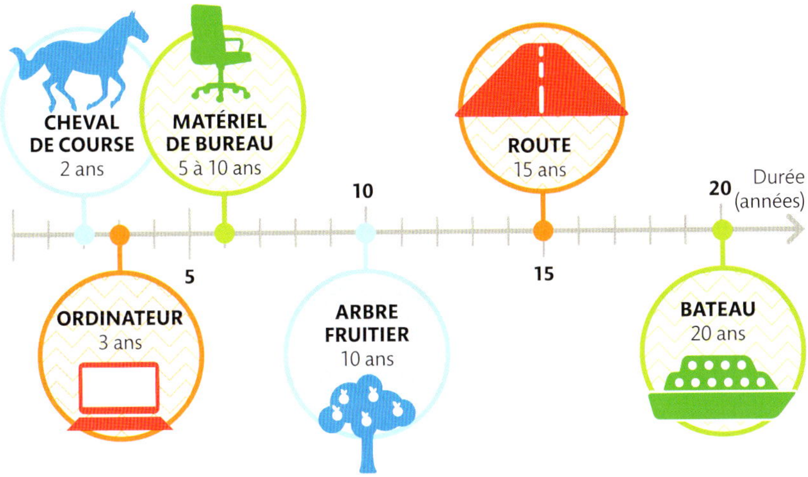


**60 % :** perte de valeur moyenne d'une voiture après trois ans.

**Année 2 :** Au bout de deux ans, la valeur du véhicule est à nouveau dépréciée de 4 000 €. Le véhicule perdra chaque année cette même valeur au cours des trois ans à suivre, jusqu'à la fin de sa durée d'utilité.

**Année 3 :** Au bout de trois ans, la valeur du véhicule est à nouveau dépréciée de 4 000 €. Sa valeur comptable est estimée à 13 000 €, bien que sa valeur actuelle puisse être supérieure ou inférieure.

**Année 4 :** Le véhicule a subi une dépréciation de 4 000 à 9 000 € à la fin de la quatrième année de sa durée d'utilité.

**Année 5 :** À la fin de la cinquième année, le véhicule est estimé à seulement 5 000 €, autrement dit à sa valeur résiduelle.

## Application de la dépréciation

Différents facteurs sont à prendre en compte pour calculer la dépréciation d'un actif. Ainsi, une entreprise doit être capable de prédire le nombre d'années de « durée de vie » de l'actif. Heureusement, dans la plupart des pays, l'administration fiscale publie des directives permettant d'estimer la durée d'utilité de la plupart des éléments d'actif.

Selon l'élément d'actif concerné, l'entreprise peut s'interroger quant à la méthode à utiliser pour déterminer sa dépréciation. Chacune reflète un schéma de dépréciation différent et certaines se révèlent plus adaptées à une catégorie d'actifs donnée.

Ainsi, les méthodes d'amortissement accélérées, avec un taux de dépréciation plus élevé en début de durée d'utilité sont privilégiées dans un environnement technologique, alors que les méthodes dites « d'activité », rattachant la dépréciation à la rentabilité (heures de service) ou à l'unité produite sont préférables dans l'industrie du transport et sur les lignes de production.

Une fois encore, dans la plupart des pays, l'administration fiscale publie des directives permettant de sélectionner la méthode d'évaluation de la dépréciation adaptée. Pour l'entreprise, il est possible de recourir à deux méthodes différentes selon l'objectif poursuivi, comptable ou fiscal, mais il est préférable d'éviter cette approche.

### ! ALERTE

***Dépréciation mal utilisée***

- **Mauvaise méthode :** L'entreprise doit choisir une méthode autorisée.
- **Imposition prématurée :** Opter pour une méthode accélérée peut entraîner un bénéfice imposable en cas de vente prématurée de l'actif, à un montant supérieur à sa valeur comptable.
- **Déclaration au-delà de la durée d'utilité :** Un amortissement ne peut être mis en place après la durée d'utilité d'un actif.
- **Ignorance de la dépréciation :** Une entreprise qui n'amortit pas un actif devra enregistrer sa vente comme un bénéfice.

# Autres méthodes d'évaluation de la dépréciation

Les méthodes de détermination de la dépréciation d'un actif sont nombreuses. Certaines sont dictées par des raisons fiscales, d'autres spécifiquement adaptées à certaines industries et types d'actifs, avec un schéma de perte de valeur distinct selon chaque méthode.

### Amortissement dégressif à taux double

La méthode est utilisée pour faire apparaître un pourcentage de dépréciation plus élevé au cours des premières années suivant l'acquisition, ce qui est appréciable pour les actifs qui perdent rapidement de leur valeur. La méthode abaisse le résultat net de l'entreprise durant les premières années de durée d'utilité de l'actif, mais génère dès le départ des économies d'impôts.

$$\left(\frac{\text{VALEUR D'ACQUISITION} - \text{VALEUR RÉSIDUELLE}}{\text{DURÉE D'UTILITÉ (ANNÉES)}}\right) \times 2 = \text{DÉPRÉCIATION ANNUELLE (\%)}$$

**Dans quel cas ?** Une méthode accélérée à utiliser avec tout actif qui perd rapidement de sa valeur, comme un ordinateur ou un camion de livraison.

### Amortissement arithmétique dégressif

La dépréciation est calculée en divisant chaque année de la durée d'utilité de l'actif par la somme de toutes les années, de façon à obtenir un pourcentage de la valeur de dépréciation. Si la durée d'utilité est de 5 ans, la somme des chiffres de toutes les années sera égale à 15 (5 + 4 + 3 + 2 + 1). La première année, l'actif perd 33 % de sa valeur (5/15), la deuxième année 2,27 % (4/15), et ainsi de suite.

$$\left(\frac{(\text{VALEUR D'ACQUISITION} - \text{VALEUR RÉSIDUELLE}) \times \text{DURÉE D'UTILITÉ RESTANTE}}{\text{SOMME DES CHIFFRES DES ANNÉES}}\right) = \text{DÉPRÉCIATION ANNUELLE (\%)}$$

**Dans quel cas ?** Une autre méthode accélérée à utiliser, par exemple, pour des véhicules qui perdent rapidement l'essentiel de leur valeur d'acquisition.

## AMORTISSEMENT SUR L'ACTIF DU BILAN

Les comptes d'une entreprise doivent faire apparaître tous les éléments d'actif détenus par l'entreprise, y compris les immobilisations comme les propriétés et l'équipement. Le montant des amortissements cumulés de ces immobilisations au fil de l'année est déduit du montant total de leur valeur en début d'année, afin d'obtenir un total en fin d'année. En l'absence d'un tableau d'amortissement, les comptes de l'entreprise donneraient une fausse image de sa situation financière. Les éléments de l'actif y apparaîtraient sous des valeurs correspondant à leur coût d'acquisition et pourraient même excéder leur valeur courante.

**Actif immobilisé** séparé de l'actif courant.

**Déduction** de la valeur de dépréciation de l'actif immobilisé.

**Total actif** après déduction de la valeur de dépréciation.

**Élément de comparaison** avec l'année précédente.

| **NOM DE L'ENTREPRISE** | | **BILAN** |
|---|---|---|
| **Actif** | € | € |
| **Actif courant** | **2013** | **2014** |
| Trésorerie | 17 467,00 | 8 023,00 |
| Investissements | 4 853,00 | 3 367,00 |
| Stocks | 1 056,00 | 2 138,00 |
| Clients – effets à recevoir | 2 165,00 | 3 600,00 |
| Charges payées d'avance | 3 000,00 | 3 000,00 |
| Autres | 860,00 | 976,00 |
| **Total actif courant** | **29 401,00** | **21 104,00** |
| **Actif immobilisé** | **2013** | **2014** |
| Terrain et équipement | 64 553,00 | 58 219,00 |
| Immeuble/installations | 4 780,00 | 2 679,00 |
| Capital propre et autres investissements | 3 789,00 | 4 587,00 |
| Diminué des amortissements cumulés | 5 625,00 | 4 171,00 |
| **Total immobilisations** | **67 497,00** | **61 314,00** |
| **Autres actifs** | **2013** | **2014** |
| Écart d'acquisition | 1 577,00 | 1 650,00 |
| **Total autres actifs** | **1 577,00** | **1 650,00** |
| **Total actif** | **98 475,00 €** | **84 068,00 €** |

### Méthode des unités de production

Lorsqu'une entreprise utilise un actif à la production d'unités quantifiables, comme des pages imprimées par un photocopieur, elle peut utiliser cette méthode d'évaluation de la dépréciation basée sur le nombre d'unités produites par un actif sur une année.

$$\text{(VALEUR D'ACQUISITION - VALEUR RÉSIDUELLE)} \times \left(\frac{\text{UNITÉS PRODUITES PAR AN}}{\text{VOLUME DE PRODUCTION AU COURS DE LA DURÉE D'UTILITÉ}}\right) = \text{DÉPRÉCIATION (PAR UNITÉ)}$$

**Dans quel cas ?** Une méthode typiquement utilisée par les industries manufacturières pour déterminer la dépréciation de machines produisant des biens à l'unité.

### Méthode des heures de service

La perte de valeur de l'actif est évaluée en fonction du nombre d'heures d'utilisation. Pour calculer la valeur de la dépréciation selon cette méthode, l'entreprise estime le nombre d'heures d'utilisation par an, sous la forme d'un pourcentage du total estimé des heures de durée d'utilité. Une méthode adaptée à l'industrie du transport.

$$\text{(VALEUR D'ACQUISITION - VALEUR RÉSIDUELLE)} \times \left(\frac{\text{NOMBRE D'HEURES PAR AN}}{\text{NOMBRE D'HEURES DE LA DURÉE D'UTILITÉ}}\right) = \text{DÉPRÉCIATION (PAR UNITÉ)}$$

**Dans quel cas ?** Une méthode à utiliser pour comparer les heures de vol d'un avion au bénéfice généré par ces heures.

# Amortissement et épuisement

**Les notions de dépréciation, d'amortissement et d'épuisement permettent aux comptables de mettre en évidence la façon dont actifs incorporels et ressources naturelles sont respectivement utilisés.**

## Mode de fonctionnement

L'amortissement permet d'étaler le coût d'acquisition d'un actif incorporel, comme un copyright ou une œuvre d'art, sur une période donnée, en règle générale sa durée d'utilité. L'amortissement se traduit par une diminution de valeur de l'actif incorporel sur le bilan et par une charge sur le compte de résultat. En matière de prêt bancaire, l'amortissement étale le remboursement de la dette. L'épuisement fait référence à la raréfaction de ressources naturelles, comme les mines de charbon, les forêts ou le gaz naturel.

## L'amortissement en pratique

On distingue deux types d'amortissement, l'un destiné à étaler le coût d'acquisition d'un actif incorporel, l'autre le remboursement d'un prêt. Leur méthode de calcul est identique, mais l'amortissement d'un prêt est exprimé en pourcentage.

### Actif incorporel

Dans cet exemple, une entreprise acquiert un actif incorporel pour 20 000 € (un brevet pour un modèle de raquette de tennis révolutionnaire). La durée d'utilisation du brevet sera de 10 ans. Son coût d'acquisition est amorti de 2 000 € (charges) chaque année, comme un coût unique. À la différence des actifs corporels, un brevet est dépourvu de valeur résiduelle. (*Voir p. 124*)

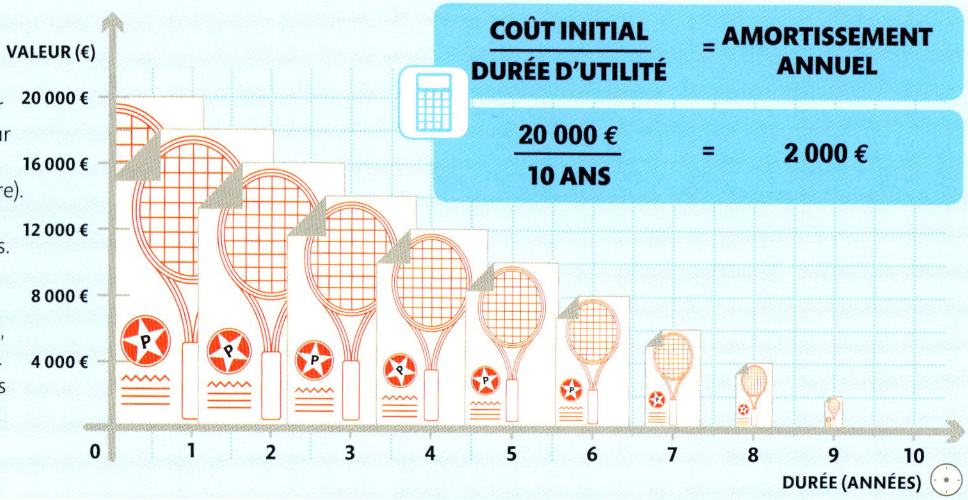


**COÛT INITIAL / DURÉE D'UTILITÉ = AMORTISSEMENT ANNUEL**

$$\frac{20\,000\text{ €}}{10\text{ ANS}} = 2\,000\text{ €}$$

### Prêt

Si l'entreprise a un prêt d'un montant de 150 000 € qu'elle rembourse à hauteur de 3 000 € par an, on estime l'amortissement annuel à 3 000 €. On peut aussi dire que 2% du prêt a été amorti, car 50 ans seront nécessaires pour rembourser la totalité du prêt à ce rythme.

$$\frac{\text{COÛT DU PRÊT}}{\text{REMBOURSEMENT ANNUEL}} = \frac{\text{REMBOURSEMENT ANNUEL}}{100} = \%$$

$$\frac{150\,000}{3\,000} = \frac{50}{100} = 2\%$$

## GOODWILL

Dans le monde des affaires, le goodwill ou « écart d'acquisition positif » se rapporte à un actif incorporel dont la valeur se base sur des éléments comme la réputation de l'entreprise, la liste de clients et fournisseurs, la marque ou encore le profil public. Du point de vue technique, le goodwill correspond à la survaleur enregistrée entre le prix d'acquisition d'une entreprise et sa valeur comptable (total de l'actif moins total du passif). Par exemple, si l'entreprise A fait l'acquisition de l'entreprise B pour un montant de 10 millions d'euros, mais que le total de l'actif et du passif est de 9 millions d'euros, la valeur du goodwill sera de 1 million d'euros. Depuis 2001, la norme IFRS 3 interdit l'amortissement du goodwill, qui n'apparaît donc pas sous forme d'un amortissement dans les états financiers. Néanmoins, en cas de perte de valeur du goodwill (publicité négative, par exemple) ce dernier pourra être enregistré comme une dépréciation.

## À SAVOIR

- **Actif incorporel :** Actif immatériel, comme un brevet, une marque déposée, la notoriété d'une marque et le copyright, dont la valeur est parfois subjective.
- **Brevet :** Titre de propriété industrielle délivré par un office national de brevets ou un office régional, qui donne à l'entreprise le possédant un droit d'exploitation exclusif sur un produit ou un procédé.

# Mode de calcul de l'épuisement

Comme l'amortissement, l'épuisement est calculé selon la méthode de l'amortissement linéaire *(voir p. 124-125)*, à moins qu'une raison particulière oblige à l'utilisation d'une autre méthode.

**Dans cet exemple,** une entreprise forestière achète une forêt dont le nombre d'arbres est estimé à 60 000, pour un montant de 10 millions d'euros. Sa valeur résiduelle est estimée à 1,5 million d'euros, mais l'entreprise dépense 500 000 euros pour la construction d'une route, ce qui abaisse la valeur résiduelle à 1 million d'euros. L'entreprise procède à l'abattage de 6 000 arbres au cours de chaque période comptable.

**COÛT - VALEUR RÉSIDUELLE / TOTAL D'UNITÉS X UNITÉS EXTRAITES = CHARGE D'ÉPUISEMENT**

**10 000 000 - 1 000,000 / 60 000 X 6 000 = 900 000 €**

# Comptabilité de gestion

**L'anticipation des pertes et profits, l'estimation des flux de trésorerie et la fixation des objectifs en matière de performance exigent de disposer de données comptables détaillant les recettes et dépenses de l'année à venir. À la différence de la comptabilité financière, avant tout destinée à des utilisateurs extérieurs, la comptabilité de gestion ou comptabilité analytique trouve place au sein de l'entreprise comme un instrument de prévision des bénéfices et charges attendus.**

## Processus de la comptabilité de gestion

La planification est établie pour l'exercice comptable (ou année fiscale) à venir, constitué de 12 mois consécutifs. La date de début et de fin de cette période diffère d'un pays à un autre.

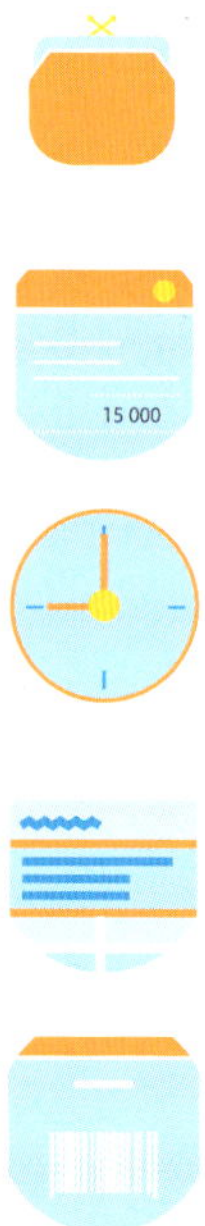


***Service budget***

Les responsables estiment les fonds qui seront nécessaires pour les dépenses attendues. *Voir p. 136-137.*

***Ordres d'achat***

Les ordres d'achat indiquent au service financier la trésorerie à prévoir en vue d'un paiement.

***Feuilles de temps***

Le personnel employé sur une base horaire ou journalière remplit parfois des feuilles de temps qui aident la direction à calculer les coûts de personnel. *Voir p. 140-141.*

***Factures***

Les factures présentées par les sous-traitants et fournisseurs sont comparées aux ordres d'achat et payées. *Voir p. 134-135.*

***Bons de livraison***

Les accusés de réception de la marchandise mentionnent le bien ou service livré et la quantité reçue.

**Direction**

Les dirigeants établissent les budgets et documentent les coûts d'exploitation pour contrôler les performances de l'entreprise et planifier les actions à court et moyen termes. Les informations collectées apportent un éclaircissement sur les implications financières des projets en cours.

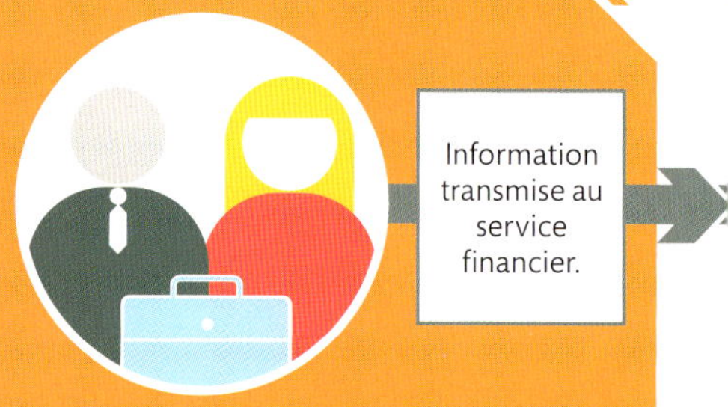

# 80 %

## des comptables et professionnels de la finance aux États-Unis sont employés au sein d'une entreprise ou d'une organisation.

### PRINCIPES DE COMPTABILITÉ ANALYTIQUE

La comptabilité analytique facilite la prise de décision et peut s'exercer selon plusieurs méthodes :

- **Méthode des coûts complets :** Elle explique le résultat de l'exercice en s'intéressant aux produits vendus et à leur coût de revient.
- **Méthode des coûts variables :** Dans cette méthode, l'entreprise ne prend en compte que les dépenses directement liées à l'activité de l'entreprise. Elle permet de déterminer le seuil de rentabilité de l'entreprise.
- **Méthode des coûts directs :** Elle prend en compte les coûts variables et les coûts fixes.
- **Méthode des coûts standard :** L'entreprise fixe des coûts (standard) en amont qu'elle applique dans son calcul.

***Rapport des coûts de production***

Document faisant apparaître les coûts susceptibles d'être imputés à un service particulier. *Voir p. 140–143.*

***Rapports budgétaires***

Les rapports aident la direction à déterminer la précision des budgets et à analyser la performance de l'entreprise. *Voir p. 136–137.*

***Tableau des flux de trésorerie***

Il fait apparaître la façon dont l'entreprise sera capable d'atteindre ses obligations financières et de générer de la trésorerie dans le futur. *Voir p. 120–121.*

***Bilan***

Le bilan évalue la valeur des actifs et des stocks détenus, afin que la direction puisse les réduire si nécessaire. *Voir p. 116–117.*

***Compte de résultat***

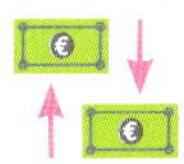

Également appelé compte de profits et pertes, il indique à la direction les profits réalisés par l'entreprise ou ses pertes sur une période de temps donnée. *Voir p. 114–115.*

Analyse financière transmise aux dirigeants.

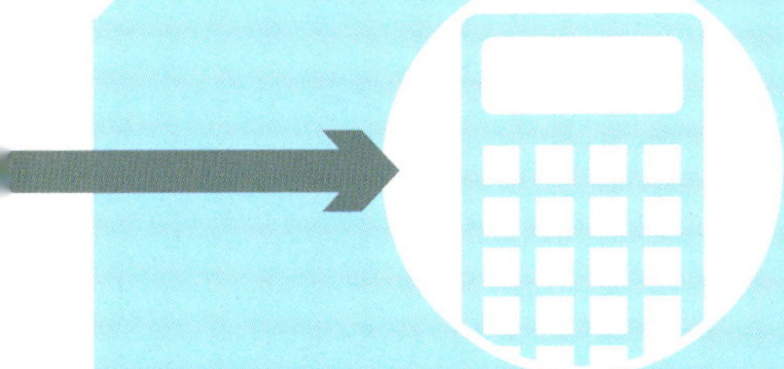

**Service financier**

Les comptables du service financier (ou extérieurs à l'entreprise) reçoivent de la direction l'information sur les coûts. Ils utilisent ces données pour préparer rapports et bilans à l'attention de la direction, qui exploite ces informations lors des prises de décision concernant l'exercice comptable à venir.

# Flux de trésorerie

**L'argent qui entre et sort de l'entreprise correspond au flux de trésorerie. De l'équilibre entre entrées et sorties de fonds dépend la survie de l'entreprise. Les entrées proviennent du financement, de l'exploitation et de l'investissement, les sorties sont des dépenses.**

## Chiffre d'affaires

***Trésorerie issue de la vente de biens et services***

- Résultat généré par l'activité principale.
- Le bénéfice ne doit pas être remboursé, à la différence des intérêts de prêts ou du capital.
- L'entreprise doit être capable de convertir ses recettes en trésorerie (se payer) pour maintenir l'équilibre des flux de trésorerie.

## Capital

***Investissement et apports en fond de roulement***

- Principale source d'entrées de trésorerie pour une start-up.
- Injection supplémentaire de liquidités après le démarrage ou les étapes clés du développement d'une entreprise.
- Trésorerie dégagée lors de l'entrée en bourse d'une entreprise non cotée et actions émises par une entreprise cotée en bourse.

ENTRÉES

ENTRÉES

**L'argent rentre, l'argent sort, mais le réservoir ne doit jamais être vide.**

SORTIES

Disponibilités

## Salaires et traitements

***Paiement aux employés***

- Traitements et salaires versés au personnel sous la forme d'un montant fixe mensuel ou hebdomadaire (basé sur un taux annuel).
- Primes, intéressement conditionné à l'atteinte d'un objectif, participation aux résultats de l'entreprise.
- Salaires versés à des intérimaires pour des heures, des jours ou des semaines de travail.

## Charges fixes

***Règlement des factures***

- Coûts d'exploitation au quotidien.
- Loyer d'un immeuble à usage commercial, factures aux fournisseurs de service public – eau, électricité, gaz, téléphone et Internet, factures fournitures et papeterie.
- Traitements et salaires versés aux employés non directement impliqués dans la création de biens et la fourniture de services

## Remboursements de prêts

***Service de la dette et richesse distribuée aux actionnaires***

- Intérêts de prêts à long terme destinés à l'achat d'actifs et de prêts à court terme pour les besoins en fonds de roulement.
- Remboursement de capital emprunté.
- Commission payée aux sociétés d'affacturage.
- Distribution de richesse aux actionnaires *via* le rachat d'actions et le versement de dividendes.

## Mode de fonctionnement

Les flux de trésorerie font référence aux mouvements d'entrée et de sortie de liquidités au cours d'une période donnée. L'argent entre dans l'entreprise *via* la vente de biens et services, les prêts, les investissements en capitaux et d'autres sources. L'argent sort de l'entreprise pour payer employés, loyers et services publics, fournisseurs et intérêts de prêts. Un plan de trésorerie est déterminant pour disposer de suffisamment de liquidités, afin de s'acquitter des factures dans les temps et maintenir la solvabilité de l'entreprise.

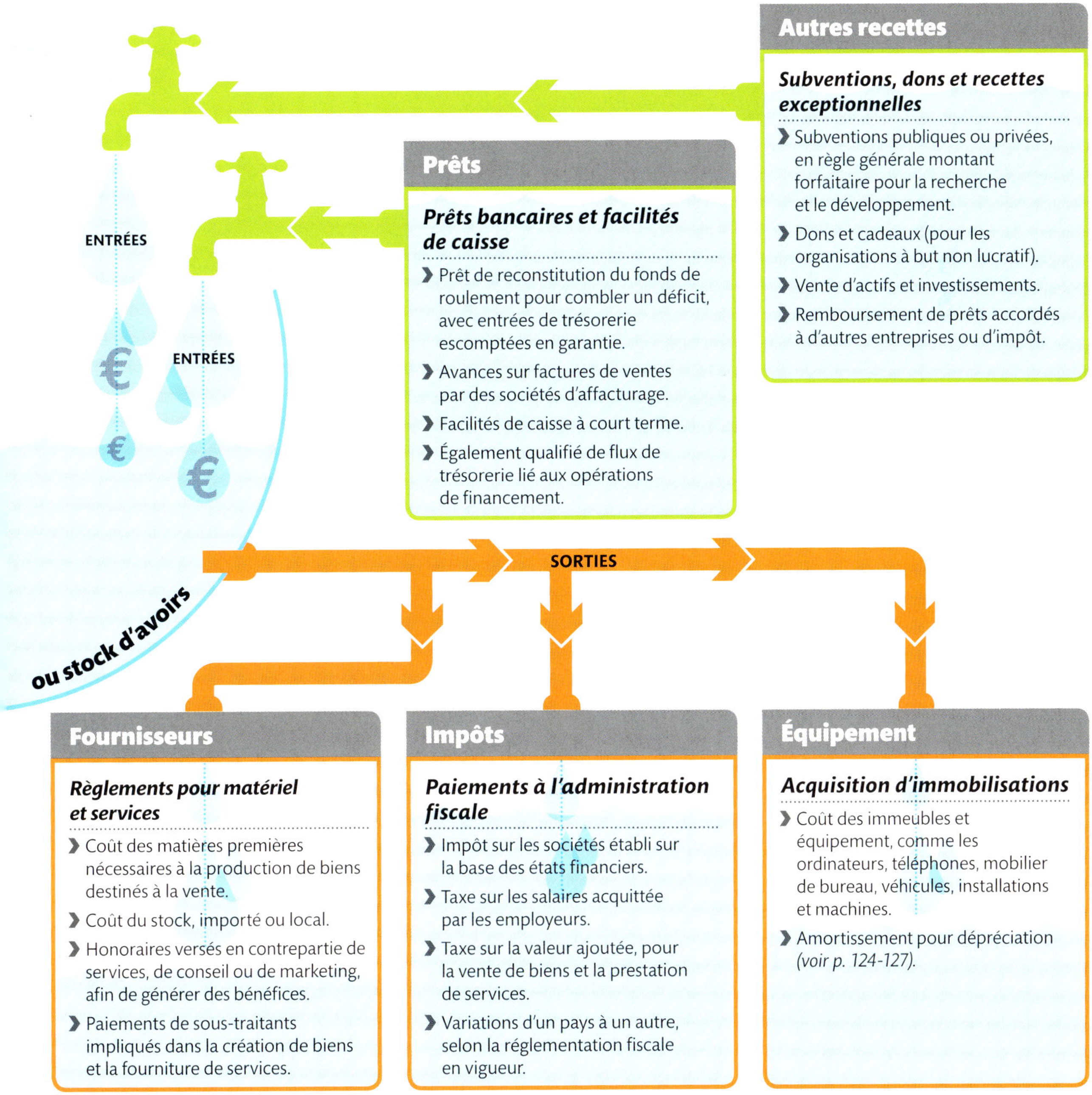


### Autres recettes

***Subventions, dons et recettes exceptionnelles***

- Subventions publiques ou privées, en règle générale montant forfaitaire pour la recherche et le développement.
- Dons et cadeaux (pour les organisations à but non lucratif).
- Vente d'actifs et investissements.
- Remboursement de prêts accordés à d'autres entreprises ou d'impôt.

### Prêts

***Prêts bancaires et facilités de caisse***

- Prêt de reconstitution du fonds de roulement pour combler un déficit, avec entrées de trésorerie escomptées en garantie.
- Avances sur factures de ventes par des sociétés d'affacturage.
- Facilités de caisse à court terme.
- Également qualifié de flux de trésorerie lié aux opérations de financement.

### Fournisseurs

***Règlements pour matériel et services***

- Coût des matières premières nécessaires à la production de biens destinés à la vente.
- Coût du stock, importé ou local.
- Honoraires versés en contrepartie de services, de conseil ou de marketing, afin de générer des bénéfices.
- Paiements de sous-traitants impliqués dans la création de biens et la fourniture de services.

### Impôts

***Paiements à l'administration fiscale***

- Impôt sur les sociétés établi sur la base des états financiers.
- Taxe sur les salaires acquittée par les employeurs.
- Taxe sur la valeur ajoutée, pour la vente de biens et la prestation de services.
- Variations d'un pays à un autre, selon la réglementation fiscale en vigueur.

### Équipement

***Acquisition d'immobilisations***

- Coût des immeubles et équipement, comme les ordinateurs, téléphones, mobilier de bureau, véhicules, installations et machines.
- Amortissement pour dépréciation *(voir p. 124-127)*.

## Gestion des flux de trésorerie

La bonne gestion des flux de trésorerie détermine la survie de toute entreprise. Il est tout aussi important pour l'entreprise de convertir ses recettes en trésorerie, ou liquidités. Aussi rentable soit-elle, une entreprise peut se retrouver en situation d'insolvabilité si elle ne parvient pas à s'acquitter de ses factures dans les temps. Une entreprise innovante en phase de démarrage peut être victime de son succès et connaître une insolvabilité pour « suractivité », par exemple lorsqu'elle investit trop dans son expansion, avant même de percevoir des paiements, et se retrouve à court de ressources pour s'acquitter de ses dettes et créances. Pour gérer les flux de trésorerie, il est important que l'entreprise sache anticiper entrées et sorties d'argent. Le ratio de conversion en liquidités est un critère important. Un plan de trésorerie récapitulant au jour le jour encaissements et décaissements, autrement dit paiement des salaires, factures, fournisseurs, créances et autres coûts, permet d'éviter les décalages de trésorerie. La mauvaise gestion des flux de trésorerie peut obliger une entreprise à devoir s'acquitter de créances avant même de percevoir des paiements, entraînant à la longue une pénurie de liquidités.

**! ALERTE**

***Cinq écueils à la gestion des flux de trésorerie***

- **Lenteur de paiement** de factures.
- **Le délai de paiement** des sommes dues est fixé au trentième jour suivant la date de réception des marchandises ou d'exécution de la prestation demandée.
- **Chute des ventes.**
- **Sous-évaluation d'un produit.**
- **Dépenses excessives** en salaires et frais généraux, acquisition plutôt que location d'actifs.

## Flux de trésorerie positif et négatif

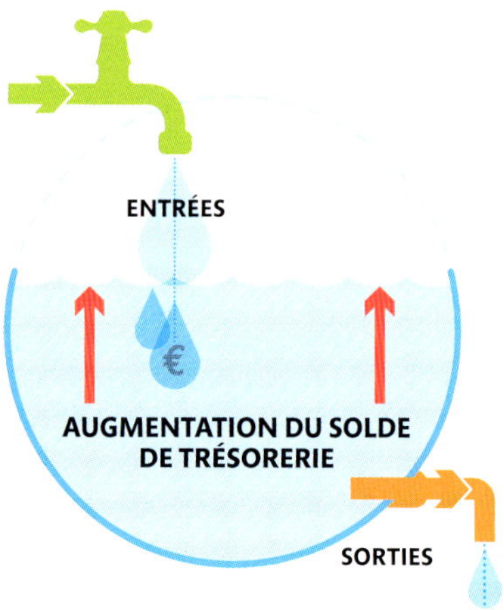


### Flux de trésorerie positif

Le montant des encaissements est supérieur à celui des décaissements. Les réserves de trésorerie augmentent. L'entreprise est florissante.

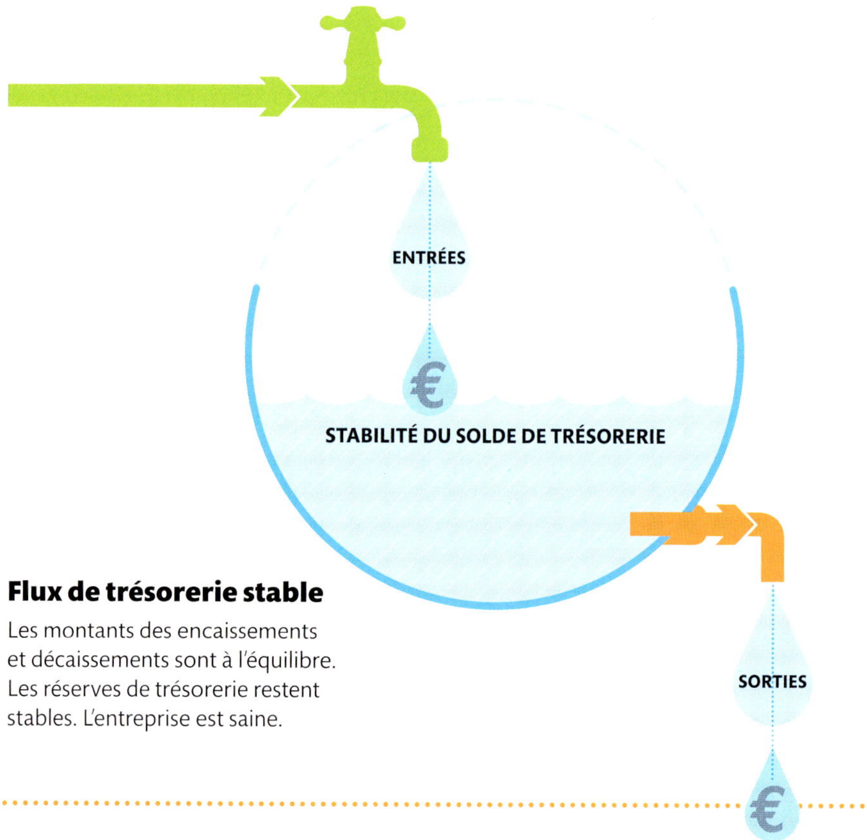


### Flux de trésorerie stable

Les montants des encaissements et décaissements sont à l'équilibre. Les réserves de trésorerie restent stables. L'entreprise est saine.

## À SAVOIR

- **Affacturage :** L'entreprise confie à un organisme tiers (affactureur) la gestion de ses créances commerciales afin d'en obtenir un remboursement anticipé, en contrepartie du prélèvement d'une commission.
- **Compte fournisseurs :** Enregistrement des montants que l'entreprise doit à ses fournisseurs.
- **Compte clients :** Enregistrement des montants que l'entreprise attend de ses clients.
- **Écart des flux de trésorerie :** Décalage entre décaissements et encaissements.

### *Conversion en liquidités*

La réussite d'une entreprise est liée à sa capacité à convertir la vente de ses biens ou services en liquidités, avant la date d'exigibilité de ses factures. Pour optimiser le processus, l'entreprise peut accélérer :

- Le passage de commande des clients.
- Le suivi des commandes et expédition.
- La facturation aux clients.
- L'encaissement des comptes clients.
- Le paiement et versement d'acompte par les clients.

**80 % : taux de défaillance des petites start-up en raison d'une mauvaise gestion des flux de trésorerie.**

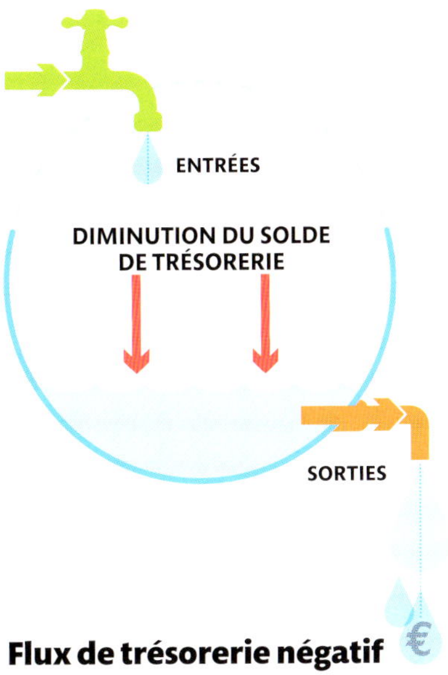


### Flux de trésorerie négatif

Le montant des encaissements est inférieur à celui des décaissements. Peu à peu, les réserves de trésorerie diminuent. L'entreprise fait face à des difficultés.

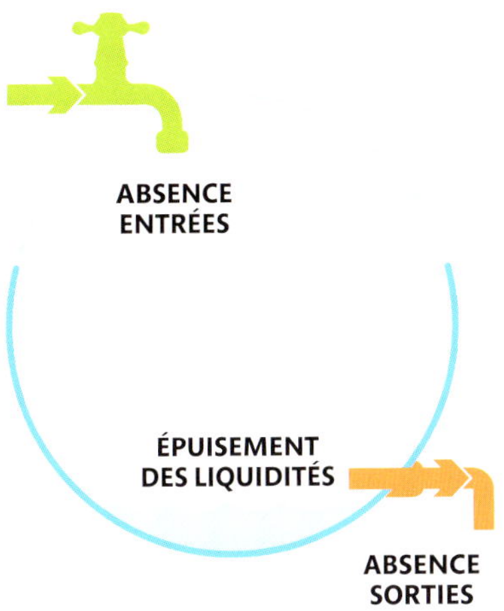


### Faillite

Si le montant des décaissements continue à excéder celui des encaissements, le niveau des réserves de trésorerie chute si bas que l'entreprise devient insolvable. Elle ne dispose plus d'actif pour poursuivre son activité.

## GESTION DES FLUX

### *Gérer un excédent*

- **Transférer le surplus de trésorerie :** utiliser la trésorerie pour renouveler l'équipement et optimiser la capacité de production.
- **Développer** l'entreprise : embauche de personnel, développement de nouveaux produits ou acquisition d'autres entreprises.
- **Remboursement** anticipé des créanciers, pour améliorer sa capacité d'emprunt, ou remboursement des dettes avant échéance.

### *Gérer un déficit*

- **Augmenter les ventes** en baissant les prix, ou les marges bénéficiaires, en les augmentant.
- **Émission de factures** plus rapide et réclamation des paiements en retard.
- **Demande de prolongation** des délais de paiement auprès des fournisseurs.
- **Remise sur factures** en échange d'un paiement plus rapide.
- **Utilisation d'un découvert** ou d'un prêt à court terme pour régler des charges urgentes.

# Budget

**Pour une entreprise, élaborer un budget consiste à planifier recettes et dépenses de l'exercice comptable à venir. En règle générale, la période est divisée en mois, de façon à ce que budget prévisionnel et chiffres réels puissent être comparés.**

## Mode de fonctionnement

Toute entreprise doit établir un budget intégrant recettes prévisionnelles et charges d'exploitation au cours de l'exercice comptable. À la différence du budget d'investissement, où la direction décide d'allouer des montants à des projets spécifiques ou à l'acquisition d'actifs, le budget de trésorerie se focalise sur une projection globale des entrées et sorties de trésorerie chaque mois, au cours de l'année ou de l'exercice comptable à venir. Les comptables compilent les budgets d'exploitation de chaque responsable au sein de l'entreprise, mais aussi les projections de flux de trésorerie, afin d'établir un budget directeur ou budget global. Ce dernier peut aussi inclure les données chiffrées de tous les financements nécessaires à l'entreprise au cours de l'année à venir. Au fil de l'exercice comptable, budget prévisionnel et flux de trésorerie constatés sont contrôlés, sur une base journalière, hebdomadaire ou mensuelle, de façon à identifier tout écart, et si nécessaire procéder à des ajustements.

## Élaborer et contrôler un budget

L'élaboration du budget est un processus qui implique responsables de service, direction et service financier de l'entreprise, chargés d'établir et de contrôler les charges relevant de chaque service ou projet.

**1%**

**des entreprises ont élaboré des budgets prévisionnels exacts, entre 2004 et 2007.**

### Consultation

La direction fixe la stratégie et les objectifs de l'entreprise aux responsables de services. Chaque responsable a pour mission d'élaborer le budget de son service, de façon à se conformer aux objectifs globaux définis pour l'année à venir.

### Préparer le budget

Le budget se base généralement sur l'exercice comptable annuel, divisé en périodes plus courtes. Les responsables de services soumettent leur budget à la direction pour approbation. Ces budgets abordent différents domaines, comme les charges d'exploitation (frais de personnel et fournitures) et frais de gestion (dépenses administratives).

## PAR RECONDUCTION OU BASE ZÉRO

Deux méthodes principales permettent d'élaborer un budget :

**Budget par reconduction :** Le budget de l'année à venir est basé sur le budget de l'année passée. Le nouveau budget prend en compte tout changement, comme l'inflation, susceptible d'influer sur les calculs. Revers de la méthode, les erreurs passées peuvent être reconduites.

**Budget base zéro :** Le budget de l'année à venir part de zéro, sans référence à l'année écoulée. Chaque élément inscrit au budget est minutieusement étudié et doit être justifié par les responsables de service. La méthode simplifie l'examen du coût de revient de tous les changements planifiés.

## À SAVOIR

- **Loi organique relative aux lois de finances (LOLF) :** Procédure budgétaire utilisée dans le secteur public.
- **Transfert :** Montant économisé sur un poste de charge du budget et transféré sur un poste de dépense pour compenser un dépassement budgétaire.
- **Slack budgétaire :** Sous-estimation volontaire des ventes ou surestimation des dépenses dans un budget.

### Maîtriser le budget

Après approbation, les budgets des différents services sont compilés pour élaborer un budget global pour l'année à venir, incluant la budgétisation d'un compte de résultat, un bilan prévisionnel et la budgétisation des flux de trésorerie, en règle générale sur une base mensuelle.

### Mesure de la performance

À la fin de chaque mois (ou d'une période équivalente établie dans le budget), les données chiffrées constatées sont comparées au budget prévisionnel original. Les écarts sont attentivement étudiés, de façon à déterminer si les différences constatées sont réellement significatives.

### Prise de décision

Si nécessaire, le budget peut être révisé afin de prendre en compte toute dépense imprévue et pérenne, ou toute économie non anticipée. En cas de recettes moindres que les recettes attendues, des actions peuvent être entreprises pour modifier un processus au sein d'un service ou faire campagne en vue d'atteindre les cibles fixées dans le budget.

# Actifs et stocks

**Le patrimoine d'une entreprise, autrement dit ses actifs, est scindé en deux catégories : actif immobilisé (ou à long terme) et actif courant (ou à court terme). Dans l'actif courant entrent la trésorerie en banque et le stock.**

## Mode de fonctionnement

Les actifs immobilisés ou immobilisations sont des éléments qui permettent à l'entreprise de fonctionner. En règle générale, il s'agit d'un actif d'utilisation durable difficile à convertir en liquidités. Ces immobilisations peuvent être corporelles ou incorporelles. Les immobilisations corporelles sont des actifs physiques. Les actifs courants sont détenus à court terme et utilisés essentiellement dans le commerce. La catégorie d'actifs générant le plus de revenus est celle des actifs courants ou circulants. L'élément clé de cette catégorie d'actifs est le stock, qui peut être constitué de produits finis, prêts à la vente, ou de matières premières, qui seront utilisées à la production de biens.

### À SAVOIR

- **Valorisation des actifs :** Méthode permettant d'assigner une valeur au patrimoine de l'entreprise. La valorisation des actifs peut intervenir avant une fusion ou la vente de l'entreprise, ou encore à des fins d'assurance.

## Actifs et stock en pratique

L'extrait de bilan ci-dessous fait apparaître l'actif courant d'une division de Super Sport Inc., entreprise de sportswear et d'articles de sport. L'actif inclut liquidités en banque et stock détenu par l'entreprise. Dans ce cas, le stock est constitué de tous les articles en magasin, prêts à la vente.

**Super Sports Ltd**
***31 mai***

| Actifs | € |
|---|---|
| Liquidités en banque | 12 000 |
| Stock | 22 000 |
| **Total de l'actif** | **34 000** |

### Bilan au 31 mai

La rubrique « Actifs » du bilan fait apparaître un montant de 22 000 € pour le stock (ou biens) détenu par l'entreprise à cette date précise, et 12 000 € de liquidités en banque.

**Super Sports Ltd**
***15 juin***

| Actifs | € |
|---|---|
| Liquidités en banque | 54 000 |
| Stock | 0 |
| **Total de l'actif** | **54 000** |

### Bilan au 15 juin

Deux semaines plus tard, l'entreprise a liquidé son stock et encaissé le montant de cette vente le jour même, soit 42 000 €. Cela signifie que le total de ses actifs a augmenté de 20 000 €, le bénéfice réalisé par la vente de son stock, et augmenté le montant de ses liquidités en banque de 42 000 €.

## TYPES DE STOCK

On distingue trois types de stocks, selon la nature des activités de l'entreprise : les matières premières, les produits semi-finis et les produits finis. *Voir p. 316-317.*

### *Matières premières*

Matériaux et composants utilisés à la fabrication d'un produit. Par exemple, une chocolaterie industrielle disposera de :

- **Ingrédients** sous forme de sucre, cacao brut, beurre de cacao, additifs, édulcorants, voire lait ou noisettes.
- **Aluminium**, plastique et papier pour les enveloppes et l'emballage.

### *Produits semi-finis*

Matériaux et composants en cours de transformation pour obtenir un produit fini. On peut les qualifier de produits semi-finis. Par exemple, un graphiste disposera de :

- **Maquettes et créations** en cours de développement, en attente de l'approbation du client.

### *Produits finis*

Le stock de produits finis ou biens prêts à la vente directe aux clients. Par exemple, une librairie disposera de :

- **Livres de poche et beaux livres** de différents genres et formats fournis par les maisons d'édition.
- **Articles de papeterie**, comme des cartes de vœux et des carnets.

## Types d'immobilisations

Super Sports Inc. possède des immobilisations corporelles et incorporelles. Comparée à ses immobilisations corporelles, la valeur de ses immobilisations incorporelles est parfois difficile à évaluer.

### Immobilisations corporelles

Points de vente et siège de l'entreprise

Vitrines de magasin et mobilier de bureau

Ordinateurs pour les tâches administratives

Camions et parc automobile de l'entreprise

Équipements pour les entrepôts et la distribution

### Immobilisations incorporelles

Marques et logos, créations

Mots et symboles ayant fait l'objet d'un dépôt légal

Propres marques, dont gamme de produits de luxe

Portail Internet pour vente en ligne

Flux de revenus des licences d'exploitation

# Coûts

**Les coûts sont des charges directes ou indirectes qui incombent à l'entreprise pour mener à bien ses activités, comme la production de biens ou la prestation de services.**

## Mode de fonctionnement

Il existe deux façons de classer les coûts en distinguant les coûts directs ou variables, qui augmentent avec l'augmentation des ventes de produits ou services, et les coûts indirects, qui contribuent au fonctionnement général de l'entreprise et peuvent varier selon le niveau de production ou rester fixes. L'entreprise doit prendre en compte trois grandes catégories de coûts. La première est celle du coût salarial, les salaires versés aux employés pour accomplir une tâche particulière. Le coût salarial peut être considéré comme direct ou variable, ou comme un coût ou une charge fixe. La deuxième catégorie est celle des matières premières utilisées à la production et d'autres matériaux utilisés dans le secteur des services – ces coûts sont variables. La troisième catégorie est celle des charges opérationnelles.

### Coûts variables

Le chef cuisinier passe commande des ingrédients qui seront préparés chaque jour. Les soirs d'affluence, le coût des ingrédients est élevé, mais les soirs plus calmes, ce coût est moindre.

## Coûts fixes et variables

Une des façons d'étudier les coûts consiste à distinguer deux catégories : les coûts fixes, qui ne changent pas, quel que soit le niveau d'activité de l'entreprise, et les coûts variables, qui évoluent selon le niveau d'activité de l'entreprise. Ainsi, les comptables parviennent à déterminer plus facilement à quel point un changement de niveau d'activité (par exemple baisse ou augmentation de la production) influera sur les coûts. En réalité, certains coûts fixes augmenteront dès que l'activité de l'entreprise dépassera un certain niveau d'activité, on qualifie ces coûts de coûts fixes par paliers.

### Coûts fixes

Un restaurant loue un fonds de commerce d'une capacité d'accueil de 40 places. Les coûts fixes ne changent pas si le restaurant réalise 30 ou 40 couverts un soir.

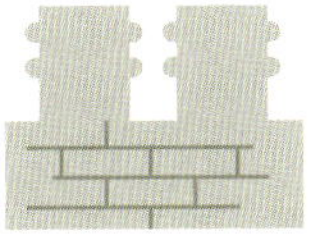

## À SAVOIR

- **Seuil de rentabilité :** Niveau de ventes où les coûts fixes et variables sont couverts.
- **Coûts discutables :** Coûts susceptibles d'entrer dans la catégorie des coûts fixes ou variables.
- **Coûts irréversibles :** Coûts engagés, ni remboursables, ni récupérables.
- **Coûts préétablis :** Coûts qui pourront être engagés dans le futur, selon les décisions stratégiques de l'entreprise.

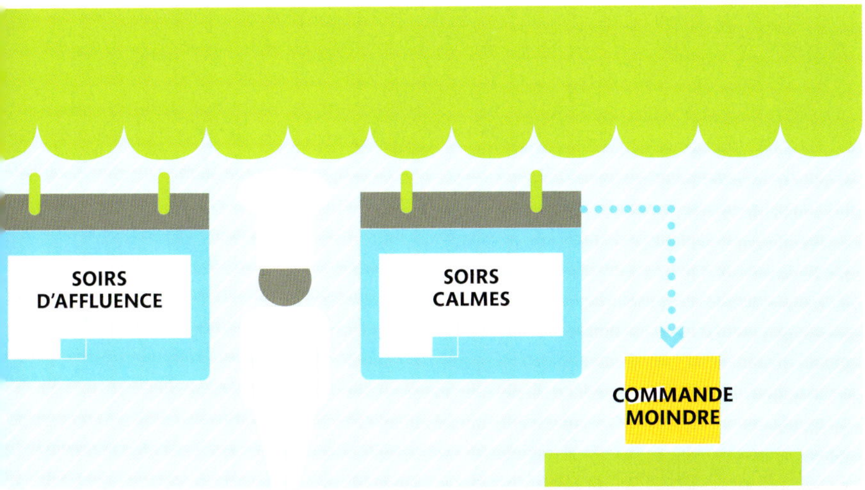


## Coûts fixes par paliers

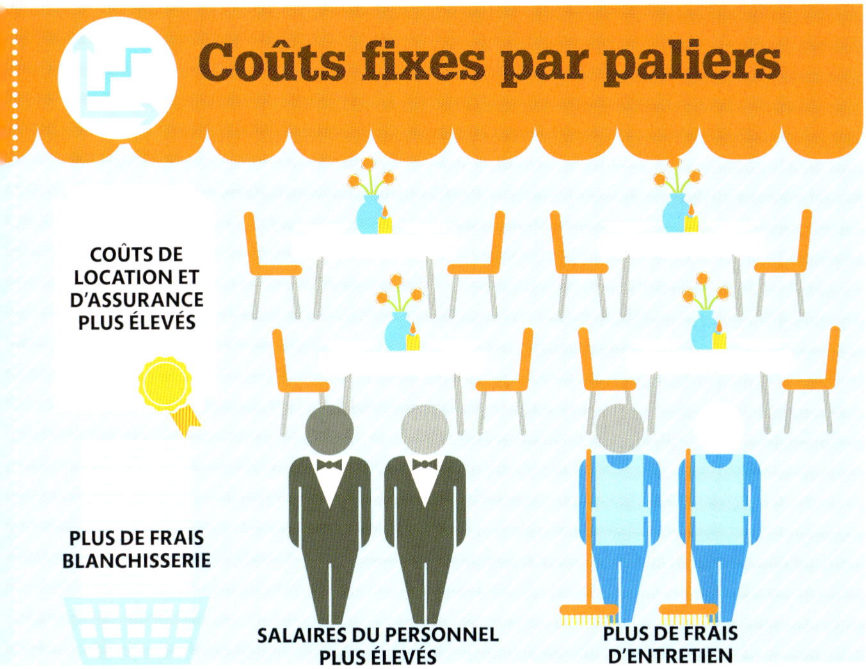


Le restaurant devient populaire et son propriétaire décide de louer le fonds de commerce attenant pour doubler sa capacité d'accueil. Les coûts fixes à un certain niveau d'activité ont à présent doublé.

**40 %** des chefs d'entreprise pensent que les salaires représentent leur charge la plus élevée.

# Coût de revient et fixation des prix

**Connaître le coût de revient complet de la création de chaque produit vendu est un élément déterminant, qui aide l'entreprise à fixer stratégiquement le prix de ses produits et à évaluer ses performances.**

## Mode de fonctionnement

Coûts directs et indirects participent au coût de production d'un produit, qu'il s'agisse d'un produit manufacturé ou d'une prestation. Pour déterminer le coût d'un produit, on le traite comme une unité d'œuvre. Les coûts directs et indirects (charges) impliqués dans la création d'une unité d'œuvre sont évalués et ajoutés pour déterminer le coût de revient complet d'une unité d'œuvre.

**38 % : moyenne des coûts indirects supportés par les entreprises aux États-Unis.**

### À SAVOIR

- **Coût d'absorption :** Calcul de coût prenant en compte la totalité des coûts (charges) de production du produit.
- **Coût différentiel :** Écart entre le coût d'une option et le coût d'une autre.
- **Coût marginal :** Variation du coût total occasionnée par la production d'une unité d'œuvre supplémentaire.
- **Coûts variables :** Ensemble des coûts qui varient selon le niveau d'activité de l'entreprise.

## Coût de revient complet

L'évaluation des coûts directs prend en compte la quantité de matières premières et les heures de main-d'œuvre nécessaires à la production d'une unité. Les coûts indirects (charges) sont plus difficiles à estimer, mais doivent être chiffrés afin de calculer le coût de revient complet de chaque unité d'œuvre. Responsables de service et comptables répartissent les coûts (charges) indirects pour les faire figurer dans le coût de production d'une unité d'œuvre. Après vérification, le coût de revient complet du produit est déterminé. En règle générale, le prix est fixé en ajoutant coûts de production direct et indirect à une marge bénéficiaire, afin d'obtenir un prix de vente adapté.

### Coûts directs

- Matières premières.
- Main-d'œuvre directe.
- Charges directes.
- Tout ce qui est exclusivement utilisé à la création d'un produit ou d'une prestation mis sur le marché.

### Répartition des coûts (charges) indirects

- Charges opérationnelles (production et service).
- Charges administratives et de gestion.
- Charges de vente et distribution.

## AUTRES MÉTHODES DE CALCUL DU COÛT DE REVIENT

Il existe différentes approche d'évaluation du coût de revient et fixation des prix selon l'industrie, le secteur et la taille de l'entreprise, mais aussi la méthode de production.

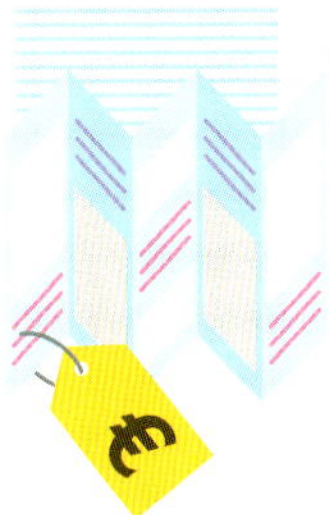

**ÉVALUATION À LA TÂCHE**
Utilisé pour une commande spécifique, par exemple dans le cas d'une imprimerie qui imprime une brochure pour un client.

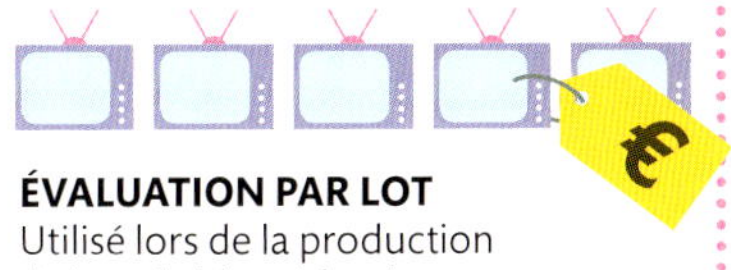

**ÉVALUATION PAR LOT**
Utilisé lors de la production de lots de biens identiques, par exemple dans le cas d'une entreprise d'électronique fabriquant des téléviseurs.

**ÉVALUATION PAR CONTRATS**
Utilisé lors d'un projet de grande envergure, résultant souvent du lancement d'un appel offres par une entreprise, lorsque le travail est effectué sur le site du client, par exemple dans le cas d'un promoteur, lors de la mise en chantier d'un complexe résidentiel.

**ÉVALUATION PAR PROCESSUS**
Utilisé sur un travail en cours impliquant souvent plusieurs processus de fabrication, avec une difficulté à isoler un coût unitaire, par exemple dans le cas d'une raffinerie de pétrole qui transforme du pétrole brut en diesel.

**ÉVALUATION PAR PRESTATION**
Utilisé lorsque le produit vendu est une prestation standard offerte à la clientèle, par exemple dans le cas d'un salon de manucure proposant un soin manucure et pédicure express durant une période donnée et à un prix fixe.

### Marge bénéficiaire

- Doit générer un bénéfice pour l'entreprise
- Doit être adaptée à la façon dont le produit a été commercialisé.
- Doit être fixée de façon réaliste, afin que les clients achètent le produit.

### Prix de vente

- Bas : pour gagner des parts de marché ou s'aligner sur la concurrence.
- Basé sur les coûts : couvre les coûts directs et indirects, ainsi que la marge bénéficiaire acceptée par le marché.
- Basé sur la prestation : flexible, en l'absence de coût de production ou de distribution.

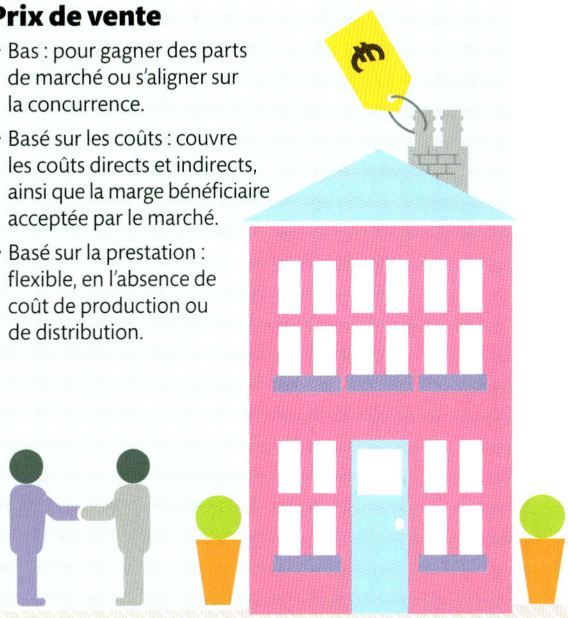

# Mesure de la performance

**La mesure de la performance d'une entreprise fait essentiellement appel à deux approches : financière et non financière. Pour évaluer sa performance financière, l'entreprise utilise des ratios financiers. Pour évaluer d'autres domaines de l'activité, elle se penche sur des indicateurs clés de performance (ICP) utilisés comme outils de diagnostic et de gestion par la direction et le personnel. De même, les représentants d'intérêts extérieurs, comme les investisseurs, prêteurs ou analystes, étudient les indicateurs clés de performance avant de se décider à investir dans l'entreprise.**

## Critères financiers et non financiers

Toute entreprise qui publie un rapport d'activité doit faire apparaître des chiffres clés quant à son chiffre d'affaires et aux charges supportées dans l'exercice de ses activités. Ces chiffres sont analysés et comparés en utilisant des formules mathématiques appelées ratios financiers. Mais un ratio financier ne suffit pas à lui seul à donner une vision claire de la politique stratégique de l'entreprise. Les ratios non financiers ou indicateurs clés de performance (ICP) ne mesurent pas la performance financière, mais révèlent d'autres aspects importants de l'entreprise, influant au final sur sa rentabilité, comme la fidélisation de la clientèle ou la recherche et développement (R&D).

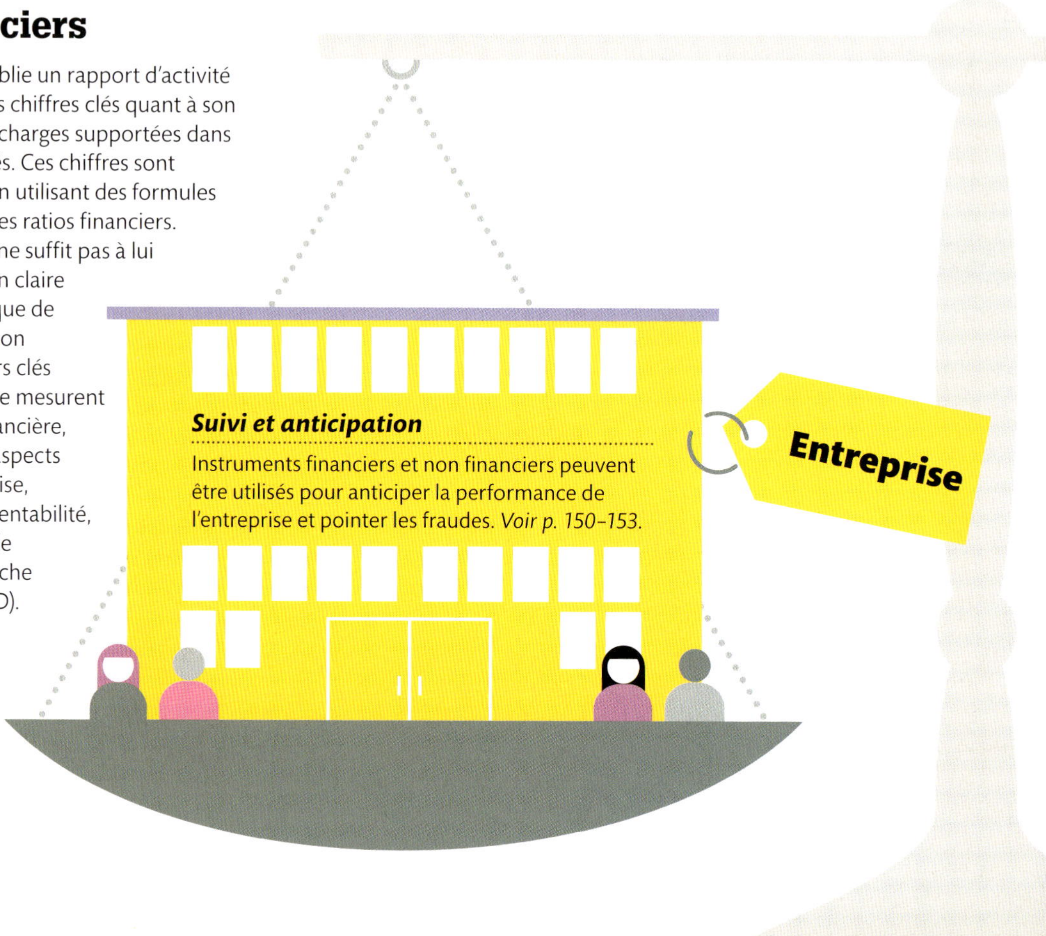


***Suivi et anticipation***

Instruments financiers et non financiers peuvent être utilisés pour anticiper la performance de l'entreprise et pointer les fraudes. *Voir p. 150-153.*

## ANALYSE DE TENDANCE À L'AIDE D'INSTRUMENTS DE MESURE DE LA PERFORMANCE

La comparaison de ratios financiers ou d'indicateurs clés de performance entre entreprises de même secteur d'activité et sur le long terme est souvent utilisée pour le suivi de la performance d'une entreprise. Le ratio courant est calculé en divisant l'actif courant par le passif courant. Plus le ratio est élevé, plus l'entreprise dispose de liquidités.

**COMPARAISON DU RATIO COURANT À LONG TERME**
La chaîne de restauration rapide A montre une constance dans son niveau de performance à long terme et dispose de la capacité financière la plus solide.

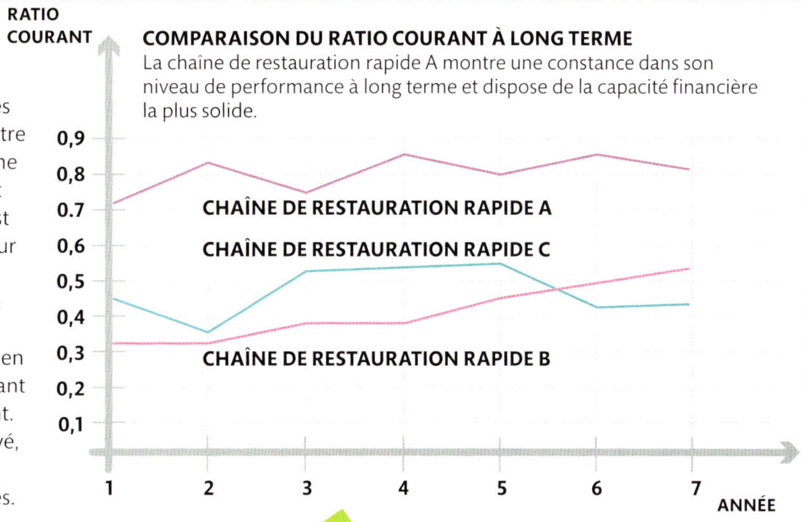


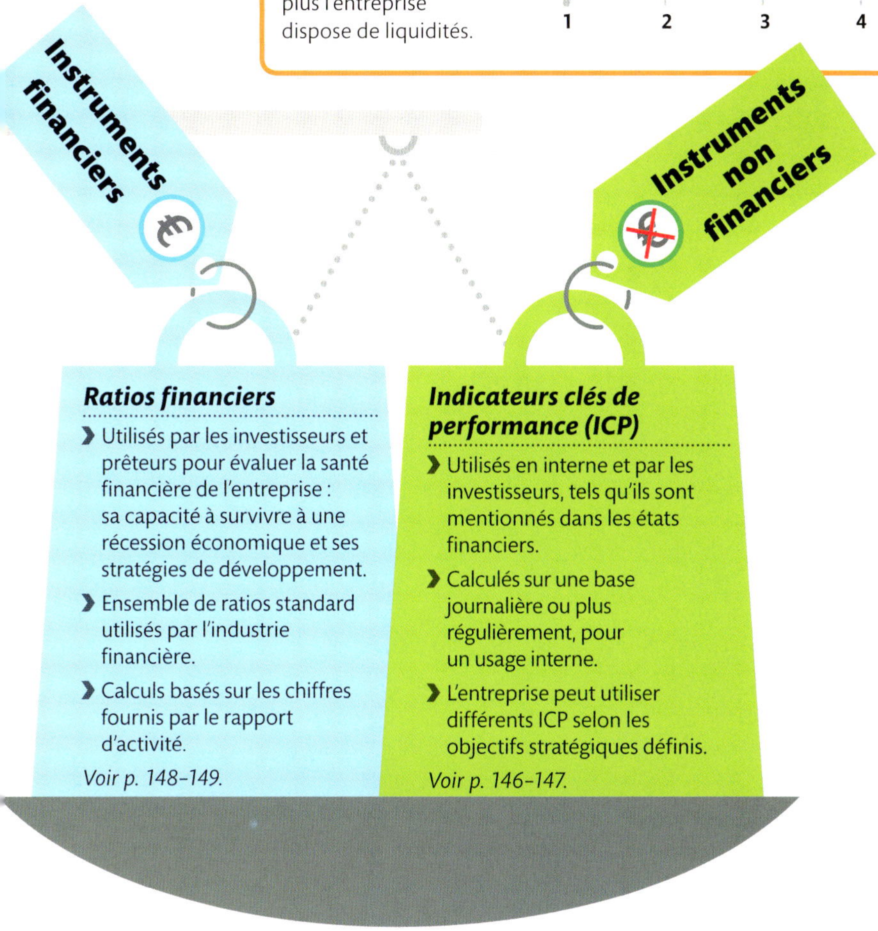


### *Ratios financiers*

- Utilisés par les investisseurs et prêteurs pour évaluer la santé financière de l'entreprise : sa capacité à survivre à une récession économique et ses stratégies de développement.
- Ensemble de ratios standard utilisés par l'industrie financière.
- Calculs basés sur les chiffres fournis par le rapport d'activité.

*Voir p. 148-149.*

### *Indicateurs clés de performance (ICP)*

- Utilisés en interne et par les investisseurs, tels qu'ils sont mentionnés dans les états financiers.
- Calculés sur une base journalière ou plus régulièrement, pour un usage interne.
- L'entreprise peut utiliser différents ICP selon les objectifs stratégiques définis.

*Voir p. 146-147.*

## VISION GLOBALE

Certains cabinets spécialisés dans les missions d'audit et de conseil procèdent à des enquêtes trimestrielles auprès de dirigeants d'entreprise, en les interrogeant sur leur ressenti quant à la situation de leur secteur d'activité et de l'économie en général. De telles enquêtes aident les entreprises à mesurer plus objectivement leur propre performance.

**69 %** des firmes multinationales associent mesure de la performance et résultats financiers à long terme.

# Indicateurs clés de performance (ICP)

**Les indicateurs clés de performance sont basés sur les objectifs stratégiques de l'entreprise et varient selon l'entreprise et son secteur d'activité. Ces indicateurs sont généralement mentionnés dans le rapport d'activité ou rapport annuel de l'entreprise.**

## Mode de fonctionnement

Ces instruments de mesure non financiers de la performance n'ont pas de valeur monétaire, mais contribuent à la rentabilité de l'entreprise. Tout service d'une entreprise peut adopter ces indicateurs pour évaluer sa propre performance. Un ICP dans le service comptabilité peut se rapporter au pourcentage de factures en souffrance, afin d'aider le service à mesurer son efficience. Il s'agit d'un exemple d'indicateur retardé, qui confirme une tendance. C'est un instrument au résultat simple à mesurer, mais pas facile à exploiter. L'entreprise fait aussi appel aux indicateurs précurseurs ou avancés, qui anticipent une tendance – par exemple, le volume des commandes déjà passées –, et permettent d'agir en conséquence.

## Principaux ICP

Les ICP peuvent se présenter sous forme d'un tableau de bord informatique. Ce tableau de bord fait apparaître les ICP de services spécifiques. Après avoir établi leurs ICP, les services sont soumis à un contrôle de la direction, qui peut décider d'action à prendre si les ICP ne sont pas à la hauteur des attentes.

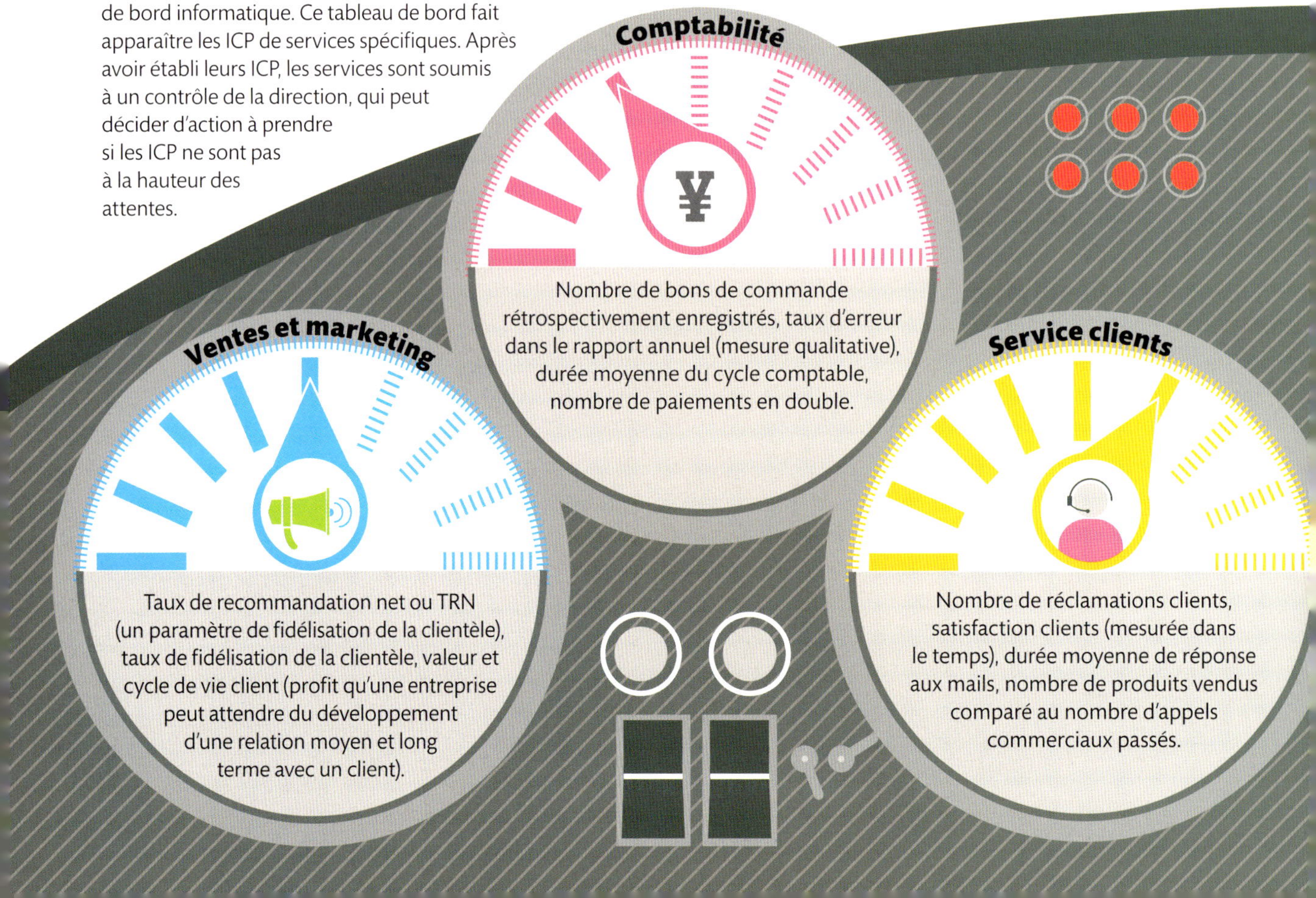

**31 %** des entreprises utilisent un tableau de bord informatique pour contrôler les mesures des ICP.

## SYSTÈME DU TABLEAU DE BORD PROSPECTIF

Ce système stratégique propose une méthode différente de pilotage de la performance de l'entreprise. Un outil mis au point dans les années 1990, par les économistes Robert Kaplan et David Norton, de la Business Harvard School, qualifié par le magazine *Harvard Business Review* comme un des outils managériaux les plus influents de ces 75 dernières années. On estime que plus de la moitié des entreprises les plus importantes des États-Unis, d'Europe et d'Asie y font appel. Le tableau prospectif analyse la performance selon quatre perspectives :

- **Apprentissage et développement :** Formation des employés et culture d'entreprise.
- **Processus interne :** Avec mesures spécifiques de contrôle de la performance quotidienne.
- **Perspective client :** Satisfaction client.
- **Perspective financière :** Analyse des données financières classiques.

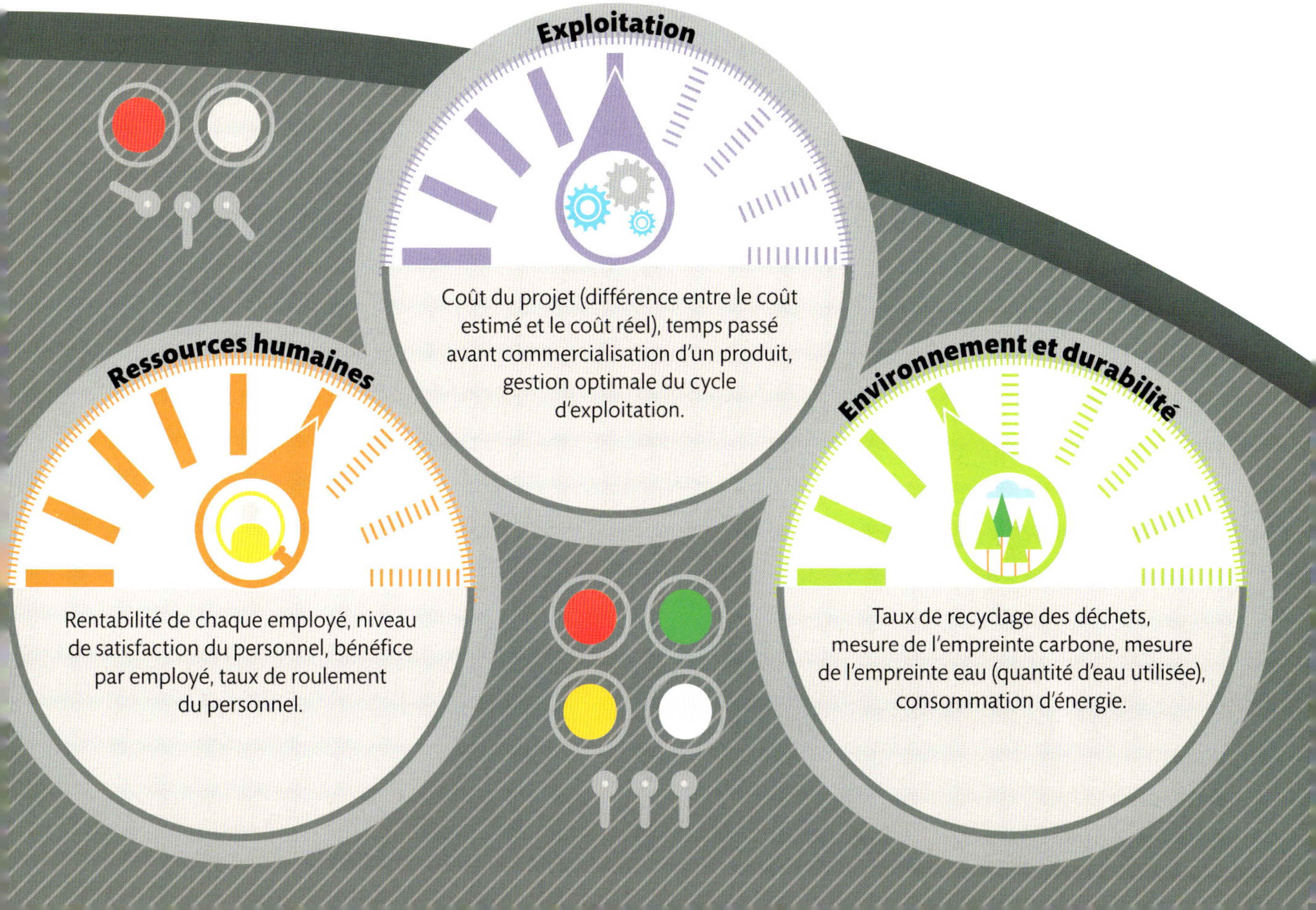

# Ratios financiers

**Prêteurs, investisseurs, analystes, direction et autres parties intéressées utilisent les ratios financiers pour décrypter les états financiers et comprendre ce que ces données impliquent quant aux ressources financières de l'entreprise.**

## Mode de fonctionnement

Les ratios financiers aident à évaluer la capacité financière d'une entreprise et à identifier tout problème susceptible d'impacter sur ses perspectives d'avenir. Le principe est de comparer deux éléments des états financiers entretenant un rapport l'un avec l'autre, comme le chiffre d'affaires et l'actif net, ou le résultat net et le chiffre d'affaires, puis à utiliser ces ratios pour mesurer la performance relative de l'entreprise. Les ratios financiers sont nombreux et choisis selon les points à mesurer : par exemple, la capacité de l'entreprise à offrir une distribution de dividendes intéressante aux actionnaires, sa capacité à gérer ses créances ou encore son efficience. Les ratios peuvent être utilisés pour comparer l'entreprise à la concurrence, ou à des critères précis établis au sein de l'entreprise, afin d'évaluer la constance de ses résultats financiers.

## Principaux ratios financiers

Certains ratios financiers sont plus utilisés que d'autres selon les objectifs de l'évaluation d'une entreprise. Il est préférable de les considérer comparativement et dans le contexte d'un climat économique donné. Ces ratios servent à analyser des entreprises déjà bien établies, en règle générale cotées en bourse ; les start-up comme les petites et moyennes entreprises ne disposent pas de données chiffrées suffisantes pour établir une évaluation suffisamment fiable.

### Ratios de rentabilité

Utilisés pour évaluer la capacité d'une entreprise à générer des profits, les ratios de rentabilité sont parfois à l'image des ratios d'investissement. Un exemple est le ratio de marge d'exploitation ou opérationnelle. Un ratio élevé est parfait, car il indique qu'une part importante du chiffre d'affaires (brut) est convertie en résultat d'exploitation (bénéfice moins charges).

$$\text{MARGE D'EXPLOITATION} = \frac{\text{RÉSULTAT D'EXPLOITATION}}{\text{CHIFFRE D'AFFAIRES}}$$

***Autres ratios de rentabilité***

- **Rentabilité financière :** Formule de calcul : résultat net (après impôts)/capitaux propres. Plus le ratio est élevé, plus la rentabilité est intéressante, à condition que l'entreprise ne s'appuie pas trop sur l'emprunt.
- **Marge d'EBE :** Formule de calcul : Excédent brut d'exploitation (résultat d'exploitation avant intérêts, impôts, dépréciation et amortissement)/chiffre d'affaires. Il évalue la rentabilité de l'activité principale de l'entreprise. Plus la marge est élevée, plus élevés sont les profits.

### Ratios d'efficience

Ils témoignent de l'aptitude de l'entreprise à utiliser ses actifs et ressources pour optimiser ses profits. Un exemple de ratio d'efficience est celui de la rotation de l'actif économique, indiquant la capacité de l'entreprise à générer du chiffre d'affaires en utilisant ses actifs. Des ratios comparables servent à analyser la rapidité avec laquelle l'entreprise est capable d'honorer ses échéances et factures.

$$\text{RATIO DE ROTATION DE L'ACTIF TOTAL} = \frac{\text{CHIFFRE D'AFFAIRES}}{\text{TOTAL DE L'ACTIF}}$$

***Autres ratios d'efficience***

- **Ratio de rotation des comptes clients :** Formule de calcul : ventes nettes à crédit/comptes clients moyens. Il évalue l'efficacité de la politique de crédit de l'entreprise. Plus ce ratio est élevé, plus les encaissements sont réguliers.
- **Ratio de rotation des stocks :** Formule de calcul : coût des marchandises vendues/stock moyen. Il évalue la performance de l'entreprise dans la gestion de son stock. Un ratio peu élevé est généralement synonyme d'un faible volume de ventes.

## ALERTE

### *À l'attention des investisseurs*

L'analyse des ratios doit porter sur une longue période, au moins quatre ans. Il s'agit de comprendre le cheminement de l'entreprise jusqu'à sa position actuelle, et non pas se contenter d'analyser sa position. Ainsi, l'augmentation soudaine d'une dette peut être liée au fait d'une réorientation de l'entreprise vers un nouveau domaine de profits potentiels, ou d'une volonté de limiter des pertes liées à une mauvaise décision stratégique passée.

**10 à 14 % : minimum de retour sur investissement exigé pour assurer l'avenir d'une entreprise.**

## Ratios de liquidité

Ce groupe de ratios permet de vérifier si l'entreprise possède suffisamment de liquidités ou d'actifs courants (circulants) pour faire face au remboursement de sa dette. Par exemple, le ratio de liquidité générale ou de fonds de roulement (aussi utilisé comme mesure de l'efficience), indique si l'entreprise dispose de suffisamment d'actifs courant pour couvrir ses obligations à court terme.

**RATIO DE FONDS DE ROULEMENT = ACTIF COURANT / PASSIF À COURT TERME**

### *Autres ratios de liquidité*

- **Ratio de trésorerie :** Formule de calcul : Total trésorerie (et équivalents)/passif à court terme. Il évalue la capacité de l'entreprise à rembourser ses créances à l'aide de ses actifs à court terme.
- **Ratio de liquidité immédiate :** Formule de calcul : Actif courant moins stocks/ passif à court terme. Il évalue la capacité de l'entreprise à rembourser ses dettes à court terme avec sa trésorerie. Plus le ratio est élevé, plus l'entreprise aura de facilité à rembourser.

## Ratios de solvabilité

Si les ratios de liquidité s'intéressent à la capacité de l'entreprise à rembourser ses prêts à court terme, les ratios de solvabilité évaluent la capacité de l'entreprise à rembourser ses dettes à moyen et long terme, sans disposer de suffisamment de trésorerie ou d'actif courant. Un exemple de ratio de solvabilité est le ratio d'autonomie financière.

**RATIO D'AUTONOMIE FINANCIÈRE = FONDS PROPRES / TOTAL DU BILAN**

### *Autres ratios de solvabilité*

- **Ratio de couverture des intérêts :** Formule de calcul : Bénéfice avant intérêts et impôt/intérêts débiteurs. Il évalue la capacité de l'entreprise à payer les intérêts de ses dettes. Plus le ratio est élevé, plus l'entreprise aura de facilité à payer.
- **Ratio d'endettement :** Formule de calcul : total des dettes/total de l'actif. Il évalue le pourcentage de l'actif financé par la dette. Un ratio faible est considéré comme favorable.

## Ratios d'investissement

Ces ratios sont avant tout utilisés par les investisseurs, afin d'évaluer les retours qu'ils sont en droit d'attendre en achetant les actions d'une entreprise. Un de ces ratios est le ratio de distribution. Il correspond à la part des bénéfices utilisée pour le paiement des dividendes. Les entreprises bien établies ont tendance à présenter un ratio de distribution élevé.

**RATIO DE DISTRIBUTION = DIVIDENDES ANNUELS PAR ACTION / BÉNÉFICES PAR ACTION**

### *Autres ratios d'investissement*

- **Ratio de marge bénéficiaire nette :** Formule de calcul : Bénéfice net après impôt/chiffre d'affaires net. Autre mesure de la rentabilité de l'entreprise, ce ratio est aussi utile pour comparer l'entreprise à la concurrence. Plus le ratio est élevé, plus l'entreprise est rentable.
- **PER ou ratio cours sur bénéfice :** Formule de calcul : cours de l'action/ bénéfice net par action. Il évalue la valeur d'une action de l'entreprise. Un ratio élevé démontre un fort potentiel de croissance.

# Analyse prédictive

**Anticiper les performances de l'entreprise est nécessaire pour estimer sa rentabilité potentielle, afin d'attirer des investissements et maintenir la confiance des parties prenantes.**

## Mode de fonctionnement

Le succès ou l'échec de l'anticipation repose sur les données historiques de l'entreprise, états financiers, ratios financiers et indicateurs clés de performance, reflets de son activité et susceptibles d'être suivis dans le temps. Les données suivies et contrôlées constituent un premier système d'alerte en cas d'éventuels problèmes. Pour les petites entreprises et les start-up, une anticipation précise offre une base

## Anticipation avec le modèle d'analyse prédictive Z

Réalisant que les ratios financiers traditionnels, comme le ratio coûts/revenus, ne reflètent qu'une image partielle des performances financières de l'entreprise, Altman mit au point une formule associant quatre ou cinq ratios afin d'obtenir un seul indicateur, la formule du Z-score. Ce modèle prédictif se révéla précis à 90 % pour anticiper une faillite dans l'année, et à 80 % pour anticiper une faillite dans les deux ans.

**Besoin en fonds de roulement (BFR)/total de l'actif**
Un ratio de mesure de la liquidité : plus le fonds de roulement est élevé, plus l'entreprise sera capable d'honorer ses factures.

**Capitalisation boursière/total de la dette**
Un ratio de mesure de la confiance du marché : inférieur à 1, il signifie que l'entreprise vaut moins que ce qu'elle doit, elle est insolvable.

**Réserves/total de l'actif**
Un ratio de levier : lorsqu'il est élevé, ce ratio indique que les profits financent la croissance, lorsqu'il est faible, la croissance est financée par la dette.

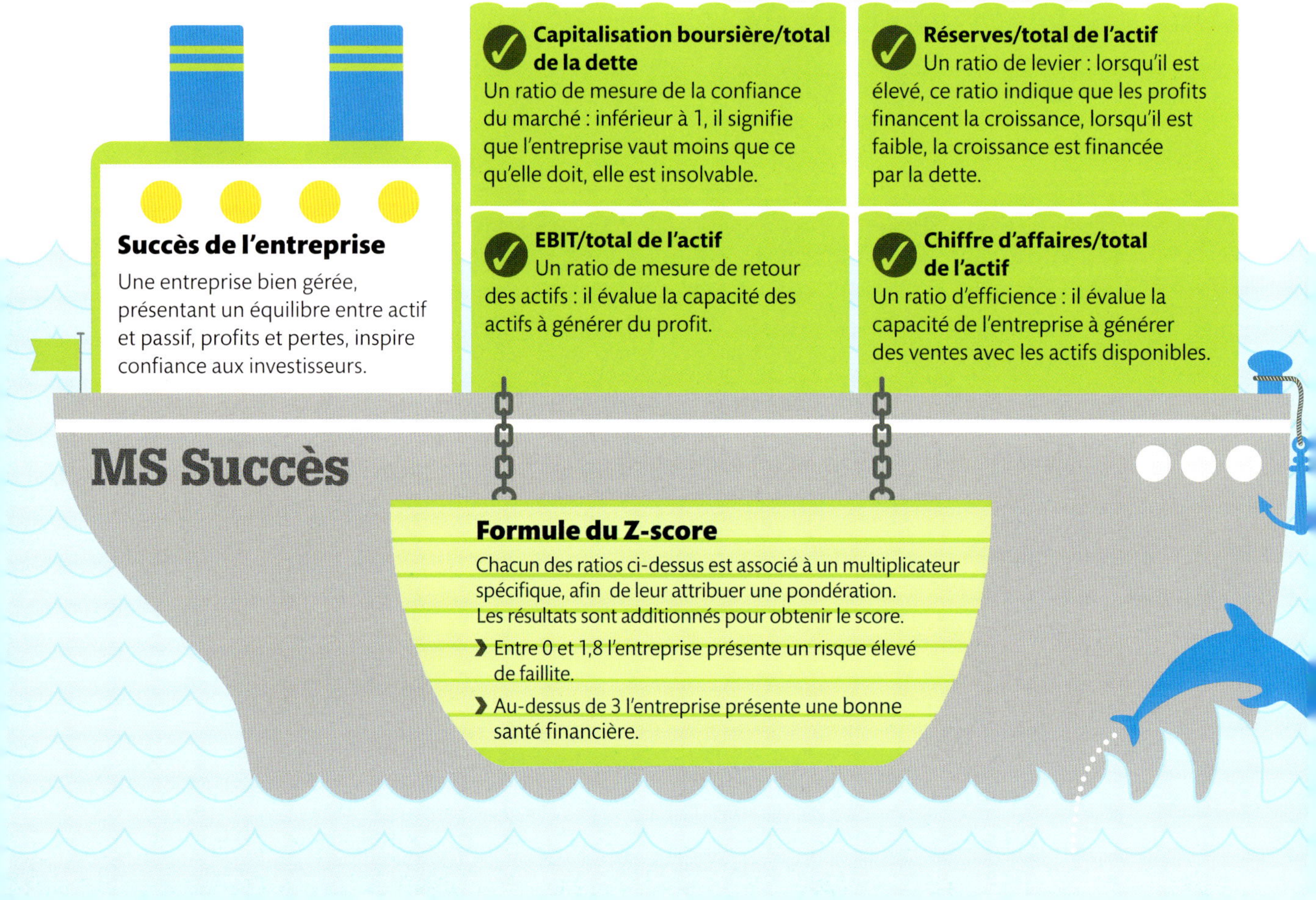


**Succès de l'entreprise**
Une entreprise bien gérée, présentant un équilibre entre actif et passif, profits et pertes, inspire confiance aux investisseurs.

**EBIT/total de l'actif**
Un ratio de mesure de retour des actifs : il évalue la capacité des actifs à générer du profit.

**Chiffre d'affaires/total de l'actif**
Un ratio d'efficience : il évalue la capacité de l'entreprise à générer des ventes avec les actifs disponibles.

**Formule du Z-score**
Chacun des ratios ci-dessus est associé à un multiplicateur spécifique, afin de leur attribuer une pondération. Les résultats sont additionnés pour obtenir le score.

- Entre 0 et 1,8 l'entreprise présente un risque élevé de faillite.
- Au-dessus de 3 l'entreprise présente une bonne santé financière.

indispensable à la recherche de financements, pour les grandes entreprises, ces informations chiffrées fournissent aux investisseurs et aux marchés de précieuses indications quant à leur santé financière. L'anticipation va de la simple projection de charges et recettes supposées à l'établissement de complexes modèles financiers. Un des modèles prédictifs les plus utilisés dans le monde des affaires est la formule Z-score, mise au point par Edward Altman, professeur d'économie à l'université de New York, en 1968.

## À SAVOIR

- **Ohlson O score :** Alternative à la formule du Z-score.
- **Scoring :** Très utilisée par le secteur bancaire, cette méthode d'analyse financière synthétise plusieurs ratios sous forme d'un seul indicateur.
- **Modèle Zeta :** Deuxième génération du modèle Z.

### Indices de faillite probable

De nombreux signes permettent de diagnostiquer un risque de faillite, alors que l'entreprise sombre dans l'insolvabilité. Ces signes rendent les investisseurs nerveux, précipitent la mise en vente de leurs participations, avec pour conséquence une chute du cours des actions de l'entreprise. Néanmoins, la plupart des entreprises qui font faillite réalisent des profits, mais sont à court de trésorerie.

**2,1 % :** baisse du nombre de défaillances d'entreprise en France, en 2015, par rapport à 2014.

**Vente d'actifs** pour rembourser les dettes.

**Suppression** de l'intéressement pour les salariés.

**Diminutions** répétées des dividendes distribués.

**Faillite :** l'entreprise en cessation de paiement ne parvient plus à rembourser ses dettes.

**Démission** de dirigeants, en recherche d'emploi dans d'autres entreprises.

**Faible niveau de trésorerie**, avec glissement progressif du solde de trésorerie dans le bilan, sur plusieurs années consécutives.

**Niveau d'emprunt élevé**, remboursements d'intérêts élevés et diminution des recettes.

**Faible rentabilité**, avec glissement progressif du montant des profits dans le compte de résultat, sur plusieurs années consécutives.

# Traquer la fraude

**Pour l'observateur avisé, certains signes au niveau des états financiers témoignent d'une tentative de fraude ou de dissimulation d'informations derrière la publication de données trop optimistes et un manque de précision sur la gestion de la direction.**

## Mode de fonctionnement

Les entreprises cotées doivent soumettre leurs comptes annuels à un cabinet d'audit indépendant. En règle générale, c'est au cours de cet examen comptable que sont mises au jour les malversations financières – ces fraudes consistant à manipuler les écritures comptables dans les états financiers, afin d'optimiser artificiellement les performances d'une entreprise. Il appartient à l'auditeur ou commissaire aux comptes de s'assurer de la précision et de la conformité des bilans et données enregistrées. L'auditeur procède à un contrôle systématique des données fournies par l'entreprise et peut pointer toute irrégularité ou incohérence indiquant une fraude. Si la preuve de la fraude peut être apportée, l'étape suivante consiste à alerter juricomptables et inspection de la concurrence, de la consommation et de la répression des fraudes, qui peuvent engager des poursuites à l'encontre des auteurs.

### ✓ À SAVOIR

- **Démembrement d'actifs :** Vente d'actifs d'une entreprise pour lever des fonds, entraînant souvent la clôture de l'activité.
- **Détournement d'actifs :** Type de fraude particulier consistant à transférer illégalement actifs et fonds au profit de la direction ou des actionnaires.

## Signaux d'alerte

Auditeurs et commissaires aux comptes suspectent la fraude à la présence de signaux d'alerte ayant un lien direct avec le comportement du directeur général ou d'autres membres de la direction, ou se traduisant par des irrégularités dans les états financiers.

**120 milliards d'euros : coût de la fraude comptable et financière en Europe, évalué fin 2012 par la Commission européenne.**

### Écritures comptables douteuses

- Flux financiers majoritairement négatifs, puis soudain étonnamment positifs.
- Augmentation soudaine de la marge bénéficiaire brute, en contradiction avec la moyenne constatée dans le secteur et les performances passées de l'entreprise.
- Volumes de ventes importants à des entreprises aux antécédents douteux.
- Ventes comptabilisées avant leur réalisation.
- Fausses écritures, sources de recettes non existantes.
- Transfert des charges d'une entreprise à une autre, ou enregistrées comme des actifs.
- Croissance continue et à long terme du bénéfice par action.
- Rémunération des dirigeants trop élevée par rapport au salaire de base.

### Comment détecter la fraude ?

Différentes procédures doivent être mises en place pour détecter en interne toute irrégularité. En l'absence de telles mesures, auditeurs internes et externes doivent recourir à des mesures plus drastiques.

**Application de ratios d'analyse** pour rendre compte de tendances sur le long terme. *Voir p. 148-149.*

## CINQ FRAUDES PARMI LES PLUS RETENTISSANTES

Certaines des pires fraudes comptables sont à mettre au compte d'entreprises et sociétés prestigieuses. Enron comptait parmi les sept plus grandes entreprises des États-Unis, et JPMorgan Chase était la première banque américaine en termes d'actifs.

**SECURITIES EXCHANGE CO**

En 1919, à Boston, Charles Ponzi mit en place une fraude basée sur un système pyramidal. Il promettait aux investisseurs un retour sur investissement de 50 % à 45 jours, payé sur les fonds investis par les nouveaux investisseurs.

**BARINGS BANK**

Cette banque d'affaires fit faillite en 1995, suite aux placements à découvert réalisés par un trader, entraînant une perte estimée à 1,3 milliard de dollars. Le trader avait reçu autorisation d'opérer en évitant tout audit interne.

**ENRON**

Enron se déclara en faillite en 2001, bien que n'ayant jamais fait mention de pertes dans ses états financiers. Des auditeurs indépendants furent accusés de manquements dans l'analyse des comptes de l'entreprise.

**WORLDCOM**

Cette entreprise se déclara en faillite en 2002, après avoir frauduleusement dissimulé près de 3,8 milliards de dollars de bénéfices. Le commissaire aux comptes, qui n'avait pas remarqué ces irrégularités, fut tenu pour responsable.

**JPMORGAN CHASE & CO**

Durant près de 10 ans, à partir de 2002, la société consentit des milliers de crédits immobiliers à des emprunteurs à risque. Les employés qui dénoncèrent cette pratique se partagèrent 64 millions de dollars de récompense.

### Comportement de la direction générale

- Réponses évasives des dirigeants sur les détails de données financières importantes.
- Tentative par la direction générale de dissimuler certains documents aux auditeurs et commissaires aux comptes.

### Aspects techniques

- Enregistrements tardifs de ventes ou d'ajustements de recettes.
- Absence de ratifications ou de signatures.
- Présentation de photocopies à la place d'originaux.

**Mise à disposition** d'une ligne téléphonique confidentielle pour les employés et anciens employés détenant des informations sur l'entreprise.

**Recours à l'effet de surprise**, comme la tenue d'un audit interne sans préavis.

**Contrôle à l'improviste** pour comparer l'état de la trésorerie aux données fournies dans les états financiers.

**Exploration de données** à l'aide de logiciels d'audit spécialisés dans la détection d'irrégularités entre bilans passés et bilans actuels.

# Recherche de financement

**Une entreprise confrontée à un besoin de fonds supplémentaires fait appel à des sources internes ou externes, selon l'objectif ciblé : financement important pour un projet de développement à long terme, comme une expansion, ou financement moindre pour des dépenses à court terme, par exemple pour couvrir des charges d'exploitation. Par ailleurs, les possibilités de financement auprès de sources externes diffèrent selon la maturité de l'entreprise qui, encore jeune, dispose de moins de garanties à offrir.**

## Source de financement et de capitaux

Dans la perspective du financement de l'entreprise, les responsables financiers commencent par évaluer sa santé financière. Ils décident ensuite de la part financée par les capitaux propres (réserves de trésorerie et liquidités résultant de l'émission d'actions) et de la part financée par l'emprunt à des sources externes, comme un prêt bancaire, qui obligera l'entreprise à s'endetter.

**Pour 59 % des responsables financiers aux États-Unis, la flexibilité financière représente le critère le plus important dans la prise de décision du montant de la dette supportée par l'entreprise.**

### Dettes et prêts

**Prêteurs institutionnels**

Argent prêté par d'importants organismes financiers, comme les banques.
*Voir p. 158–159.*

FONDS SOUS LA FORME D'UN PRÊT D'UNE SOURCE EXTÉRIEURE

REMBOURSEMENT D'INTÉRÊTS

## ÉVALUATION DE LA STRUCTURE FINANCIÈRE

Lorsque des investisseurs envisagent d'acquérir des actions d'une entreprise, ils s'intéressent à sa structure financière, afin d'évaluer ses perspectives d'avenir. La structure financière renvoie au pourcentage de ressources financières issu de fonds constitués d'actions et bénéfices, correspondant aux capitaux propres, et au pourcentage issu d'emprunts, correspondant à de la dette. Pour évaluer la structure financière, les investisseurs étudient :

- En règle générale, une entreprise détenant plus de capitaux propres que de dettes bancaires est perçue comme présentant un risque faible pour les investisseurs, car son actif couvre largement son passif. Ainsi, une entreprise détenant bien plus de capitaux propres que de dettes affiche un faible taux d'endettement (dettes/capitaux propres) et sera considérée comme un placement à faible risque.
- Une entreprise détenant bien plus de dettes que de capitaux propres présente un taux d'endettement élevé et donc un risque plus élevé pour les investisseurs.
- S'endetter n'est pas toujours négatif. Lorsque les taux d'intérêt sont bas, l'entreprise peut emprunter plus pour financer son développement, tant que les montants empruntés sont plus élevés que les intérêts à rembourser. L'entreprise présentera un risque plus grand, mais un potentiel de croissance plus élevé – une notion qui fait référence à l'effet de levier. *Voir p. 174-175.*

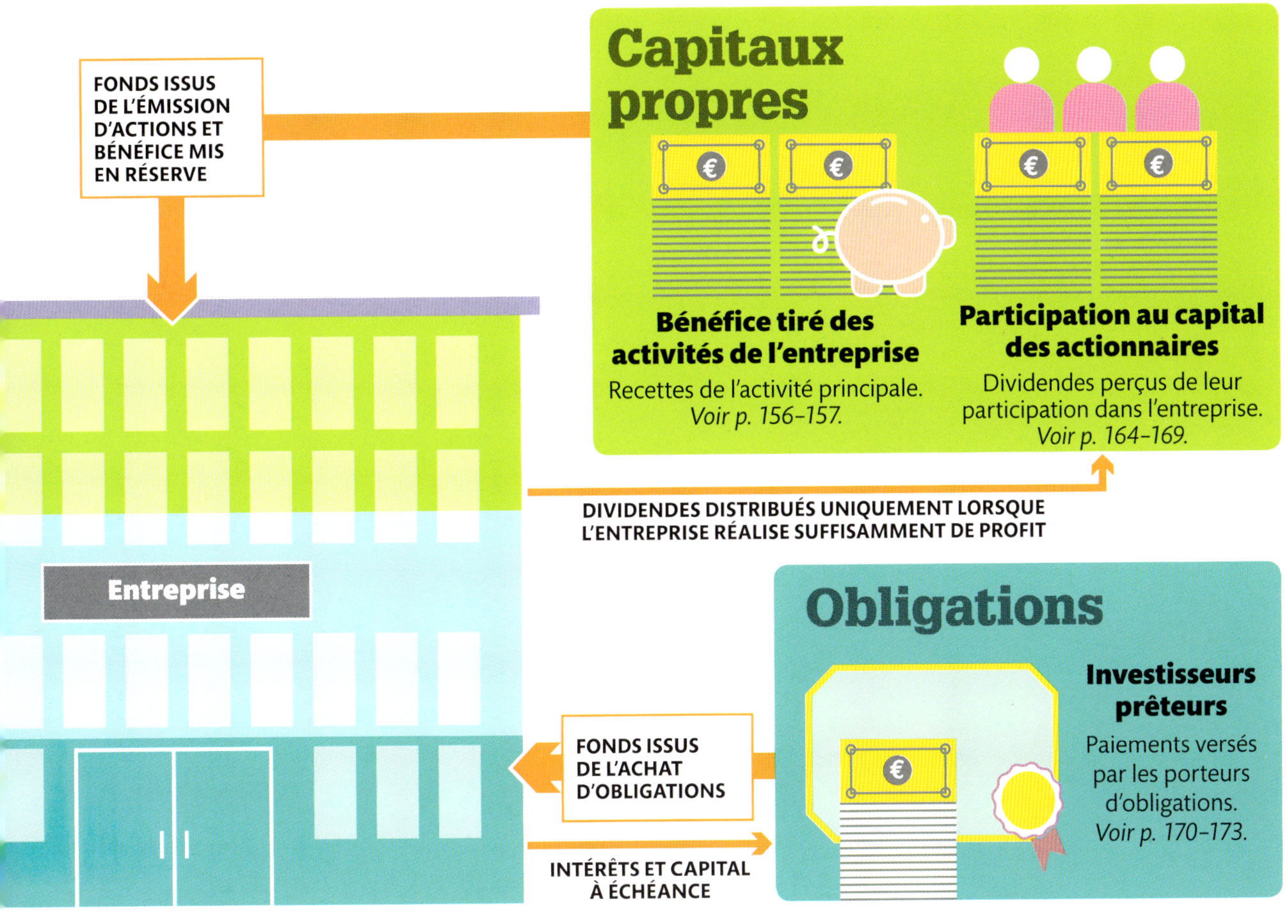

# Financement interne

**En règle générale, l'entreprise préfère puiser dans ses propres ressources, plutôt que s'endetter en faisant appel à un emprunt ou en cédant sa participation par le biais de l'émission d'actions – deux procédures plus coûteuses.**

## Mode de fonctionnement

Lorsque l'entreprise a besoin de fonds ou de capital pour financer une expansion ou un investissement nécessaires au maintien de son niveau d'activité, elle se retrouve confrontée à deux possibilités : faire appel à des sources externes ou trouver de l'argent au sein l'organisation elle-même. Tout financement issu de sources externes a un coût, comme les intérêts payés pour un prêt bancaire. Ainsi, la direction doit comparer le montant du manque à gagner en recourant à ses fonds propres, équivalent au bénéfice retiré de l'investissement de ces fonds, au coût lié à un financement externe.

### BIAIS COGNITIF : EFFET DE RÉCENCE

Pour une entreprise, l'encaissement régulier de ses factures l'aide à maintenir un niveau trésorerie constant. Les factures émises rapidement après l'achèvement d'un travail ont tendance à être réglées plus vite que les factures présentées tardivement. Une théorie, l'effet de récence, explique le phénomène : le cerveau a tendance à prioriser les évènements récents à ceux qui produisent bien plus tard.

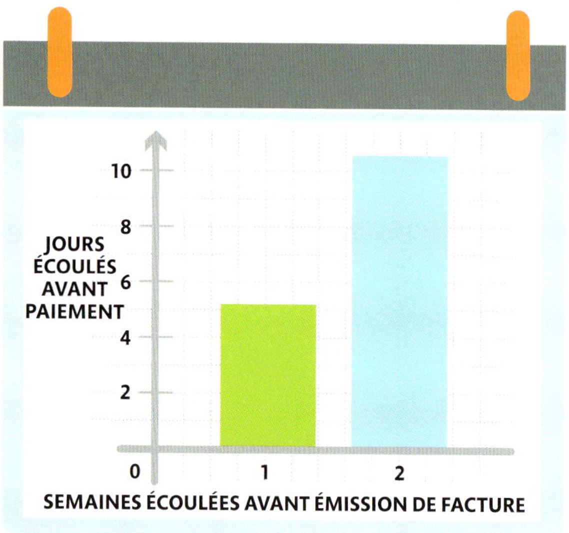


## Levée de fonds interne

Dès que l'entreprise manifeste un besoin de fonds supplémentaires, à court ou long terme, des mesures peuvent être prises pour accroître le niveau de trésorerie l'entreprise.

### Financement à court terme

L'entreprise qui souhaite lever des fonds sans recourir à des sources externes peut développer trois grandes stratégies pour optimiser la trésorerie disponible à son activité au quotidien et l'expansion de son capital.

***Renforcer le contrôle du crédit***

Ces actions incluent : relance des débiteurs, afin que les factures soient honorées dans les temps, vérification de la solvabilité et de la cote de crédit de nouveaux clients, mise en place d'un délai de paiement à 30 jours.

***Délai de paiement***

Les gros fournisseurs peuvent offrir des rabais pour paiement anticipé, mais aussi accepter de rallonger les délais de paiement d'une entreprise, ce qui permet d'accroître le niveau de trésorerie à court terme.

## Entreprise

### Réduction des stocks

Il est coûteux pour une entreprise de garder un stock important de marchandises invendues. La réduction des stocks participe à diminuer les coûts de stockage, de production et de remplacement des marchandises périmées ou obsolètes.

### Financement à long terme

Pour une entreprise en quête d'un financement à long terme, ses ressources financières doivent représenter son principal apport.

### Mise en réserve du bénéfice

Une partie du bénéfice peut être réinvestie dans l'entreprise. L'entreprise peut aussi décider de vendre des actifs pour optimiser sa trésorerie.

### BÉNÉFICES POUR FINANCER LE DÉVELOPPEMENT

Une entreprise qui cherche à se développer peut choisir de financer sa croissance avec ses bénéfices. Une option qui comporte avantages et inconvénients.

**Avantages**

- Cela permet de ne pas avoir à payer les intérêts d'un emprunt.
- Propriétaires et dirigeants conservent le contrôle de l'entreprise, plutôt que de le partager avec de nouveaux investisseurs.
- L'entreprise conserve un niveau d'endettement bas, susceptible d'intéresser futurs investisseurs et prêteurs.

**Inconvénients**

- Du temps peut s'écouler avant que les profits permettent le financement du développement.
- La suspension de distribution de dividendes peut contrarier les actionnaires.
- Perte de possibilité de financement lié à l'investissement, plutôt qu'à la dépense des bénéfices

**44 :** nombre de jours mis, en moyenne, par les sociétés britanniques pour honorer une facture à 30 jours.

# Financement externe

**Pour financer son développement ou lorsque des charges imprévues ne peuvent être payées en recourant à des sources de financement interne, l'entreprise doit se résoudre à trouver des fonds auprès de prêteurs ou d'investisseurs.**

## Mode de fonctionnement

Les apports financiers externes peuvent se présenter sous différentes formes, du prêt bancaire à l'émission d'actions. Les sources de financement externes dépendent du montant des fonds recherchés, mais aussi de leur affection, par exemple la résolution d'un problème à court terme (problème de liquidités) ou leur utilisation dans un projet de développement à long terme. Si le financement à court terme est plus facile à sécuriser, la levée de fonds importants destinés à une expansion se révèle plus difficile. Une entreprise déjà cotée ou préparant son entrée en bourse sera capable de lever des fonds *via* la vente d'actions. Une entreprise non cotée aura plus de difficultés à réunir un montant équivalent. De même, une entreprise trop endettée aura plus de mal à trouver des financements auprès des prêteurs et investisseurs qui la considéreront comme une entreprise à risque.

### ✓ À SAVOIR

- **Prêt à échéance déterminée :** Remboursement d'un emprunt bancaire au terme d'une période donnée.
- **Titre de créance :** Billet à ordre représentatif d'une créance dont le montant est remboursé par l'émetteur au détenteur à échéance de 1 jour à 1 an.

## Levée de fonds externe

La quête de financement de sources externes relève parfois du défi, notamment lorsqu'il s'agit de rassurer les investisseurs. Mais ce financement ne prend pas obligatoirement la forme d'un prêt. Différentes stratégies peuvent être mises en œuvre auprès de tierces parties pour offrir à l'entreprise un confortable fonds de roulement.

**80 %** du financement externe des entreprises est assuré par les banques de détail.

### Financement à court terme

Différents accords financiers conclus auprès de tierces parties peuvent aider l'entreprise à trouver des fonds sans attendre, par le biais d'un financement à court terme.

***Ligne de crédit***

Accord donné par une banque à l'entreprise d'emprunter et de tirer des fonds d'un compte bancaire jusqu'à un plafond autorisé, à un taux d'intérêt généralement élevé.

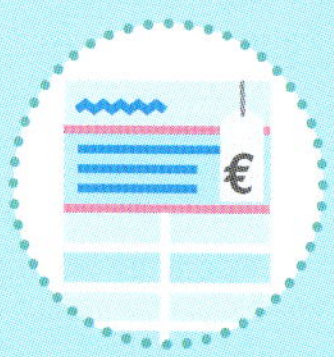

***Affacturage***

Vente de créances à un organisme tiers jusqu'à un plafond fixé, en contrepartie de leur règlement anticipé, minoré de frais de commission.

***Escompte bancaire***

Avance par une banque du montant d'un effet de commerce avant son échéance, en contrepartie du prélèvement d'une commission d'escompte (souvent à un taux désavantageux).

## PRINCIPE DE L'AFFACTURAGE

Pour obtenir de la trésorerie sans attendre, l'entreprise vend ses créances (factures en attente de paiement) à un organisme tiers, qualifié d'affactureur. Ce dernier avance à l'entreprise la majeure partie de la créance, conserve le montant restant jusqu'au recouvrement de la créance, sur lequel il prélève des frais de commission.

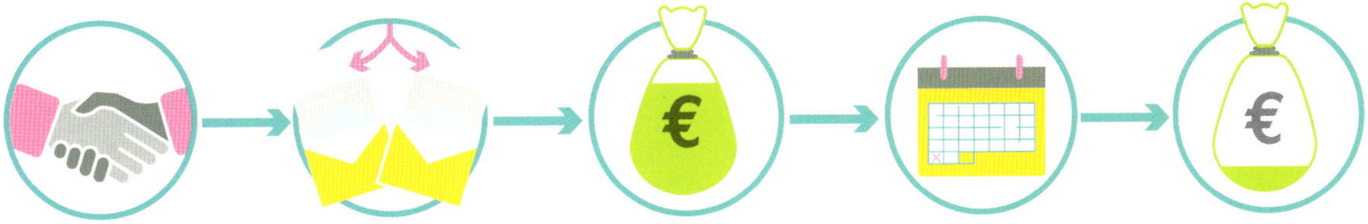

1. L'entreprise passe un accord de cession de ses créances (factures) avec un affactureur, en échange de leur règlement anticipé.
2. L'entreprise envoie ses factures à ses clients et leurs copies à l'affactureur. Les clients sont désormais redevables à l'affactureur.
3. L'affactureur règle à l'entreprise un pourcentage convenu du montant des factures (en règle générale, de 80 à 90 %) quelques jours après réception.
4. Les clients règlent leurs factures à l'affactureur dans un délai de 30 jours (ou plus selon les délais de paiement convenus).
5. L'affactureur règle les montants restants à l'entreprise, minorés des frais de commission (en règle générale, de 2 à 5 % du montant total de la facture).

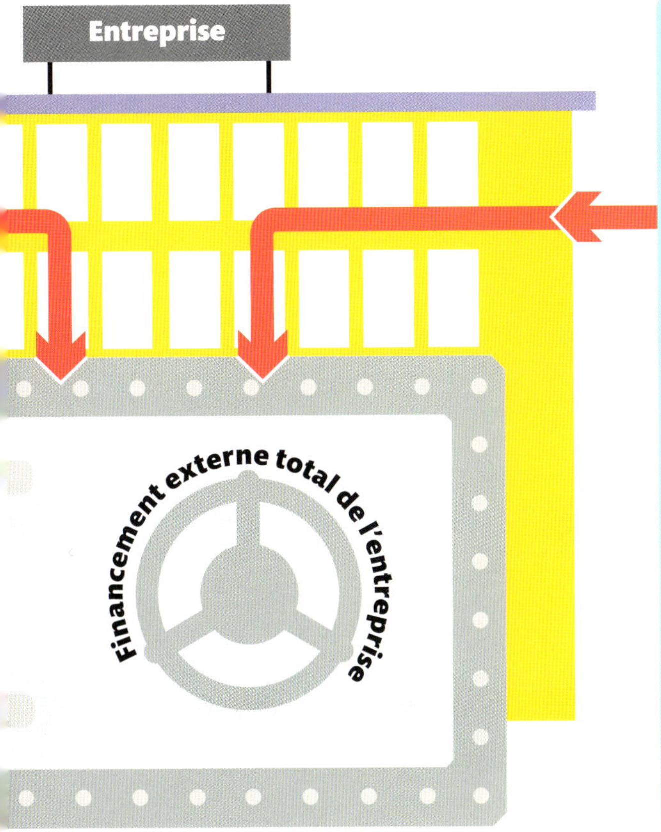


### Financement à long terme

Des mesures efficaces peuvent être prises pour offrir une source de financement pérenne à l'entreprise et assurer son développement à long terme.

***Actions***

Augmentation de capital par l'émission d'actions, pour financer la croissance. L'entreprise conserve moins de bénéfices, car elle distribue des dividendes aux actionnaires, qui tirent aussi parti des gains en capitaux liés à la valorisation de l'entreprise. *Voir p. 164-165.*

***Emprunt***

Prêts garantis à long terme, proposés par les banques et autres institutions financières, souvent à un taux d'intérêt plus avantageux que la ligne de crédit.

***Location-financement***

Vente d'actifs coûteux (ordinateurs par exemple) à des sociétés financières, pour débloquer des capitaux, avant leur location par l'entreprise.

***Contrats de location avec option d'achat***

Acquisition d'actifs coûteux (véhicules par exemple) en plusieurs versements. Le coût total est souvent supérieur au coût réel, mais le capital n'est pas engagé.

# Introduction en bourse

**Une entreprise qui décide de son introduction en bourse ouvre son capital au public sous forme d'actions, échangées sur les marchés financiers. Cette procédure permet à l'entreprise de financer sa croissance.**

## Mode de fonctionnement

Pour une entreprise, le processus d'introduction en bourse met un terme à son statut de « société par actions non cotée », ce qui signifie qu'elle ne sera plus détenue par un petit nombre d'actionnaires ou d'administrateurs. L'entreprise peut décider de son entrée en bourse lorsqu'elle se trouve confrontée à un besoin de capitaux pour financer sa croissance. La procédure s'étale sur plusieurs mois. L'entreprise doit se soumettre à différentes obligations légales et financières avant l'étape finale, consistant en l'émission d'actions sur le marché, à destination d'investisseurs sélectionnés ou de particuliers, ou des deux. Chaque action représente une « participation » dans l'entreprise et les bénéfices tirés de la vente des actions se transforment en capital ou ressources pour l'entreprise.

### ALERTE

- **Sous-estimation :** Si l'estimation initiale du prix d'émission de l'action par les agents placeurs est trop prudente, l'entreprise ne parviendra pas à réaliser la valeur de son capital.
- **Surestimation :** Si les agents placeurs surestiment le prix des actions nouvellement introduites sur le marché (émissions), l'opération peut être un échec par manque de demande.
- **Volatilité :** Le cours des actions au premier jour de leur OPI peut fluctuer largement en raison d'événements politiques ou économiques.

## Procédures d'entrée en bourse

Pour une entreprise, l'ouverture du capital aux investisseurs en vue d'une levée de fonds peut prendre trois grandes formes, chacune liée à des coûts différents. La procédure choisie est fonction de la taille de l'entreprise et de l'augmentation de capital souhaitée pour financer la croissance.

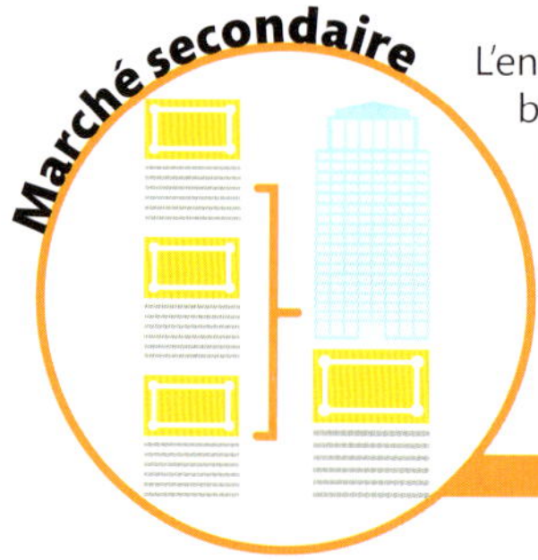


L'entreprise rejoint un nouveau marché boursier sans augmentation de capital, pour vendre ses actions existantes. Cette procédure exige que 25% de son capital soit introduit sur un marché primaire ou règlementé et qu'aucun des actionnaires ne puisse détenir une majorité.

Des groupes d'investisseurs institutionnels ciblés sont invités à acquérir des actions à un prix préférentiel. Une pratique aux coûts moins élevés qu'une offre publique initiale (voir ci-dessous), mais le montant potentiel de fonds levés reste limité, en raison d'un plus petit nombre d'actionnaires.

Investisseurs privés et institutionnels sont invités à souscrire ou acheter des actions émises pour la première fois par l'entreprise sur un marché dit primaire. Cette procédure d'introduction en bourse est la plus coûteuse, mais elle permet à l'entreprise de lever un montant de fonds important.

# 20 % : croissance annuelle potentielle minimale des sociétés par actions cotées aux États-Unis.

## DIX PLUS GRANDES ENTRÉES EN BOURSE DE L'HISTOIRE

Lors de l'introduction en bourse de sociétés de renom, une compétition féroce s'engage entre investisseurs pour acquérir des actions, ce qui se traduit souvent par une activité frénétique. Le graphique ci-dessous illustre les dix plus grandes entrées en bourse à fin 2014, basées sur le produit de l'émission d'actions le premier jour de leur introduction.

**Bourse**

Un marché financier où les titres (parts et actions) de l'entreprise sont achetés et vendus au taux du marché en vigueur. *Voir p. 170-171.*

## Offre publique initiale (OPI)

Une offre publique initiale fait référence à la première émission d'actions d'une société non cotée sur un marché primaire. Il s'agit de la procédure de levée de fonds la plus utilisée par les entreprises en quête de capitaux supplémentaires pour financer leur développement. Une introduction en bourse peut être motivée par d'autres raisons, par exemple lorsqu'un État envisage la privatisation d'une entreprise publique ou que les propriétaires d'une entreprise familiale souhaitent vendre leurs parts.

### LES DIX PREMIÈRES BOURSES DES VALEURS AU MONDE

Les plus grandes bourses, ces marchés financiers où s'échangent des actions, brassent des sommes d'argent considérables et génèrent des profits très importants. Les places boursières ci-dessous sont classées par ordre de capitalisation boursière, c'est-à-dire en fonction de la valeur monétaire totale des actions émises par les sociétés présentes sur chacun de ces marchés.

1. **New York Stock Exchange**
2. **NASDAQ OMX, New York**
3. **Tokyo Stock Exchange**
4. **Euronext (Pan-European)**
5. **London Stock Exchange**
6. **Shanghai Stock Exchange**
7. **Hong Kong Stock Exchange**
8. **Toronto Stock Exchange**
9. **Deutsche Börse**
10. **SIX Swiss Exchange**

## Processus d'une OPI

Avant sa première introduction en bourse et l'émission d'actions, l'entreprise doit s'inscrire à la cote d'une bourse où ses actions seront échangées (achetées et vendues). Pour ce faire, elle doit réunir certaines conditions indispensables, afin de rassurer les investisseurs. Le processus d'offre publique initiale est soumis à de strictes obligations sur le plan financier et l'opération se révèle coûteuse. Dès que toutes les étapes du processus sont achevées et après obtention du visa de l'AMF (Autorité des marchés financiers), l'offre publique initiale est officialisée.

**1**

### Réunir les conditions

Si les conditions d'inscription varient selon la place boursière sur laquelle l'entreprise envisage de vendre ses actions, les pièces juridiques et comptables exigées sont plus ou moins les mêmes :

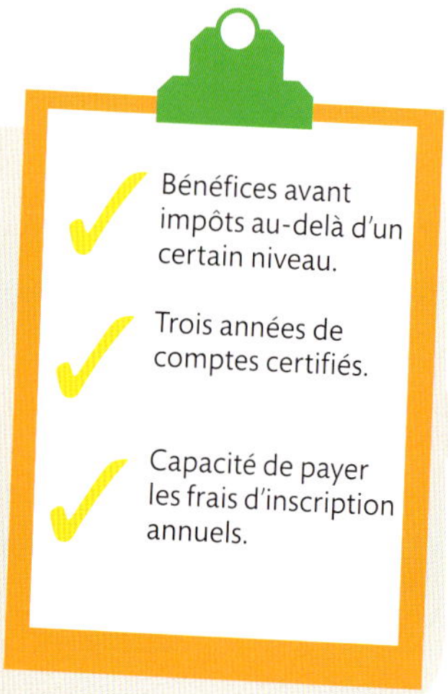


**2**

### Nommer des agents placeurs

Ces professionnels de la finance auront pour responsabilité l'achat et la vente d'actions sur le marché, moyennant une commission.

**3**

### Remplir le prospectus

Dossier soumis et visé par l'AMF, réunissant un document de base sur l'activité, la situation financière et les perspectives de l'entreprise, et une note d'opérations sur les conditions de l'émission.

## À SAVOIR

- **Grande capitalisation :** Société cotée dont la valeur boursière est supérieure à 5 milliards d'euros.
- **Moyenne capitalisation :** Société cotée dont la valeur boursière est comprise entre 1 milliard et 5 milliards d'euros.
- **Petite capitalisation :** Société cotée dont la valeur boursière est inférieure à 1 milliard d'euros.

# 16,6 billions

**de dollars : total des capitalisations boursières des sociétés cotées à Wall Street.***

* octobre 2014

4

### Communication promotionnelle

Les représentants de l'entreprise et les agents placeurs diffusent le prospectus visé par l'AMF auprès de potentiels investisseurs.

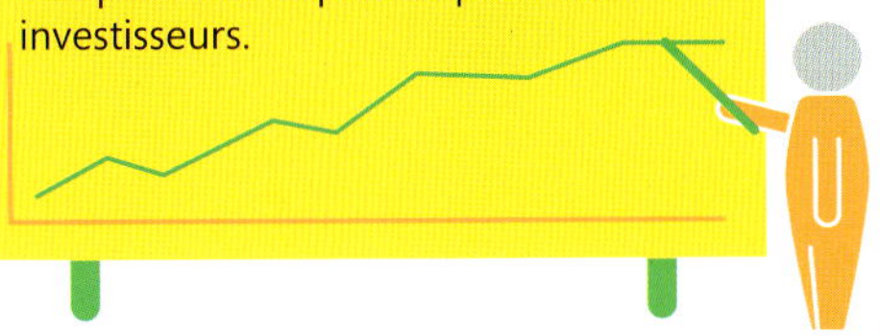

5

### Décider du prix d'émission

Après s'être assurée de répondre à toutes les conditions exigées pour son introduction en bourse et après avoir anticipé la demande, l'entreprise décide du prix d'émission et du volume des actions proposé sur le marché.

6

### Introduction sur le marché

L'introduction en bourse est officialisée quelques jours après la diffusion du prospectus auprès de potentiels investisseurs. La déclaration prend effet à une date fixée au lendemain d'un jour de fermeture du marché, et les actions sont proposées dès la réouverture du marché.

# Actions et dividendes

**Lors de l'ouverture d'une partie de son capital au public, l'entreprise vend des actions à des investisseurs, qui en deviennent copropriétaires en contrepartie du capital qu'ils investissent.**

## Mode de fonctionnement

Avant l'émission d'actions sur un marché financier, l'entreprise se soumet à un processus d'évaluation pour déterminer le prix de ses actions. Le processus implique les dirigeants, les investisseurs potentiels et une banque d'investissement, désignée pour estimer la valeur de l'entreprise. Le prix d'émission des actions est ensuite établi. En ouvrant son capital au public, l'entreprise procède à l'émission d'actions ordinaires à l'attention des investisseurs, sortes de titres de propriété communément qualifiés de participations. À l'appel public à l'épargne, l'entreprise peut préférer le placement privé, soit la vente d'actions à un nombre limité d'investisseurs hors du circuit boursier, afin de conserver un peu plus le contrôle de sa gestion.

## Question de partage

Les actions ordinaires émises par toutes les entreprises procédant à un appel public à l'épargne sont les plus répandues. D'autres types d'actions offrent à l'entreprise une plus grande souplesse dans le contrôle des droits offerts aux différents groupes d'actionnaires. La majorité des actions est proposée en bourse, mais les actions dites à émission réservée sont destinées à la direction et les actions sans droit de vote aux salariés de l'entreprise. Selon le type d'action qu'il détient, l'actionnaire bénéficie de droits différents.

### Actions de la direction

Émission (en règle générale actions cédées à titre gratuit) réservée aux propriétaires et membres de la direction.

✓ Droits de vote accrus, pour maintenir la gestion de l'entreprise entre les mêmes mains.

### Actions sans droit de vote

Émission réservée aux salariés.

✗ Versement d'une part de rémunération sous forme de dividendes.

✗ Pas de droit de vote.

✗ Pas de convocation aux assemblées générales ordinaires des actionnaires.

### Actions ordinaires

Actionnaires.

✓ Parts des dividendes de l'entreprise.

✓ Parts des actifs de l'entreprise.

✓ Droit de vote aux assemblées annuelles des actionnaires.

✓ Droit de vote sur des questions importantes, comme l'élection ou la révocation des administrateurs.

✓ Réception du rapport annuel et des états financiers.

### Actions de préférence (ADP)

Actionnaires.

✗ Droit à un dividende forfaitaire (montant fixe) et préciputaire, autrement dit avant tout versement aux actionnaires détenteurs d'actions ordinaires.

✗ Priorité dans le versement d'une part des actifs après remboursement des dettes si l'entreprise est insolvable.

✗ Peu ou pas de droit de vote.

### Actions différées

✓ Dividendes et parts d'actifs distribués aux actionnaires, mais après distribution à tous les autres actionnaires.

### À SAVOIR

› **Achat-revente à l'émission :** Opération consistant à souscrire à l'introduction au prix d'offre et à revendre l'action sur le marché secondaire durant les premiers jours de cotation, afin d'empocher la plus-value.

› **Action remboursable :** Action que l'entreprise émettrice peut racheter ou amortir à son gré.

**698 % :**
**bond du cours de l'action VA Linux Systems le jour de son introduction à Wall Street, en 1999.**

### NOUVELLE AUGMENTATION DE CAPITAL

Après la vente initiale de ses actions à son introduction en bourse, l'entreprise peut décider d'une nouvelle augmentation de son capital en numéraire en procédant à l'émission d'autres actions. Cette nouvelle levée de fonds peut prendre trois formes :

› **Droits de souscription :** Un droit préférentiel accordé aux actionnaires dans l'achat de nouvelles actions de l'entreprise à un prix d'émission différent de celui du cours de la bourse, avant leur introduction sur le marché.

› **Appel public à l'épargne :** Émission d'autres actions proposées en bourse aux investisseurs particuliers.

› **Placement privé :** Pratique consistant pour l'entreprise à vendre des actions (et autres titres) directement auprès d'investisseurs privés, en règle générale des fonds spécialisés, des compagnies d'assurances ou des banques, en dehors du cadre boursier.

## Fixation du prix des actions

Les forces de l'offre et de la demande fixent le cours des actions. L'entreprise émet un nombre limité d'actions à destination du public, achetées et vendues sur le marché. La demande est déterminée selon le nombre d'investisseurs confiants quant aux perspectives économiques de l'entreprise. Convaincus que l'entreprise est promise à une belle croissance, les investisseurs n'hésiteront pas à acheter ses actions, ce qui du même coup augmentera son cours.

**25 % : effondrement des cours à Wall Street en quatre jours durant la crise boursière de 1929.**

### FRACTIONNEMENT D'ACTIONS

L'entreprise peut occasionnellement procéder au fractionnement de ses actions existantes. Cette opération a pour effet d'augmenter le nombre total d'actions, sans modifier leur valeur totale. Le fractionnement permet d'abaisser le prix de l'action pour l'aligner sur celui de la concurrence. Le fractionnement est généralement opéré à raison de deux ou trois actions pour une, ce qui se traduit pour l'actionnaire par un doublement ou un triplement du nombre de ses actions.

## Hausse de la valeur des actions

Selon les observateurs des marchés financiers, la volonté des actionnaires de voir augmenter le cours de leurs actions remonte à 1976. Les profits étaient alors devenus leur priorité. Depuis, le marché affiche une tendance générale à la hausse, marquée de ponctuels effondrements. Le graphique ci-contre illustre l'évolution de la valeur moyenne de toutes les actions la bourse de Londres (FTSE), de 1964 à 2013.

### À SAVOIR

- **Marché baissier :** Marché accusant un déclin de plus de 20% sur une période de 2 mois ou plus.
- **Marché haussier :** Marché avec des cours en hausse suscitant la confiance des investisseurs.
- **Correction de marché :** Chute temporaire du cours des actions interrompant une tendance haussière du marché.

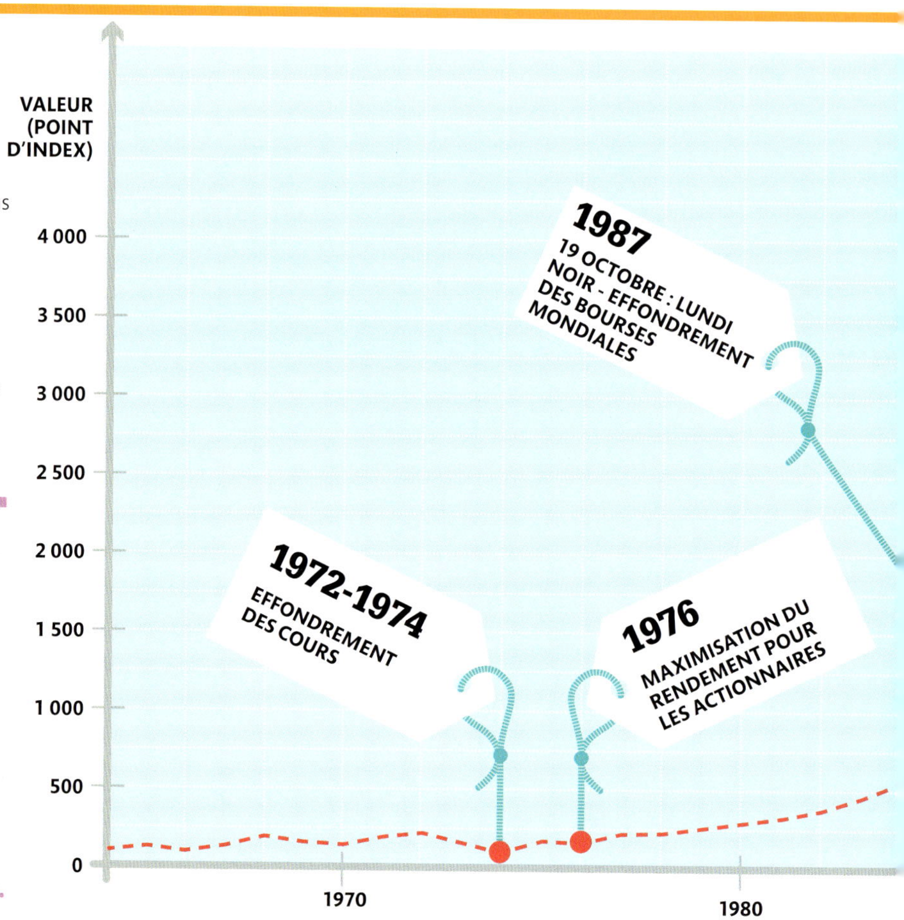

**COURS DE L'ACTION TROP HAUT**
Une entreprise cotée en bourse voit le cours de ses actions grimper et dépasser celui des actions de la concurrence, ce qui a pour effet de dissuader les investisseurs.

**FRACTIONNEMENT D'ACTIONS**
L'entreprise décide d'un fractionnement d'actions. Le prix de 3 € de chaque action existante est divisé par deux, ce qui ramène le prix de chaque action à 1,50 €.

**CERTIFICAT D'ACTIONS**
Émission de nouveaux certificats d'actions, où apparaît un doublement des actions des souscripteurs : l'actionnaire qui détenait 1 000 actions à 3 € possède à présent 2 000 actions à 1,50 €. La valeur totale reste de 3 000 €.

**ALIGNEMENT DU COURS**
Le cours des actions de l'entreprise est désormais aligné sur celui des actions de la concurrence, ce qui encourage les investisseurs à acheter des actions de l'entreprise.

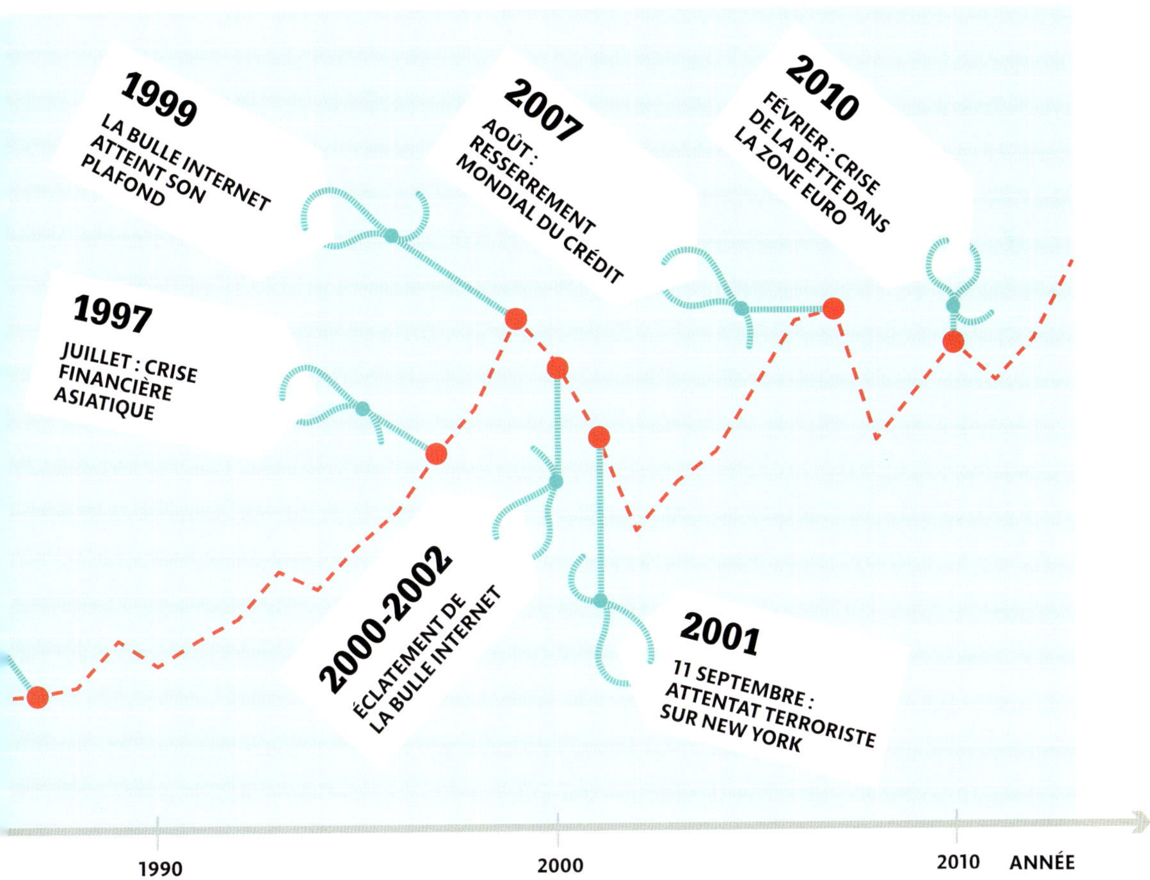

## Qu'est-ce qu'un dividende ?

En règle générale, les actionnaires d'une entreprise reçoivent une part de son bénéfice net. L'entreprise distribue un dividende en numéraires sur chacune des actions émises, mais le conseil d'administration décide de la part à réinvestir et de la part à distribuer. Les investisseurs s'intéressent au ratio de distribution des dividendes, mais aussi à l'augmentation du capital de l'entreprise, afin d'estimer sa santé financière et décider de l'opportunité d'investir. L'investisseur qui souhaite tirer des revenus de ses actions choisit d'investir dans des entreprises offrant une régularité dans la distribution des dividendes. Dans un climat économique serein, l'actionnaire est gagnant sur deux tableaux : le dividende lui assure un revenu et la valeur en capital de l'actionnariat augmente. Néanmoins, le risque d'une chute du cours de l'action ne peut être exclu, et l'entreprise distribue des dividendes uniquement en cas de bénéfice.

La distribution de dividendes permet à l'entreprise d'attirer des investisseurs. Il s'agit avant tout d'une récompense offerte en contrepartie de l'injection d'argent dans l'entreprise, destiné à financer son activité.

### ✓ À SAVOIR

- **Rendement sur dividende :** Ratio correspondant au pourcentage du dividende versé aux actionnaires par rapport au prix de l'action.
- **Dividende par action :** Somme versée pour chaque action après calcul du bénéfice mis en réserve.
- **Taux de distribution :** Ratio correspondant au pourcentage du bénéfice net de l'exercice distribué aux actionnaires sous forme de dividendes.

## Mode de fonctionnement

En règle générale, les actionnaires perçoivent des dividendes de l'entreprise dans laquelle ils ont investi si cette dernière a réalisé suffisamment de bénéfice à la clôture de l'exercice comptable pour envisager leur distribution. Il appartient au conseil d'administration de décider de la distribution de dividendes. Cette distribution peut intervenir de façon trimestrielle ou semestrielle. Un acompte sur dividende peut être versé dans l'année, et le solde versé après la clôture de l'exercice comptable.

### Annonce de mise en réserve du bénéfice

À la fin de l'exercice comptable, l'entreprise annonce la mise en réserve du bénéfice, autrement dit son intention de conserver le bénéfice pour le réinvestir ou l'affecter au paiement de charges plutôt que de dividendes.

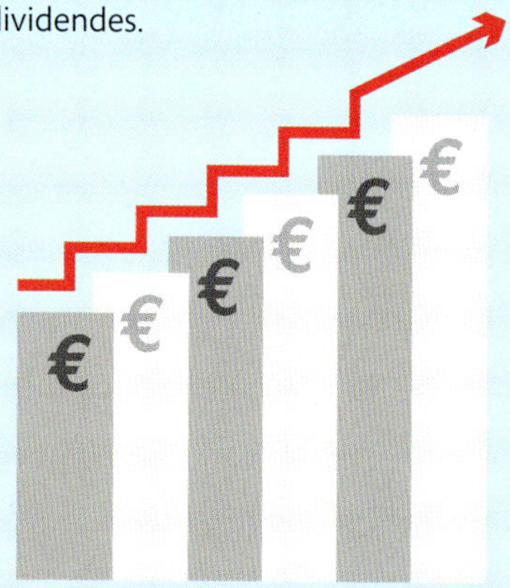


### Décision de distribution des dividendes

Le conseil d'administration décide en assemblée si le bénéfice réalisé est suffisant pour justifier la distribution de dividendes et détermine le montant de ces dividendes. Le détail de chaque versement est enregistré dans le bordereau de paiement des dividendes.

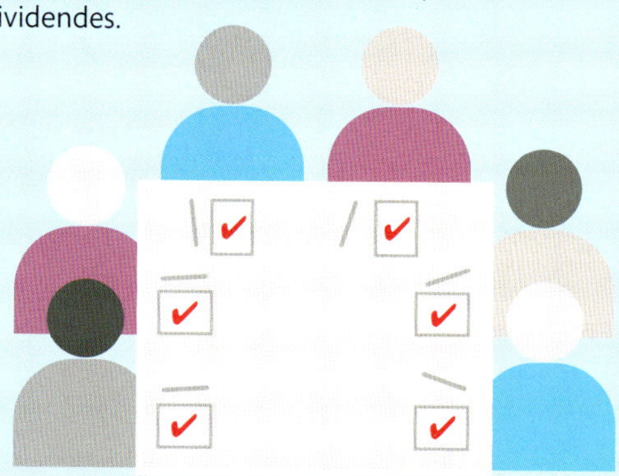

## TAUX D'INTÉRÊT ET DIVIDENDES

Lorsque les taux d'intérêt sont bas, les actions à taux de distribution élevé sont plus attractives pour les investisseurs en raison d'un retour plus intéressant que celui des investissements assortis du paiement d'intérêts trop élevés. Dans un tel climat économique, les entreprises sont encouragées à distribuer des dividendes plus élevés, attirant ainsi le plus d'investisseurs possible, ce qui a pour effet d'accroître la valeur de l'action.

Inversement, lorsque les taux d'intérêt grimpent, les investisseurs préfèrent placer leur argent dans l'acquisition d'actifs à revenu fixe, à rendement supérieur en raison du relèvement des taux d'intérêt, mais sans les risques liés à l'achat d'actions.

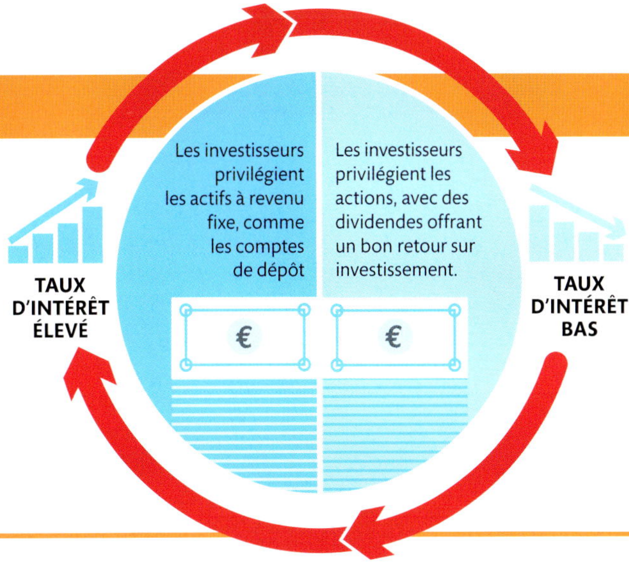

### Fonds affectés à la croissance

L'entreprise conserve une partie du bénéfice distribuable et le réinjecte dans ses capitaux propres. Il appartient à l'entreprise de trouver un juste équilibre entre volonté de satisfaire les actionnaires et financement de sa croissance.

**1602 :**

**la Compagnie néerlandaise des Indes orientales devient la première société à émettre des actions et des obligations.**

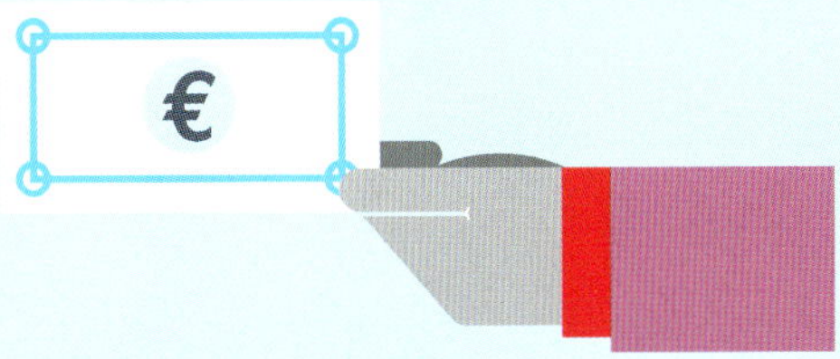


### Distribution des dividendes

En règle générale la distribution de dividendes prend la forme d'un paiement en numéraires. Parfois, l'entreprise peut procéder à la distribution d'actions, *via* l'émission de nouvelles actions.

### Imposition

Les bénéficiaires de dividendes sont imposables à l'impôt sur le revenu dans la catégorie des revenus de capitaux mobiliers.

# Marché de capitaux

**Le marché de capitaux est un marché financier global où s'échangent les titres à long terme, comme les obligations à maturité de plus d'un an et les actions. Collectivités publiques et entreprises peuvent y lever des fonds.**

## Mode fonctionnement

Sur le marché des capitaux sont échangés deux types de produits financiers : les actions (titres de propriété) et les obligations (titres de créance). Les actions et obligations sont dans un premier temps émises et vendues sur le marché primaire, plus tard sur le marché secondaire. Le marché de capitaux canalise les fonds vers les utilisateurs de capitaux, comme les entreprises privées et publiques, et les capitaux servent à la production de biens et de services. Les émetteurs d'actions et d'obligations ne retirent aucun bénéfice des échanges sur le marché secondaire, réservé aux investisseurs. Néanmoins, le cours des actions et le niveau de négociation des obligations reflètent la confiance dans une entreprise ou une institution et participent à renforcer sa position financière.

## La structure

Le marché de capitaux englobe le marché obligataire où sont échangées les obligations et la bourse où sont échangées les actions. Ces deux marchés disposent de deux compartiments, un marché primaire et un marché secondaire.

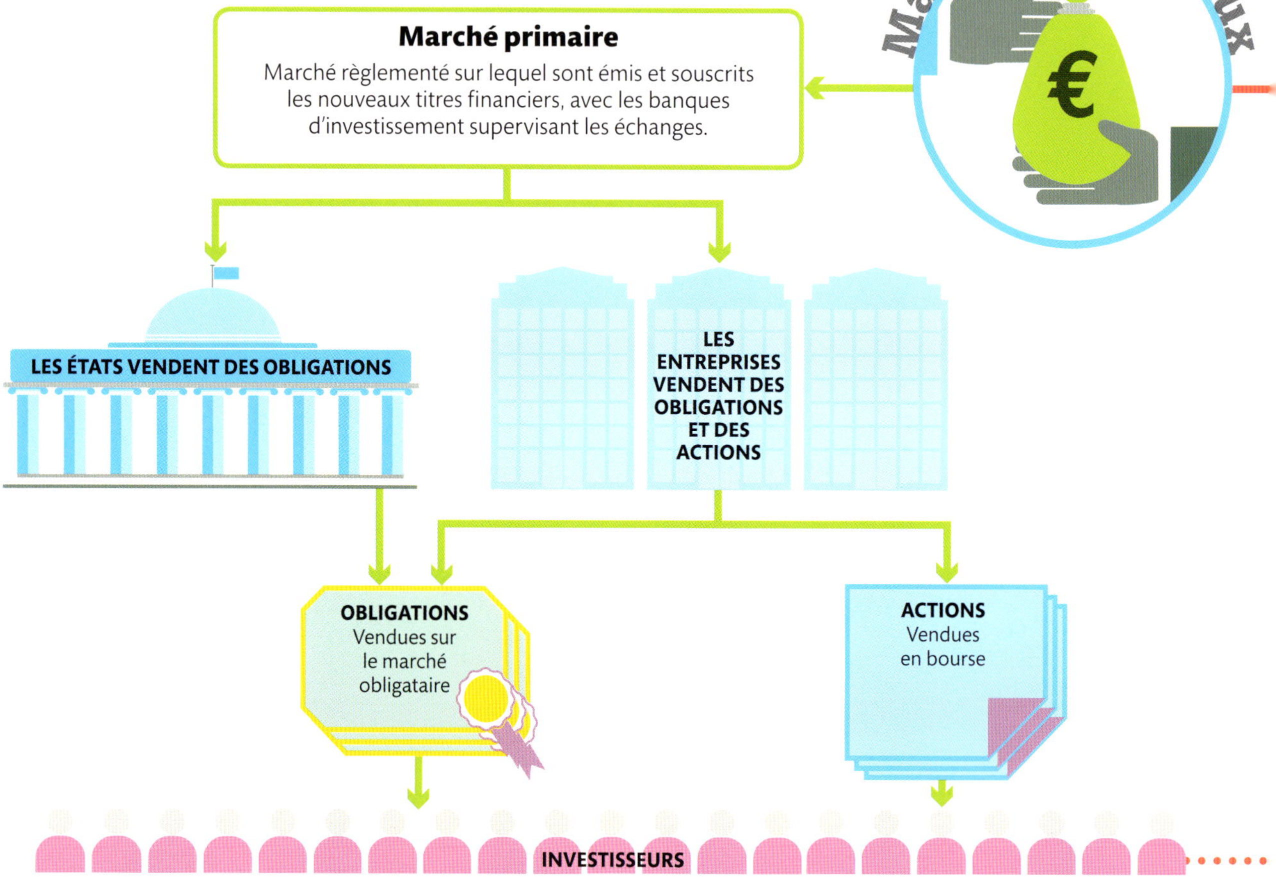

## QU'EST-CE QU'UNE OBLIGATION ?

Une obligation est un titre de créance émis par une entreprise ou une collectivité publique à l'attention d'investisseurs. En achetant des obligations, l'acquéreur prête de l'argent à l'émetteur, qui en retour accepte de lui payer des intérêts. Une obligation possède une maturité (un nombre limité d'années de validité) et les intérêts sont payés annuellement à l'obligataire jusqu'à échéance du titre. À maturité, l'émetteur rembourse à l'investisseur la valeur nominale de l'obligation. Entreprises et États émettent des obligations pour lever des fonds injectés dans l'organisation ou utilisés au financement d'investissements.

**100**

**billions de dollars : valeur estimée des marchés obligataires à l'échelle mondiale.**

### Marché secondaire

Les investisseurs achètent obligations et actions à d'autres investisseurs et non aux entreprises émettrices. Le produit au comptant de la vente de ces titres revient aux investisseurs et non aux entreprises ou entités sous-jacentes.

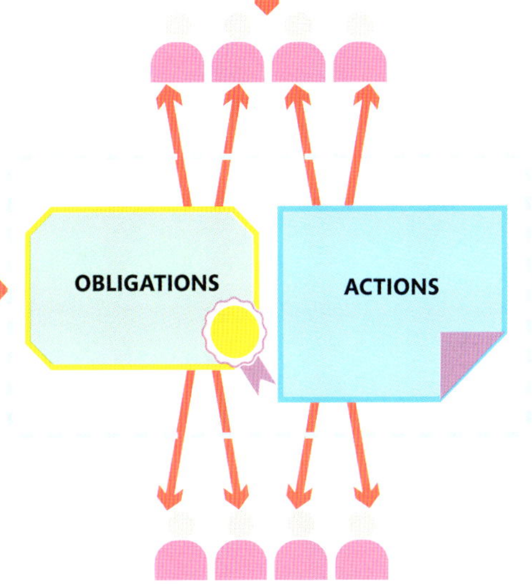


Les investisseurs particuliers négocient actions et obligations préalablement émises sur le marché primaire.

## Avantages et inconvénients

### *Obligations (titres de créance)*

- ✗ Le vendeur est contractuellement tenu de verser un intérêt périodique (coupon).
- ✗ Les obligations présentent moins de risque : le marché obligataire est moins volatil que la bourse. Si l'émetteur rencontre une difficulté, les obligataires sont remboursés avant toute autre dépense et avant rémunération des actionnaires.
- ✗ L'obligataire n'acquiert aucune part du capital social de l'entreprise et la valeur nominale de l'obligation est remboursée uniquement à maturité de l'obligation.

### *Actions (titres de propriété)*

- ✗ L'actionnaire acquiert une part du capital social de l'entreprise.
- ✗ Le vendeur distribue des dividendes aux actionnaires, mais ces derniers peuvent être réduits ou suspendus si l'entreprise le juge nécessaire.
- ✗ Les actions présentent plus de risque : tout changement au niveau du bénéfice de l'entreprise ou au niveau économique peut faire grimper et chuter le cours d'une action. En cas de défaillance de l'entreprise, les actions perdent toute valeur.

## Mode de fonctionnement des obligations

À l'achat de chaque obligation, les obligataires font l'acquisition d'une partie d'un prêt, pour lequel ils perçoivent des intérêts, ainsi que le remboursement de la valeur nominale de l'obligation à maturité. L'émission, l'achat et la vente d'obligations se déroulent sur le marché obligataire. Le marché a plusieurs fonctions : il propose des obligations et d'autres types de prêts aux investisseurs, il opère comme un marché de titres à revenu fixe, sachant que l'émetteur est tenu de verser périodiquement des intérêts, il permet aux entreprises et aux États de lever des fonds à long terme. Globalement, le marché obligataire est bien plus important que la bourse où sont échangées des actions. Il attire les investisseurs en raison des risques moindres des obligations comparées aux actions. On distingue plusieurs types d'actions, certaines plus sûres que d'autres. Le risque de l'obligation dépend de la capacité de l'émetteur à verser des intérêts et à rembourser sa valeur nominale à maturité. Certaines obligations sont garanties, comme les obligations sécurisées et les billets de trésorerie adossés à des actifs, d'autres non garanties et donc à risque.

Obligations et actions sont considérées comme des titres. Ces titres de propriété (actions) et titres de créance (obligations) octroient des droits à leurs détenteurs, comme celui de recevoir des dividendes, dans le cas des actions, ou des intérêts dans le cas des obligations.

### À SAVOIR

- **Titre d'emprunt :** Nom officiel d'une obligation ou de tout autre titre de créance à long terme.
- **Obligation échangeable :** Obligation qui peut être convertie en actions de l'entreprise émettrice ou en numéraire.
- **Bon de souscription :** Titre permettant à son détenteur d'acheter des actions d'une entreprise à un cours fixé d'avance.
- **Obligation à remboursement anticipé :** Obligation qui offre à l'émetteur le droit de la rembourser avant maturité.

## Investir sur le marché obligataire

Une entreprise souhaite lever 100 millions d'euros pour financer sa croissance, mais ne veut pas émettre plus d'actions. Elle lève des fonds en émettant des obligations sur le marché obligataire.

### L'entreprise émet des obligations

L'entreprise émet 1 million d'obligations d'une valeur nominale de 100 € chacune. Chaque obligation est une sorte de prêt conclu entre l'investisseur et l'entreprise.

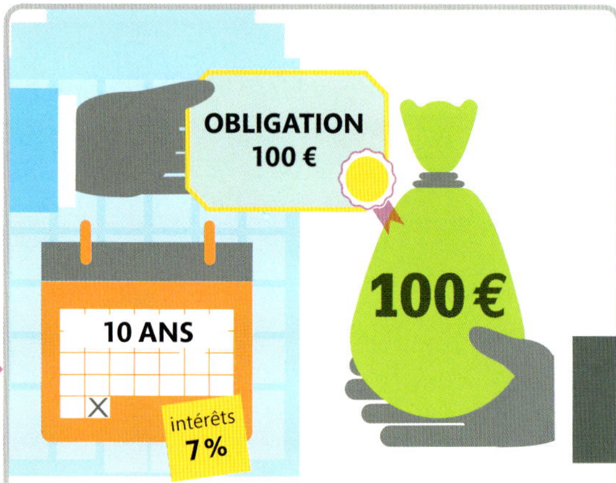


### Les investisseurs achètent des obligations

Chaque obligation possède une maturité de 10 ans, un taux d'intérêt de 7 % et une valeur nominale de 100 €. Durant 10 ans, l'entreprise peut utiliser ces fonds comme des capitaux.

## TYPES D'OBLIGATIONS

### *Obligations d'État*

**Obligations d'État ou obligations souveraines :** Les plus sûres, sachant que les gouvernements d'économies capitalistes développées offrent toutes les garanties de versement d'intérêts et de remboursement du principal.

### *Obligations d'entreprise*

**Obligations sécurisées :** Les actifs de l'entreprise garantissent ces obligations qui représentent des investissements moins risqués que les actions. Cette catégorie d'obligations inclut les titres garantis par nantissement de matériel, les billets de trésorerie adossés à des actifs et les obligations hypothécaires.

**Obligations non sécurisées :** Des titres non adossés à une garantie, représentant un investissement plus risqué. En cas de faillite de l'entreprise, les investisseurs sont remboursés après les détenteurs d'obligations sécurisées. Cette prise de risque plus importante est aussi associée à un retour sur investissement plus intéressant via les intérêts.

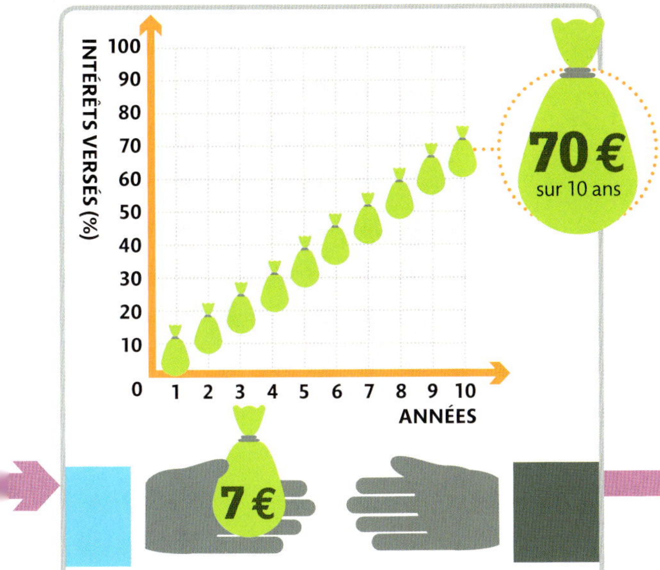


### Les investisseurs perçoivent des intérêts annuels

Chaque année, l'entreprise verse 7 € à l'investisseur (7 % de 100 €) pour chaque obligation achetée, en échange du droit à utiliser la valeur nominale de chaque obligation comme des capitaux servant au financement de l'entreprise.

### L'obligation est remboursée à maturité

À maturité, dans ce cas 10 ans, la valeur nominale de l'obligation, soit 100 €, est remboursée à l'investisseur. Au total et à échéance, l'investisseur aura perçu 170 € par obligation, intérêts compris, en retour des 100 € investis au départ.

# Taux d'endettement et risque financier

**Le taux d'endettement d'une entreprise repose sur l'équilibre entre capitaux propres et fonds levés par des prêts à court et long terme.**

## Mode de fonctionnement

Les entreprises font plus ou moins appel à l'endettement (ou effet de levier). Elles financent en partie leurs activités en empruntant de l'argent, par le biais de prêts et l'émission d'obligations, à condition de disposer de la capacité à rembourser périodiquement un montant fixe au prêteur. En cas de niveau d'endettement élevé, certains investisseurs s'interrogeront sur sa capacité de remboursement et pourront y voir un risque accru d'insolvabilité. Néanmoins, si le résultat d'exploitation est largement supérieur aux intérêts à rembourser, un niveau d'endettement élevé offrira un meilleur retour sur investissement aux actionnaires. Le niveau d'endettement optimal pour une entreprise dépend du risque lié à son secteur d'activité, du niveau d'endettement de la concurrence et de la phase où elle se situe dans son cycle de vie.

### Capitaux propres (actions)

***Avantages***

- Ne doit pas être remboursé.
- Les actionnaires absorbent les pertes.
- Idéal pour les entreprises en phase de démarrage, dont la rentabilité n'est pas immédiate.
- Partage d'expertise d'investisseurs providentiels.
- Endettement faible perçu comme une force financière.
- Risque faible attirant les investisseurs, cote de crédit favorable.

***Inconvénients***

- Prise de participation, limite au pouvoir décisionnel.
- Partage du bénéfice, en contrepartie de la prise de risque des investisseurs.
- Obligation légale à agir dans l'intérêt des actionnaires.
- Charges administratives plus lourdes et complexité de mise en œuvre.

## Endettement faible

**Moins de dettes pour l'entreprise**

**Plus de capitaux propres pour l'entreprise**

Faible rapport dette/capitaux propres, également qualifié de bas levier. Les capitaux propres proviennent :

- Réserves (bénéfices non distribués).
- Capital social.

### Calcul du taux d'endettement

On mesure le risque d'une structure financière à l'aide de ce ratio, exprimé en pourcentage.

$$\frac{\text{DETTE À LONG TERME}}{\left(\text{CAPITAL SOCIAL + BÉNÉFICES EN RÉSERVES + DETTES À LONG TERME}\right)} \times 100$$

### Endettement faible

Une entreprise de logiciels entre en bourse. Son taux d'endettement de 21,2 % indique aux investisseurs un endettement faible et un bon positionnement pour affronter un ralentissement économique.

$$\frac{\text{1,2 MILLION €}}{\left(\text{2 MILLIONS € + 2,455 MILLIONS € + 1,2 MILLION €}\right)} \times 100 = 21{,}2\,\%$$

## Endettement élevé

### Plus de dettes pour l'entreprise

Rapport élevé dette/capitaux propres, également qualifié de haut levier. Exemples typiques de dettes :

- Prêts.
- Obligations.

### Moins de capitaux propres pour l'entreprise

### Dette (prêts)

#### *Avantages*

- Si l'entreprise dégage des bénéfices, il peut atteindre une large proportion.
- Remboursement des intérêts déductible de l'impôt.
- Pas de dissolution de la propriété.
- L'entreprise conserve son pouvoir décisionnel.
- Montant de remboursement connu et facile à anticiper.
- Rapidité et simplicité de mise en œuvre.
- Les prêts à taux avantageux accordés aux petites entreprises sont accessibles en phase de démarrage.

#### *Inconvénients*

- Un prêt doit être remboursé.
- Intérêts à payer, même en cas de baisse de résultat.
- La dette peut être adossée aux immobilisations de l'entreprise.
- Un prêteur non remboursé peut exiger la saisie d'actifs et conduire l'entreprise à la faillite.
- Priorité de remboursement aux prêteurs en cas d'insolvabilité.
- Endettement élevé perçu comme une faiblesse financière et risque élevé décourageant les investisseurs, cote de crédit défavorable.

### À SAVOIR

- **Ratio de couverture des intérêts :** Méthode de calcul alternative de l'endettement, basée sur le rapport excédent brut d'exploitation/intérêts
- **Surendettement :** Situation où l'entreprise trop endettée ne parvient plus à rembourser les intérêts de prêts.
- **Désendettement :** Remboursement immédiat de toute dette existante, afin de réduire l'endettement.

### Endettement élevé

Une société de distribution d'eau est la seule implantée dans une région et dessert des millions de clients. Son taux d'endettement de 64 % est acceptable pour ce type d'entreprise bénéficiant d'une bonne réputation et d'une situation de monopole.

$$\left(\frac{\text{360 MILLIONS €}}{\text{82 MILLIONS €} + \text{120 MILLIONS €} + \text{360 MILLIONS €}}\right) \times 100 = 64\%$$

**25 % :** taux d'endettement traditionnellement acceptable pour une entreprise.

# LA VENTE ET LE MARKETING

Marketing mix › Stratégies marketing
Outbound marketing › Inbound marketing
Développement commercial › Gestion de l'information

# Marketing mix

**Le marketing réussi d'un produit repose sur la prise en compte de quatre éléments clés : le produit lui-même, son prix, sa promotion et sa distribution. La combinaison de ces éléments, qualifiée de marketing mix ou plan de marchéage, est utilisée comme un outil de planification du lancement et des campagnes promotionnelles d'un produit. Avant de se pencher sur le marketing mix, le marketeur doit définir un marché cible pour son produit, en identifiant des groupes de clients susceptibles de l'acheter.**

## Les 4P et 4C du marketing mix

Apparu dans les années 1960, le marketing mix classique ou modèle des 4P repose sur quatre variables : produit, prix, place (distribution) et promotion (communication). Dans les années 1990, cet outil a cédé place au modèle des 4C plus orienté vers la relation client.

### *Les 7P du marketing mix*

Certains marketeurs font appel à un modèle marketing mix plus détaillé, intégrant trois variables supplémentaires.

- **Produit :** *Voir p. 180-183.*
- **Prix :** *Voir p. 186-187.*
- **Place :** *Voir p. 188-189.*
- **Promotion :** *Voir p. 190-191.*
- **Personne :** L'entreprise emploie-t-elle les bonnes personnes pour proposer un service client efficace et pertinent ?
- **Production de service :** Tous les mécanismes et procédures de traitement des commandes et de contacts avec les clients sont-ils efficaces ?
- **Preuve physique :** Le design et l'aménagement du magasin sont-ils attractifs pour les clients ?

### Concept

- **Le produit est-il spécifiquement conçu** et fabriqué pour répondre et dépasser les attentes du client ?

### Produit

- **Le design, la taille et la couleur** du produit vont-ils séduire les clients ?
- **Quelles sont ses spécificités ?** En quoi est-il comparable aux produits de la concurrence ?

### Communication

- **Quelle est la meilleure façon** de diffuser un message marketing aux clients en leur apportant des informations utiles ?

### Promotion

- **Quelle combinaison** entre marketing et supports médiatiques sera la plus efficace ?
- **Quel est le meilleur moment** pour lancer la promotion ?

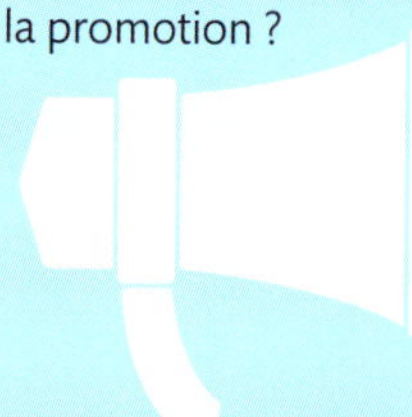

« Produit, promotion et distribution **créent** de la valeur. **Mais** le prix **récolte la** valeur. »

## DÉFINIR LE MARCHÉ

Afin d'établir une stratégie marketing pour les produits qu'elles introduisent sur le marché, les entreprises doivent définir la clientèle cible en analysant et segmentant le marché.

### *Étude de marché*

*Voir p. 192-193.*

- Identifier les lacunes du marché pour lancer de nouveaux produits.
- Mesurer les réactions du client face à de nouvelles offres et messages.

### *Segmentation du marché*

*Voir p. 194-195.*

- Segmenter le marché en sous-ensembles de clients.
- Cibler les campagnes promotionnelles pour plus de chances de succès.

## Prix

- **Quelle est la valeur du produit** pour les clients potentiels ?
- **Quel est le prix moyen** constaté pour ce type de produit ?

## Coût

- **Quel sera le prix de vente du produit** et sera-t-il perçu comme un bon achat pour le client ?

## Place

- **Où doit être distribué** le produit : boutiques, en ligne, catalogues ?
- **Où la concurrence vend-elle** l'équivalent de ce produit et existe-t-il une façon de se démarquer sur le même lieu de distribution ?

## Commodité

- **Avec quelle facilité des clients** pressés parviennent-ils à dénicher et acheter le produit ?

### *Les 7C du marketing mix*

Ce modèle est une variante du 7P plus orientée vers le client, avec l'ajout de trois variables tirées du modèle 4C.

- **Concept**
- **Coût**
- **Commodité** (ou canaux de distribution).
- **Communication**
- **Corporation :** Comment la structure de l'entreprise, les parties prenantes et autres concurrents affectent-ils le marketing.
- **Client :** Quels sont les besoins du client ? Quelle information produit est disponible ?
- **Conjoncture :** Comment l'activité fait-elle face à des facteurs externes, d'ordre juridique, environnemental, économique, culturel ?

# Politique de produit

**Les biens et services vendus par une entreprise sont ses produits. Un produit se définit en termes de concept, design, taille, packaging, services associés, politique de retour et garantie, le tout étant destiné à satisfaire les besoins du client.**

## Mode de fonctionnement

Le consommateur achète un avantage plutôt qu'un produit. Pour le marketeur, le produit est cet avantage proposé à l'acheteur, tel qu'il est emballé et présenté. Le marketeur identifie les biens et services qu'il vend selon trois ou cinq niveaux de produit, avec l'avantage premier au niveau du noyau. Le travail du marketeur consiste à traduire et promouvoir chaque niveau de produit comme une offre faite au consommateur.

## Concept du produit total : trois niveaux de produit

Du point de vue du marketeur, un produit est bien plus que la marchandise finale achetée par le consommateur. C'est un concept de produit total, présentant plusieurs niveaux d'avantages à transmettre au consommateur.

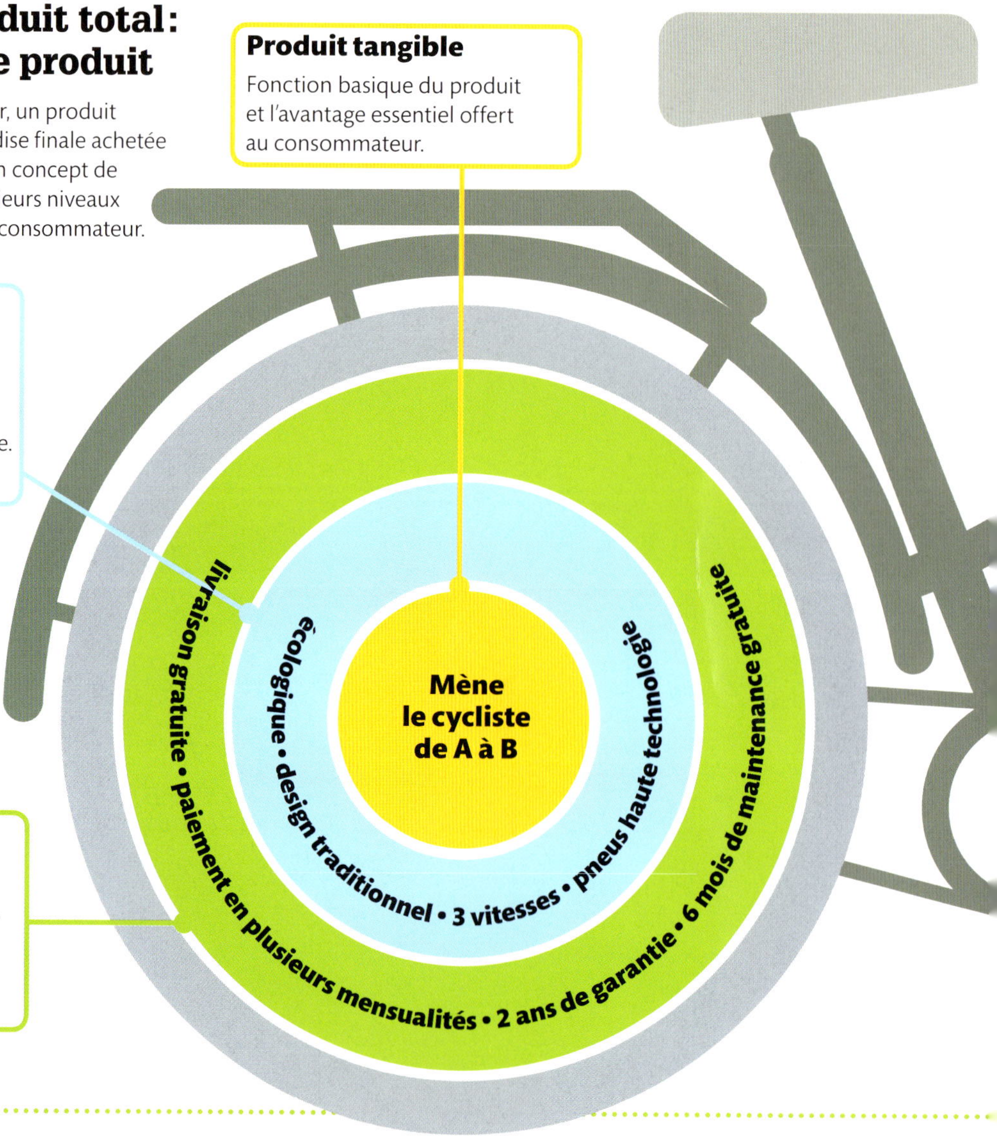

**42 %** des campagnes de lancement d'un nouveau produit se soldent par un échec.

## À SAVOIR

- **Marketing personnel :** Promotion de soi-même en tant que produit, avec sa marque personnelle distincte.
- **Biens de consommation à rotation rapide :** Produits qui se vendent rapidement, à un coût unitaire assez bas.

## Variante : les cinq niveaux de produit

Cette variante du concept de produit total est plus détaillée. Elle introduit deux niveaux supplémentaires en scindant le niveau du produit central, pour introduire le produit générique et le produit attendu, et en ajoutant un niveau supplémentaire, celui du produit potentiel.

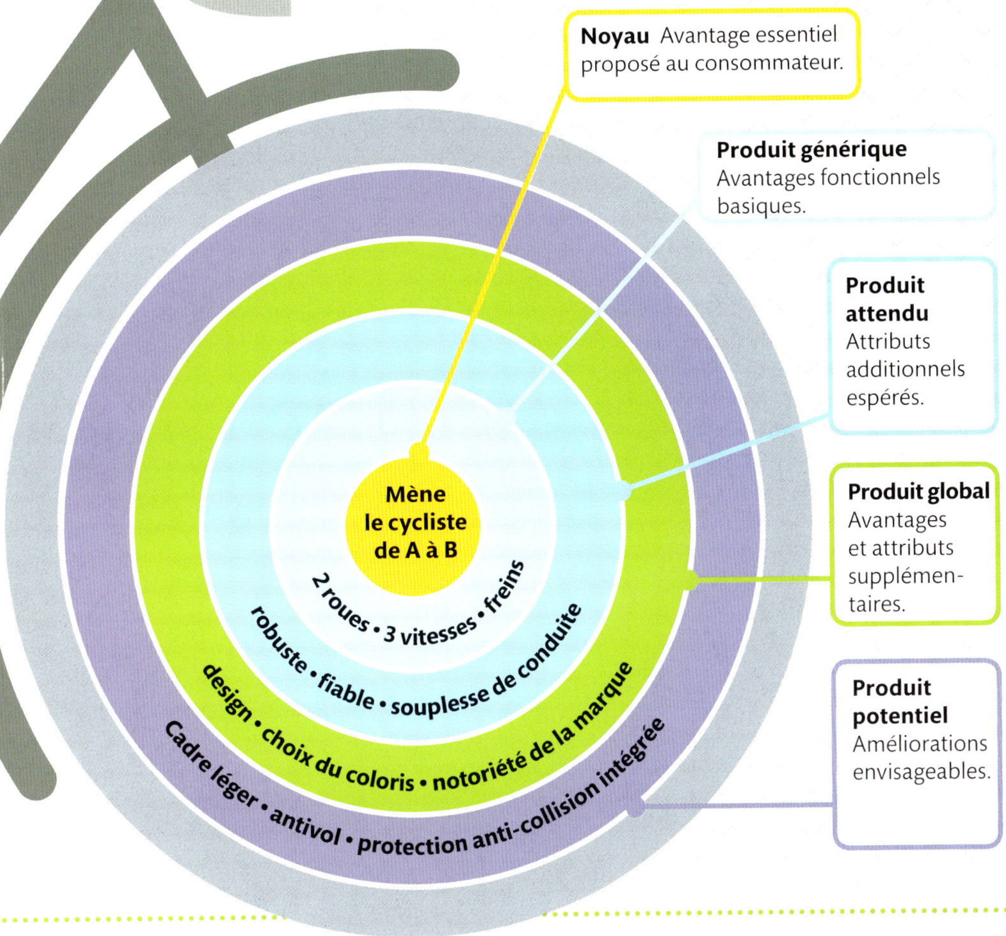

# Positionnement produit

**Étape déterminante dans le processus de commercialisation d'un produit, la stratégie de positionnement consiste à définir en quoi le produit se démarque de la concurrence : ce qui le rend unique et les qualités qui font de lui un produit meilleur que ses rivaux.**

## Mode de fonctionnement

Avant le lancement d'un produit, le service marketing doit décider de son positionnement sur le marché comparé aux produits de la concurrence. Pour établir le positionnement d'un produit, le marketeur commence par définir les caractéristiques et valeurs les plus importantes du produit ou de la marque, puis met en évidence ce qui le différencie de types de produits comparables proposés par la concurrence. Il doit aussi identifier les critères privilégiés par les clients dans le choix d'un produit ou d'une marque. Ces informations permettent au marketeur de créer une matrice ou une carte de positionnement produit.

## Carte de positionnement

Souvent, le marketeur crée une carte perceptuelle utilisant deux des attributs les plus importants d'un produit, présentés comme des variables sur l'axe *x* des abscisses et *y* des ordonnées, pour déterminer sa position. Ces attributs peuvent inclure prix, qualité, statut, caractéristique, sécurité ou fiabilité. La carte établie, les produits concurrentiels sont positionnés sur le graphique, pour repérer le meilleur positionnement ou une lacune du marché pour le lancement prévu.

### QUATRE STRATÉGIES DE POSITIONNEMENT

- **Par la valeur :** Un produit positionné sur la carte pour offrir un prix attractif et des qualités fonctionnelles acceptables.
- **Par la qualité :** Un produit positionné sur la carte en fonction de sa qualité ou de sa supériorité perçues.
- **Par la segmentation :** Un produit positionné sur la carte en fonction de son attrait sur un segment de population spécifique, comme celui de consommateurs ayant un loisir particulier.
- **Par la concurrence :** Un produit proche de ceux de la concurrence et qui s'appuie sur une correction de prix pour trouver un positionnement viable sur le marché.

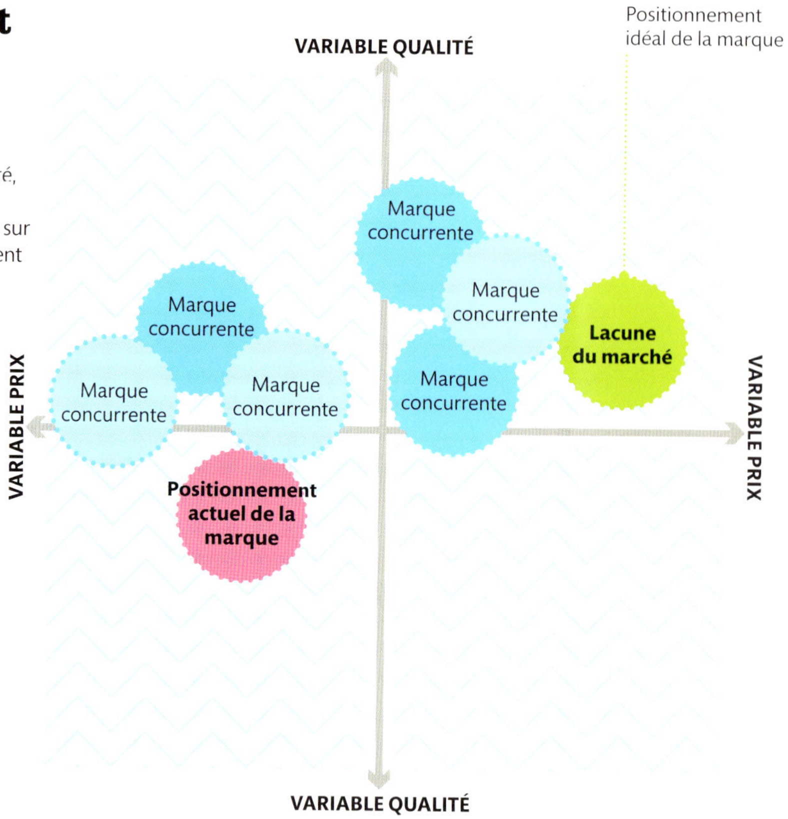


**Modèle de positionnement produit**

La carte montre comment le marketeur a positionné les produits concurrents, en utilisant prix et qualité comme variables (les plus couramment utilisées), pour identifier une lacune du marché et positionner le nouveau produit.

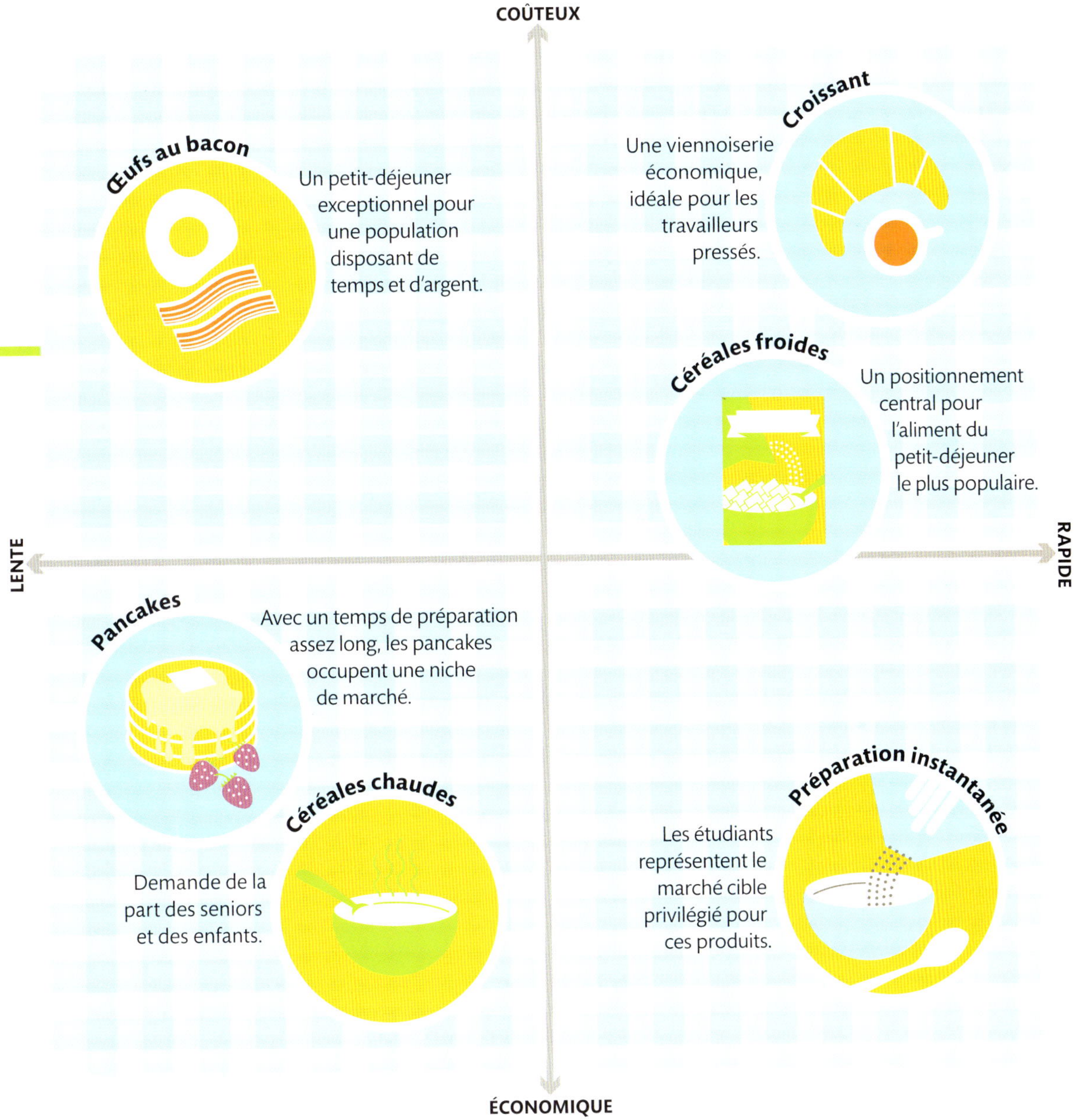


**Carte de positionnement du petit-déjeuner anglais**

Le positionnement de différents aliments typiques du petit-déjeuner anglo-saxon a été déterminé en fonction de leur vitesse de préparation, de la plus lente à la plus rapide, et de leur prix, du plus bas au plus haut.

« Le positionnement n'est pas ce que vous faites à un produit. C'est ce que vous faites à l'esprit du prospect. »

Al Ries et Jack Trout (spécialistes américains en marketing)

# Cycle de vie du produit

**Tout produit lancé avec succès sur le marché connaît une période de croissance, suivie d'un déclin de la demande. Pour optimiser sa rentabilité, les dirigeants de l'entreprise doivent identifier et gérer chacune des étapes du cycle de vie d'un produit.**

## Mode de fonctionnement

On identifie six étapes dans le cycle de vie d'un produit, avec une évolution de la demande potentielle mesurée dans le temps et en fonction des ventes. Le plus souvent, une entreprise possède plus d'un produit sur le marché, et la gestion stratégique du portefeuille de produits présents à différentes phases de leur cycle de vie est déterminante pour maintenir la croissance de l'entreprise. La vie d'un produit parvenu à maturité peut être prolongée par une stratégie d'extension, mais en l'absence de nouvelles parts de marché à conquérir, l'entreprise devra se résoudre au lancement de nouveaux produits, afin de continuer à générer des recettes.

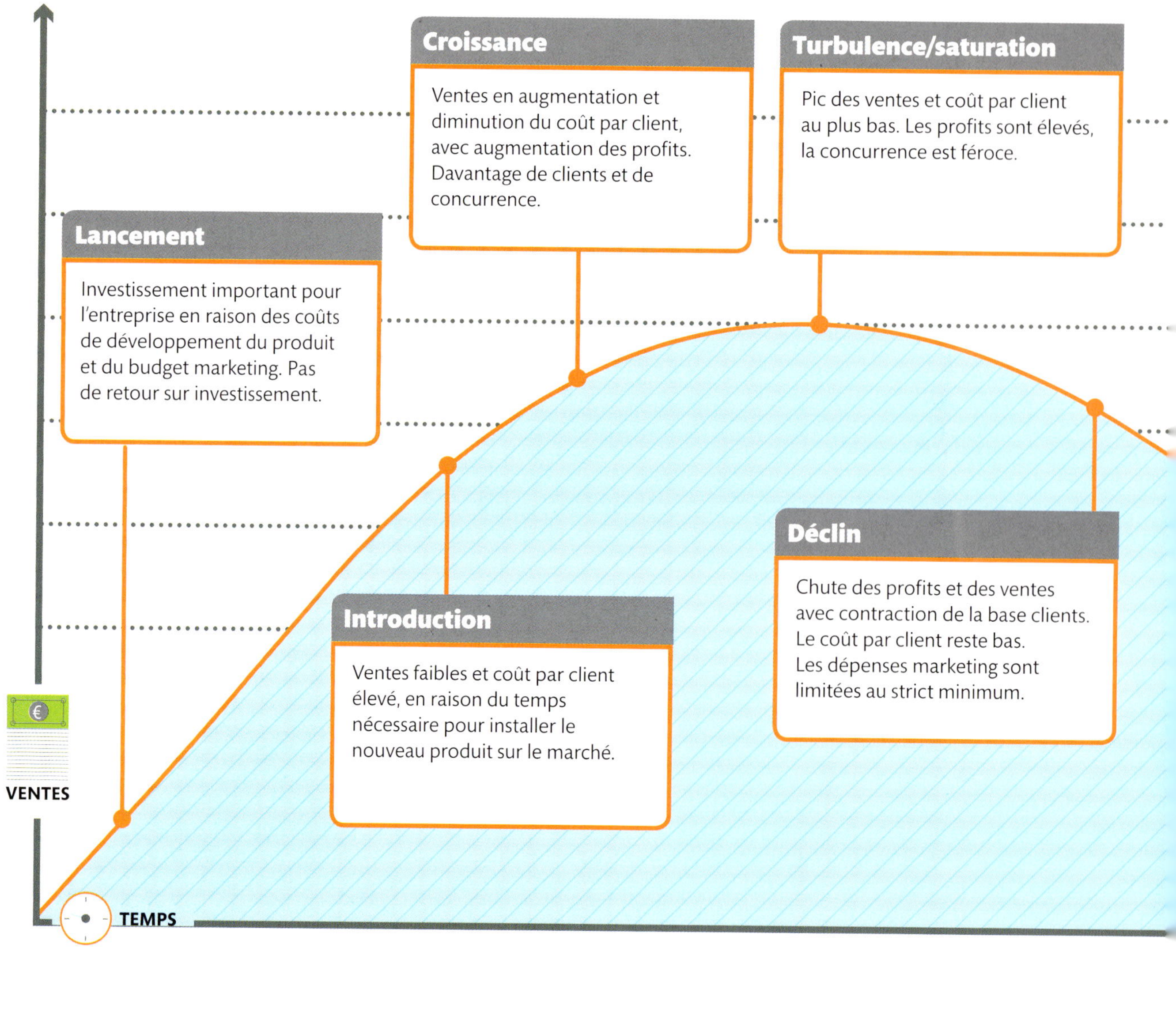

**6 mois : temps nécessaire pour étiqueter un produit comme « nouveau ».**

### Retrait

Le produit est retiré du marché alors que les ventes stagnent ou continuent à chuter. L'entreprise introduit un produit de remplacement avant le retrait de l'ancien produit .

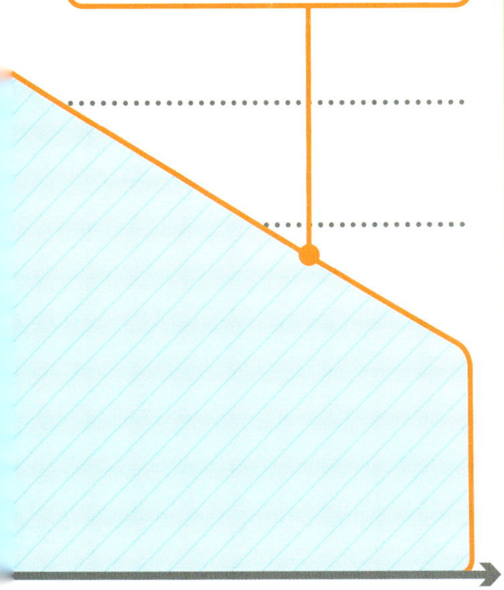

## Diffusion de l'innovation (adoption par le consommateur)

Les marketeurs identifient cinq types de consommateurs selon le temps moyen d'adoption d'un nouveau produit.

## À SAVOIR

- **Stratégie d'extension :** Retour d'un produit sur le marché sous une autre marque, un nouveau packaging ou un autre prix, ou recherche de nouveaux segments de marché.
- **Analyse du portefeuille produits :** Analyse de chacun des produits selon la part de marché relative de l'entreprise et le dynamisme du marché exprimé par son taux de croissance, afin de déterminer le coût marketing.

## ANALYSE PORTEFEUILLE PRODUITS

***Stars***

Produits à part de marché élevée dans un marché en forte croissance, ils exigent d'importantes dépenses marketing pour conserver leur croissance.

***Vaches à lait***

Produits à part de marché élevée dans un marché en faible croissance, les bénéfices qu'ils génèrent financent les étoiles.

***Dilemmes***

Produits à part de marché faible dans un marché en expansion rapide, exigeant d'importantes dépenses marketing.

***Poids morts (dogs en anglais)***

Produits à part de marché faible dans un marché en perte de vitesse, ils restent parfois dans le portefeuille pour conserver des clients.

# Politique de prix

**Le prix est une variable déterminante du marketing mix : il génère des recettes, alors que produit, promotion et distribution sont source de coûts. C'est un outil efficace pour le marketeur, car le moindre ajustement peut influer sur les rendements.**

### Mode de fonctionnement

Pour fixer le prix d'un produit, les marketeurs adoptent une stratégie basée non seulement sur le coût réel de la production, mais aussi sur la perception du produit par le consommateur. Plus le consommateur accorde de la valeur à un produit, plus il sera prêt à le payer au prix fort, et face à un produit perçu comme étant de moindre valeur, le consommateur optera pour un produit concurrent moins cher. L'entreprise doit aussi tenir compte des prix de la concurrence, notamment sur des marchés compétitifs. Fixer un prix supérieur à ceux de la concurrence se révèle positif uniquement si le produit est supérieur à ses rivaux.

### ✓ À SAVOIR

› **Prix de vente et valeur perçue :** Le prix de vente est l'expression monétaire de la valeur perçue d'un produit, autrement dit la valeur que revêt le produit dans l'esprit du consommateur.

## Stratégie de prix

Différentes stratégies peuvent être utilisées pour déterminer le prix d'un produit. La méthode du prix de revient majoré est une majoration appliquée au calcul du prix de vente, utilisée par de nombreuses entreprises afin de s'assurer d'un bénéfice. Par exemple, l'ajout d'une majoration de 50 % à un produit dont le coût de fabrication est de 2 € signifie que chaque unité sera vendue 3 € et générera un bénéfice de 1 €.

### Matrice fondamentale de stratégie prix/qualité

La qualité d'un produit affecte son prix : plus la qualité est élevée, plus son prix sera élevé. Mais les marketeurs font appel à une stratégie jouant sur l'interaction entre prix et qualité perçue.

**5 % d'augmentation du prix vaut mieux que 5 % d'augmentation de part de marché.**

Qualité basse

Prix bas

### Stratégie d'économie

› **Ajustement à la concurrence :** Fabriquer un produit très proche des produits concurrents de même gamme.

› **Prix bas :** Pratiquer des prix inférieurs à ceux de la concurrence et conquérir de larges parts de marché.

› **Marketing minimal :** Maintenir les dépenses marketing et valorisation de la marque aussi bas que possible.

Prix élevé

### Stratégie d'écrémage

› **Prix de lancement élevé :** Forcer le prix ponctuellement, tant que le produit est perçu comme unique.

› **Bon timing :** Fixer un prix plus haut, tant que l'entreprise possède un avantage sur le marché et avant l'apparition de produits concurrents.

› **Ajustement de prix :** Réduire le prix lorsque les produits de la concurrence arrivent sur le marché, ou pour attirer une plus large clientèle.

## COMPARAISON DE MARGES DANS LA FIXATION DU PRIX

En matière de marge, chaque secteur adopte une approche différente. Pour les boissons servies dans les bars et restaurants, on applique une marge deux à cinq fois supérieure au coût de revient du produit. La marge la plus élevée est souvent appliquée au prix de la deuxième bouteille de vin la moins chère de la carte, le client évitant généralement de choisir le produit le moins cher.

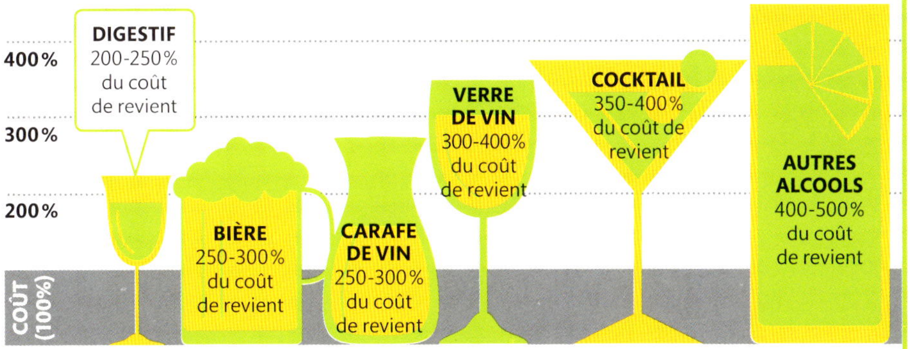


Qualité élevée

## Stratégie de pénétration du marché

- **Prix bas :** Baisser le prix afin de détourner les clients de la concurrence.
- **Ajustement de prix :** Augmenter le prix à un niveau normal dès que la clientèle est fidélisée.
- **Flexibilité du prix :** Réévaluer la politique de prix. Un volume de ventes initial important abaisse le coût de fabrication et permet un ajustement du prix.

## Stratégie du luxe

- **Prix élevé :** Forcer le prix, autant que ce que le marché est prêt à payer pour le produit.
- **Valeur unique :** Pratiquer un prix élevé pour un produit sans concurrent direct sur le marché, comme un bien d'une marque réputée.
- **Coût de fabrication élevé :** Fixer un prix élevé pour un produit fait sur mesure, sans possibilité de réduction du coût de fabrication *via* un volume de production élevé.

### Autres stratégies de prix

***Prix psychologique***

Jouer sur la psychologie des clients en cherchant à satisfaire un côté économe ou une quête de prestige.

***Prix de produits avec offre conjointe***

La vente par lot est plus rentable que la vente à l'unité.

***Prix géographique***

Proposer des prix différents pour un même produit selon le lieu de distribution.

***Stratégies de non-fixation des prix***

Éviter de fixer un prix pour attirer les ventes, en faisant la promotion de la qualité du produit.

# Politique de distribution

**Connaître les habitudes d'achat du consommateur et savoir comment optimiser le cheminement d'un produit jusqu'à son point de vente est essentiel au succès de la politique de place ou distribution d'une entreprise.**

## Mode de fonctionnement

Que l'entreprise vende des biens ou des services, le client doit pouvoir trouver et acheter facilement ses produits. L'entreprise doit décider des meilleurs points de vente et circuit de distribution pour proposer ses produits aux consommateurs d'une façon avantageuse pour les deux parties. Le point de vente désigne au sens strict l'implantation physique réalisant la vente d'un produit, comme une boutique ou une concession, mais au sens large, il englobe aussi le catalogue ou le site de e-commerce. Le réseau de distribution réunit tous les acteurs permettant d'acheminer un produit du producteur aux consommateurs, autrement dit les agents, grossistes et détaillants.

## Principaux canaux de distribution

Un produit rejoint le marché en empruntant un des quatre canaux de distribution traditionnels. Le canal de distribution le plus adapté est généralement dicté par les habitudes et préférences du consommateur en matière d'achat.

### Producteur

Un producteur choisit un canal de distribution ou associe plusieurs canaux de distribution, afin d'optimiser son réseau de distribution et d'atteindre le plus grand nombre de consommateurs possible, tout en maintenant ses coûts au plus bas.

### Vente directe

Le produit est vendu directement, du producteur au consommateur, en ligne ou par le biais d'un catalogue de vente par correspondance, sans intermédiaire.

### Canal court

Le producteur livre directement ses produits à des détaillants qui les achètent et les vendent à leurs clients, après majoration du prix de vente du producteur.

### Canal long

Un canal de distribution à deux intermédiaires : du producteur au grossiste et du grossiste aux détaillants.

### Vente par l'intermédiaire d'un agent

Un canal de distribution à trois intermédiaires : du producteur à l'agent, de l'agent au grossiste et du grossiste au détaillant.

## AVANTAGES ET INCONVÉNIENTS DES INTERMÉDIAIRES

### *Avantages*

- Permet de couvrir un marché plus large en offrant au producteur la possibilité d'atteindre un nombre de clients plus important et géographiquement éloignés.
- Minimise les coûts de distribution pour le producteur, en reportant cette responsabilité sur les intermédiaires.
- Apporte au producteur une plus grande connaissance des habitudes d'achat des consommateurs et de la logistique de distribution.

### *Inconvénients*

- Moins de communication directe avec les consommateurs et plus de difficultés à connaître leur préférences de consommation.
- Risque accru de lenteur et de manque de performance dans la distribution, notamment en présence d'un grand nombre d'intermédiaires.
- Moins de contrôle sur la façon dont les produits sont manipulés et mis en rayon dans les points de vente.

## À SAVOIR

- **Marge :** Coût intermédiaire, ajouté au prix de vente du producteur et répercuté sur le prix payé par le consommateur.
- **Stratégie de pression :** Méthode marketing qui consiste pour le producteur à faire la promotion d'un produit souvent peu connu, en le poussant vers le client, *via* le grossiste et le détaillant.

### *Exemple*

Un site de e-commerce vend des produits parapharmaceutiques en ligne, avec service de livraison à domicile par la poste ou par transporteur.

### *Exemple*

Une entreprise d'électronique vend ses téléviseurs à une chaîne de magasins de détail.

### *Exemple*

Un arboriculteur vend des pommes à un grossiste, qui les vend à des supermarchés.

### *Exemple*

Un chocolatier en France fait appel à des agents au Japon pour vendre ses produits à des grossistes, qui les vendent à des détaillants.

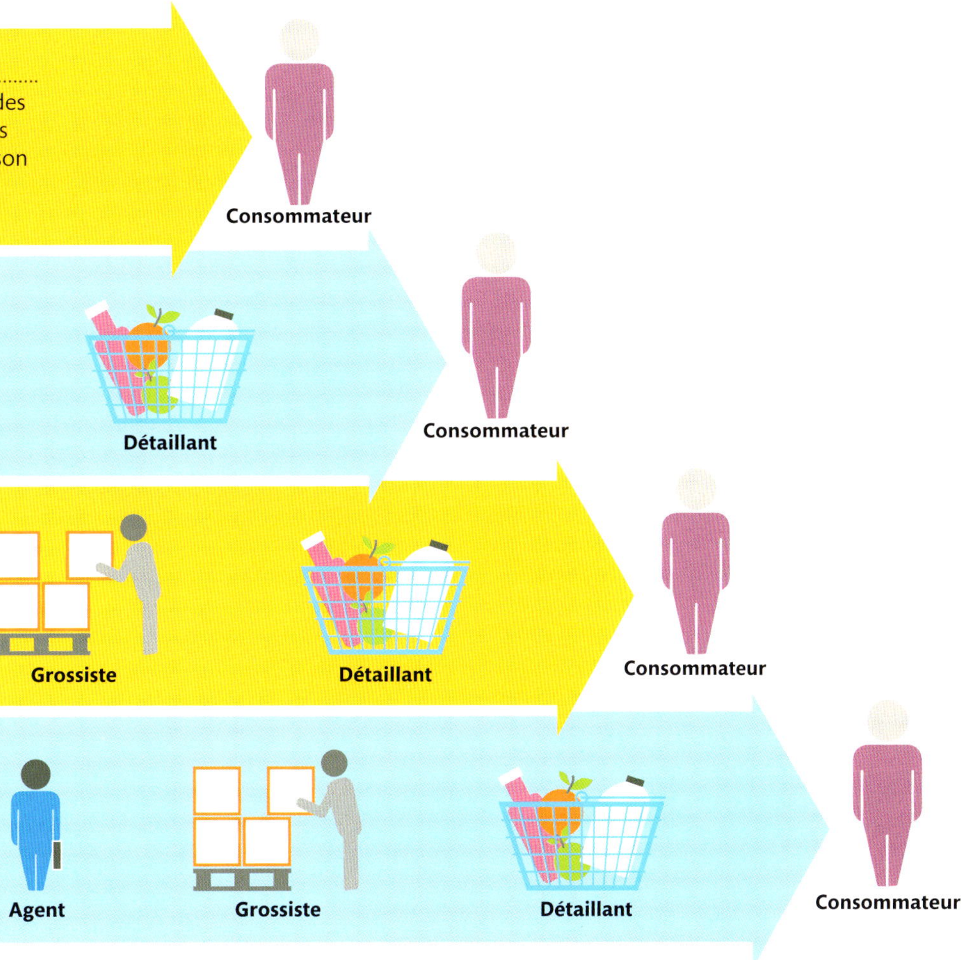

# Promotion

**La promotion vise à susciter de l'intérêt pour le produit ou le service et à influer sur les ventes. Elle a pour objectif de faire passer un message à destination du consommateur et des influenceurs, comme les groupes de référence.**

## Mode de fonctionnement

L'objectif premier de la communication promotionnelle est de stimuler les ventes en attirant de nouveaux consommateurs et en incitant les clients existants à essayer un produit nouveau. Presque toutes les entreprises font appel à différentes méthodes de communication pour informer et rappeler à leur clientèle cible les avantages de leurs produits *(voir p. 196-231)*.

Un des bénéfices à long terme de cette communication auprès du consommateur est de favoriser sa fidélité.

### À SAVOIR

- **Communication marketing intégrée :** Messages promotionnels d'une marque *via* de multiples canaux de communication.
- **MarCom (Marketing Communication) :** Ensemble des activités promotionnelles mises en œuvre pour atteindre le marché.

**25 % :** pourcentage des dépenses publicitaires digitales consacrées au budget marketing mobile en 2013.

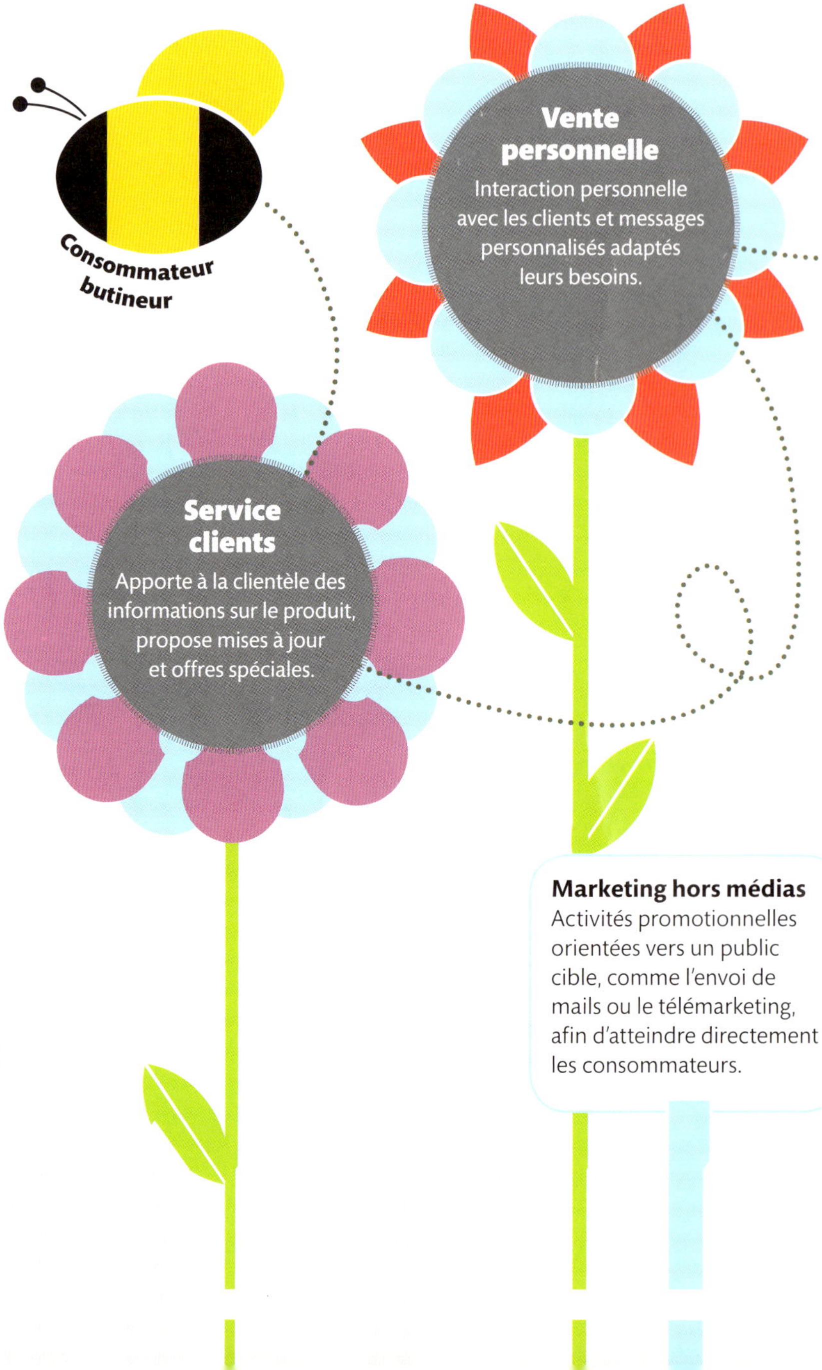

### Publicité
Diffusion de campagnes publicitaires par les canaux médiatiques pour atteindre le marché cible et respecter le budget adapté au produit.

### Marketing direct
Envoi d'offres et d'informations sur le produit par courrier ou mail à de potentiels clients.

### Marketing interactif
Établir une relation à long terme avec les clients en utilisant une communication bidirectionnelle, notamment en ligne.

### Promotion des ventes
Attirer le client avec offres, échantillons gratuits, cadeaux, concours, packaging et vitrines des points de vente.

### Relations publiques
Générer un intérêt positif pour l'entreprise en sponsorisant événements et associations caritatives, ou avec des publications ciblées dans les médias.

**Marketing dans les médias**
Activités promotionnelles impliquant les services d'une agence de publicité pour cibler les clients à travers les médias.

# Étude de marché

**Questionner les consommateurs sur leur perception d'un produit est une étape clé du processus décisionnel des marketeurs. L'étude de marché éclaire les critères de réussite potentielle d'un produit et minimise les risques d'une campagne marketing.**

## Mode de fonctionnement

L'étude de marché est utilisée au stade du développement du produit, puis pour mesurer la satisfaction client et l'activité de la concurrence. Les chargés d'étude de marché s'appuient sur les données existantes, leurs observations et leurs propres études. L'obtention de données passe par deux grands types d'études : quantitative, basée sur l'élaboration de questionnaires à choix multiples adressés à un large échantillon d'individus, pour quantifier les informations, et qualitative, pour analyser et observer le comportement du consommateur face à un nouveau produit. Le budget recherche du service marketing est en règle générale scindé en deux, une partie étant dédiée aux études quantitatives, au stade du développement du produit, l'autre aux études qualitatives, qui participent à l'amélioration du produit.

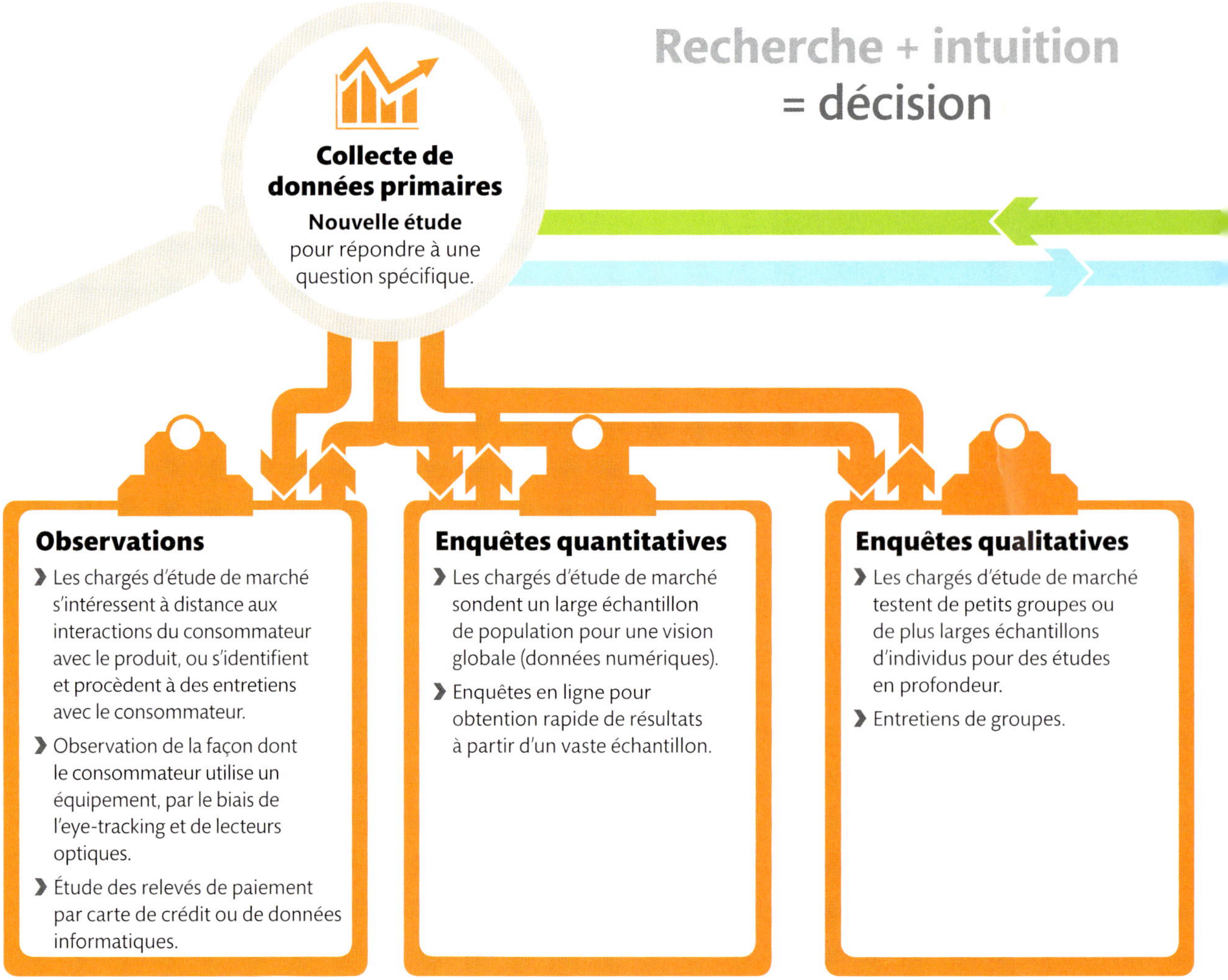

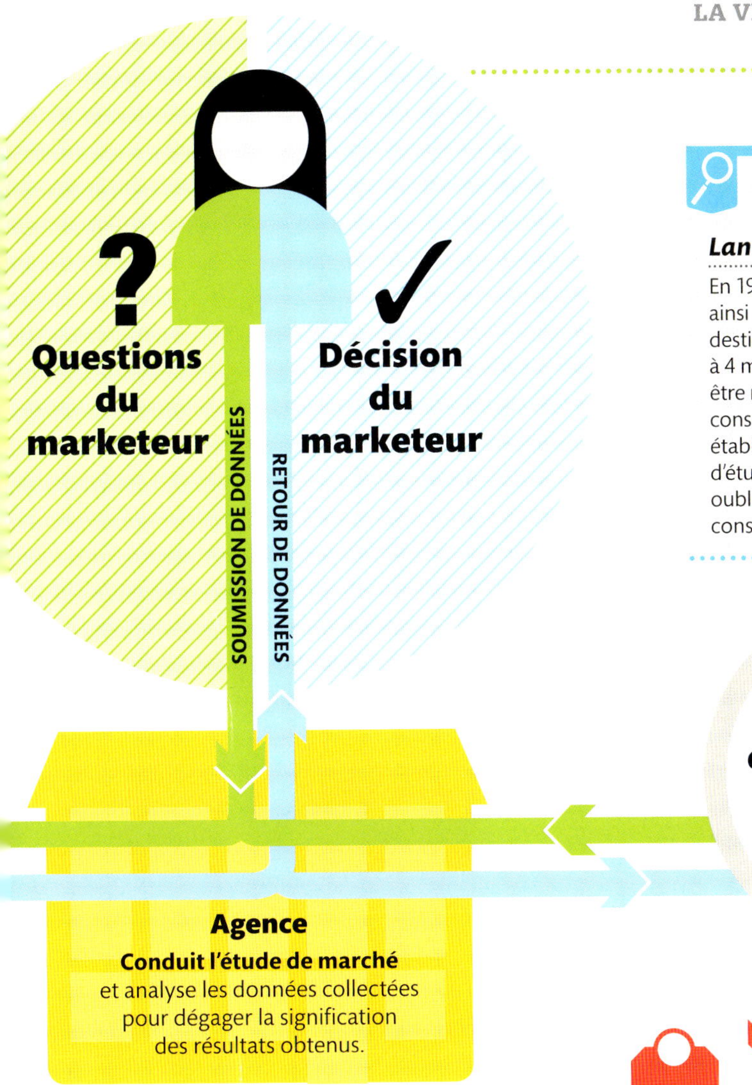


## ÉTUDE DE CAS

***Lancement d'un nouveau Coca-Cola***

En 1985, Coca-Cola lança une nouvelle boisson, concluant ainsi deux années de tests menés au niveau du goût et destinés à améliorer la saveur du produit, pour un coût évalué à 4 millions de dollars. Mais la boisson fut un échec et finit par être retirée du marché face à l'ampleur des protestations des consommateurs américains. Dans leur rapport marketing établi après ce fiasco, les analystes concluront que les chargés d'étude de marché de la société avaient tout simplement oublié de poser une question essentielle aux consommateurs : « Voulez-vous un nouveau Coca-Cola ? »

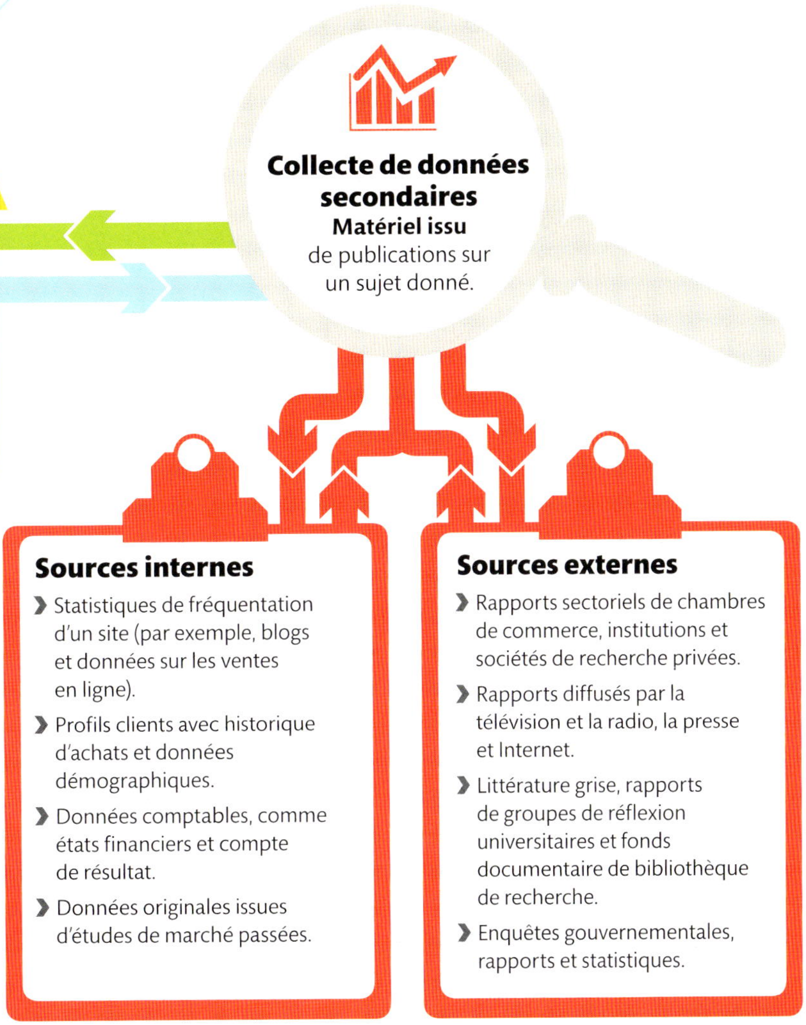


**32 % :** augmentation prévue de l'embauche de chargés d'études de marché aux États-Unis d'ici 2022.

# Segmentation de marché

**Pour cibler le public à qui adresser leurs produits, les marketeurs identifient des groupes de consommateurs distincts aux besoins et aux comportements similaires formant un « segment » de marché.**

## Mode de fonctionnement

Le service marketing fait appel à une stratégie de segmentation du marché afin d'identifier des consommateurs susceptibles d'acheter un produit particulier, et donc d'accroître les chances de succès du lancement de ce nouveau produit. Un large échantillon de population est divisé en sous-groupes, établis en tenant compte de différents facteurs, incluant âge, préférences en matière de style de vie, localisation géographique, structure familiale, revenus du foyer et loisirs. Ce processus permet de diviser un marché potentiellement immense en segments et d'ajuster la stratégie. Par exemple, après avoir segmenté son marché, une entreprise s'apprêtant à lancer des aliments pour bébé haut de gamme réalise, que plutôt que de s'adresser à toutes les jeunes mères, mieux vaut cibler les femmes actives ayant un enfant de moins de six mois, un revenu supérieur à la moyenne et se souciant d'une alimentation saine.

### ✓ À SAVOIR

- **Baby-boomers :** Personnes nées entre 1946 et 1964.
- **Génération X :** Personnes nées entre 1966 et 1980.
- **Génération Y (ou Millenials) :** Personnes nées entre les années 1980 et le début des années 2000.

## Découpage du marché

Afin d'établir des groupes de consommateurs, les marketeurs créent cinq segments et se concentrent sur chacun en particulier. En plus de simples critères géographiques et démographiques, les marketeurs explorent aussi la psychologie pour établir des comportements de consommateurs et disposer d'une vision plus précise du type de produits susceptibles de séduire un segment particulier. *(Voir aussi p. 258-261.)*

### Comportementaux

Étude de schémas comportementaux en matiè d'achat. Leur analyse aide les marketeurs à cibler leurs campagnes promotionnelle à l'attention de groupes spécifiques. Profils potentiellement étudiés :

- Fidélité à la marque.
- Achats réguliers.
- Utilisation de la carte de cr
- Dépense habituelle.
- Achat en ou hors ligne.
- Gros utilisateur.

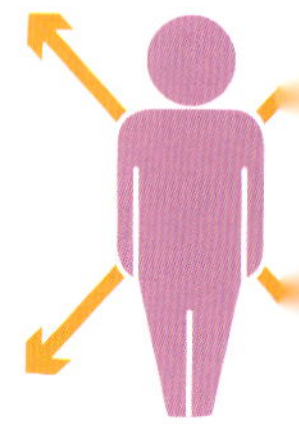

> « La segmentation de marché est le résultat naturel de vastes différences parmi les individus. »
>
> Donald Norman (fondateur de l'Institut des sciences cognitives de Californie)

### Sociographiques

Ces critères qui identifient l'appartenance des individus à un réseau social, un parti politique ou à d'autres groupes, aident les marketeurs à analyser les centres d'intérêts et engagements des consommateurs. Points potentiellement étudiés :

- Appartenance à un groupe.
- Nombre de relations sur un réseau social.

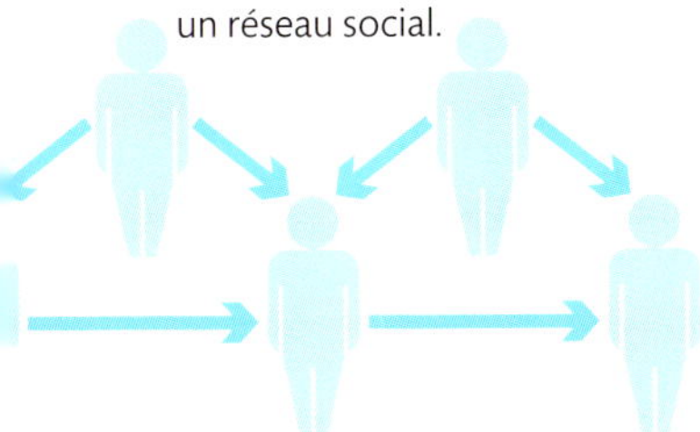

### Psychographiques

Ces critères s'attardent sur les styles de vie, valeurs et croyances afin d'aider les marketeurs à développer des messages efficaces et à trouver les canaux médiatiques les plus adaptés pour cibler ce segment. Profils potentiellement étudiés :

- Preneur de risque.
- Charitable.
- Performant.
- Tendance aux goûts de luxe.
- Préférence pour les contacts par mail.

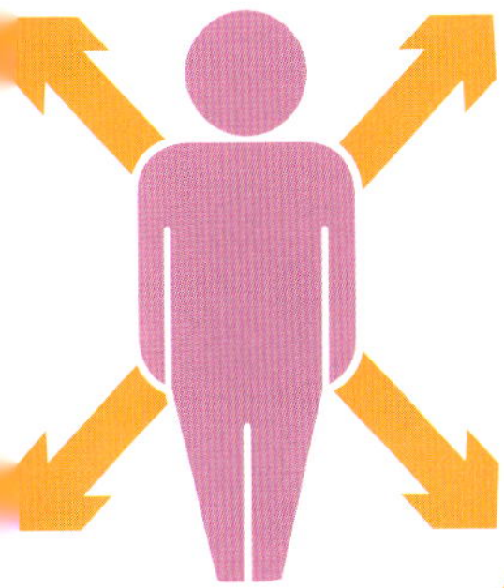

### Géographiques

Ces critères se concentrent sur le lieu de résidence des consommateurs, afin que chaque lancement de produit soit adapté à son environnement. Points potentiellement étudiés :

- Continent.
- Ville.
- Code postal.
- Quartier.
- Densité de population.
- Climat.

### Démographiques

Le recours à des données basiques, comme le sexe ou l'âge, aide à catégoriser précisément les besoins et à cibler les produits selon les consommateurs. Points potentiellement étudiés :

- Revenu.
- Nationalité.
- Taille de la famille et tranche d'âge.
- Origine ethnique.
- Profession.
- Religion.

# Stratégies marketing

**Tout lancement de produit exige l'élaboration d'une stratégie, afin de s'assurer que les messages promotionnels ciblent le bon segment de marché, empruntent la combinaison de canaux de communication la plus performante, et délivrent un contenu le plus pertinent qui soit, sous la forme la plus adaptée. Après l'étude de marché et le choix d'un segment cible, les marketeurs se retrouvent confrontés à des décisions clés quant à la stratégie marketing à adopter.**

## Types d'approches

Savoir quel public cibler et comment l'atteindre est déterminant dans le succès d'une stratégie marketing. Les marketeurs peuvent utiliser plusieurs approches complémentaires s'adressant à différents groupes de consommateurs potentiels. Plutôt que d'envoyer un même message via différents médias, ils adaptent le ton et le style de l'argumentaire selon le canal de communication utilisé, mais aussi selon le segment du marché ciblé.

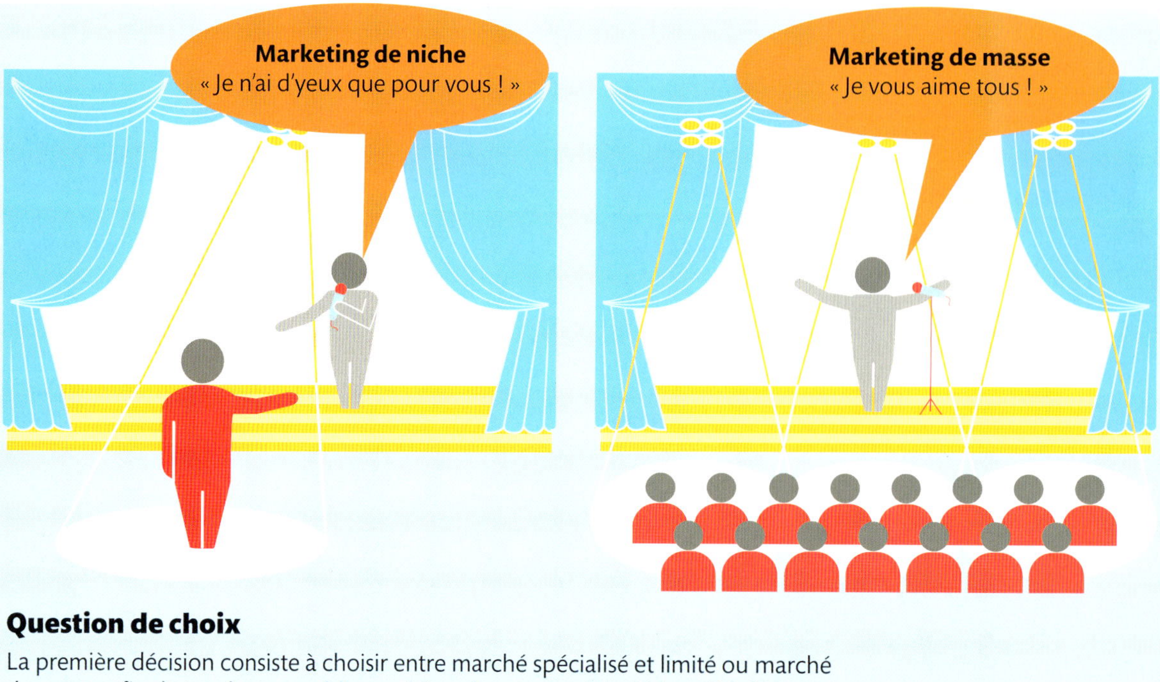


### Question de choix

La première décision consiste à choisir entre marché spécialisé et limité ou marché de masse, afin de toucher un public aussi étendu que possible. *Voir p. 198-199.*

# 85 % :
## des décisions d'achat aux États-Unis sont initiées ou influencées par les femmes.

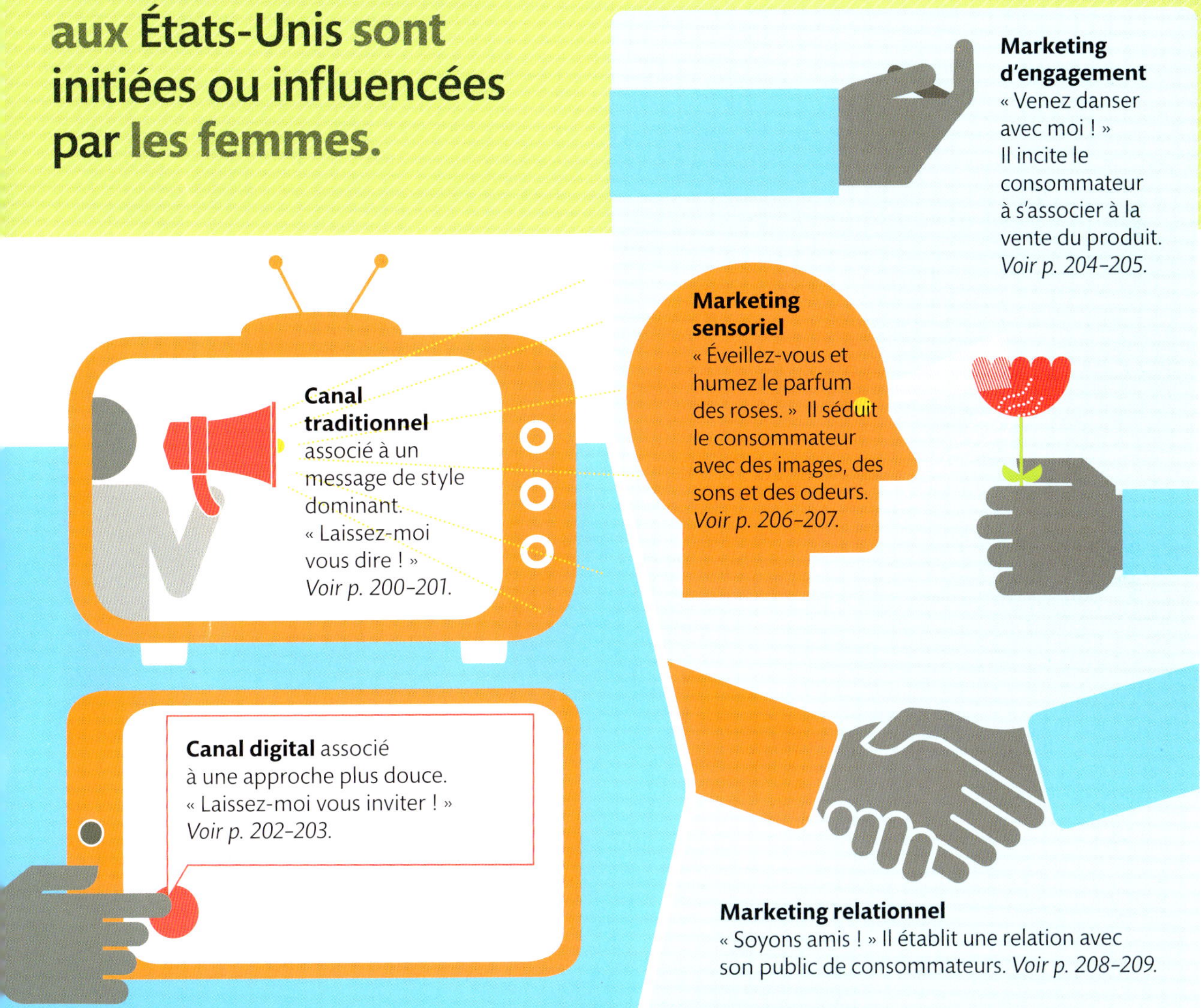


### Comment le dire

Les marketeurs usent souvent d'une stratégie de communication cross canal, en adaptant le style des messages aux médias traditionnels et en ligne.

### Le premier pas

Transformer l'acte d'achat en expérience agréable pour le consommateur peut aider à vendre le produit.

# Marketing de niche *vs* marketing de masse

**Traditionnellement, le marketeur fait face à deux choix fondamentaux : vendre un produit à large positionnement pour capter le plus grand nombre d'individus possible ou se focaliser sur la vente d'un produit spécialisé ciblant un petit segment de marché.**

## Mode de fonctionnement

Les stratégies du marketing de masse et de niche offrent aux entreprises la possibilité d'un retour sur investissement potentiellement intéressant. Une stratégie de niche mise généralement sur un faible volume de ventes, à un prix élevé et ciblant un groupe spécifique de consommateurs, alors que la stratégie de masse a tendance à proposer des offres promotionnelles ou à destination d'un large public, avec pour objectif un volume de ventes élevé.

En réalité, les entreprises tentent souvent de mêler ces deux approches, avec le lancement d'un produit de niche, proposé par la suite au marché de masse. Les marketeurs utilisent aussi Internet comme canal de communication, pour promouvoir un même produit auprès de différents groupes de consommateurs au sein d'un public de masse.

### À SAVOIR

***Longue traîne***

Concept développé par Chris Anderson, ancien rédacteur en chef du magazine *Wired*, l'expression « longue traîne » fait référence à une courbe de demande (voir ci-dessous) présentant des produits à faible demande ou volume de ventes, dits produits de niche, dont les ventes se maintiennent et continuent à générer des profits au fil du temps.

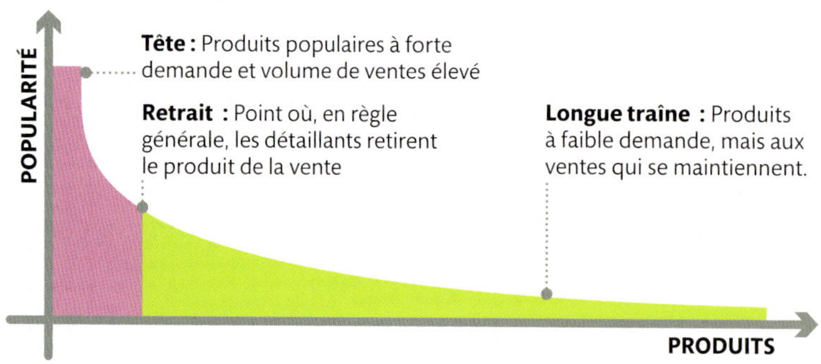

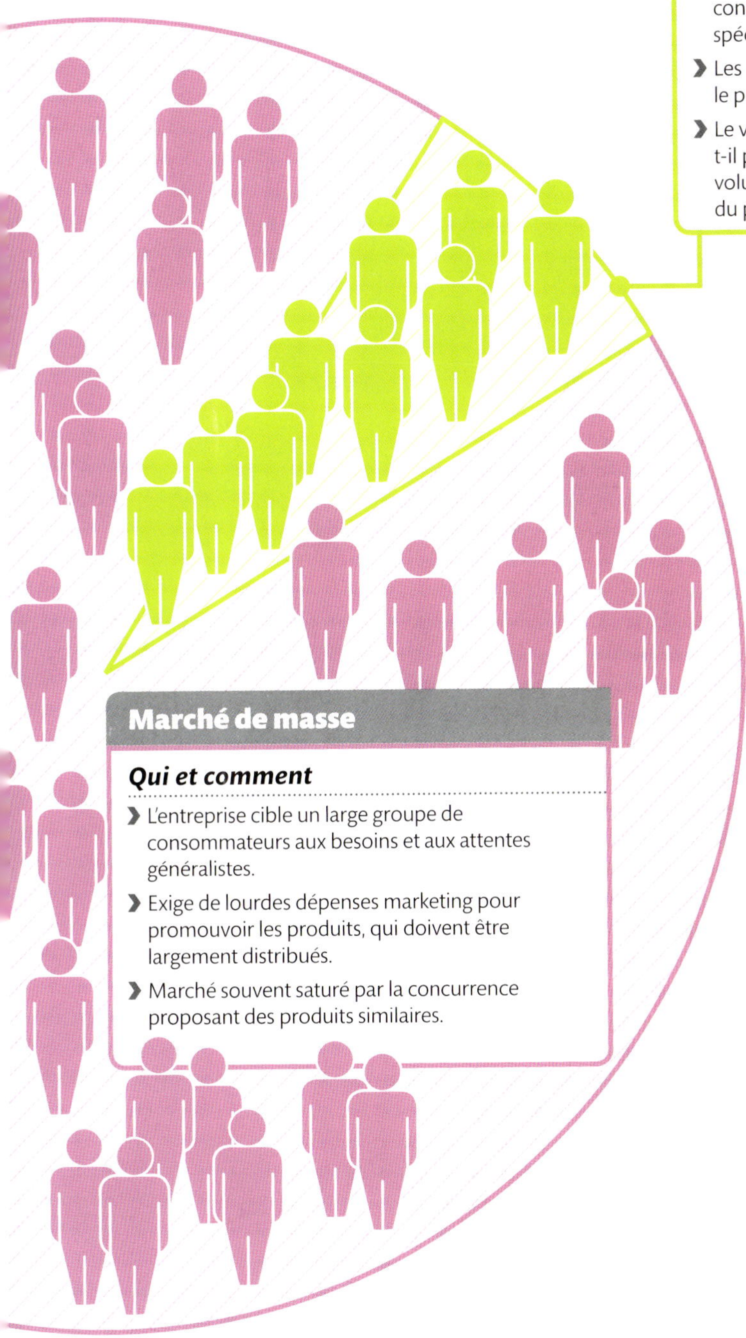

## Marché de niche

### *Qui et comment*

- L'entreprise cible un groupe restreint de consommateurs aux besoins et aux attentes spécifiques.
- Les consommateurs sont préparés à l'idée de payer le prix fort pour un produit hors du commun.
- Le volume de ventes est faible, aussi ne bénéficie-t-il pas d'économie d'échelle (production en volumes importants pour baisser le coût unitaire du produit).

## Marché de masse

### *Qui et comment*

- L'entreprise cible un large groupe de consommateurs aux besoins et aux attentes généralistes.
- Exige de lourdes dépenses marketing pour promouvoir les produits, qui doivent être largement distribués.
- Marché souvent saturé par la concurrence proposant des produits similaires.

## STRATÉGIES HYBRIDES

En utilisant les médias sociaux pour identifier et atteindre plus d'un segment de marché, les marketeurs ont développé des approches hybrides, plus souples que les traditionnelles stratégies de positionnement distinguant produits de niche ou de masse.

***Marché de masse***

Stratégie sans discernement ciblant la base client la plus large.

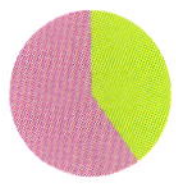

***Large segment***

Canalise les ressources marketing sur un large segment du marché de masse.

***Segment adjacent***

Après pénétration d'un large segment, le produit s'étend à un segment adjacent.

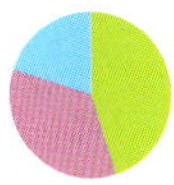

***Multi-segment***

Lancement simultané sur plusieurs segments, avec stratégie adaptée.

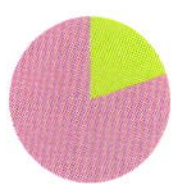

***Petit segment***

Lancement sur un petit segment avec peu de concurrence.

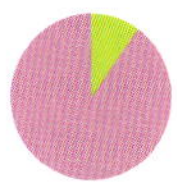

***Segment de niche***

Concentration des ressources marketing sur un groupe spécifique.

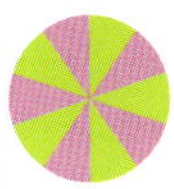

***Customisation de masse***

Stratégie adaptée à chaque sous-segment au sein d'un marché de masse.

# Marketing traditionnel

**Avant le tout-numérique, les marketeurs utilisaient des canaux de communications non digitaux, comme la télévision, la radio et la presse, mais aussi le publipostage, l'événementiel et le démarchage téléphonique pour diffuser leurs messages.**

## Mode de fonctionnement

Le marketing traditionnel englobe un certain nombre de méthodes éprouvées pour bâtir la réputation d'une marque et optimiser les ventes d'un produit. Il reste aujourd'hui encore l'un des piliers du marketing, même si les entreprises associent pour la plupart méthodes de marketing traditionnel et digital. L'un des avantages du marketing traditionnel repose sur un contact face à face avec le client, à travers la vente directe, l'événementiel et même le sponsoring.

## Processus du marketing traditionnel

Petites et grandes entreprises font appel à une large gamme de canaux marketing traditionnels, en y intégrant des stratégies de marketing digital.

### Événementiel

Organisation de manifestations sportives, activités à thèmes, défilés ou expositions pour promouvoir un produit, une cause ou une marque.

### Télévision

Promotion des ventes par le biais de spots publicitaires, sponsoring de programmes ou placement de produits.

### Publipostage

Envoi de catalogues ou prospectus à une liste de consommateurs ciblés, souvent avec des offres promotionnelles spéciales sur certains produits.

### Face-à-face

Approche directe du consommateur, afin de susciter un intérêt pour la marque ou le persuader d'acheter le produit.

### Télémarketing

Appel de clients potentiels aux besoins identifiés et recours à un argumentaire de vente.

### Échantillons de produits

Offre d'échantillons gratuits aux consommateurs, avec opportunité de tester un nouveau produit avant de l'acheter. Un moyen efficace pour lancer de nouveaux produits et créer une base de clients.

### Affichage

Location de panneaux d'affichage pour la promotion de produits. Le coût dépend du format du panneau, de sa localisation ou visibilité et de l'importance du trafic devant le site d'implantation du panneau.

### Radio

Utilisation des créneaux publicitaires à la radio pour la promotion de produits, à l'échelon régional ou national, selon la zone de couverture de la station.

### Journaux et magazines

Achat d'espaces publicitaires dans la presse ou création de publireportages pour promouvoir produits ou services.

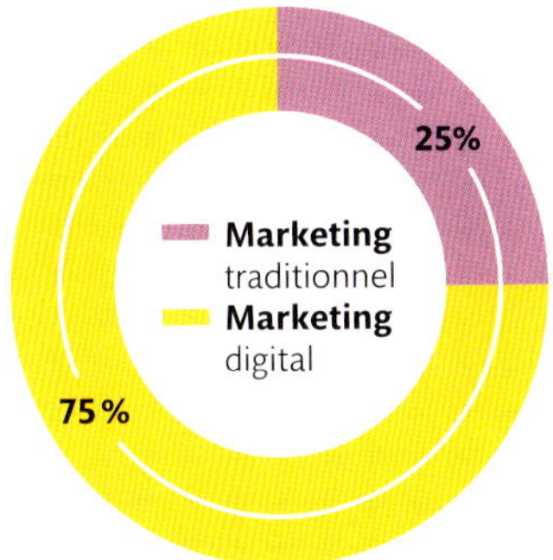


**25 % des entreprises interrogées aux États-Unis en 2012 plébiscitaient le marketing traditionnel et 75 % le marketing digital.**

### Dépliants et flyers

Promotion par l'envoi ou la distribution physique à un échelon local d'imprimés publicitaires pour une entreprise.

### Networking

Interactions entre individus lors de manifestations spéciales, afin de développer des contacts professionnels.

# Marketing digital

**Internet permet aux marketeurs d'atteindre directement et instantanément clients acquis et potentiels, pour bâtir la notoriété d'une marque, collecter des données et encourager la recommandation par le bouche-à-oreille.**

## Mode de fonctionnement

À la différence du marketing hors-ligne, le marketing digital offre à l'entreprise un canal de communication à double sens avec les consommateurs. Il fait appel à des méthodes traditionnelles, comme les pop-up (petites fenêtres à ouverture automatique) ou les bannières publicitaires sur les pages Web, mais il repose aussi largement sur le pouvoir des réseaux sociaux pour attirer l'attention sur un produit ou une marque. Des méthodes qui ne facilitent pas l'évaluation du retour sur investissement. Le marketing digital est souvent associé aux techniques de marketing traditionnel, sous une forme hybride, qualifiée parfois de marketing 360°.

## Marketing hybride

Le lancement d'un nouveau club de gym fait appel à une approche marketing hybride. Des spots publicitaires sont diffusés à la télévision avec un message invitant à visiter le site Web du club et à une séance d'entraînement gratuite avec un coach. Des prospectus publicitaires comportent un coupon ou un code QR à scanner et à présenter pour une séance gratuite. Sur place, les membres bénéficient d'un accès Wifi gratuit. La page d'accueil présente un lien avec une application de gym gratuite. Le club de gym utilise aussi pop-up, podcasts, e-mails et textos pour attirer ou fidéliser la clientèle.

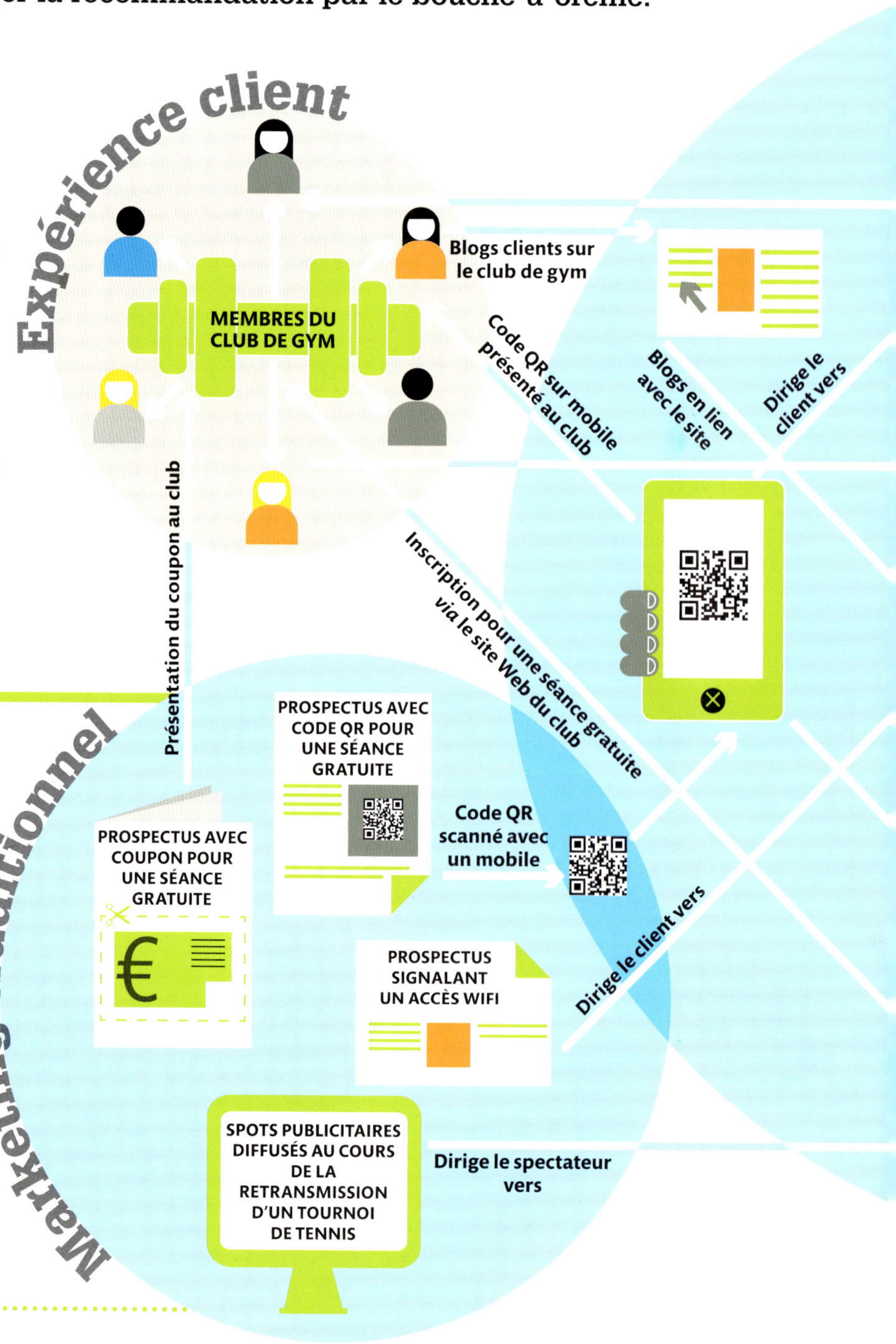

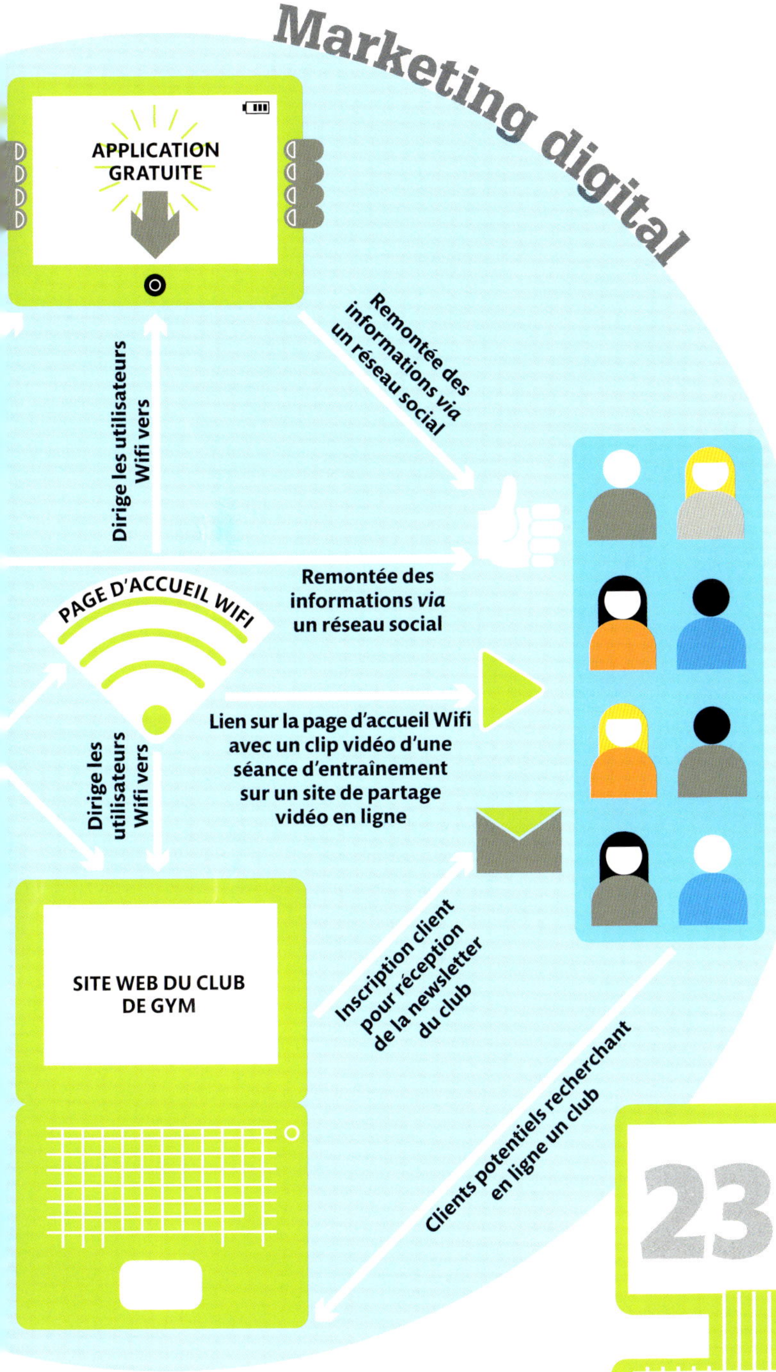


## BUDGETS PUBLICITAIRES PAR MÉDIA À L'ÉCHELLE MONDIALE (%)

À l'échelle mondiale, Internet est le canal de communication à la plus forte croissance en matière de dépenses publicitaires, mais la télévision continue à absorber l'essentiel des budgets publicitaires des entreprises.

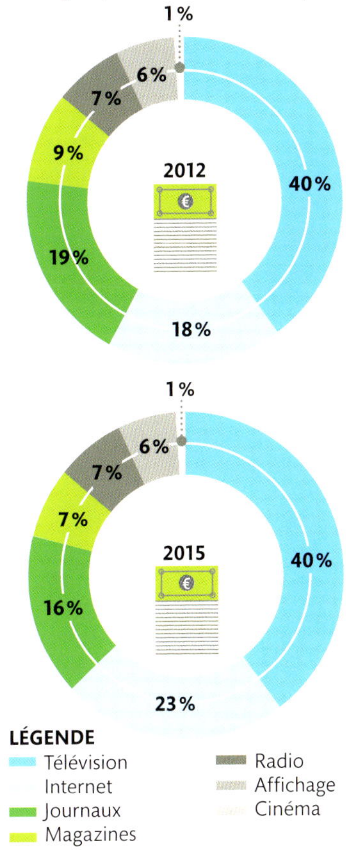


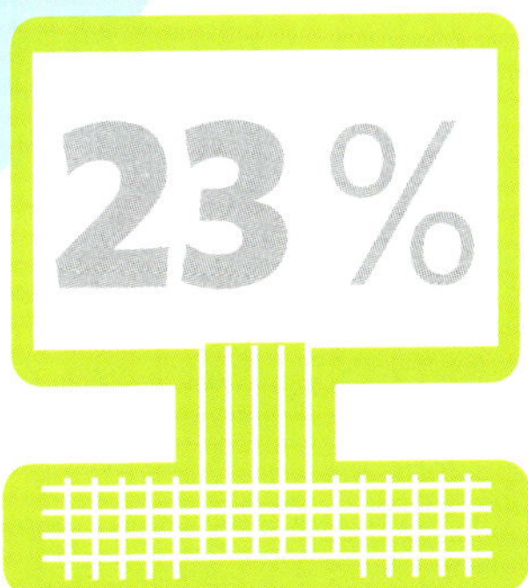


pourcentage représenté par **la Chine** dans le **marché global** du **e-commerce** en 2015.

# Marketing d'engagement

**En impliquant directement le public dans le développement d'une marque, les marketeurs misent sur l'établissement d'un lien solide et à double sens avec le consommateur, doublé de l'acquisition d'une base clients fidèle.**

## Mode de fonctionnement

Le marketing d'engagement exploite plusieurs stratégies en ligne et hors-ligne pour susciter l'intérêt des consommateurs et obtenir d'eux qu'ils parlent des produits et services. Cette stratégie est très différente de l'approche du marketing traditionnel où les propositions de concept de marque et de produit sont figées, et présentées au consommateur qui n'a d'autres choix que l'acception ou le rejet. Le marketing d'engagement encourage l'implication du consommateur, afin de développer une proximité avec la marque. L'objectif est d'attirer vers le site Web des clients potentiels ayant une première expérience de la marque, puis de travailler à leur fidélisation.

### Départ avec une expérience « WOW »

Proposer un contenu intéressant, informatif ou divertissant pour attirer de potentiels clients sur une page Web.

### Vente

Après l'acte d'achat, suivre le consommateur avec un appel du service après-vente et des méthodes de renforcement positif.

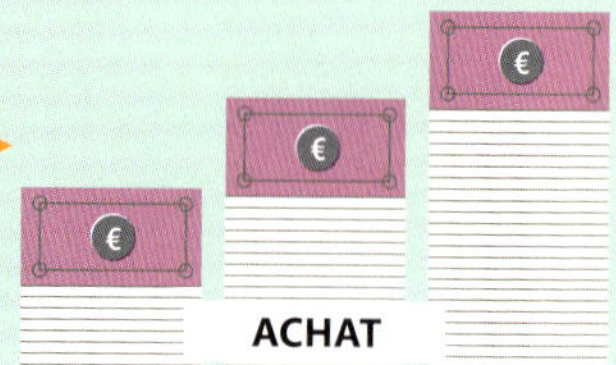


### Nouveaux prospects

Offrir des avantages aux clients existants pour des recommandations du produit ou du partage de contenu.

### Visibilité sur les réseaux sociaux

Poster des contenus intéressants et pertinents sur les réseaux sociaux, encourager le dialogue.

## À SAVOIR

- **Client captif :** Client fidèle à une marque ou une enseigne, et qui revient nécessairement y faire ses achats.
- **Accès à l'information :** Facilité avec laquelle le consommateur trouvera une information fiable sur le produit.
- **Taux d'attrition :** Indicateur qui permet de mesurer en pourcentage la perte de clientèle ou d'abonnés sur une période donnée.
- **Bouche-à-oreille (BAO) :** Transmission d'informations, de jugements ou de recommandations de personne à personne par voie orale. Synonyme : marketing viral.

# 71 % des chefs d'entreprise au Royaume-Uni pensent que l'expérience client est un sujet essentiel.

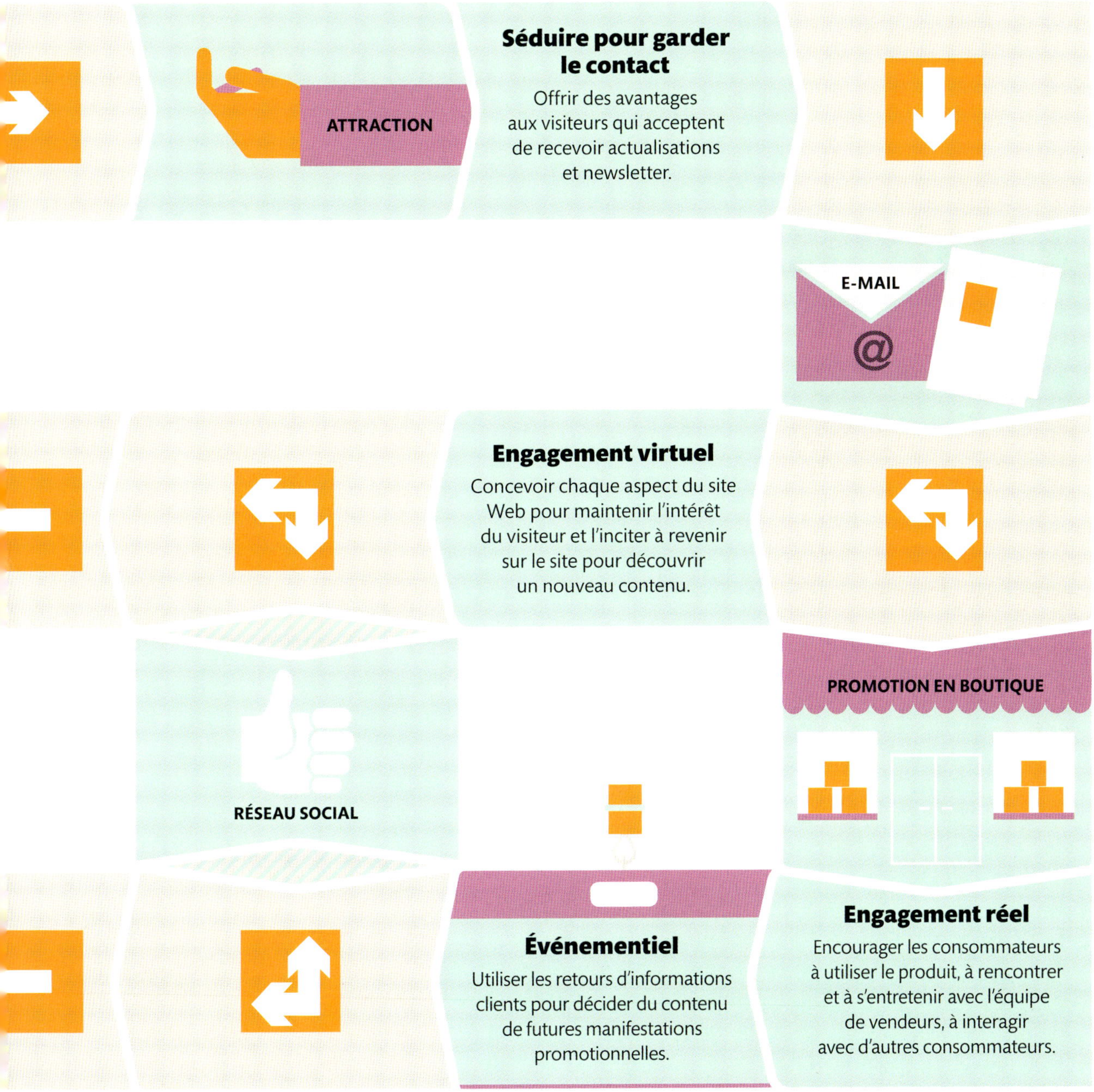

# Marketing sensoriel

**Le marketing sensoriel cible tous les sens pour influencer la décision d'achat. Basée sur des études démontrant la façon dont le cerveau réagit à des stimuli sensoriels, cette forme de marketing agit secrètement sur le consommateur.**

## Mode de fonctionnement

Le marketing sensoriel est avant tout sollicité dans les secteurs des produits alimentaires et des boissons, mais son utilisation s'étend à des biens et services plus diversifiés, des tablettes à écran tactile aux hôtels avec parfum d'ambiance pour détendre la clientèle, en passant par les spectacles pyrotechniques avec confettis comestibles.

Les canaux classiques du marketing sensoriel incluent le marketing de terrain (événements en boutique, échantillons et vente directe), le publipostage et la livraison produit. Pour les entreprises en ligne, trouver une voie d'expression à cette forme de marketing reste encore un défi.

### Vue

La technologie réalise de formidables avancées en ce domaine, alors que la vue est le sens le plus stimulé dans le marketing où sont utilisés illusions d'optique, effets numériques, 3D et photographie à 360°.

### Toucher

Des techniques d'impression en relief 2D et 3D sont utilisées pour le matériel promotionnel et le packaging, mais aussi pour vendre des produits dont l'attrait repose sur l'aspect tactile.

### Odorat

Les consommateurs sont prêts à payer plus pour un produit vendu dans un environnement à l'odeur agréable.

**81 %**

**des clients nés entre 1980 et 2000 privilégient la sensation offerte à la matérialité d'un objet.**

### Goût

Les sensations gustatives peuvent être stimulées ou subtilement altérées en les associant au toucher, à la vue et plus particulièrement à un autre sens étroitement lié, l'odorat.

## À SAVOIR

- **Tests sensoriels :** Évaluation de produits par les membres d'un panel aux perceptions sensorielles développées.
- **Technologie haptique :** Technologie utilisée sur les écrans tactiles, permettant de simuler différentes sensations de toucher par le biais de vibrations.

**Attitude, mémoire, comportement et humeur**

Les informations sensorielles ont des effets à court ou long terme sur l'attitude, la mémoire, le comportement et l'humeur. Ce processus peut être influencé par l'intensité des données sensorielles et leur utilisation pour stimuler plus d'un sens à la fois.

**Ouïe**

Le son est plus efficace que la vue pour stimuler ces zones du cerveau qui gèrent les émotions.

# Marketing relationnel

**La stratégie du marketing relationnel s'applique à développer un rapport de confiance durable avec les consommateurs et d'autres marchés en lien avec l'entreprise.**

## Mode de fonctionnement

Le marketing relationnel s'emploie à reproduire le type d'interaction que les commerces de proximité entretenaient autrefois avec leurs clients, en leur offrant un très haut niveau de service individualisé, avec pour objectif une fidélisation à vie. Les petites structures locales travaillent encore ainsi, mais les grands groupes ont aujourd'hui changé d'optique, délaissant la vente à tout prix pour le relationnel, et le retour à court terme pour les bénéfices à long terme. Le marketeur étend désormais le réseau au-delà du consommateur engagé, pour y inclure employés, fournisseurs et autres parties prenantes.

**Marchés fournisseurs**
Établir une relation de collaboration avec les fournisseurs présente un intérêt commercial.

## Six modèles de marché

Le marketing relationnel a établi une stratégie de communication avec le client. Au-delà du traditionnel marché clients, cette stratégie définit six marchés, vers lesquels les entreprises doivent diriger leurs efforts marketing.

### ÉTUDE DE CAS

***Starbucks***

La stratégie de la chaîne de cafés Starbucks est l'image même d'un marketing relationnel performant. Centrée sur le client et le marché interne, elle implique aussi marchés fournisseurs, de la recommandation et du recrutement (employés).

**Marketing à destination des clients**
- Réseaux sociaux.
- Crowdsourcing.
- Rapprochement avec les consommateurs.
- Programme de fidélité.
- Application carte de fidélité.
- Paiement mobile.

**Marketing interne**
- Formation barista.
- Opportunités de développement technologique.

**Marketing de recommandation**
- Bouche-à-oreille.
- Partages sur les réseaux sociaux.

**Marketing à destination des employés**
- Stock options.
- Couverture médicale.
- Partenariat.

**Marketing à destination des fournisseurs**
- Programmes de commerce équitable.
- Contrôle qualité.

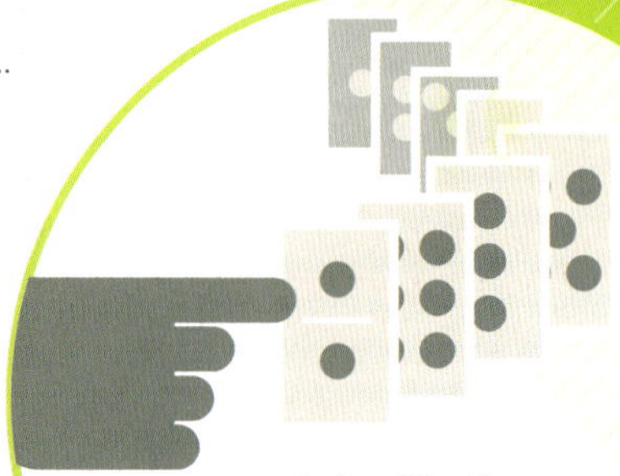

**Marchés d'influence**
Pour maintenir de bonnes relations avec le public, l'entreprise travaille avec des régulateurs et des associations de consommateurs ou environnementales.

**« Si vous ignorez l'élément humain du marketing, c'est à vos risques et périls. »**

Bob Garfield (journaliste américain, spécialiste des médias et du marketing)

## À SAVOIR

- **Gestion grands comptes :** Système de coordination des services dans une entreprise B2B (activités commerciales et marketing entre entreprises) gérant les grands comptes.
- **Fréquence d'achat :** Temps moyen écoulé entre deux achats d'un même produit, pour la fréquentation d'un même point de vente.
- **Réponse directe :** En marketing, on parle de réponse directe lorsque les stratégies marketing utilisées visent à générer chez le public cible une réponse rapide, spécifique et quantifiable, par courrier, téléphone ou mail.
- **Marketing transactionnel** Stratégie visant à convaincre le consommateur d'inclure de façon ponctuelle l'achat d'un produit ou d'un service.

# Outbound marketing

**Également qualifiée de marketing par interruption, cette forme de marketing se caractérise par l'envoi de messages à destination du consommateur. Ce marketing sortant cible traditionnellement un large public, en recourant à la publicité payante sur différents canaux médiatiques. Le public peut ignorer la publicité, mais toute la stratégie de l'outbound marketing consiste à délivrer un message à fort impact et à générer une réponse, en instaurant une familiarité basée sur la répétition.**

## Processus de l'outbound marketing

Si l'outbound marketing repose sur une approche traditionnelle dans sa stratégie de capture de l'attention du consommateur, il recourt à la fois à des plateformes médiatiques numériques et non numériques. Le processus distingue deux étapes. Dans un premier temps, l'entreprise diffuse un message à l'attention d'un large public et tente de le convertir pour gagner des clients. Dans un second temps, elle analyse les résultats de ses actions pour identifier les canaux et campagnes promotionnelles ayant généré le plus de ventes.

### Diffuser

Les marketeurs sélectionnent un canal médiatique selon le public ciblé, puis communiquent le message produit ou marque à destination du public.

#### *Canaux de diffusion*

- **Spots publicitaires télévision en prime time**, pour toucher l'audience la plus large possible et susciter l'intérêt du public pour la marque.
- **Publipostage** avec envois suivant des listes de diffusion, ou envois à des clients existants ayant déjà passé commande par correspondance. *Voir p. 212-213.*
- **Annonces publicitaires presse** dans des magazines spécialisés, de loisirs ou professionnels à large diffusion, pour cibler un segment de marché.
- **Présence aux événements** commerciaux, pour accroître sa visibilité auprès de la profession.

### Convertir

Les marketeurs associent campagnes d'outbound marketing hors-ligne et en ligne dans une stratégie globale visant à convertir de potentiels consommateurs.

#### *Moyens de persuasion*

- **Annonces publicitaires radio** répétant un numéro de téléphone facile à mémoriser, pour obtenir une action immédiate en retour.
- **Publipostage** avec envois à fort impact pour susciter une réponse client, incluant enveloppe-réponse prépayée et relance.
- **Publicité en ligne** avec emplacement privilégié sur une page Web, facilité de sélection par clic incitant le consommateur à découvrir et à acheter le produit.
- **Flyers et prospectus** avec distribution en porte-à-porte, incluant une offre de lancement produit pour une période limitée.

# 32 %

## des marques au Royaume-Uni ont abandonné l'outbound marketing en 2013, au profit du marketing de contenu.

### STRATÉGIES DE L'OUTBOUND MARKETING

#### *Hors-ligne*

- **Démarchage téléphonique :** Une campagne sera plus efficace menée au bon moment de la journée, afin d'atteindre le public ciblé. Le message doit être pensé et délivré sur un ton sincère. *Voir p. 218-219.*
- **Spots publicitaires télévisés :** De nombreux consommateurs zappent la publicité à la télévision, mais ils sont familiarisés et ouverts à ce média, et la répétition permet de faire passer le message. *Voir p. 212-213.*
- **Radio :** Il s'agit du canal de communication de masse le plus populaire au monde, d'une portée globale, idéal pour la diffusion de messages marketing ciblant un marché international. *Voir p. 212-213.*
- **Guérilla marketing :** Le recours à cette approche marketing créative et non conventionnelle dans les lieux publics à fort passage est un moyen économique permettant d'éveiller l'intérêt pour une marque. Il s'agit d'une forme de marketing d'engagement. *Voir p. 204-205.*

#### *En ligne*

- **Réseaux sociaux :** Les publicités sur les réseaux sociaux sont de plus en plus présentes, et incluent posts sponsorisés, épingles promotionnelles, et formes directes, comme les bannières publicitaires. *Voir p. 228-229.*
- **Technologie mobile :** La publicité adaptée aux appareils mobiles prend la forme de textes et d'images, ou les deux, pour proposer des offres spéciales aux utilisateurs. La promotion passe aussi par les applications. *Voir p. 214-215.*
- **Ciblage des leaders d'opinion :** Cette stratégie cible des profils individuels sur les réseaux sociaux et adapte ses messages, envoyés en ligne sur les réseaux comme Twitter et LinkedIn.
- **Optimisation du référencement par les moteurs de recherche (SEO) :** Une marque qui paie pour un référencement par mot-clés populaires pertinents peut améliorer sa visibilité sur Internet *via* les pages des moteurs de recherche. *Voir p. 230-231.*

### Analyser

Les marketeurs contrôlent l'évolution de la campagne, adaptent la combinaison des supports médiatiques ou autres canaux payants, puis analysent les résultats.

#### *Actions*

- **Contrôle et tests des flux**, pour comparer le succès de différents médias et stratégies de campagne.
- **Analyse du taux de clics** qui fait référence au pourcentage de consommateurs ayant cliqué sur un lien pour trouver ou acheter le produit, afin de déterminer le succès d'une publicité en ligne.
- **Mesure du taux de réponse** au publipostage, incluant la ventilation de différentes listes de diffusion ou ciblage démographique.
- **Analyse des ventes** par dépenses pour déterminer les canaux présentant le meilleur retour sur investissement (ROI).

# Publicité hors-ligne traditionnelle

**La publicité hors-ligne utilise les canaux médiatiques traditionnels, comme les magazines, la télévision, la radio et l'affichage, pour commercialiser un produit ou un service. À l'échelle mondiale, l'essentiel de la publicité se présente encore hors-ligne.**

## Mode de fonctionnement

Hors-ligne ou en ligne, la publicité exige un paiement de la part de l'annonceur qui souhaite diffuser un message publicitaire conçu pour attirer l'attention du consommateur sur une marque ou un produit.

L'entreprise évalue le succès d'une campagne en analysant le retour sur investissement (ROI) de chaque euro dépensé en publicité. Pour optimiser son ROI, l'entreprise doit s'assurer de sélectionner le canal médiatique adapté au public ciblé. Les marketeurs choisissent différents canaux selon le marché cible, défini par le bien de consommation ou le service à promouvoir. Ce choix peut être effectué en tenant compte du ROI réalisé par le passé sur un canal donné. Néanmoins, le suivi du taux de réponse à une campagne publicitaire hors-ligne reste plus difficile et moins précis que le suivi d'une campagne en ligne *(voir p. 214-215)*.

**27 kilos d'imprimés publicitaires sont distribués chaque seconde dans les boîtes aux lettres françaises.**

### RETOUR SUR INVESTISSEMENT (ROI) DE LA PUBLICITÉ HORS-LIGNE

**Les données chiffrées les plus importantes** pour le service marketing sont celles du retour sur investissement (ROI), témoignant du succès d'une campagne publicitaire. En 2013, les données compilées par le Radio Advertising Bureau du Royaume-Uni montraient que la télévision et la radio affichaient les meilleurs ROI.

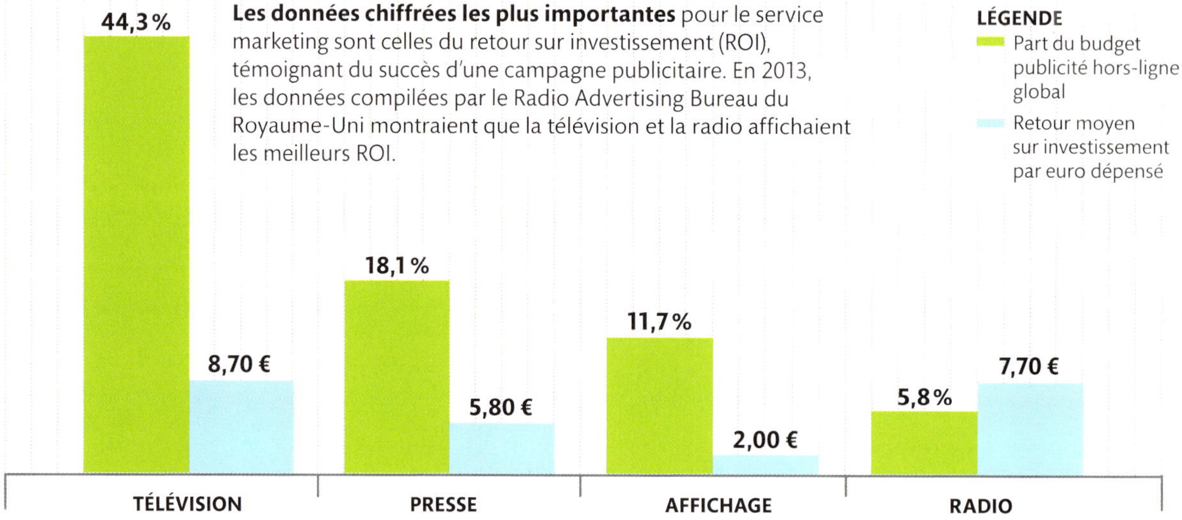

## Canaux publicitaires hors-ligne

| | Avantages | Inconvénients |
|---|---|---|
| **Télévison**  | Portée régionale, nationale et internationale, associe son et image pour un message à fort impact. | Coûteux, la répétition est source de fatigue visuelle, le téléspectateur a tendance à zapper la publicité sur les programmes enregistrés. |
| **Radio**  | Économique, processus de production simple et rapide, diversité des stations de radio et des publics d'auditeurs. | Concurrence pour le choix des créneaux de diffusion, la radio en fond sonore n'est pas adaptée à la publicité. |
| **Journaux**   | Processus de publication rapide, les pages thématiques permettent un ciblage plus précis des publicités. | La publicité entre en concurrence avec d'autres éléments présents sur la page, en règle générale noir et blanc imposé, pas de visuel. |
| **Magazines**  | Parfois en circulation plusieurs mois, magazines spécialisés et professionnels permettent un ciblage publicitaire plus précis. | Chiffres réels de tirage difficiles à se procurer, réservation d'espaces à prévoir des mois à l'avance. |
| **Publipostage**  | Rapport coût/efficacité, envoi direct au domicile des consommateurs ou dans les bureaux, ciblage de marchés spécifiques. | Parfois perçu comme trop invasif et aussitôt jeté, taux de réponse assez lent. |
| **Affichage**  | Rapport coût/efficacité, message publicitaire visible 24 h/24. | Concurrence sur le choix des sites stratégiques, le format limite la longueur et la complexité du message. |
| **Cinéma**  | Créativité et sophistication de productions susceptibles de capter un public. | Public limité, certains spectateurs choisissent de rentrer dans la salle après la diffusion des publicités. |

### ✓ À SAVOIR

- **Point de pénétration brute (GRP) :** Un indicateur de mesure d'audience destiné à évaluer la pression média des campagnes publicitaires sur différents segments de population.
- **Coût pour mille contacts (CPM) :** Indicateur de rentabilité d'un plan média égal au rapport entre le tarif d'un écran, d'une page, etc., et l'audience (nombre de contacts) sur la cible exprimée en milliers d'individus.
- **Ratio publicité/ventes :** Ratio utilisé pour évaluer les dépenses publicitaires par rapport aux ventes générées.
- **Part de voix :** Indicateur de mesure relative des investissements publicitaires d'un annonceur pour un secteur d'activité donné.

**58 %** du budget d'une campagne publicitaire était globalement investi dans les spots de publicité à la télévision en 2010, alors que 86 % des téléspectateurs les zappent.

# Publicité en ligne

**Les marketeurs sollicitent de plus en plus la publicité en ligne. Les canaux en ligne incluent technologies display classique et vidéo, mobile, e-mail, moteurs de recherche et marketing des réseaux sociaux.**

## Mode de fonctionnement

Lorsque les marketeurs communiquent sur Internet, ils doivent choisir à la fois la forme que prendra la publicité, mais aussi le site dont l'audience correspond au marché cible. Les canaux publicitaires sont nombreux, mais les deux canaux le plus souvent sollicités sont ceux du display et du search.

Le display inclut entre autres les publicités de type graphique, dont les bannières avec texte et images, présentes sur les pages de sites Web dont les visiteurs correspondent au public cible, comme les sites d'actualité, les réseaux sociaux ou les plateformes vidéo.

Le search marketing est une stratégie de positionnement de publicités sur des pages Web, apparaissant sous forme de liens contextuels et s'affichant lorsque l'internaute fait une recherche sur un moteur à l'aide de mots-clés ou lorsqu'il consulte un site. Si le display bénéficie d'une plus grande visibilité, les liens sponsorisés du search marketing présentent une plus forte probabilité d'atteindre le public cible.

Les autres formes de publicité en ligne incluent publicité mobile, avec affichage de messages sous un format destiné à un visionnage sur smartphones et tablettes, textos, mais aussi e-mailing, avec envoi direct à une adresse mail, et publicité sur les réseaux sociaux, où l'entreprise fait la promotion de ses produits *via* son profil sur le réseau.

Le grand avantage de la publicité en ligne sur le hors-ligne tient à la possibilité d'un suivi plus performant et précis du taux de réponse.

**210 % : taux de croissance de la publicité mobile en Chine entre 2013 et 2014.**

**RÉPONSES À LA PRESSION DE LA PUBLICITÉ DIGITALE**

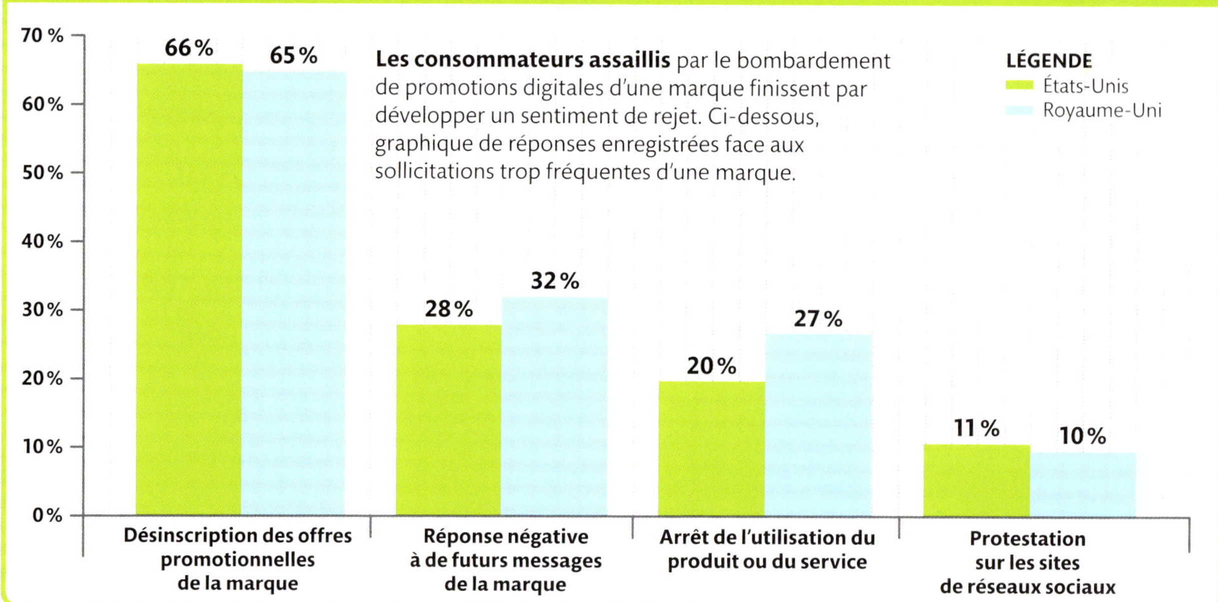


**Les consommateurs assaillis** par le bombardement de promotions digitales d'une marque finissent par développer un sentiment de rejet. Ci-dessous, graphique de réponses enregistrées face aux sollicitations trop fréquentes d'une marque.

## Canaux publicitaires en ligne

| | Avantages | Inconvénients |
|---|---|---|
| **Display (bannières)** | Capte l'attention, en cas de clic sur une bannière le système du coût par clic permet de mesurer le succès de la publicité. | Difficulté à cibler précisément le consommateur, les internautes se lassent et ignorent la publicité. |
| **Search (liens sponsorisés)** | Idéal pour cibler les consommateurs, l'internaute utilise des mots-clés qui correspondent à ceux de l'annonceur (*voir p. 230–231*). | Potentiellement coûteux, si les mots-clés comptent parmi les plus sollicités, temps d'affichage des résultats parfois long. |
| **Mobile** | Contenu plus coûteux à développer pour les mobiles, comparé aux ordinateurs, suivi plus facile et performant. | Différents formats d'écrans et systèmes, sources de distorsions dans l'affichage des publicités, désagrément pour l'utilisateur en cas d'interruption ou de lenteur d'affichage. |
| **E-mail** | Opportunité d'atteindre des millions de consommateurs potentiels, notamment lors d'envoi en masse (*voir p. 216–217*). | Le destinataire peut supprimer les mails sans les lire, notamment en cas d'envois trop nombreux et fréquents. |
| **Réseaux sociaux** | Facilité de ciblage du public, opportunité de lancer une publicité virale et de multiplier le nombre de vues (*voir p. 228–229*). | Posts en continu et actualisations sont sources de distraction pour l'internaute, à la différence des bannières figées. |

**46 %**

**des ventes du e-commerce en 2014 provenaient de la région Asie-Pacifique.**

### À SAVOIR

- **Taux de clics :** Profil d'activité de l'utilisateur correspondant au nombre de clics enregistrés sur un élément cliquable rapportés au nombre d'affichages de l'élément.
- **Ciblage comportemental :** Processus basé sur la collecte de données se rapportant au comportement de visiteurs de pages d'accueil de sites marchands, afin d'optimiser l'impact des publicités.
- **Interstitiel** Page de publicité insérée entre deux pages Web.

### ÉTUDE DE CAS

***Fraude au clic et botnet***

Dans une campagne au coût par clic (CPC) l'entreprise paie le site Web pour chaque clic sur une de ses bannières, mais la fraude au clic est devenue un sérieux problème. Les fraudeurs créent un site Web et vendent des espaces à des annonceurs souhaitant mettre en place une campagne CPC. Ils infiltrent par la suite les ordinateurs d'utilisateurs peu vigilants pour y installer un virus informatique ou « botnet », générant un faux trafic sur le site Web. Les annonceurs présents sur le site paient les fraudeurs au nombre de clics sur leurs bannières. En 2013, une entreprise londonienne réussit à détecter un botnet qui générait neuf milliards de faux clics par mois.

# Publipostage et e-mailing

**En ciblant un grand nombre de consommateurs potentiels par courrier ou par e-mail, les marketeurs cherchent à en convertir certains en clients. Une stratégie développée en associant timing, design et contenu pertinent des messages.**

## Mode de fonctionnement

Le publipostage est l'une des plus anciennes formes de prospection utilisée par le marketing. La stratégie se base sur l'envoi d'une offre à un grand nombre de consommateurs, avec pour objectif d'en capter certains. Le publipostage exploite des listes de noms et adresses, comme les fichiers clients d'une entreprise ou les listes de diffusion achetées à des agences spécialisées. Presque toutes les entreprises, de la plus petite au grand groupe, peuvent intégrer le publipostage à leur stratégie de vente. Traditionnellement, cette technique de marketing direct est sollicitée par les entreprises de vente par correspondance, les institutions financières et les organisations à but non lucratif faisant appel aux dons. Le pourcentage de consommateurs acceptant l'offre, effectuant un achat et devenant clients, autrement dit le taux de conversion, est extrêmement faible, mais suffisant pour que le publipostage soit considéré comme rentable.

### À SAVOIR

- **Nettoyage :** Corrections des noms et adresses d'une liste de diffusion.
- **Prospect :** Un client potentiel de l'entreprise.
- **Logiciel de gestion de contact :** Système logiciel permettant de procéder à la fusion de différentes listes de diffusion, de détecter et éliminer les doublons ou de procéder à des corrections.

## E-mailing – test A/B

Un test A/B est ici utilisé pour comparer l'efficacité de deux approches d'e-mailing. Une même offre a été envoyée à deux groupes de consommateurs potentiels sur des jours différents.

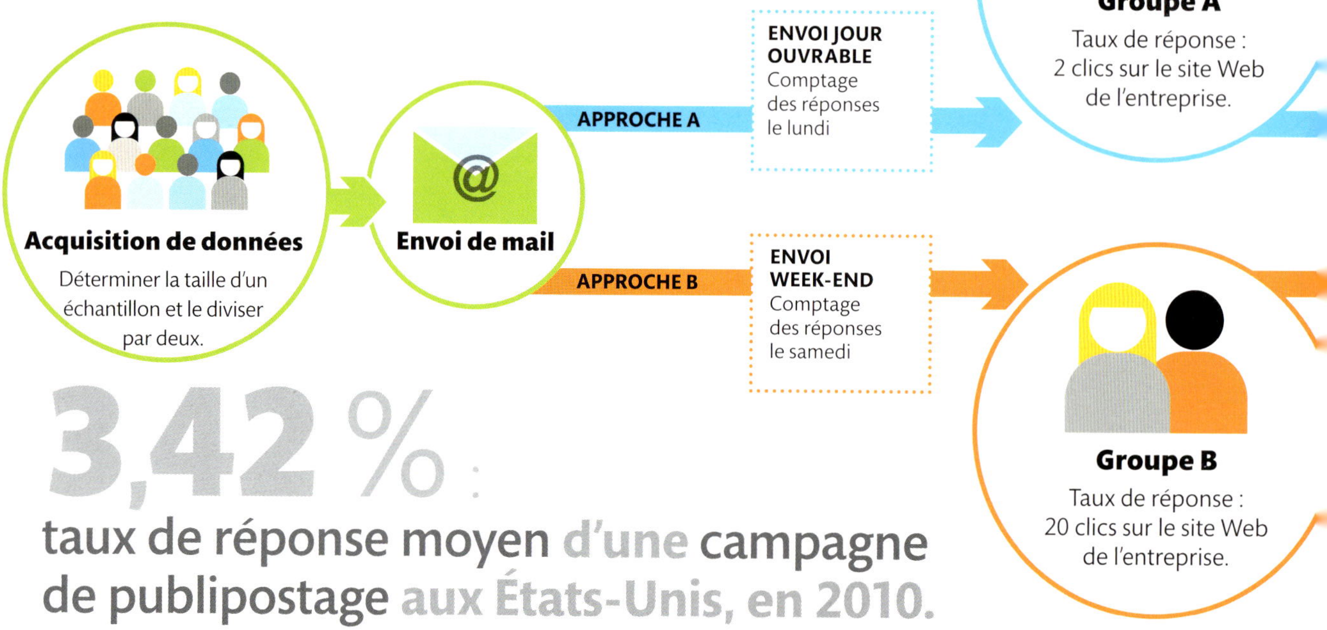


**3,42 % :**

**taux de réponse moyen d'une campagne de publipostage aux États-Unis, en 2010.**

## PROCESSUS DU PUBLIPOSTAGE

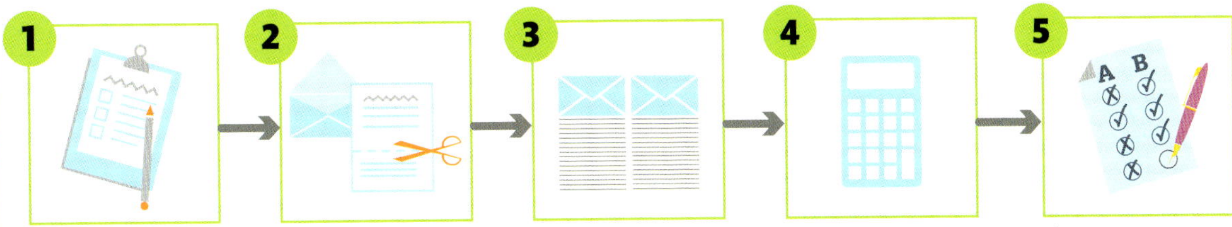


**1 *Acquisition de données***

Achat de listes de diffusion ou de fichiers clients auprès d'autres entreprises.

**2 *Préparation***

Préparation d'une enveloppe porteuse avec coupon-réponse, incluant une enveloppe retour prépayée.

**3 *Envoi courrier***

Des envois échelonnés permettent de contrôler le flux de réponses.

**4 *Calcul du taux de réponse***

Établir le taux de réponse exprimé sous forme d'un pourcentage.

**5 *Évaluation de la rentabilité***

Estimer la rentabilité de la campagne promotionnelle en la comparant à d'autres.

**Analyser les données**

À la comparaison des résultats, le créneau du samedi apparaît comme le plus performant.

**Campagne B**

Envoi d'e-mails à l'autre groupe le samedi.

**Évaluer la rentabilité**

L'analyse globale révèle que l'approche B génère le taux de réponse le plus élevé.

# Télémarketing

**L'entreprise fait appel au télémarketing pour initier un contact direct avec les clients existants et les consommateurs potentiels. Les consommateurs ont aussi la possibilité d'entrer en contact direct avec l'entreprise.**

### Mode de fonctionnement

Cette technique de marketing direct distingue le télémarketing entrant et sortant. L'appel d'un client à la permanence téléphonique d'une entreprise (pour une question sur un produit ou un plainte) est qualifié d'appel entrant. Il permet de retenir un client insatisfait par un produit ou un service, ou de gagner un nouveau client contactant l'entreprise pour la première fois. Les appels sortants renvoient aux campagnes de télévente visant à vendre un nouveau produit à une clientèle existante, ou de téléprospection pour attirer de nouveaux consommateurs. La rentabilité d'une campagne de télévente peut être évaluée à l'heure : un téléopérateur A peut passer 140 appels à l'heure et générer 400 € de recettes. Pour une évaluation plus précise, on calcule les recettes par appel, si le téléopérateur B passe 60 appels par heure, mais génère 450 € de recettes, le taux de conversion par appel est plus élevé pour le téléopérateur B, comparé au téléopérateur A.

**60 %** des centres d'appels en France et en Inde emploient des diplômés de l'enseignement supérieur.

## Processus des appels sortants et entrants en télémarketing

En règle générale, les téléopérateurs utilisent des listes de numéros de téléphone issus de bases de données pour contacter prospects ou clients existants. Les téléopérateurs des centres d'appels ont accès à l'information produit pour répondre aux questions ou plaintes des consommateurs.

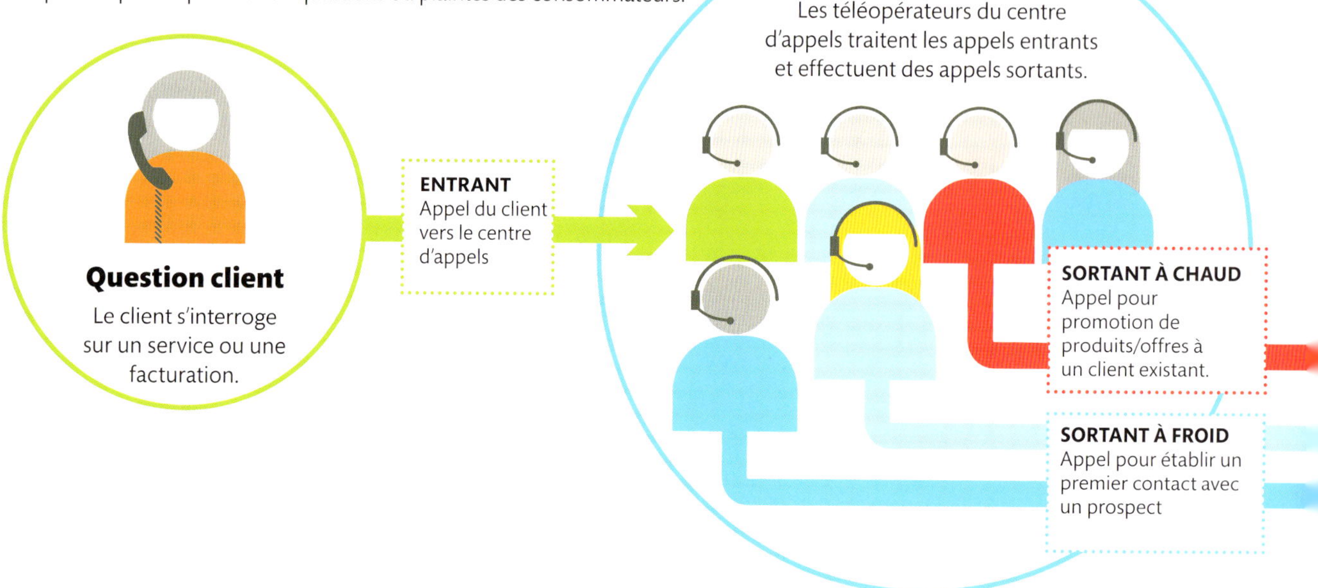

## LOCALISATION DES GRANDS CENTRES D'APPELS DANS LE MONDE

Les centres d'appels sont rarement situés dans les pays où sont installées les entreprises pour lesquelles ils travaillent. Les Philippines, par exemple, représentent le premier client des entreprises nord-américaines, suivies par l'Inde. Un grand nombre de Philippins ont en effet reçu une éducation américaine et bénéficient d'une bonne connaissance de cette culture.

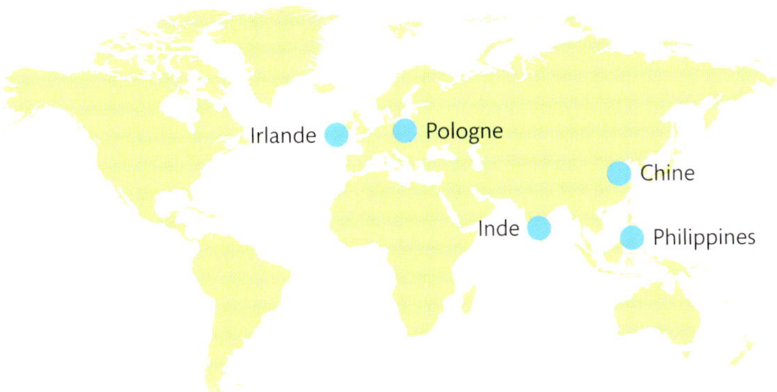


## ✓ À SAVOIR

- **Durée moyenne de traitement (DMT) :** Durée totale de traitement qui inclut la durée de l'appel, et la durée de traitement des informations reçues au cours de l'appel.
- **Durée moyenne des appels (DMA) :** Durée d'un appel que doit respecter un téléopérateur pour la téléprospection.
- **Distribution automatique des appels (DAA) :** Système informatisé de répartition des flux d'appels entrants, afin d'orienter chaque appel vers le téléopérateur compétent.
- **Temps de décroché :** Temps moyen d'attente des clients.

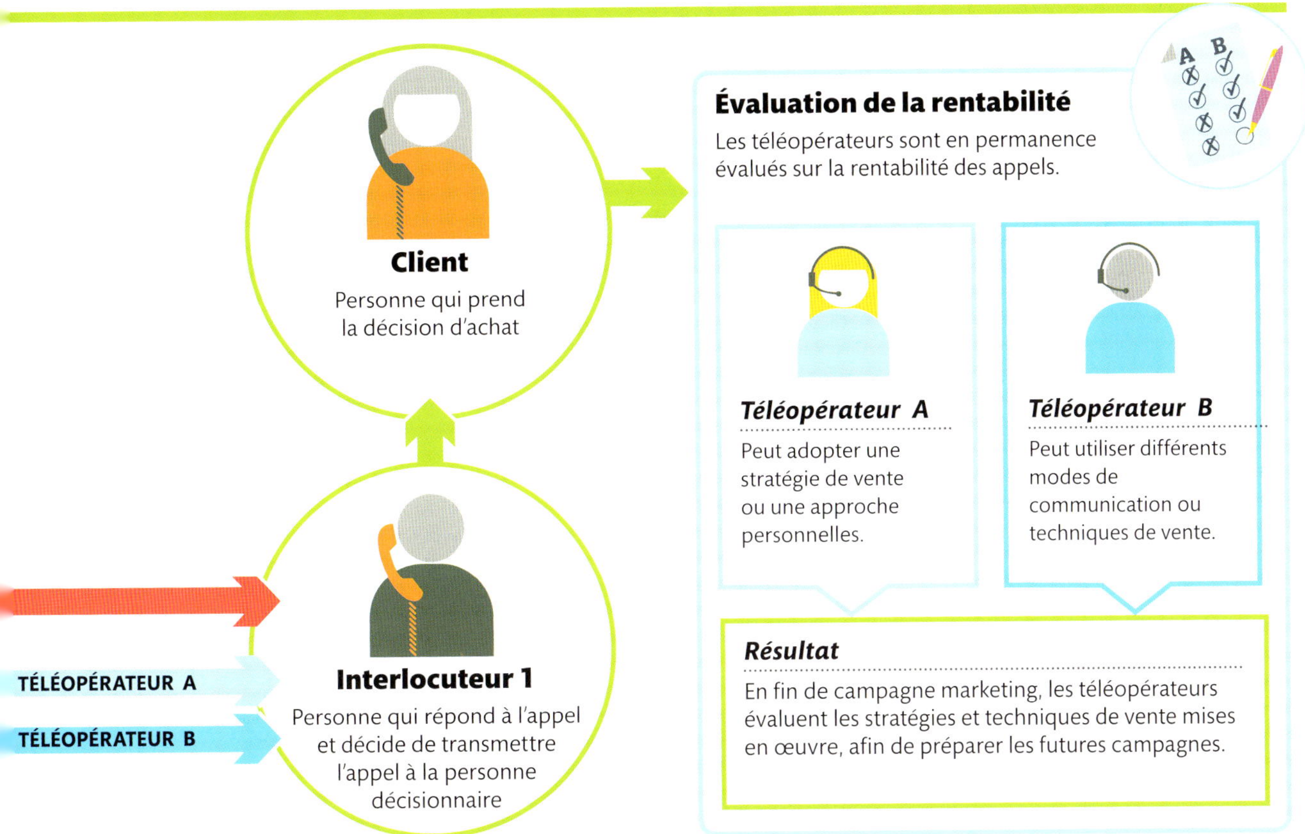

# Inbound marketing

**L'inbound marketing attire les consommateurs en leur proposant un contenu attractif et en les fidélisant. La stratégie vise à ce que le consommateur entretienne une relation avec une marque, plutôt que de le « forcer » à l'achat comme peut le faire la publicité. L'inbound marketing est aussi qualifié de marketing de la permission : les consommateurs potentiels autorisent l'entreprise à communiquer avec eux. Il s'agit d'une interaction dynamique avec l'entreprise ou la marque.**

## Processus de l'inbound marketing

Le contenu est au cœur de l'inbound marketing. Il inclut texte, images et vidéos que le consommateur recherche en ligne, particulièrement sur les sites de réseaux sociaux, ou en personne, à l'occasion de manifestations comme les salons, et qu'il partage avec son réseau de relations, sa famille et ses collègues de travail. Le consommateur potentiel répond à l'inbound marketing parce que l'entreprise ou la marque lui propose des informations intéressantes ou pertinentes, du divertissement ou du contenu à haute valeur émotionnelle. Pour l'entreprise, la finalité de cette interaction est la vente ou la reconnaissance de la marque qui conduit à une vente.

### À SAVOIR

- **Sommet de l'entonnoir (TOFU) :** Premières étapes du cycle de vente, destinées à capter l'attention du prospect.
- **Milieu de l'entonnoir (MOFU) :** Proposition plus détaillée et encouragement à la participation.
- **Bas de l'entonnoir (BOFU) :** Conclusion du cycle de vente, avec offre à bas coût, essai gratuit ou *via* des recommandations clients.

### Principaux types de contenus marketing

1. Blog
2. Tutoriel
3. Images
4. Infographie
5. Vidéo
6. Témoignage
7. Étude de cas
8. Mème Internet
9. E-mail, newsletter
10. E-books
11. Podcasts
12. Fil de discussion Twitter
13. Newsjacking (rebondir sur l'actualité)

### Exploration

Publication et promotion de contenu, utilisation de l'optimisation pour les moteurs de recherche (SEO) pour attirer les consommateurs en ligne.

### Prise de décision

S'assurer que le contenu intéresse les consommateurs potentiels ou apporte une solution à leurs problèmes, encourager la communication bilatérale.

### Achat

Inciter les visiteurs du site intéressés à devenir clients, transformer l'achat en ligne en une expérience simple et positive.

### Promotion

Offrir un excellent service après-vente, encourager le client à faire des recommandations et à les partager sur les réseaux sociaux.

# 41 %

**des marketeurs interrogés en 2013 pensaient que l'inbound marketing produisait un retour sur investissement (ROI) quantifiable.**

## STRATÉGIES DE L'INBOUND MARKETING

### *Hors-ligne*

- **Optimiser l'espace de vente :** Proposer un environnement physique agréable qui attirera les consommateurs et les encouragera à revenir.
- **Solliciter les médias :** Générer des parutions presse pour gagner en couverture média. Se concentrer sur des sujets de réel intérêt, notamment ceux qui peuvent être renforcés par des statistiques ou la recherche.
- **Interactions face-à-face :** Organiser des manifestations dans les boutiques pour offrir une nouvelle expérience/avantage aux consommateurs, louer des stands dans les salons.

### *En ligne*

- **Blogs :** Rafraîchir le blog de l'entreprise avec un contenu intéressant pour attirer les visiteurs. *Voir p. 224–225.*
- **Créer des podcasts :** Proposer des contenus pertinents, engager des spécialistes pour ajouter de la valeur aux contenus *Voir p. 226–227.*
- **Produire d'autres contenus :** Poster articles, photos et vidéos sur les réseaux sociaux, cibler des utilisateurs influents et les encourager au partage viral. *Voir p. 228–229.*
- **Utiliser l'optimisation des moteurs de recherche (SEO) :** Remplir les listes de moteurs de recherche de phrases-clés répondant à des questions spécifiques. *Voir p. 230–231.*

# Outbound marketing versus inbound

**L'outbound marketing interrompt le consommateur pour promouvoir un produit ou une marque, alors que l'inbound marketing sollicite sa permission, en incitant le consommateur à chercher l'information conduisant au message marketing.**

## Mode de fonctionnement

Avant l'avènement d'Internet et le phénomène des médias sociaux, presques toutes les stratégies marketing relevaient de l'outbound marketing. En d'autres termes, cela signifie que les marketeurs allaient au-devant des consommateurs en les interrompant dans leurs activités avec des publicités ou des stratégies de publipostage. Le même principe s'applique à l'outbound marketing en ligne, quand des pop-up publicitaires surgissent pendant la consultation d'une page Web. Sachant que les consommateurs à travers le monde utilisent aujourd'hui Internet pour s'informer et se divertir, les marketeurs ont adopté une nouvelle stratégie, celle de l'inbound marketing, qui, plutôt que d'imposer un message, propose un contenu qui attire le consommateur vers le produit ou la marque.

### À SAVOIR

- **Marketing d'interruption :** Synonyme d'outbound marketing ou marketing sortant.
- **Marketing de permission :** Synonyme d'inbound marketing ou marketing entrant.

## Avantages et inconvénients

Les marketeurs interrompent quotidiennement les consommateurs avec des centaines de messages relevant de l'outbound marketing, tout en sollicitant de plus subtiles stratégies de l'inbound marketing pour attirer les consommateurs. À chaque forme de marketing ses avantages et ses inconvénients.

**Outbound**

Avantages

- **Rentabilité de la campagne** facile à anticiper et mesurer.
- **Matériel marketing** facile à créer.
- **Gestion plus précise** de la campagne.

*Cons*

- **Taux de conversion** consommateurs faible.
- **Campagne marketing** coûteuse.
- **Effets de la campagne** de courte durée.

**Inbound**

Avantages

- **Attirance plus forte** du consommateur et intérêt à long terme pour la marque.
- **Non intrusif** dans son approche, ce que préfère le consommateur.
- **Moins coûteux.**

*Cons*

- **Temps de réponse** du marché plus long.
- **Contenu à actualiser** pour maintenir l'intérêt du consommateur.
- **Rentabilité** de la campagne plus difficile à mesurer.

## COÛT MOYEN PAR LEAD DE L'INBOUND VERSUS L'OUTBOUND MARKETING

Selon une étude de HubSpot réalisée en 2012, les entreprises aux stratégies marketing majoritairement inspirées de l'inbound affichaient un coût moyen par lead (coût d'acquisition d'un prospect sur Internet) inférieur de 61 %, à celui des entreprises aux stratégies marketing majoritairement inspirées de l'outbound. Cette même étude mettait en lumière l'avantage efficacité/coût du marketing des médias sociaux, de l'optimisation pour les moteurs de recherche (SEO) et de l'e-mailing.

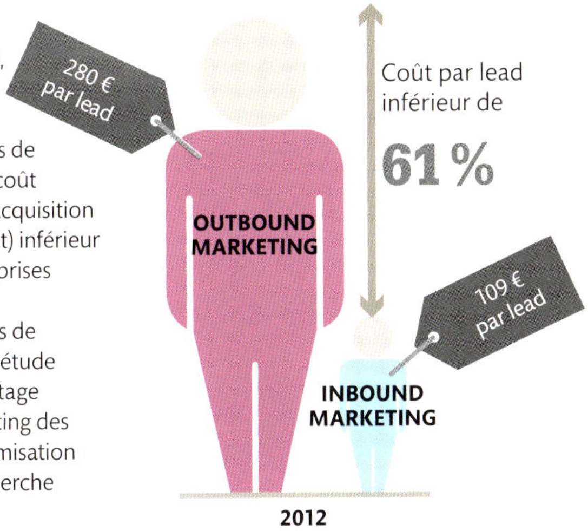


**60 %** des marketeurs ont intégré des stratégies marketing inbound à leurs stratégies marketing outbound.

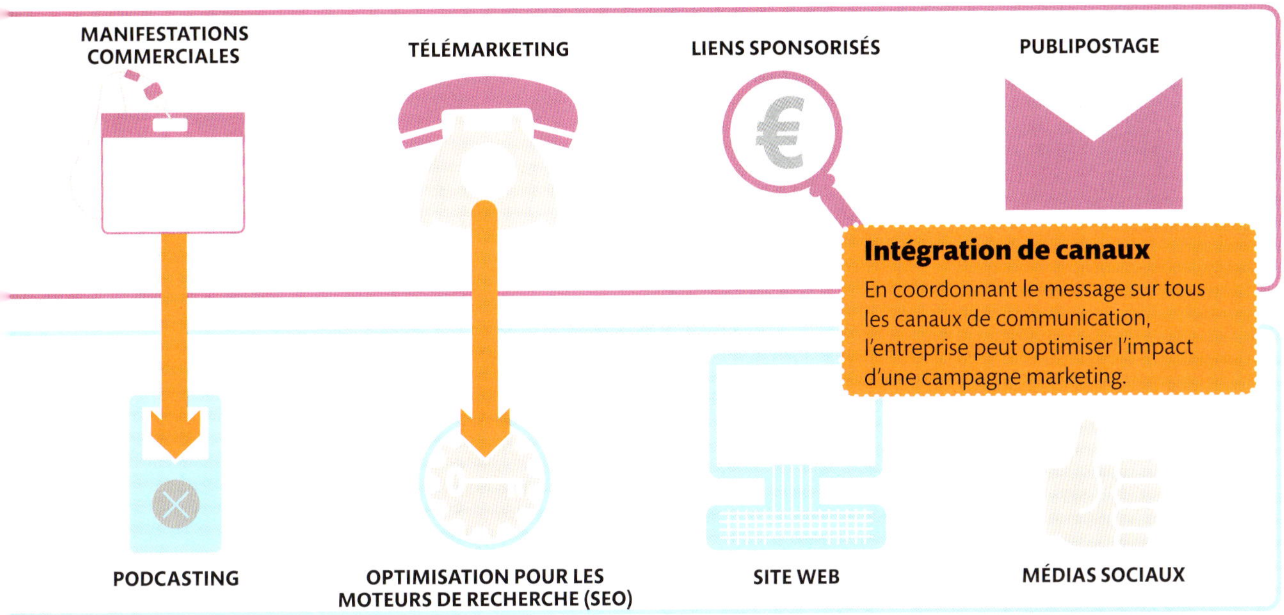

# Blogging

**Nombre d'entreprises créent aujourd'hui un blog pour y faire la promotion de leurs produits sur un ton plus personnel et renvoyer in fine sur leur site Web. Elles accordent de plus en plus d'importance aux blogueurs indépendants.**

## Mode de fonctionnement

Un blog est un site regroupant exclusivement des posts ou billets à contenu informatif, affichés selon un ordre antichronologique, du récent au plus ancien. Les blogs sont apparus vers le milieu des années 1990, à l'époque où de nouveaux outils Web permirent à tout un chacun de publier du contenu en ligne. Ce type de contenu Web est depuis devenu une des sources d'information et d'opinion parmi les plus répandues sur Internet. Domaine autrefois monopolisé par les particuliers, la blogosphère s'est désormais enrichie des nombreux blogs commandés ou professionnellement édités et produits par les services marketing des entreprises.

## Processus du blogging

Les marketeurs utilisent des outils d'optimisation pour les moteurs de recherche *(voir p. 230-231)* pour mieux saisir tendances et sujets porteurs en ligne, afin de créer des blogs aux contenus adaptés. De nombreuses entreprises possèdent aujourd'hui en interne leurs propres talents pour rédiger et alimenter leurs blogs.

**Sélection d'un mot-clé ou d'une question**
Choisir un mot-clé, une phrase ou une question qui interpelle le public cible.

**Création de contenu**
Centrer le contenu sur le mot-clé/question et veiller à proposer aux lecteurs un aperçu intéressant sur le sujet choisi.

**Ajout de liens**
Citer spécialistes et rapports de recherche sur le secteur, ajouter photos ou vidéos, et proposer des liens vers la source originale.

**Poster un billet**
Poster des billets sur un blog en utilisant des applications Web ou des plateformes de blogs professionnelles spécialisées.

**PROGRESSION DES BLOGS : LES 20 PREMIÈRES ANNÉES**

- 1994 : Apparition du premier blog (site links.net)
- 1997 : Invention du terme « weblog »
- 1998 : Premier outil de gestion de blog : Open Diary
- 2000 : Lancement du blog collaboratif Boing Boing
- 2001 : Fondation de Blogads (régie pub pour blogs)

1994 1995 1996 1997 1998 1999 2000 2001 200

**85,2 %**
**des internautes au Brésil avaient déjà lu un blog en 2011.**

## À SAVOIR

- **Déclaration CNIL (Commission nationale de l'informatique et des libertés) :** Formalité administrative française applicable à tous les sites Web collectant ou exploitant des fichiers de données personnelles.

### Syndication/partage

Communiquer sur le blog sur les réseaux sociaux comme Facebook, Twitter ou Instagram.

### Suivi et mesure

Surveiller les statistiques clés du blog : nombre de visiteurs uniques, nombre d'abonnés au flux RSS et par e-mail.

## BLOG ET STATISTIQUES CLÉS

### *Cinq statistiques à suivre*

- **Nombre de visiteurs :** Clients potentiels visitant le blog *via* un lien ou par entrée directe.
- **Taux de rebond :** Pourcentage de visiteurs quittant le site après 10 secondes.
- **Pages par visite :** Nombre de pages consultées par visiteur.
- **Taux de conversion :** Pourcentage de visiteurs souscrivant au blog.
- **Mots-clés :** Mots les plus utilisés pour trouver le site du blog.

### *Blog, trois erreurs courantes*

- **Excès de SEO :** Les outils d'optimisation pour les moteurs de recherche sont importants, mais la qualité des contenus doit primer.
- **Manque d'informations :** Les posts doivent proposer une information factuelle, précise et personnelle, pas seulement des avis ou du contenu reconditionnés.
- **Manque de lisibilité :** Présentation peu soignée et typographie peu lisible décourageront le visiteur et ne l'inciteront pas à poursuivre.

Google lance AdSense

« Blog » devient le mot de l'année

Weblogs Inc. est vendu pour 25 mds de dollars

Lancement de Tumblr (plateforme de microblogging)

Proposition d'un code de bonne conduite pour blogueurs

AOL achète le blog HuffPo et le site Web d'information

WordPress réunit plus de 75 millions de blogs

Le blog fête ses 20 ans

2003 – 2004 – 2005 – 2006 – 2007 – 2008 – 2009 – 2010 – 2011 – 2012 – 2013 – 2014

## Podcasting

L'entreprise peut poster fichiers audio ou vidéo sur Internet pour attirer et retenir les internautes, avec pour objectif la conversion des visiteurs occasionnels en souscripteurs. Dès que le consommateur manifeste un intérêt pour ses podcasts, l'entreprise cherche à vendre ses produits par le biais de la publicité sur ses podcasts, sur la page de téléchargement de ses podcasts.

## Processus du podcasting

Pour optimiser les retombées commerciales d'un podcast ou d'un vidcast, l'entreprise doit créer et publier des contenus intéressants et informatifs.

### Capture de contenu

Décider du sujet, définir un cadre, puis filmer ou enregistrer du matériel audio.

### Traitement du contenu

Éditer séquences vidéo ou pistes audio en bruit de fond, corriger les erreurs, les répétitions, faire des essais et éditer d'autres séquences si besoin.

### Sélection d'un format

Sauvegarder les podcasts au format mp3 et les vidéos sous un format pour petit écran, compresser les fichiers.

### Publication du contenu

Publier le contenu sous forme d'un billet, utiliser une application pour générer une adresse de flux, soumettre le contenu à iTunes ou autres.

### Suivi

Compter les souscripteurs, utiliser les services de flux Web pour accéder à la localisation de l'utilisateur et à d'autres statistiques.

### À SAVOIR

- **Vodcast :** Synonyme de vidcast (format court pour diffusion de vidéo à la demande).
- **RSS (Rich Site Summary) :** Format utilisé pour l'actualisation fréquente de contenus texte, audio et vidéo en ligne.
- **Mobcast :** Podcast créé et publié sur mobile.

**1 milliard** au moins d'utilisateurs ont téléchargé l'application Podcasts d'Apple.

## PROMOTION ET ÉTHIQUE DU BLOGGING ET DU PODCASTING

En ligne, la collaboration entre commentateurs indépendants et entreprises est une pratique courante, profitable à chacune des parties. Mais la promotion commerciale sur les blogs/podcasts n'est pas règlementée comme la publicité et en matière d'éthique les frontières sont parfois floues.

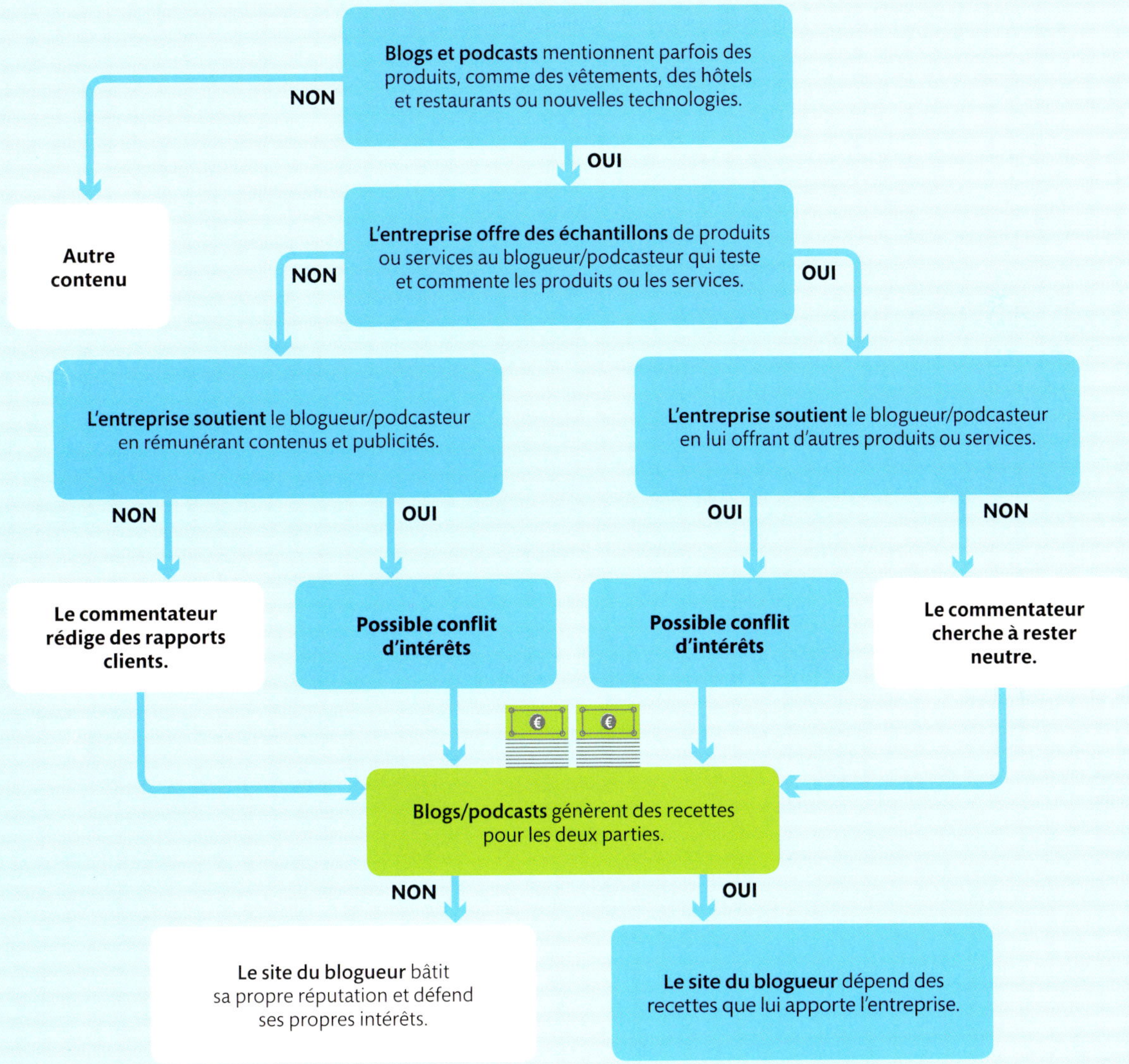


**LÉGENDE**

- L'entreprise influence potentiellement le blogueur.
- Le blogueur opère indépendamment de l'entreprise.
- Le blog génère des recettes pour le blogueur et l'entreprise.

# Marketing des médias sociaux

**En postant du contenu sur un média social, les entreprises cherchent à optimiser le trafic sur un site Web et à attirer l'attention sur leurs produits et services. L'intérêt occasionnel porté à ces contenus peut rapidement croître à travers ces canaux.**

## Mode de fonctionnement

Les équipes marketing ont pour mission de générer du contenu attractif. En règle générale, le contenu propose du divertissement, ou offre une information utile que recherche activement l'utilisateur d'un média social. Si le contenu est intéressant, il attirera d'autres utilisateurs ou followers, qui le partageront avec leur public. Au fur et à mesure du partage de ce contenu, des « like » et des commentaires qu'il suscite, il finira peut-être par être récupéré par Google et d'autres moteurs de recherche, suscitant ainsi encore plus d'intérêt.

## Processus du média social

Les créateurs d'un nouveau complément alimentaire destiné à réparer les méfaits du soleil sur la peau génèrent un contenu vidéo illustrant les effets du produit et publient le contenu sur deux canaux de médias sociaux. Une séquence vidéo, une image ou un article qui s'étend rapidement et largement *via* Internet est qualifié de « viral ».

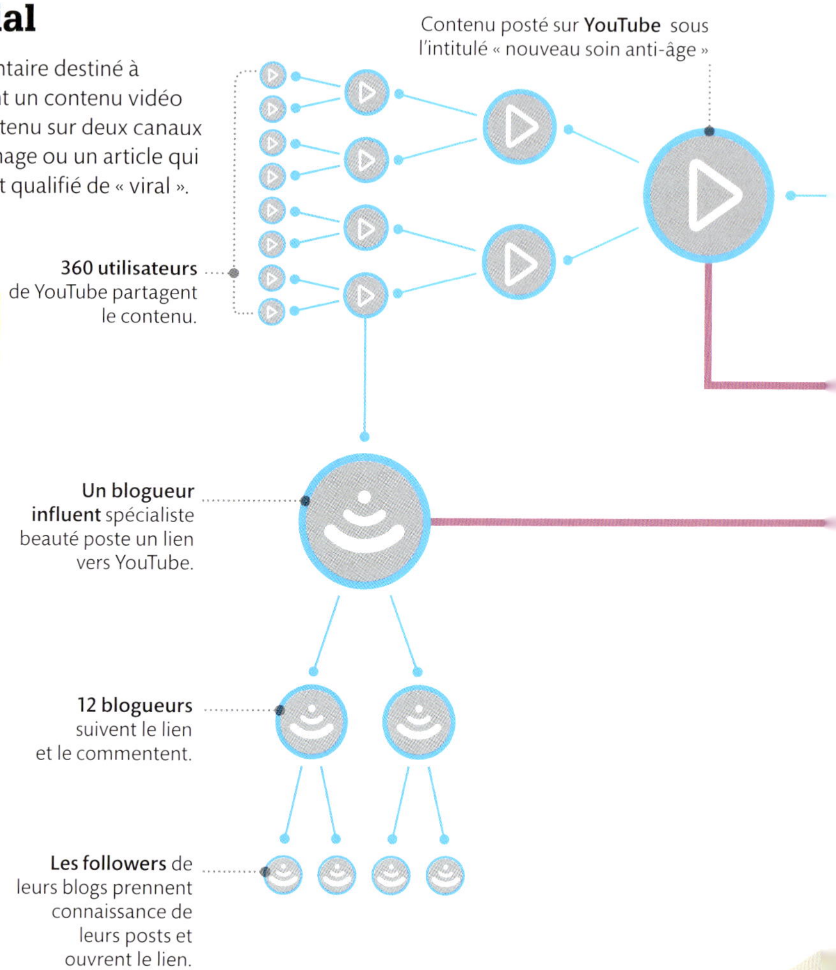


### QUESTION DE CONVERSION

L'objectif des contenus proposés est de convertir l'internaute « demandeur » qui arrive sur la page d'un site, d'un blog ou d'un média social, en un « adhérent » qui souscrit et autorise une communication à double sens.

**Étape 1 :** L'entreprise poste un contenu, comme une vidéo, un article ou une offre spéciale, dans le but d'attirer les consommateurs (demandeurs et adhérents).

**Étape 2 :** Le marketeur compte sur les « amplificateurs », ces utilisateurs de médias sociaux qui partagent des contenus avec leurs amis, pour répandre leurs posts et toucher un plus large public.

**Étape 3 :** On contrôle le taux de réponse des demandeurs, des adhérents et des amplificateurs, puis on procède à l'audit de leurs posts.

**37 %** des entreprises en Allemagne utilisaient les médias sociaux en 2013.

## À SAVOIR

- **Graphe social :** Graphique sur Internet cartographiant les liens entre des groupes d'utilisateurs, comme ceux d'amis sur Facebook.
- **Référencement social :** Utilisation des communautés en ligne pour étendre la diffusion d'un produit ou d'un événement dans un média social.
- **Veille sur les médias sociaux :** Processus visant à mesurer l'e-réputation d'une marque ou d'une entreprise sur les médias sociaux.

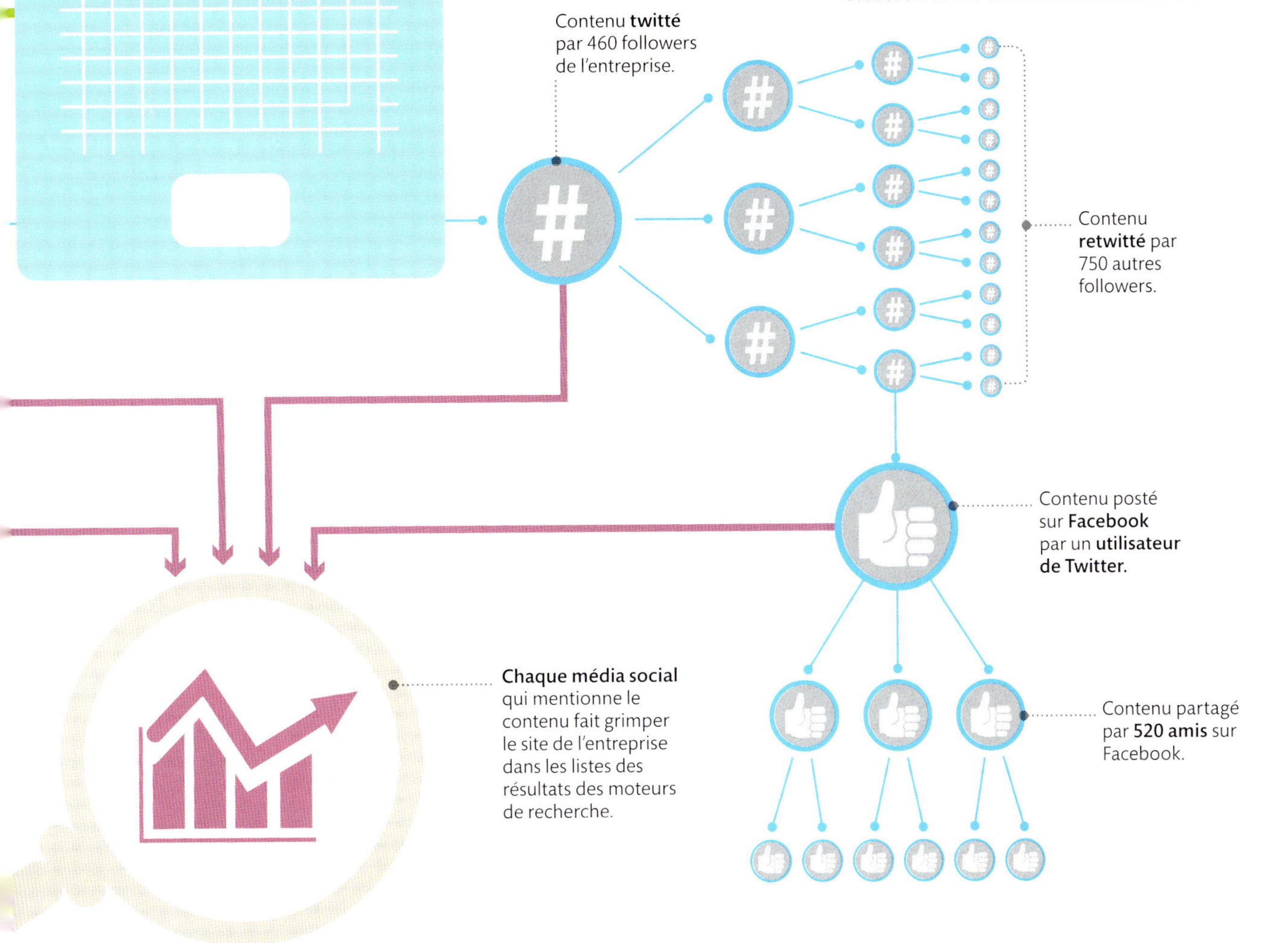

# SEO, ou optimisation pour les moteurs de recherche

**Le SEO, ou Search Engine Optimization, est un outil utilisé par les marketeurs pour gagner en trafic sur un site, à partir des résultats proposés par les moteurs de recherche. Elle aide l'utilisateur dans le référencement de ses pages Web.**

## Mode de fonctionnement

L'entreprise présente sur le Web doit s'assurer que son site est référencé en tête de classement des listes de moteurs de recherche. Pour y parvenir, elle utilise souvent des outils SEO pour contrôler le classement de son site lors d'une recherche par mots-clés, avant de prendre des mesures lui permettant de le hisser dans le classement des pages de résultats. Les plus importantes de ces mesures consistent à sélectionner des mots-clés pertinents, à établir des liens avec des sites Web affiliés et à générer des contenus incluant mots-clés ou phrases les plus recherchés, afin de maintenir la visibilité du site Web face à une large variété de requêtes.

Les moteurs de recherche proposent un service de coût par clic qui aide l'entreprise à se hisser en tête des pages de résultats de recherche. Chaque clic génère un montant payé par l'entreprise au moteur de recherche.

**92 %**
**du trafic sur Google se limite aux entrées proposées sur la première page.**

## Processus du SEO

Ces outils peuvent être utilisés régulièrement pour hisser un site Web dans le classement des pages de résultats.

**Recherche de mots-clés**
Utiliser un outil SEO pour chercher les mots-clés les plus populaires.
- Réfléchir à des mots-clés
- Trouver des mots dans les moteurs de recherche les plus puissants
- Tester le trafic selon différents mots-clés.

**Sélection de mots-clés**
Utiliser intuition et analyse pour choisir des mots-clés
- Penser à des phrases clés.
- Éviter les mots trop usités.
- Essayer variantes et synonymes d'un mot.

**Étudier la concurrence**
Surveiller le classement de la concurrence.
- Évaluer le classement de la concurrence avec un outil SEO.
- Visiter les sites Web de la concurrence.
- Trouver des noms de domaines en tête de classement.

## À SAVOIR

- **Robot.txt :** Fichier de texte qui indique au robot d'indexation les pages auxquelles il a accès et celles qui ne sont pas nécessaires pour l'indexation.
- **Algorithme de recherche :** Algorithme séquentiel qui régit le classement de pages Web dans les résultats affichés par un moteur de recherche.
- **Métadonnée :** Donnée servant à définir ou à décrire une autre donnée.
- **Cloaking :** Technique d'optimisation SEO consistant à présenter aux internautes un contenu différent de celui destiné aux moteurs de recherche.
- **Panda et Penguin :** Mises à jour de l'algorithme de référencement de Google, destinées à lutter contre les sites de mauvaise qualité.

## SEO : LES POINTS CLÉS

**Éviter les mots** isolés, car les phrases proposent un meilleur positionnement.

**Suivre les statistiques** de recherche en utilisant Google ou Keyword Tool par exemple.

**Ajouter un blog** pour offrir un contenu qui sera repris par les moteurs de recherche.

**Priorité au contenu** actualisé régulièrement en utilisant des mots-clés.

**Utiliser des sites réputés** au contenu pertinent pour établir des liens retour vers son site.

**Titres de rubriques** avec mots-clés faisant référence au contenu de la page.

### Établir des liens

Ajouter des liens de sites Web affiliés pour pointer en retour vers son site.

- **Lier des sites d'intérêt.**
- **Participer à des forums.**
- **Demander à des partenaires de créer un lien vers son site.**

### Reporting et suivi

Utiliser des outils de suivi et de reporting sur le référencement de sites Web.

- **Se concentrer sur la qualité des visites.**
- **Analyser les rapports du serveur**
- **Pointer les ventes par requête.**

### *Robots d'indexation*

Robots visitant le plus de pages Web possible pour en mémoriser le contenu et l'ajouter aux moteurs de recherche.

### Révision de mots-clés

Mesurer les résultats de recherche à partir des mots-clés utilisés, procéder à des ajustements si besoin.

- **Éviter les mots trop généralistes.**
- **Éviter les mots relevant d'un jargon trop spécialisé.**
- **Changer l'ordre des mots.**

# Développement commercial

**L'objectif premier des équipes marketing et vente est de générer des contacts clients et de les convertir en recettes. Cette activité, au cœur de toute stratégie de développement commercial de l'entreprise, implique un processus continu de recherche de prospects, d'incitation à l'achat et de fidélisation du client. Au cours de ce processus, marketeurs et commerciaux sollicitent différentes stratégies et canaux de communication pour attirer les consommateurs et gagner leur engagement à long terme.**

## Processus collaboratif

Le service marketing façonne l'identité de la marque, et le service commercial prend en charge la vente. Une synergie qui vise à entraîner le prospect dans une expérience, de l'éveil à la marque à l'achat répété, en usant de la communication de messages empruntant différents canaux.

Médias sociaux

Événements live

Face-to-face communication

### Éveil à la marque

Ciblage de groupes de consommateurs avec un contenu et/ou une campagne publicitaire pour les informer de l'existence de la marque et de sa valeur. Un travail qui établit les fondations de relations à long terme.
*Voir p. 234-235.*

### Générer des leads

Utiliser une combinaison de stratégies inbound et outbound marketing pour inciter le prospect à chercher la marque ou le produit.
*Voir p. 236-237.*

### Convertir les leads en commandes

Inciter les prospects intéressés à l'achat à l'aide de messages et offres ciblés, mais aussi de sites de e-commerce attractifs.
*Voir p. 238-239.*

Publicité

Relations publiques

Envoi massif d'e-mails

Télémarketing

# 15 %

## des entreprises disposent de spécialistes du développement commercial qui ne sont pas des commerciaux de terrain.

### STRATÉGIES DE DÉVELOPPEMENT COMMERCIAL

Le développement commercial dépend de la croissance. Les équipes marketing et vente peuvent accroître la rentabilité à long terme en construisant une base clients et en tentant de la fidéliser. Il existe différents moyens pour s'assurer de la fidélité d'une base clients.

- **Modéliser le parcours** client avant jusqu'après la vente.
- **Penser aux moyens** permettant de réduire le coût de vente et d'accroître la satisfaction client.
- **Intégrer les processus** de vente au marketing pour gagner et fidéliser la clientèle, penser au client idéal.
- **Suivre et évaluer** ces processus régulièrement.

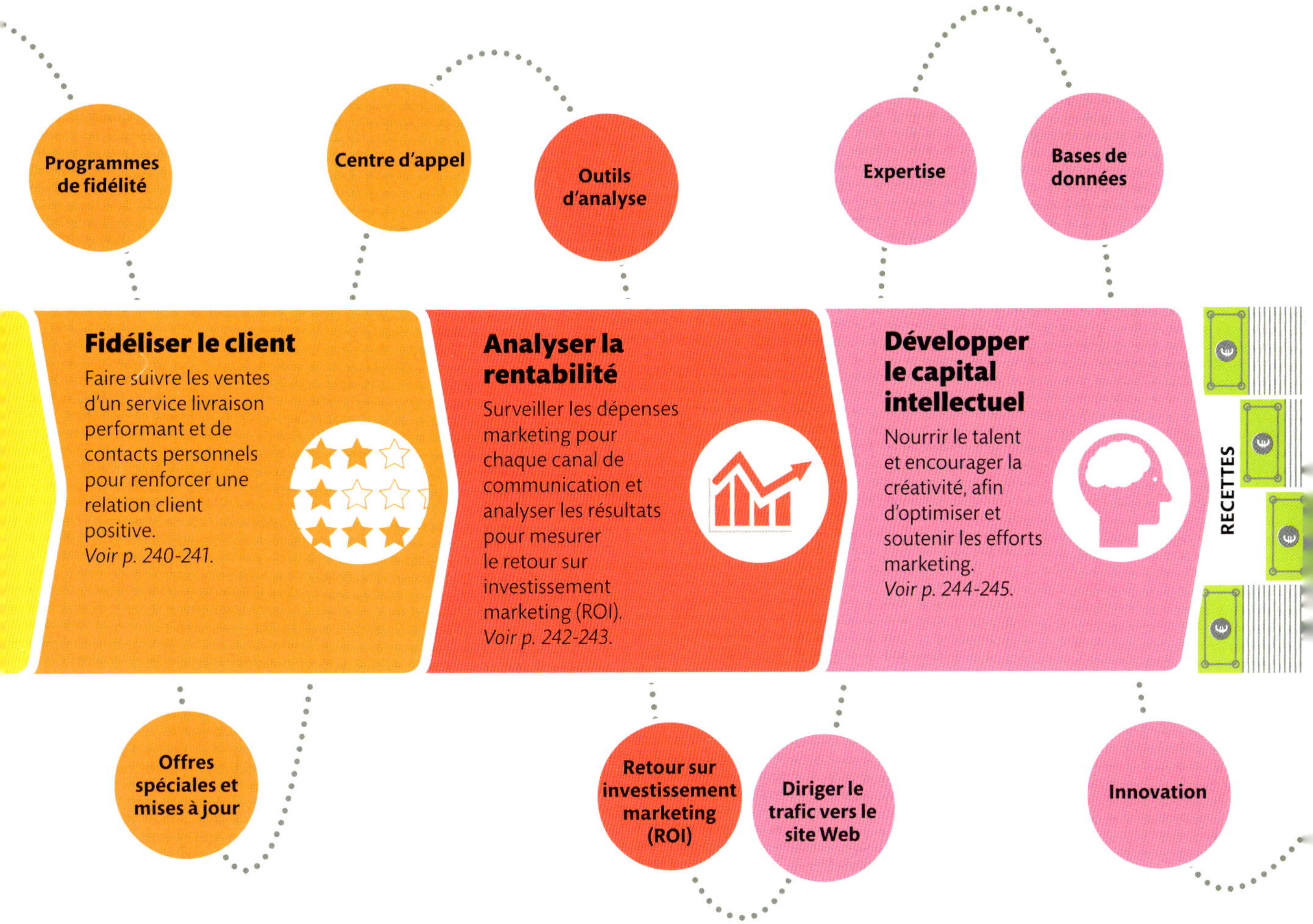

# Branding et rebranding

**L'image d'une marque s'exprime dans les caractéristiques de ses produits. Le branding est utilisé pour communiquer les qualités d'un produit au consommateur et créer un lien durable entre le fournisseur de ce produit et le client.**

## Mode de fonctionnement

Un fournisseur développant une marque crée un ensemble défini de valeurs, exprimées à travers l'aspect visuel du produit, des couleurs, un logo, un slogan, des jingles, une imagerie promotionnelle et des associations avec des personnalités connues ou des personnages. L'image de la marque s'applique à représenter autant l'entreprise que le client. Les médias sociaux participent activement à la promotion des marques, ainsi, 29 % des utilisateurs de Facebook suivent une marque et 58% ont approuvé une marque d'un « like ».

## Le cycle du branding

Le branding d'un produit progresse selon différentes étapes. Le rebranding (ou redéveloppement) d'un produit exige du fournisseur qu'il reprenne le processus depuis le début.

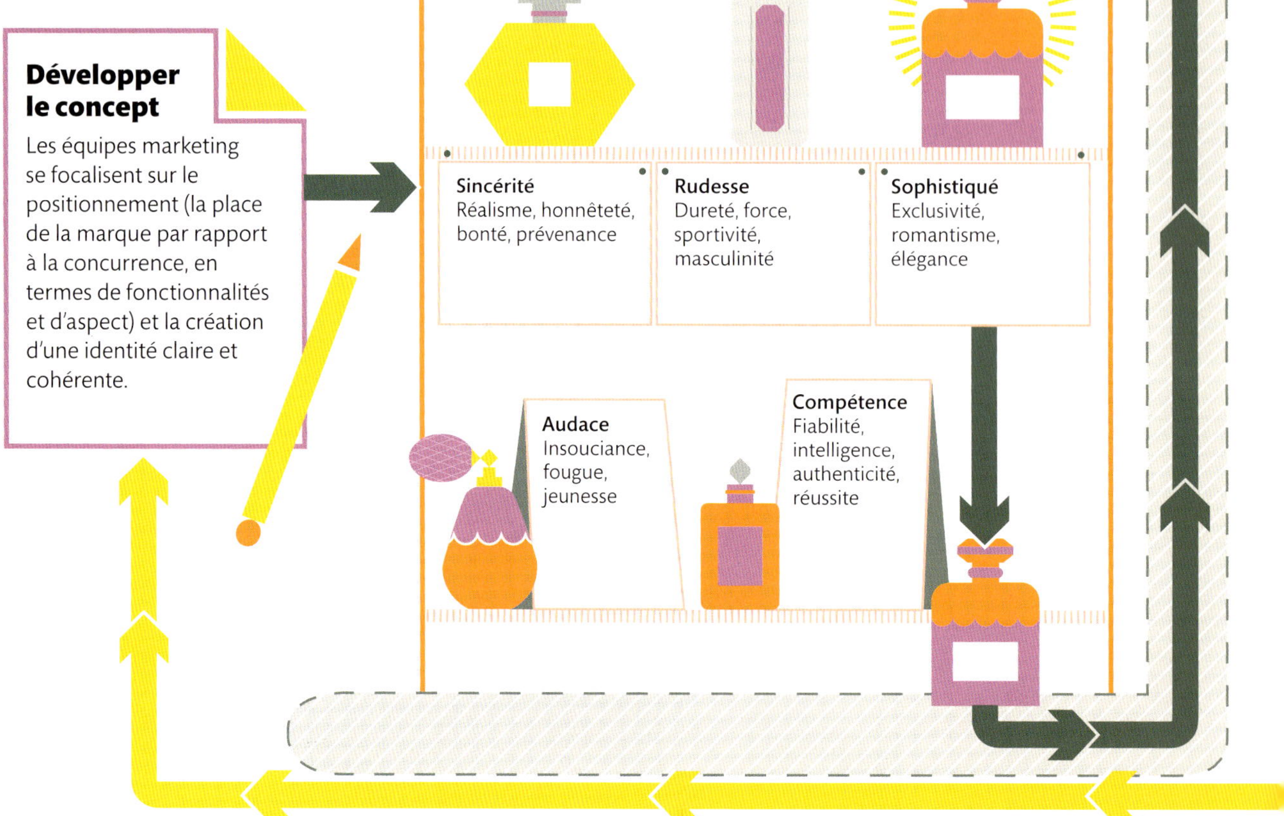

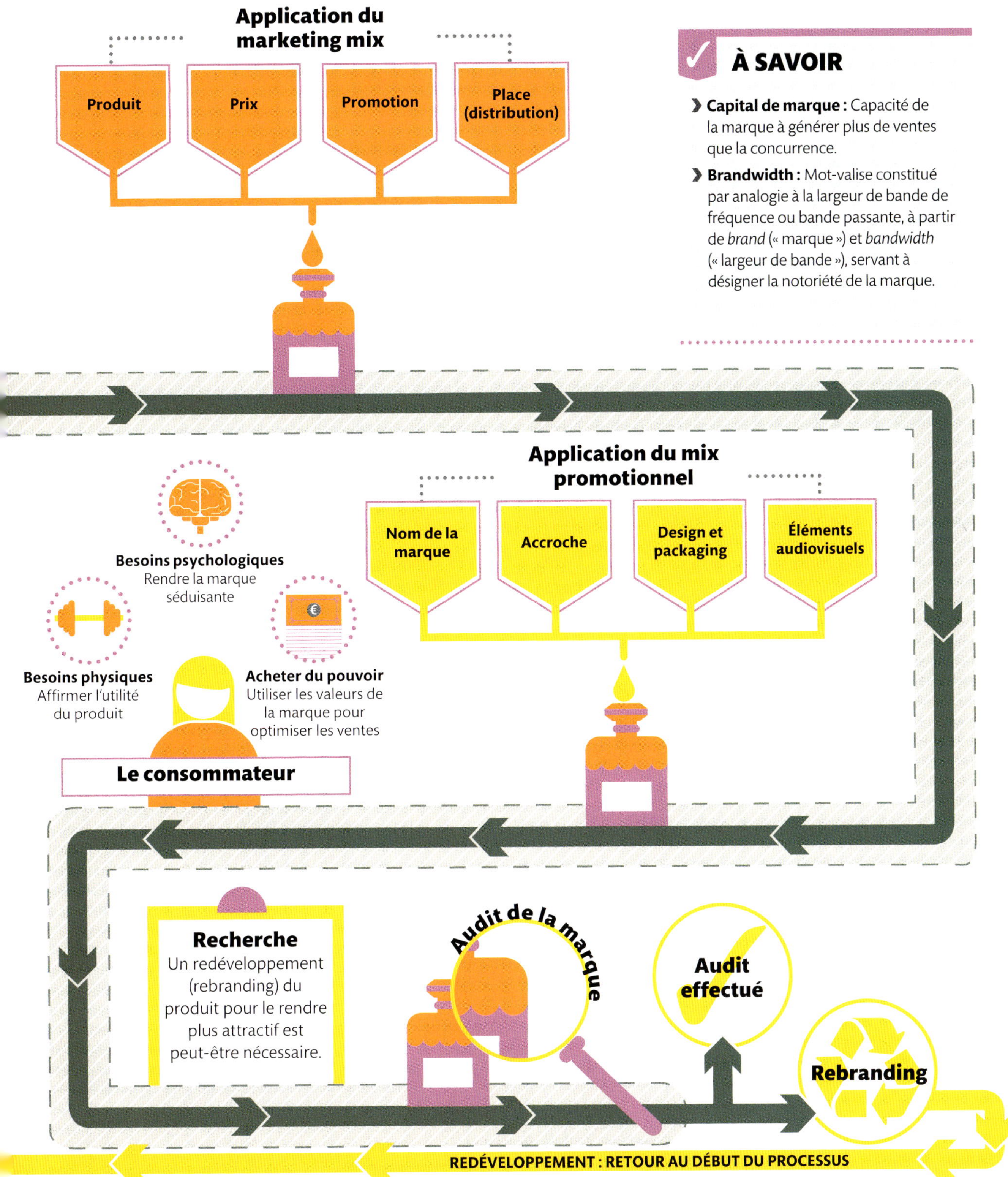


## À SAVOIR

- **Capital de marque :** Capacité de la marque à générer plus de ventes que la concurrence.
- **Brandwidth :** Mot-valise constitué par analogie à la largeur de bande de fréquence ou bande passante, à partir de *brand* (« marque ») et *bandwidth* (« largeur de bande »), servant à désigner la notoriété de la marque.

# Génération de leads

**Pour se développer, une entreprise a pour principal objectif l'acquisition de nouveaux clients. La génération de leads fait référence aux stratégies utilisées pour localiser, cibler et alimenter les leads ou prospects.**

### Mode de fonctionnement

Le but des actions de génération de leads est de trouver des consommateurs manifestant un besoin ou prêts à acheter un produit vendu par une entreprise. La force de vente ne souhaite pas gâcher ses ressources à convaincre des individus n'affichant au départ aucun intérêt pour le produit. Ainsi, le processus de génération de leads s'attache à définir et à capter les prospects susceptibles de devenir des clients, autrement dit des leads de haute qualité. Pour générer des leads, les services marketing et vente collaborent à la mise en place d'une campagne hors-ligne et en ligne, conçue pour identifier et recruter des prospects prometteurs. L'acquisition d'informations sur le contact constitue la première partie du processus. L'étape suivante consiste à convertir les leads en commandes *(voir p. 238-239)*.

## Processus de génération de leads

La génération de leads est un processus décliné en plusieurs étapes, impliquant le marketing, la force de vente et le service clients, œuvrant de concert à la planification, au design, à la production, au test et aux ajustements d'une campagne promotionnelle.

**Planifier l'approche**

Fixer des objectifs et des paramètres, dont le retour sur investissement marketing (ROI), le nombre et la qualité des leads.

**PASSAGE EN REVUE DES OBJECTIFS**
S'assurer du réalisme des objectifs, les comparer aux efforts passés.

**PLANIFICATION**
S'assurer de la synergie du marketing, de la force de vente et du service clients.

**AUDIT**
Évaluer la génération de leads existante.

**SYSTÉMATISATION**
Intégrer un logiciel de gestion de la relation clients (CRM) dans la gestion de leads.

**Identifier le consommateur cible**

Définir les caractéristiques du consommateur que l'entreprise souhaite capter, de façon aussi détaillée que possible.

**Conception de la campagne**

Concevoir un message multi-canal pour attirer le lead à adhérer et à fournir des informations de contact.

**IDÉE**
Trouver un message convaincant pour intéresser et attirer les leads.

**RECHERCHE**
Déterminer quels sont les médias et points de contacts clients les plus performants.

**Produire la campagne**

Créer et fournir le matériel publicitaire nécessaire pour chaque média impliqué dans la campagne.

**SEO/PPC**
Intégrer l'optimisation pour les moteurs de recherche et le coût par clic dans la campagne *(voir p. 230-231)*.

**ENVOI MASSIF D'E-MAILS**
Inclure une offre pour le destinataire et un appel à l'action *(voir p. 216-217)*.

**TÉLÉMARKETING**
Passer en revue le message clé et le script d'appel avec le service clients.

**SALONS**
Inviter de potentiels leads à visiter le stand de l'entreprise et prévoir des rencontres en face à face.

**PUBLICITÉ**
Générer un intérêt plus large avec des publicités sur des médias sélectionnés.

## TOP 5 DES STRATÉGIES DE GÉNÉRATION DE LEADS

- **Création de contenu** comme vidéo virale ou rapport d'entreprise conduisant les leads à la souscription.
- **Utilisation simultanée** de canaux en ligne et hors-ligne, pour atteindre un plus grand nombre de consommateurs.
- **Suivi du point de contact** client/produit, avant, pendant et après l'achat. Les points de contact vont des commentaires en ligne à la facturation.
- **Personnaliser l'appel** à l'action sur le canal, par exemple avec une invitation pour les visiteurs d'un salon professionnel à une compétition sportive.
- **Concevoir des formulaires** en ligne performants pour capter des données, en demandant par exemple au consommateur de souscrire à des mises à jour.

## À SAVOIR

- **Média de proximité :** Un média au potentiel de ciblage géographique ou local plus ou moins fin.
- **AIDA :** Acronyme d'un modèle publicitaire, pour attirer l'Attention, susciter l'Intérêt, provoquer le Désir, inciter à l'Action.
- **Coût par lead (CPL) :** Coût d'acquisition d'un prospect pour l'entreprise.

### Évaluer la campagne

Évaluer les retombées des premières heures et jours de la campagne, procéder à tout ajustement nécessaire.

### Mesurer

Suivre et mesurer le taux de réponse des différentes activités de la campagne, afin d'estimer sa rentabilité.

**TAUX DE RÉPONSE**
Compter le nombre de leads générés à ce stade de la campagne.

**QUALIFICATION DE LEADS**
Déterminer le pourcentage de contacts initiaux prêts à passer à l'achat.

**TAUX DE CONVERSION EN LIGNE**
Calculer le pourcentage de conversion en leads des visiteurs du site Web.

**ANALYSE DE LA PERFORMANCE**
Identifier les ajustements nécessaires pour maintenir la rentabilité de la campagne.

### Affiner

Améliorer le processus de filtrage, afin de s'assurer que les leads générés soient de haute qualité et prêts à acheter.

## GÉNÉRATION DE LEADS B TO B

Presque toutes les entreprises commerçant avec d'autres entreprises (B to B) identifient la génération de leads comme l'une de leurs principales priorités en matière de marketing digital. Mais quelles stratégies privilégient-elles ?

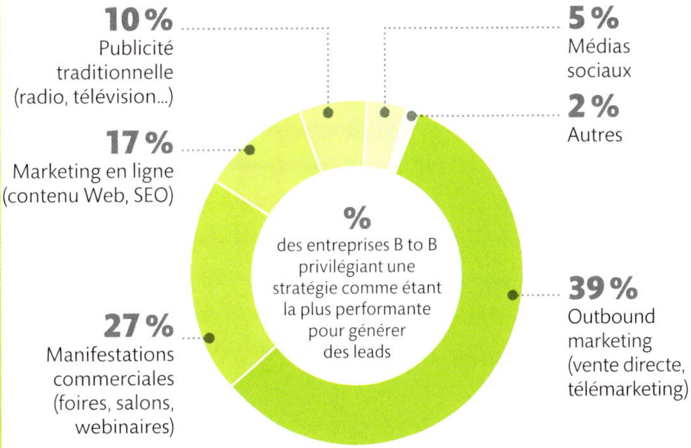

# Conversion de leads

**Le processus qui conduit un consommateur intéressé à devenir acheteur relève de la conversion de leads. Cette stratégie exige non seulement un argumentaire de vente pour promouvoir le produit ou le service, mais aussi une approche sur-mesure du consommateu**

## Mode de fonctionnement

Les services marketing et vente ont pour responsabilité de générer des recettes pour l'entreprise. La première étape, celle de la génération de leads, consiste à localiser ou identifier les clients potentiels. La deuxième étape, qualifiée de conversion de leads, passe par le contact avec ces clients potentiels qu'il faut attirer et convaincre de passer à l'achat.

Un argumentaire de vente est utilisé pour convertir les leads en clients. De nos jours, les discours stéréotypés de commerciaux trop zélés ont cédé place à des techniques bien plus sophistiquées, comme les conversations en direct sur les sites de vente en ligne qui informent le consommateur et l'invitent à participer au dialogue, plutôt que de le harceler.

**Lead capturé**

Le client potentiel, comme le visiteur d'un site Web ou un individu au profil adapté susceptible d'être démarché par téléphone

**Argumentaire :** Identifier les besoins précis du suspect, lui démontrer les qualités du produit et la rareté de l'offre pour contrer toute objection.

50/50

**Prospect**

Pour inciter le lead à devenir un prospect qualifié, autrement dit un client, il faut le convaincre d'acheter le produit.

**Argumentaire :** Renforcer la valeur du produit, proposer des options de paiement au prospect, mettre en avant la politique de satisfaction client.

**Argumentaire :** Suggérer de maintenir un contact avec l'envoi de mises à jour, d'offres spéciales, de suppléments ou de réductions.

**Client**

Le lead capturé s'est engagé dans l'achat, se concentrer sur sa fidélisation et l'inciter à réaliser des achats répétés.

**3,3 % : taux de conversion moyen des leads *via* l'e-commerce en 2012.**

### À SAVOIR

- **Lead scoring :** Méthode de calcul et d'affectation d'un score aux leads selon leur potentiel à la conversion
- **Pipeline des ventes :** Analyse par eye tracking du nombre de leads, de suspects et de prospects afin de surveiller le processus de vente.
- **Lead nurturing :** Procédure de maintien ou de renforcement progressif d'une relation marketing avec un lead, afin d'acquérir un client.
- **Coût au contact utile :** Coût supporté par une entreprise pour entrer en contact avec un lead.

**Argumentaire :** Impliquer le lead capturé dans une expérience Web ou une conversation, identifier ses besoins du produit, lui montrer ses avantages.

### Suspect

Le lead capturé témoigne d'un intérêt en restant sur le site Web ou en ne mettant pas fin à une conversation téléphonique avec un téléprospecteur.

### Inactif

Le prospect n'est pas décidé à s'engager dans l'immédiat dans un achat, mais montre suffisamment d'intérêt pour laisser envisager un futur achat.

### Lead perdu

Pas de conversion du lead, possibilité d'un autre contact plus tard.

## Conversion de leads en ligne

Une stratégie spécifique est utilisée pour guider le visiteur du site Web de l'entreprise à travers toutes les étapes du processus de conversion de leads. Cette stratégie est souvent représentée sous forme d'un pipeline. Dès que le visiteur arrive sur la page d'accueil du site, il est invité à cliquer sur un bouton d'appel à l'action (CTA), qui l'entraînera dans un parcours, jusqu'à sa conversion en lead.

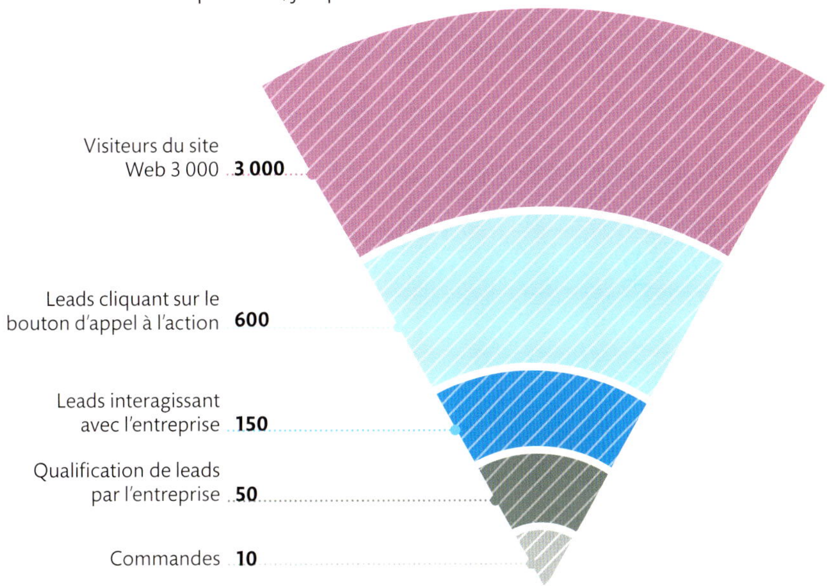


### TROIS ARGUMENTAIRES DE VENTE CLASSIQUES

***Argumentaire choc***

Introduction choc synthétisant la vision ou la finalité première du produit ou de l'entreprise, conçue pour capter l'attention et susciter l'intérêt.

***Argumentaire éclair (elevator pitch)***

Un condensé (une minute à peine) expliquant le pourquoi, le quoi et le comment de l'entreprise ou du produit.

***Argumentaire 20 minutes***

Présentation détaillée du produit ou de l'entreprise, et du potentiel à répondre aux besoins du prospect .

# Rétention de la clientèle

**Une base clients aide l'entreprise à générer l'essentiel de ses profits et à se développer en générant ventes additionnelles et recommandations. Retenir et fidéliser cette clientèle est la première des priorités pour les marketeurs.**

**Mesure du niveau de rétention client**

Suivi du nombre de clients effectuant des achats répétés ou l'achat de plusieurs produits.

## Identification des clients satisfaits

***Recommandation client***

Mesurer le nombre de recommandations générées par un client

***Fidélité***

Identifier les clients actifs dans un programme de fidélité de la marque.

## Identification des clients insatisfaits

***Défection***

Analyser le pourquoi de la perte de certains clients et pour quels concurrents.

***Analyse des réclamations***

Étudier les lettres de réclamations clients et les plaintes enregistrées dans les centres d'appels

## Introduction de mesures d'optimisation de la rétention client

***Systèmes d'alertes en amont***

Anticiper les problèmes et alerter les clients à l'avance.

***Programme de récupération***

S'excuser pour toute erreur et réparer en retour les torts causés aux clients insatisfaits.

***Enquête client rétroactive***

Écouter les clients et identifier les risques de défection.

Carte de fidélité

***Programme de fidélité***

Récompenser les clients avec des offres attractives les incitant à la fidélité.

***Optimiser le service client***

Récompenser les employés pour les inciter à développer une relation client.

## Surveillance et mesure par l'analyse

***Satisfaction client***

Évaluer le taux de plaintes et de recommandations client.

BASE CLIENTS

CLIENTS PERDUS

***Taux d'attrition***

Calcul du nombre de clients retenus (base clients), perdus (défection) ou acquis sur une période donnée.

***Objectifs de recettes***

Mesure les objectifs de recettes en les comparant au coût de fidélisation client.

## Mode de fonctionnement

Le processus de rétention distingue deux étapes : la mesure du taux de rétention client et la mise en œuvre de stratégies pour gérer et optimiser ce taux. Ces pratiques incluent l'identification des clients de valeur et l'entretien de relations avec eux. Les clients de faible valeur où les moins rentables pour l'entreprise peuvent être délaissés en cas de faible potentiel de développement.

***Vente incitative ou croisée***

Identifier les clients susceptibles d'acheter plus d'un même produit, ou des produits apparentés.

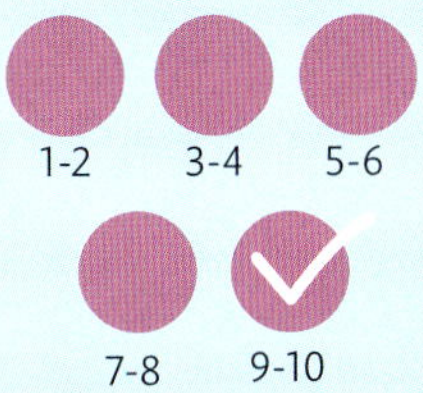


***Net Promoter Score®***

Utiliser cet outil de mesure de la satisfaction client pour évaluer la probabilité de recommandation de l'entreprise par le client.

***Économies et rétention client***

Calculer les économies réalisées par rapport aux dépenses marketing des actions de rétention de la base clients.

**PERTE DE CLIENT : LES CINQ RAISONS MAJEURES**

Sentiment d'indifférence de la part du fournisseur

Insatisfaction par rapport au produit ou au service

Prix

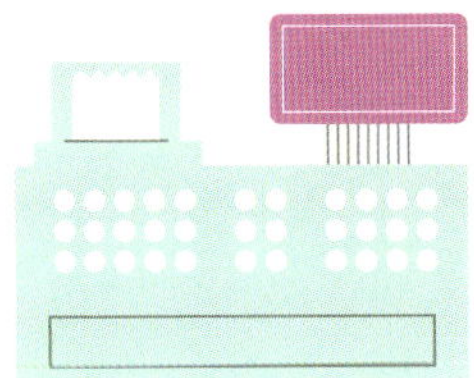

Cède aux offres de la concurrence

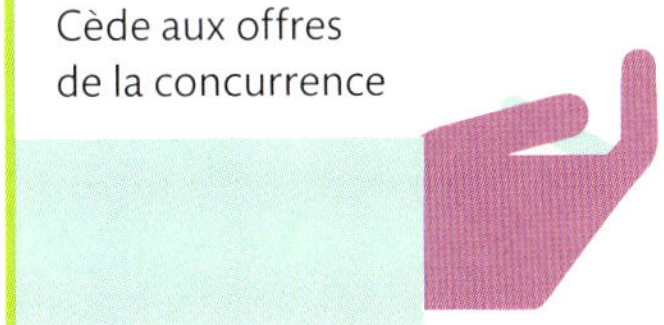

Attrition naturelle (décès, déménagement)

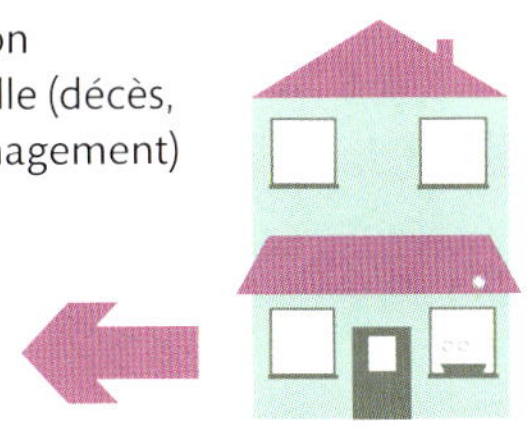

**À SAVOIR**

- **Valeur vie client :** Mesure la somme des profits actualisés attendus sur la durée moyenne de vie d'un client pour une entreprise.
- **Taux de rétention client :** Proportion de clients retenus sur une période donnée, exprimée en pourcentage.
- **Coût d'acquisition client :** Montant moyen dépensé par l'entreprise pour gagner un client et dont l'estimation permet d'optimiser les pratiques marketing.

**5 %**

**de réduction du taux d'attrition peut accroître les profits de 25 à 125 %.**

# Retour sur investissement marketing (ROMI)

**De nombreuses entreprises évaluent la rentabilité de leurs campagnes en mesurant le retour sur investissement de leurs actions marketing (le ROMI).**

## Mode de fonctionnement

Sous-catégorie du ROI (retour sur investissement), le ROMI représente pour l'entreprise une des mesures clés utilisées pour juger de la rentabilité de ses actions marketing.

Le calcul du ROMI s'établit en comparant les recettes réalisées aux dépenses marketing engagées, notamment pour évaluer la rentabilité de campagnes en ligne. Mais cette mesure ne reflète que l'impact des investissements marketing sur le chiffre d'affaires d'une entreprise et ne permet pas de prendre en compte d'autres recettes, comme celles générées par l'effet du bouche-à-oreille sur les médias sociaux, plus difficile à quantifier que le taux de réponse des actions d'une campagne de marketing direct, basée sur la publicité ou l'e-mailing.

Ainsi, de nombreux professionnels du marketing digital intègrent des facteurs de décalage ou d'intérêt pour la marque dans le calcul du ROMI, afin de quantifier des recettes moins tangibles et de cibler plus précisément les budgets alloués aux futures campagnes.

### À SAVOIR

- **Taux de remontée :** Pourcentage de coupons-réponses retournés ou de mails renvoyés suite à une action de marketing direct ou de promotion.
- **Métriques de performance :** Mesures standards (métriques) utilisées pour faciliter le processus de gestion marketing et évaluer ses performances.

## Le ROMI en pratique

Ce graphique illustre la façon dont une entreprise de climatisation peut utiliser le ROMI pour mesurer la rentabilité de sa campagne marketing. L'entreprise dépense 2 100 € dans une action de marketing direct par e-mails, ciblant des sièges d'entreprises dans trois grandes villes, afin de générer de nouveaux leads et sécuriser des contrats. La brochure envoyée par mail comporte un formulaire de contact, assorti d'une offre de remise de 10% à tout nouveau client qui souscrira à cette promotion dans une période de temps donnée.

$$\frac{\text{CHIFFRE D'AFFAIRES TOTAL}}{\text{BUDGET MARKETING}} = \text{ROMI}$$

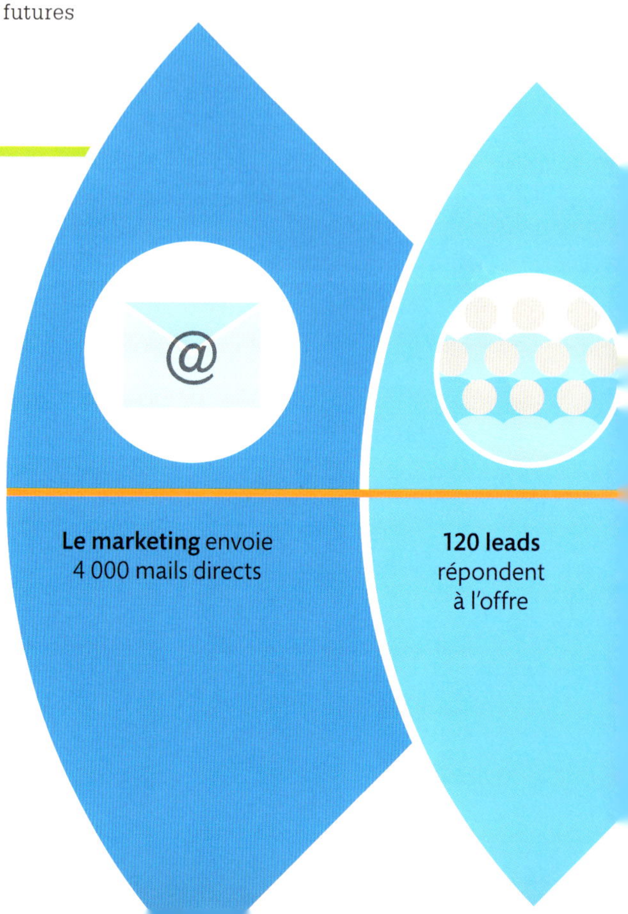

**63 %** des **responsables marketing** estiment que le **ROI** a été **l'indicateur clé de la réussite** entre 2011 et 2016.

## BÉNÉFICES À LONG TERME DE L'INVESTISSEMENT MARKETING

Certains aspects des investissements marketing sont difficiles à quantifier sur le moment. Les avantages tirés de la mise en place d'un excellent service clients, par exemple, ou d'investissements dans la recherche pour aider les marketeurs à fidéliser la clientèle, ne sont pas mesurables à court terme, mais génèreront des bénéfices à long terme.

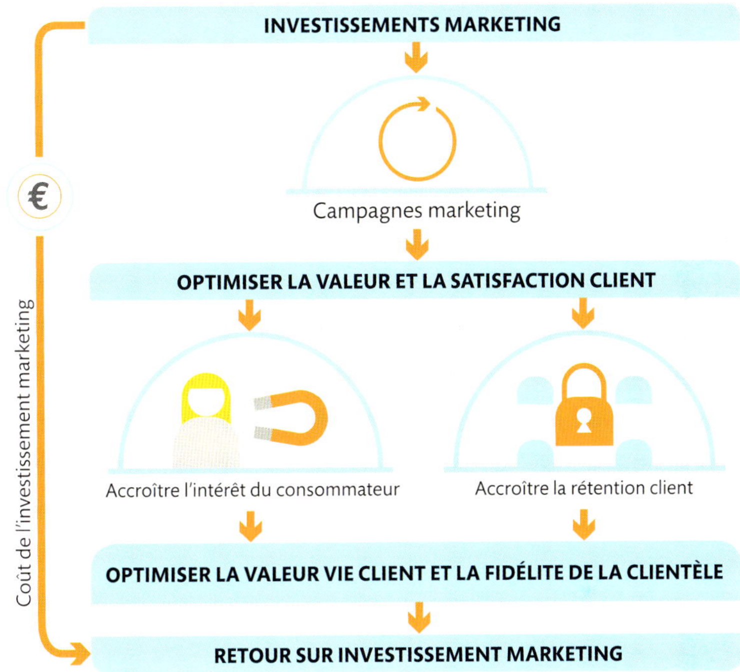

## Résultats

**Total nouveaux clients** = 3
**Dépense moyenne client** = 6 500 € (après 10 % remise à déduire d'une dépense totale moyenne de 7 222 €)
**Recettes marketing** = 19 500 € (3 x 6 500 €)
**Dépenses de campagne** = 2 100 € + 2 167 € (3 x 722 €) coût pour l'entreprise de l'offre de remise = 4 267 € au total
**ROMI** = 4,57 € par client/montant en € dépensé pour la campagne

$$\frac{19\,500\ €}{4\,267\ €} = 4{,}57\ €$$

# Capital intellectuel

**Au sein de l'entreprise, la connaissance utilisée pour améliorer ses performances est qualifiée de capital intellectuel.**

## Mode de fonctionnement

Toute entreprise possède un capital, faisant référence à ses actifs corporels qui apparaissent sur le bilan de ses états financiers.

Mais l'entreprise possède aussi un capital intellectuel, faisant référence à la connaissance et aux compétences concentrées au sein de l'organisation. Cette expertise collective est difficile à cerner et à quantifier, mais elle est essentielle à l'entreprise et génère des bénéfices. Par exemple, la direction doit proposer une période de formation et de transfert de compétences à une nouvelle équipe, afin que le capital humain ne perde pas en performance au départ de certains salariés de l'entreprise. Les théoriciens du management distinguent trois types de capital intellectuel : humain, structurel et relationnel.

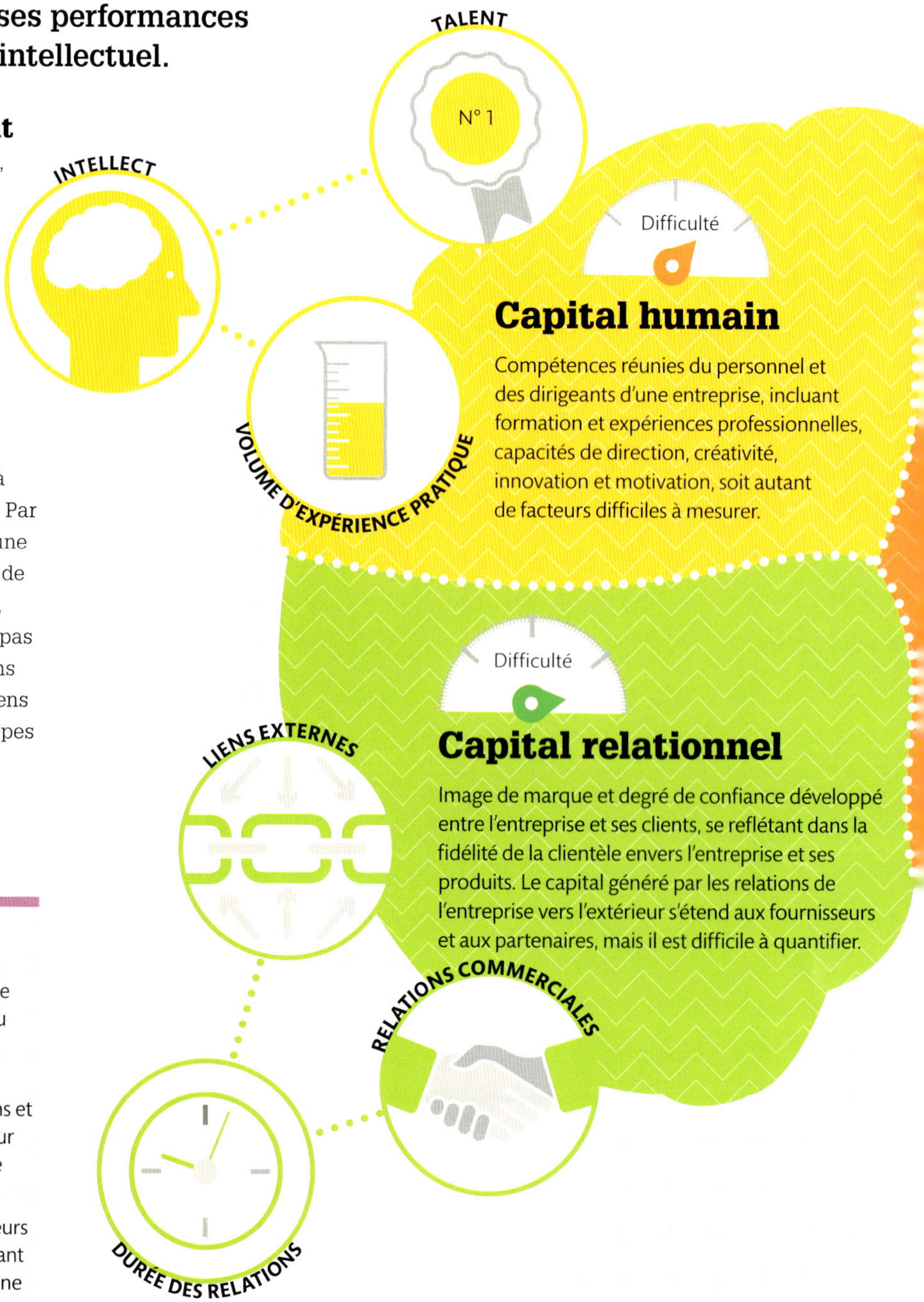


### À SAVOIR

- **Capital stratégique :** Connaissance par l'entreprise de son marché et du business model à mettre en œuvre pour parvenir au succès.
- **Propriété intellectuelle :** Créations et inventions légalement reconnues sur un bilan comme appartenant à une entité particulière ou à un individu.
- **Capital immatériel :** Tous les facteurs de création de valeur et actifs relevant de la connaissance appartenant à une entreprise ou une organisation, dont l'audit peut faire appel à différents systèmes *(voir page suivante)*.

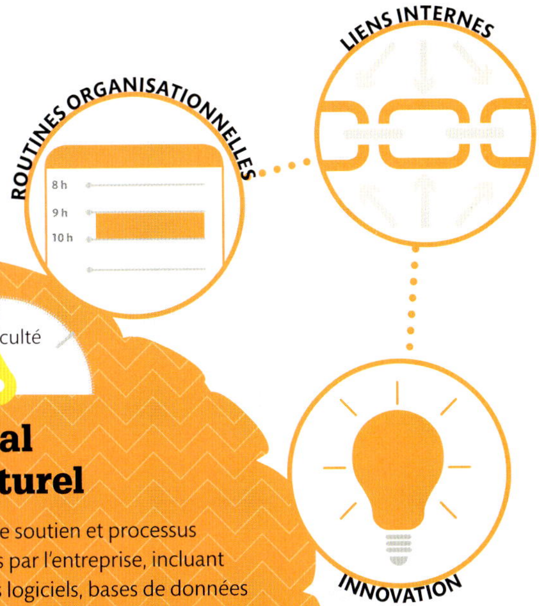

## Capital structurel

Structure de soutien et processus développés par l'entreprise, incluant ses propres logiciels, bases de données et autres informations système, brevets, copyright et marques déposées. Le capital structurel est non physique, donc difficile à évaluer.

> « Le seul capital irremplaçable détenu par une organisation est la connaissance et la compétence de ses collaborateurs. »

Andrew Carnegie (industriel et philanthrope américain)

### MESURE DU CAPITAL INTELLECTUEL

Différentes méthodes ont été développées pour définir et mesurer le capital intellectuel d'une entreprise.

***Indice Watson Wyatt***

Étude conduite tous les deux ans dans les sociétés cotées pour évaluer le capital humain et les pratiques en matière de ressources humaines.

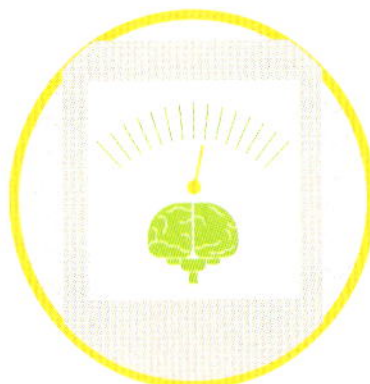

***Mesure du capital intellectuel***

Matrice de mesure des effets passés, du pouvoir présent et du potentiel futur du capital intellectuel d'une entreprise.

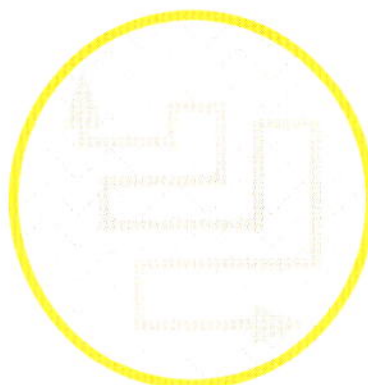

***FIVA***

FIVA *(Framework of intangible value areas)* Système en huit étapes utilisé pour mesurer la valeur du capital intellectuel de l'entreprise.

***Tableau de bord du capital connaissance***

Méthode développée par l'économiste de l'université de New York Baruch Lev pour évaluer la contribution du capital intellectuel au succès de l'entreprise.

# Gestion de l'information

**Surveiller le marché et donner sens à la quantité de données disponibles est aujourd'hui une priorité pour les entreprises. Des données vitales pour le marketing digital, qui adopte des formes de plus en plus sophistiquées. Presque toutes les entreprises disposent d'un système intégré de gestion de l'information, et les plus compétitives s'appuient sur ces données dans le suivi de la performance au jour le jour et à chaque niveau, mais aussi pour anticiper de futurs résultats et planifier leurs activités.**

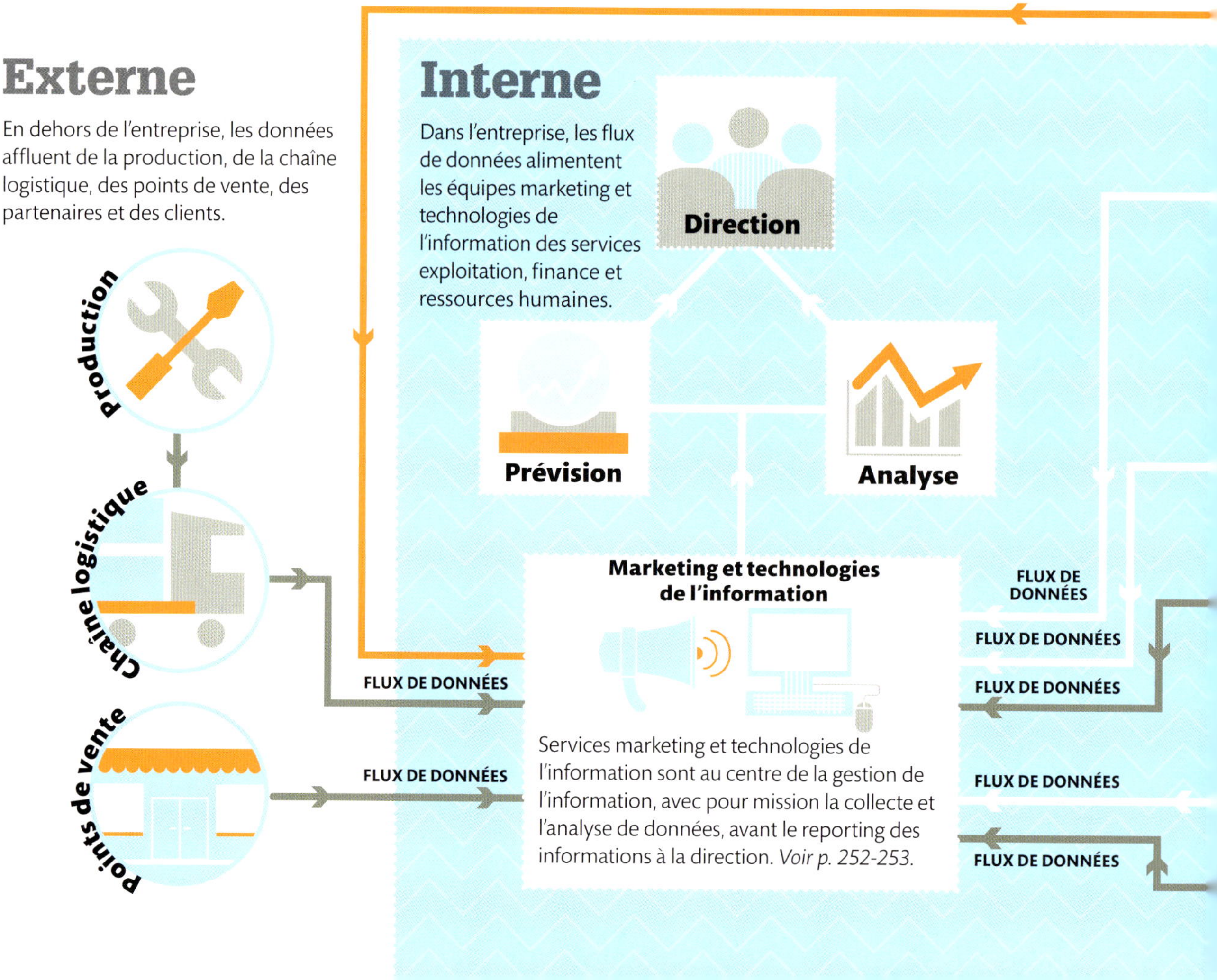

# 7 %
## des entreprises emploient un responsable marketing digital.

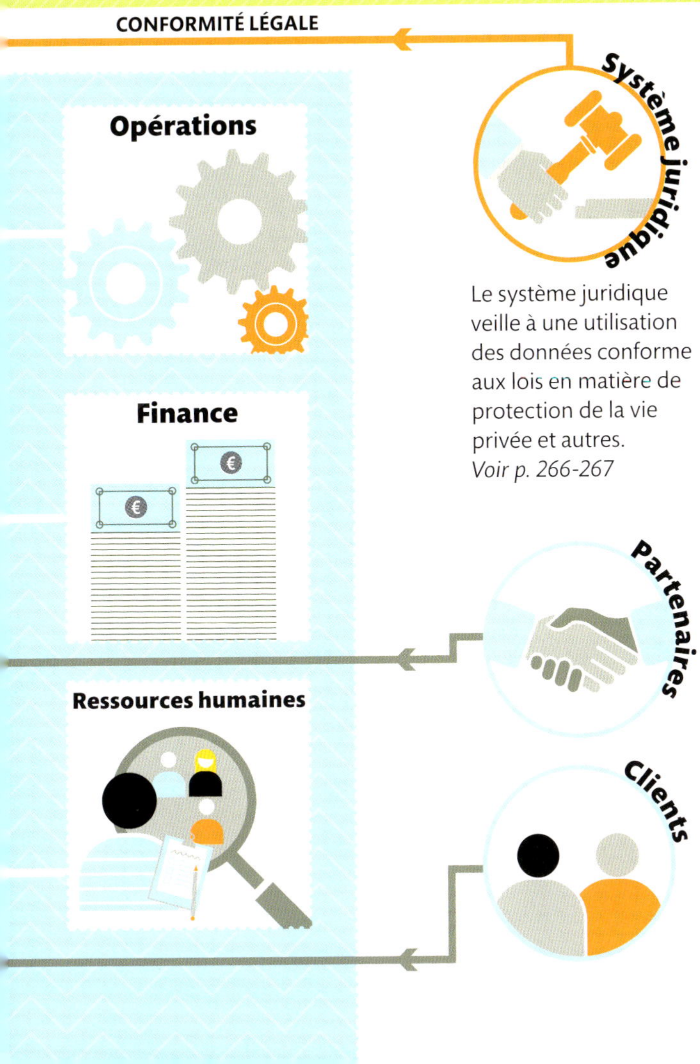


## TRANSFORMATION DES DONNÉES EN DÉCISIONS

Avec des données pertinentes facilement accessibles *(voir p. 262-263)*, une entreprise peut facilement identifier ses forces et ses faiblesses, de façon à améliorer ses processus et ses opérations, mais aussi ses relations clients *(voir p. 264-265)*.

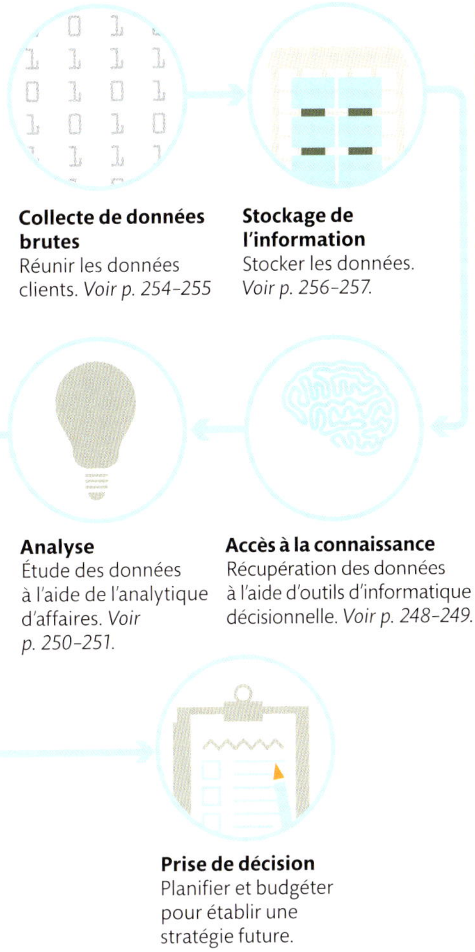

# Informatique décisionnelle

**L'informatique décisionnelle ou *business intelligence* est un terme générique faisant référence à différents outils et prologiciels utilisés par l'entreprise pour accéder et analyser les volumes colossaux de données brutes dont elle dispose.**

## Mode de fonctionnement

L'informatique décisionnelle s'appuie sur des prologiciels et des systèmes informatisés pour collecter et intégrer les données, afin que l'entreprise puisse communiquer sur ses activités, à la fois passées et présentes. Les outils utilisés permettent aux équipes d'extraire des données pertinentes des bases de données de l'entreprise. Le marketeur accède à ces informations à l'aide d'un outil de visualisation de données, connu sous le nom de tableau de bord.

### À SAVOIR

- **Schéma en étoile :** Modèle le plus simple des systèmes de traitement analytique en ligne (OLAP) dans un entrepôt de données.
- **Qualité des données :** Référence à la qualité des données présentes dans la base de l'entreprise, qui doivent êtrejustes et précises.
- **Découpage en lots :** Processus destiné à simplifier l'analyse de volumes importants de données.

## Processus de l'informatique décisionnelle

Les outils de l'informatique décisionnelle autorisent la récupération de données pertinentes en spécifiant les termes d'une recherche (comme la comparaison des ventes en temps réel aux ventes de l'année précédente).

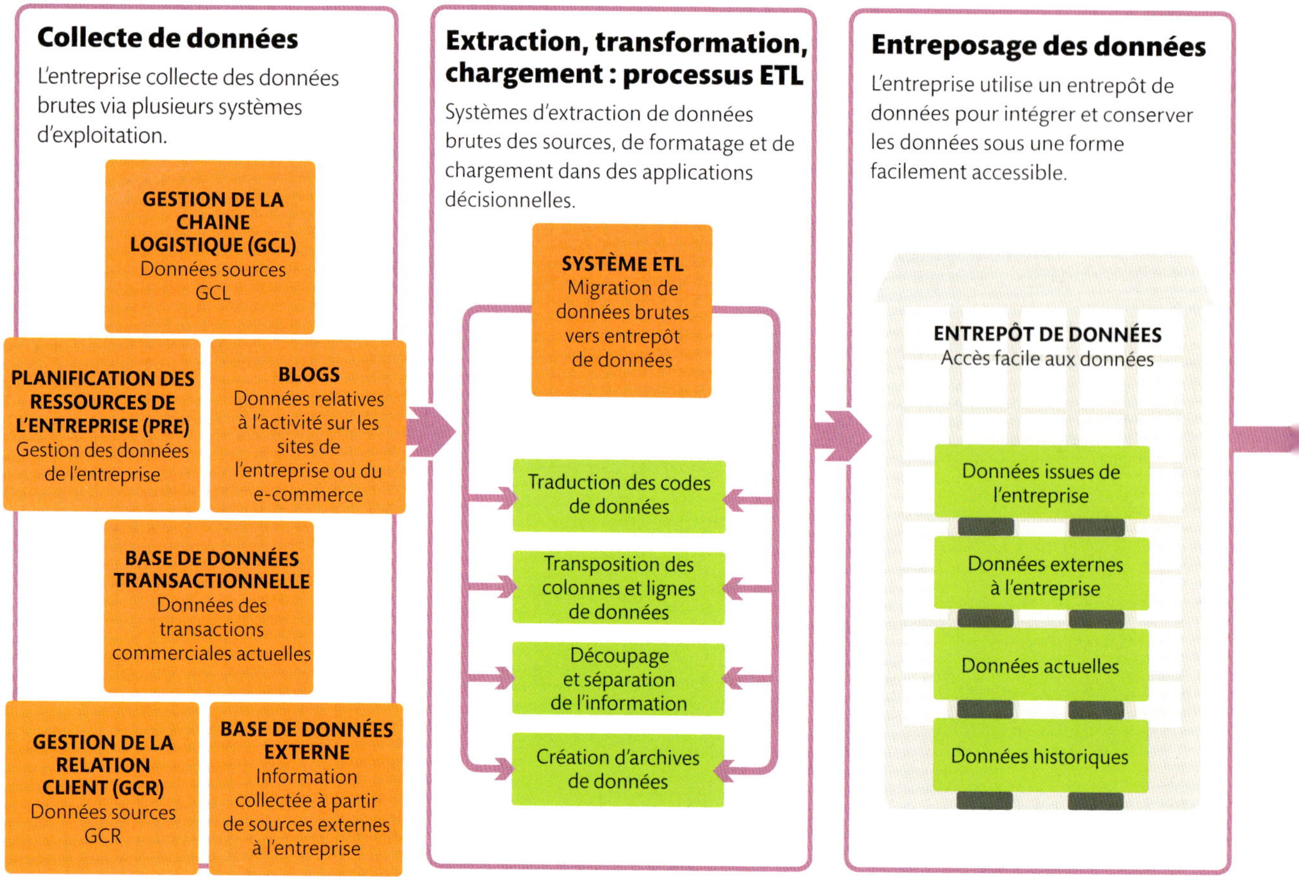

**14 % : augmentation des ventes par salarié avec une optimisation de 10 % de l'exploitation des données.**

## Récupération et analyse

Le personnel peut aller chercher des données pour répondre à des questions spécifiques sur les activités de l'entreprise.

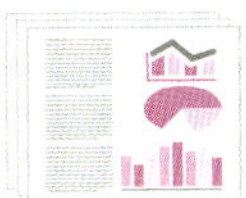

**FEUILLES DE CALCUL**
Premier outil pour afficher des données (sous forme basique ou avancée)

**HYPERCUBE OLAP**
Modèle virtuel de représentation de données utilisé dans le traitement analytique en ligne

**EXPLORATION DE DONNÉES**
Permet le filtrage des données pour trouver schémas et relations entre items

**OUTILS DE REPORTING**
Pour aider les utilisateurs à développer et produire des rapports

## Tableau de bord du marketing digital

Pour une vision synthétique et actualisée des résultats de l'entreprise sous forme de graphiques personnalisés.

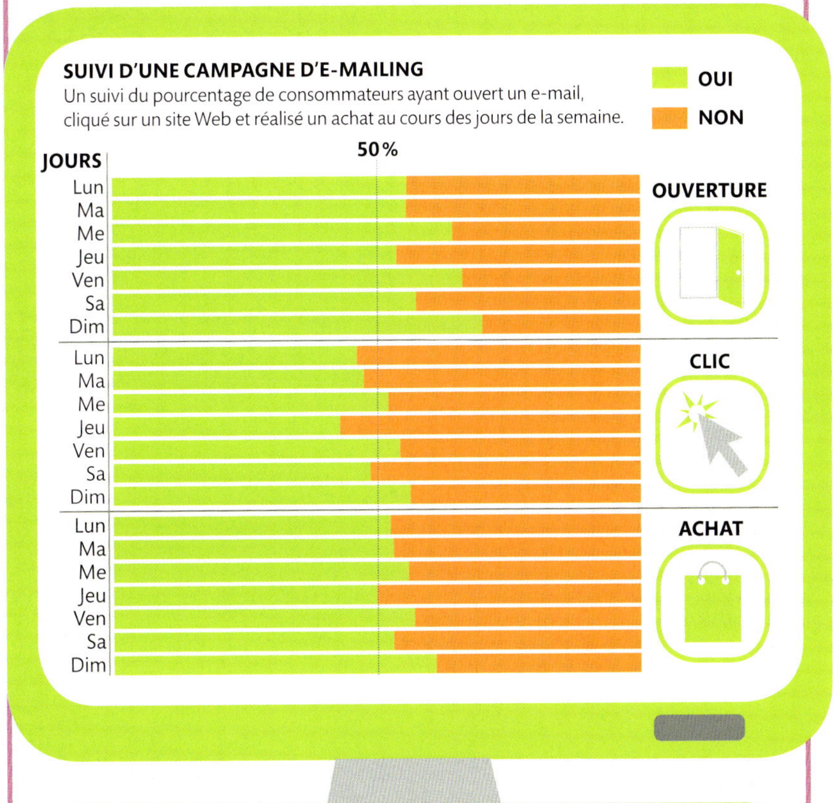


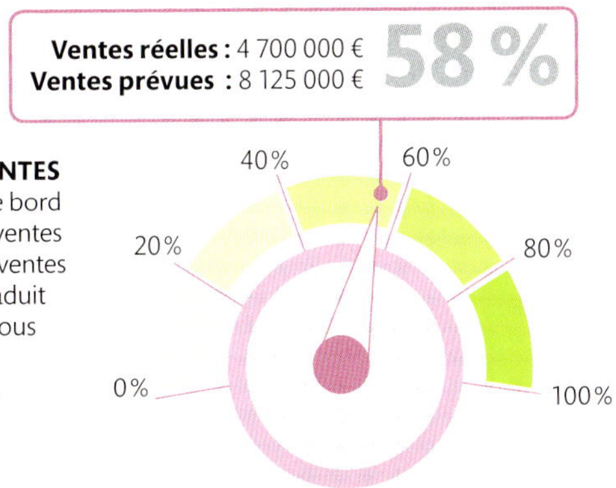


**SUIVI DE VENTES**
Ce tableau de bord compare les ventes réalisées aux ventes prévues et traduit cette valeur sous forme d'un pourcentage.

# Analytique d'affaires

**L'analytique d'affaires ou *business analytics* s'appuie sur l'analyse statistique avancée de données, afin d'aider l'entreprise à la prise de décisions stratégiques.**

## Mode de fonctionnement

L'analytique d'affaires interprète les données selon une approche scientifique. L'entreprise utilise des solutions logicielles d'analytique avancée pour analyser l'information de tendances et comportements passés et actuels, afin de prédire un scénario. À la différence de l'informatique décisionnelle ou de l'analyse prédictive, basée sur l'analyse de données historiques et actuelles, l'analytique d'affaires permet à l'entreprise d'anticiper à un degré de certitude plus élevé. Appliquée à un niveau macro elle permet de visualiser à plus grande échelle les performances futures de l'entreprise, et à un niveau micro d'évaluer par exemple la probabilité d'achat de consommateurs appartenant à un marché de niche.

### Modélisation prédictive

Solution logicielle de prédiction de schémas ou de comportements et de prédiction des probabilités d'achat de groupes spécifiques de consommateurs ou d'individus.

## Processus de l'analytique d'affaires

L'analyste expert interprète des données brutes passées au crible d'outils d'analytique. Ses conclusions influencent les actions stratégiques de l'entreprise à plus ou moins long terme.

### INFORMATIQUE DÉCISIONNELLE ET ANALYTIQUE D'AFFAIRES

Baisse de 5 % du volume de ventes : comment informatique décisionnelle et analytique d'affaires peuvent aider à étudier et comprendre la situation.

***Informatique décisionnelle***

- **Type d'investigation de données :** Les résultats révèlent évènements passés et actuels ayant affecté l'entreprise.
- **Questions posées :** Que s'est-il passé dans l'entreprise hier et aujourd'hui ?
- **Outils utilisés :** Reporting, tableaux de bord, évaluations, système de traitement analytique en ligne (OLAP).

***Analytique d'affaires***

- **Type d'investigation de données :** Examiner les évènements passés dans l'entreprise et appliquer les schémas mis au jour pour élaborer un scénario futur.
- **Questions posées :** Comment cela a pu arriver ? Cela se passera-t-il encore ? Comment empêcher que cela se reproduise ?
- **Outils utilisés :** Analyse statistique, exploration de données, appariement de schémas, modélisation prédictive.

**93 %**

**des responsables informatiques au Brésil confient que leur entreprise pourrait optimiser ses résultats en appliquant l'informatique décisionnelle ou analytique d'affaires au Big Data.**

### Visualisation de données

Formulation de graphiques faisant apparaître les résultats d'analyses de données. Des graphiques peuvent organiser des données, regrouper des attributs communs et établir des comparaisons entre relations.

### Appariement de schémas

Processus de chalutage de gros volumes de données pour trouver des schémas entre variables, susceptibles de s'appliquer à d'autres ensembles de données.

### Exploration de données

Utilisation de systèmes informatisés et de prologiciels pour trouver des schémas pertinents au sein de gros volumes de données.

ENTRÉE

SORTIE

## Données brutes

Incluent les archivages de l'entreprise (données clients passées et actuelles et historiques de transactions) et les données externes (rapports économiques, commerciaux et industriels).

## Analyse

Solutions logicielles utilisées pour traiter et étudier les données brutes. Les analystes interprètent les résultats et établissent des prévisions qui aident l'entreprise à la prise de décisions stratégiques.

## UTILITÉ DES DONNÉES

Certaines données sont plus utiles que d'autres. Les marketeurs évaluent leur valeur à travers leur potentiel à générer des prévisions fiables. Les méthodes d'interprétation et d'analyse des données sont incroyablement sophistiquées.

### Analyse prédictive

Programme d'analyse avancée de données pour prédire un scénario.

### Monitoring

Processus basé sur le recours à des solutions logicielles pour le suivi d'une entreprise et l'obtention de résultats en temps réel facilitant la prise de décisions opérationnelles.

### Analyse statistique

Solution logicielle d'organisation et d'investigation de chaque élément de données pertinentes, afin de les interpréter et mettre en évidence tendances et schémas.

### Reporting

Méthode puisant dans les données historiques pour proposer une vision globale, révélant par exemple les performances de l'entreprise sur une année donnée.

# Technologies de l'information

**La part croissante des stratégies de marketing digital conduit les marketeurs à collaborer étroitement avec des spécialistes des systèmes IT (technologies de l'information), pour optimiser le lancement et la gestion de campagnes publicitaires en ligne.**

## Convergence entre marketing et technologies de l'information

La communication en ligne avec les clients est devenue vitale à la plupart des entreprises. Ainsi, le marketing est à ce point dépendant des technologies de l'information, que dans certaines entreprises les équipes du service marketing dépensent bien plus en technologie que celles du service IT.

### Points de convergence

**◀ *Marketing digital* ▶**

Développement d'un programme technologique pour une campagne publicitaire

***Transactions en temps réel* ▶**

Installation d'un système d'enregistrement et de traçabilité des ventes en ligne en temps réel

**◀ *Big Data* ▶**

Extraction de statistiques clés à partir d'un volume important de données, afin d'optimiser la stratégie marketing

**◀ *Analyse de données***

Utilisation d'outils sophistiqués pour collecter et analyser les données, afin d'anticiper les stratégies marketing

**◀ *Technologie mobile* ▶**

Assimilation des avancées en matière d'applications mobile et de leur potentiel d'utilisation dans le e-commerce

***Entreposage de données* ▶**

Conception d'infrastructures et logiciels d'entreposage et d'extraction de données historiques se rapportant aux ventes, aux campagnes et aux clients

**◀ *Médias sociaux* ▶**

Développement de méthodes d'optimisation du trafic en ligne via les canaux des médias sociaux

***Tracking* ▶**

Suivi du client, depuis son engagement en ligne et tout au long du processus d'achat

## Mode de fonctionnement

Le marketeur doit maîtriser les technologies de l'information pour accroître la rentabilité d'une campagne promotionnelle. Le responsable des systèmes d'information (SI) doit s'adapter aux évolutions des technologies sur le marché. On assiste ainsi à un rapprochement de plus en plus marqué entre service marketing et service des technologies de l'information, avec l'émergence d'une profession hybride, le techno-marketeur.

**78 % des responsables marketing pensent que les stratégies digitales auront transformé le marketing d'ici 2020.**

### À SAVOIR

- **MarTech :** Conférence annuelle internationale du monde des affaires consacrée au rapprochements entre stratégies marketing et technologie.
- **Métriques actionnables :** Mesures de résultats de campagnes aidant les entreprises à la prise de décisions.
- **Métriques de vanité :** Mesures de résultats de campagnes apparaissant comme positives, mais sans réel impact.
- **Growth hacking :** Techniques marketing non conventionnelles basées sur la viralité, comme l'utilisation d'un média social pour stimuler les ventes.

### ÉMERGENCE DU TECHNO-MARKETEUR

Le marketeur en ligne s'appuie sur des solutions logicielles pour surveiller et analyser une campagne, générer du contenu et extraire des données. La profession de techno-marketeur, associant marketing et technologies de l'information, exige une large gamme de compétences.

# Collecte de données clients

**La captation de données clés est une priorité pour toute entreprise cherchant à comprendre le marché. Cette tâche exige le recours à des stratégies innovantes pour cerner la sensibilité des consommateurs.**

## Mode de fonctionnement

Les méthodes utilisées par les entreprises pour collecter des données clients sont nombreuses. Dès que le contact est établi entre l'entreprise et le consommateur, le marketeur saisit l'opportunité de capter le plus d'informations possible. Cela peut se produire au niveau du point de vente d'une boutique en ligne, là où le marketeur est à même d'étudier le comportement du client.

Le marketeur peut aussi solliciter directement le client, en lui demandant de remplir un formulaire d'enregistrement en ligne, mettre en place une stratégie de télémarketing ou mener des enquêtes auprès de la clientèle.

## Collecte de données pour création d'un profil client

Le marketing digital et le e-commerce ont accéléré la collecte de données clients. Certaines méthodes exigent une participation du consommateur, comme la saisie de questionnaires en ligne. D'autres, comme le suivi de l'internaute lors de la consultation d'un site Web, sont possibles sans aucun contact avec le consommateur.

**Études**

Collecte de retours d'expérience clients *via* e-mail, texto, courrier ou questionnaires en face à face.

**Observations**

Étude du comportement client lors d'un achat en ligne.

**Recherche prospect**

Recherche de prospects ou de consommateurs au profil correspondant au profil ciblé.

**Contact avec centre d'appels**

Surveillance des appels clients et stockage de données sur les préférences et les historiques d'achat.

## ALERTE

***Les erreurs fréquentes***

- **Sur-sollicitation :** Utilisation de données clients pour les bombarder d'informations sur un produit ou un site Web visité.
- **Négligence des défauts techniques :** Une mauvaise intégration des applications peut conduire à des incohérences et des erreurs en matière de collecte de données clients.
- **Recours exclusif à des systèmes automatisés :** Négliger l'opportunité de renforcement des relations et communications directes avec le consommateur.

**Média social**

Étude des informations fournies sur le profil du consommateur dans un média social.

## 58 % des marketeurs étaient capables de lier données et client individuel en 2012.

**Suivi de consultation de site Web**

Suivi des mouvements du visiteur sur le site Web et de ses points d'intérêt.

**Concours**

Utilisation de concours pour collecter des informations, de données d'opinion à des données démographiques.

**Transactions**

Questions au moment du paiement, en caisse au magasin, en ligne ou par téléphone.

## TECHNOLOGIES AU MOMENT DU PAIEMENT

En cette ère de technologie avancée, les entreprises ont désormais les moyens d'en apprendre beaucoup sur le consommateur, sans pour autant le bombarder de questions. Ainsi, les détaillants utilisent en règle générale trois méthodes pour capter des informations sur leur clientèle.

***Programme de fidélité***

Une entreprise peut collecter des informations en invitant ses clients à adhérer à un programme de fidélité couplé à l'offre d'avantages. Ce type de programme est aussi utilisé pour identifier les préférences du consommateur.

***Solution logicielle pour points de vente***

Des solutions logicielles spécialisées permettent de suivre les achats du consommateur, afin de lui proposer des offres adaptées à ses habitudes d'achat.

***Technologie mobile***

L'utilisation d'un smartphone permet au marketeur de collecter des données sur les consommateurs, comme la fréquence de visite d'un site de e-commerce et le temps passé sur le site.

# Entreposage de données

**Pour entreposer ses données, une entreprise achemine toutes les informations de son système interne, comme les factures et bordereaux de ventes, mais aussi les données issues de sources externes, vers une chambre forte électronique.**

## Mode de fonctionnement

L'entrepôt de données est une sorte de dépôt numérique abritant des données historiques se rapportant aux ventes et aux activités de l'entreprise, mais aussi des données économiques et commerciales issues d'autres sources. Ces données hétérogènes passent par trois étapes avant leur entreposage, ce qui permet leur analyse. Une fois stockées, les bases de données sont consultables par tous les secteurs de l'entreprise, des services comptabilité aux services opérationnels, en passant par les ventes ou le marketing. Elles permettent d'établir des prévisions et des stratégies. Ainsi, le directeur marketing d'une importante entreprise d'outillage électroportatif peut supposer que les hommes de 25 à 35 ans seront plus à même d'acheter ses produits que les femmes de la même tranche d'âge. Le directeur marketing confrontera cette supposition à l'historique des données de ventes et données clients accessibles depuis l'entrepôt de données.

**50 %**
**des entreprises interrogées en 2011 s'interrogeaient sur l'obsolescence de leu entrepôt de données**

## Processus d'entreposage des données

Les données entreposées sont régulièrement mises à jour. Lorsque l'entreprise doit consulter une information stockée dans l'entrepôt, l'information est transformée pour être proposée sous un format accessible, puis analysée à l'aide de solutions logicielles.

### Exploitation des sources de données

L'information collectée inclut données de traitement transactionnel en ligne (OLTP), données historiques et données de sources externes.

### Organisation et intégration des données

Le processus ELT convertit les données brutes sous un format utilisable.

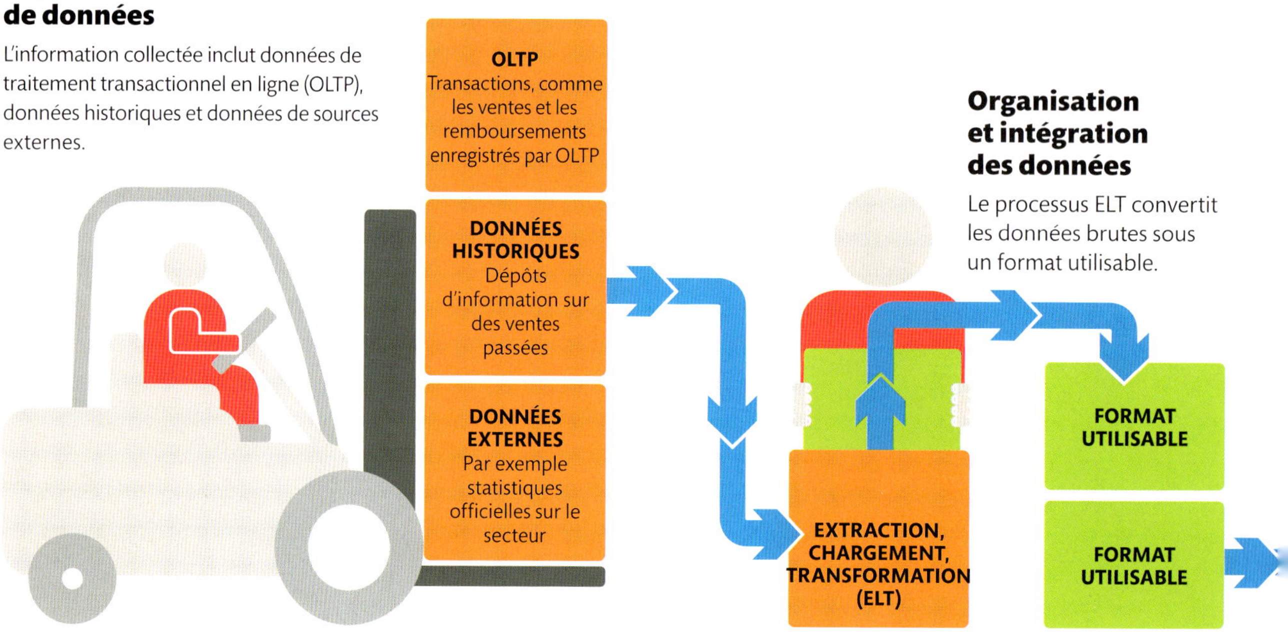

## QUI UTILISE UN ENTREPÔT DE DONNÉES ?

Les services clés de l'entreprise ont accès à l'entrepôt de données à des fins d'analyse de la performance. La méthode de formatage et d'entreposage des données permet aux différents services de répondre à des questions pertinentes.

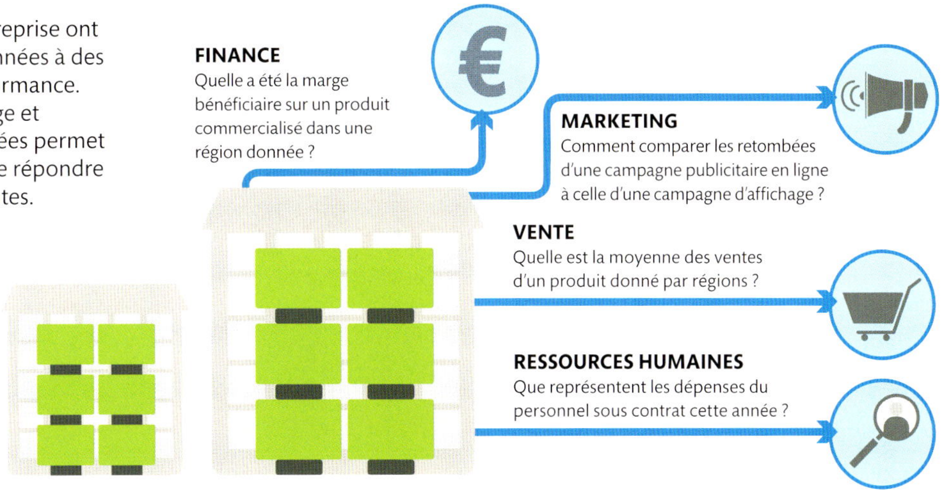


### Stockage des données

Les données sont classées en trois sections : métadonnées, données résumées et données brutes.

### Accès aux données

Des solutions logicielles permettent d'analyser et d'extraire les données de trois façons : par un système de traitement analytique en ligne (OLAP), des outils de reporting ou l'exploration de données.

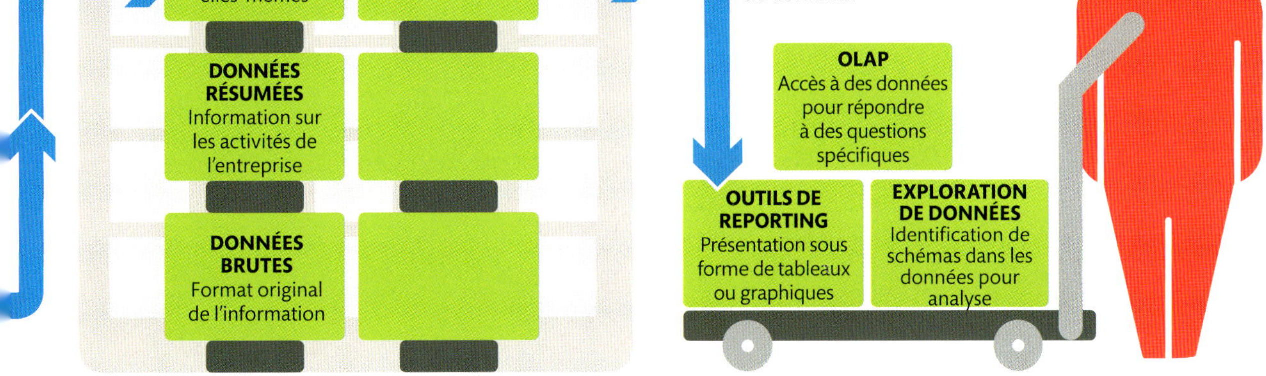

# Profilage du client

**Les marketeurs établissent des profils détaillés de clients en exploitant les données se rapportant à leurs habitudes d'achat, leurs préférences et leurs modes de vie, et font appel à des sources de données externes pour analyser attitudes et tendances sociales.**

## Mode de fonctionnement

Pour mieux comprendre le public, le service marketing définit un consommateur idéal en développant un profil client. Ce profil est élaboré en collectant des informations sur la catégorie d'individus qui généralement achète le type de produit que le marketing souhaite introduire sur le marché. Les informations recherchées incluent des données basiques sur la personne, comme le sexe, l'âge, la profession et le salaire, mais aussi des données plus détaillées sur les habitudes d'achat de l'individu, comme le type de commerce qu'il fréquente ou le montant moyen de ses dépenses.

### Critères psychographiques

- **Personnalité :** Extravertie, aime se démarquer de la foule.
- **Attitude :** Positive, apprécie les plaisirs de la vie.
- **Éthique :** Importance accordée au travail, croit en l'engagement au service de causes sociales.

## Modèle de segmentation

En élaborant un modèle de segmentation, aux segments définis par rapport à un certain nombre de variables (différents niveaux d'information) se rapportant aux consommateurs, le marketeur parvient progressivement à préciser le profil du client cible idéal – dans le cas ci-dessous, le client potentiel d'une agence de voyages.

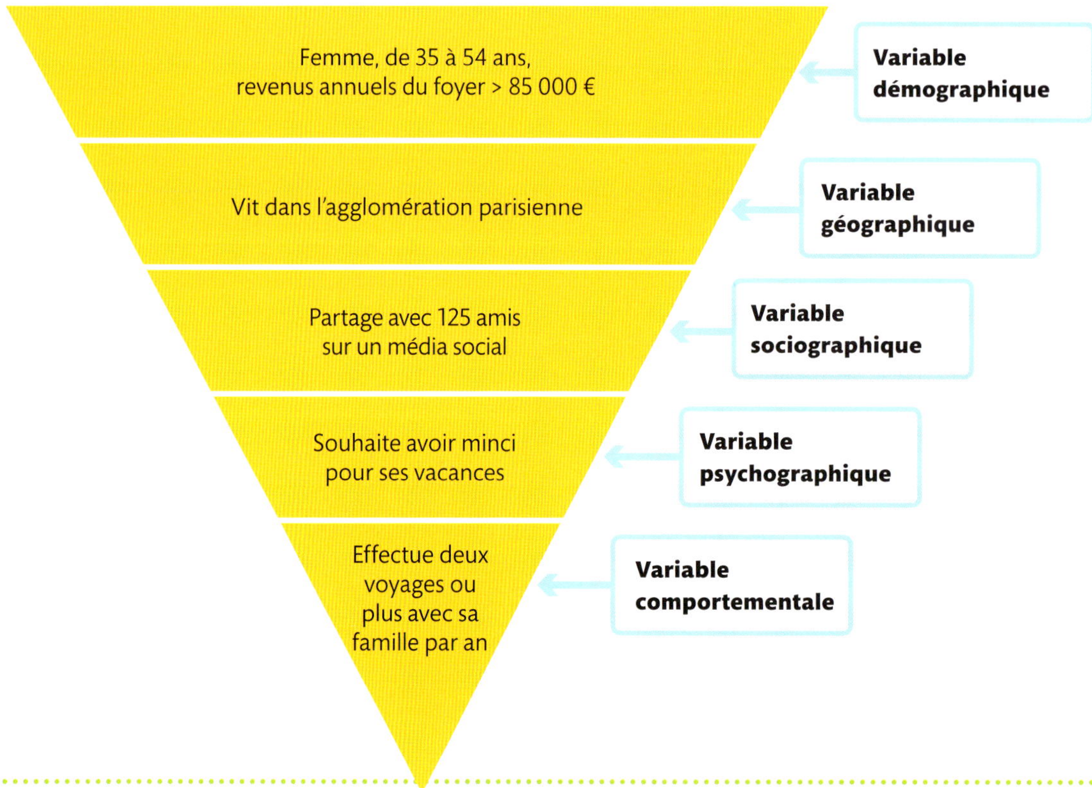

### Critères comportementaux

- **Lieu de shopping :** Préfère les petites boutiques.
- **Habitudes d'achat :** Achète en gros par souci d'économie, répond aux offres de réduction.
- **Degré de fidélité :** Fidèle à la marque, mais ouverte à la concurrence.

### Critères sociographiques

- **Média social :** Partage sur ses centres d'intérêts avec ses relations.
- **Communauté :** Membre influent, socialise et contribue à la vie de son quartier.
- **Groupes et clubs :** Membre d'un club amateur d'ornithologie et d'un club de randonnée.

**75 %** **des marketeurs confient que le profilage influe significativement sur la fidélisation du client.**

# Dimension du profil client

À quoi ressemble le consommateur idéal ? Où vit-il ? Comment dépense-t-il son argent ?

### Critères géographiques

- **Continent :** Europe.
- **Ville :** Métropole dynamique avec nombreuses opportunités professionnelles et sociales.
- **Climat :** Froid en hiver, chaud et humide en été.

### Critères démographiques

- **Tranche d'âge :** 35-54 ans (aide à évaluer les priorités de la famille et le revenu moyen du foyer).
- **Statut :** Mariée (les enfants influent sur le montant des dépenses).
- **Profession et salaire :** Enseignante, 40 000 € annuel.

## Création d'un profil client

En élaborant le profil d'un client existant à l'aide de données internes, les marketeurs parviennent à dresser un portrait assez précis des comportements et habitudes d'achat de ce client. Ils peuvent à partir de ce profil établir une projection à long terme quant à la valeur de cet individu en tant que client.

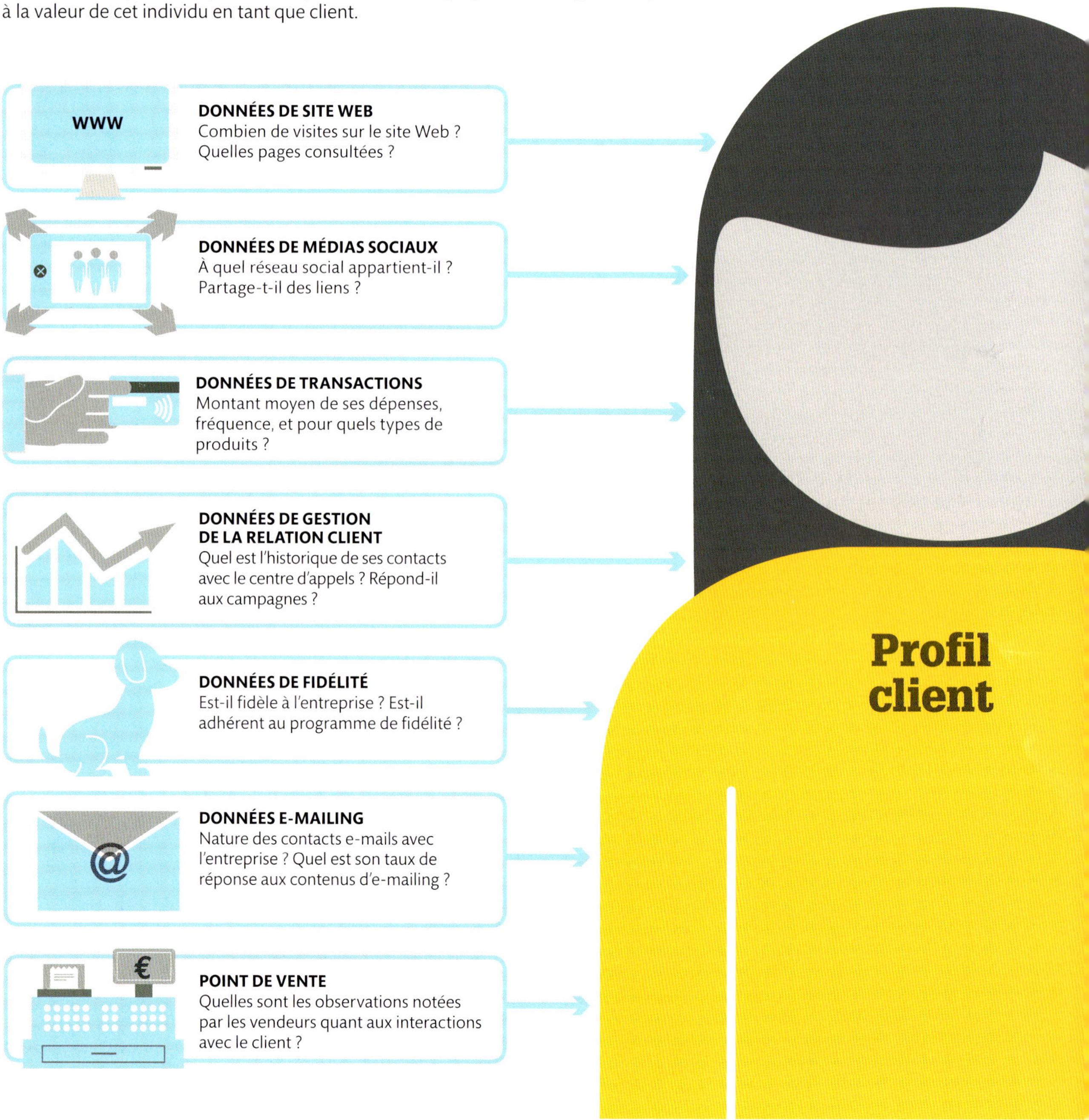

« Dès que vous comprenez le comportement du consommateur, tout le reste se met en place. »

Thomas G. Stemberg (homme d'affaires et philanthrope américain)

### Évaluation du profil client

***Bon client***

- Visites fréquentes pour achats répétés.
- Réponse aux campagnes marketing et aux promotions en boutique.
- Partage ses produits préférés sur les réseaux sociaux.
- Adhère à l'envoi d'offres spéciales et de newsletters.

***Mauvais client***

- Multiplie les réclamations au centre d'appels.
- Retourne souvent les produits.
- N'adhère pas au programme de fidélité ou aux newsletters.
- Dépenses peu élevées par rapport au montant investi pour sa fidélisation.

### Trois façons d'utiliser un profil client

1. **Contenu personnalisé :** L'envoi de messages et l'offre d'expériences adaptés au profil du client permet à l'entreprise de bâtir une relation à long terme.
2. **Ventes supplémentaires au client :** L'exploration du profil du client, afin d'identifier ses habitudes d'achat, ses goûts et ses centres d'intérêt permet aux marketeurs de personnaliser leur offre.
3. **Récompenser les clients fidèles :** Identifier les bons clients, leur offrir cadeaux et récompenses personnalisées correspondant à leurs goûts participe à accroître la valeur vie client.

### SYSTÈMES DE SEGMENTATION

Après collecte de données et identification du profil client idéal, le marketeur peut situer le client par rapport à un certain nombre de systèmes de segmentation couramment utilisés pour caractériser le consommateur. Mais un système de segmentation peut être personnalisé, ou se limiter à définir des classes socio-économiques :

- A **Cadres et employés**
- B **Cadres moyens**
- C1 **Cadres et employés subalternes**
- C2 **Ouvrier spécialisé**
- D **Ouvrier**
- E **Chômeur et bas salaire**

### ✓ À SAVOIR

- **Consommateur multicanal :** Il utilise de multiples canaux pour effectuer ses achats, comme les boutiques, les applications mobile et les sites de vente en ligne.
- **Fidélité passive :** Elle résulte de facteurs personnels (routine, risque perçu à changer) ou de facteurs externes, qui rendent difficile ou impossible pour un client de changer de marque ou de fournisseur.
- **360° :** Profil qui offre au marketeur une image détaillée du client, lui permettant de prédire ses besoins et son comportement.

# Big Data

**Une entreprise cherche aujourd'hui à exploiter ce volume colossal de données clients disponibles en ligne. L'information peut être analysée et utilisée pour créer de façon plus précise des profils clients détaillés.**

## Mode de fonctionnement

Le Big Data fait référence à ce volume phénoménal de données numériques qui circulent quotidiennement via Internet. Une circulation à grande vitesse et sous différents formats, des bases de données statistiques aux fichiers vidéo, audio et aux e-mails. Le défi pour les entreprises consiste à trier les données du Big Data pour extraire l'information potentiellement source de valeur ajoutée pour leurs activités. Des solutions logicielles aident à l'analyse des mégadonnées externes générées sur Internet.

## Exploration des données internes et externes du Big Data

L'entreprise peut désormais accéder aux données à partir de sources comme les communications mobiles, les réseaux sociaux et les transactions commerciales, reflétant les activités de milliards d'individus.

### Sources de données externes

Le volume croissant de données générées par des entités extérieures constitue un formidable gisement de valeur pour l'entreprise.

**Médias sociaux**

Leurs données suivent les échanges et les commentaires sur l'entreprise et ses produits.

**Audio**

Ces données incluent radiodiffusion, interviews, enregistrements des centres d'appels et podcasts.

**Photo et vidéo**

Ces données incluent blogs, images, enregistrements vidéo de médias de divertissement et de télésurveillance.

**Données publiques**

Information partagée à l'extérieur de l'entreprise, comme les communiqués de presse, les annonces de recrutement et le matériel marketing.

### Big Data, le mégastore

**Big Data**

Le volume de données est potentiellement si vaste qu'il ne peut être déplacé sans submerger les systèmes de la plupart des entreprises.

**Vendeur du Big Data**

Il offre services, systèmes et outils aux entreprises pour entreposer, accéder et analyser les données. Les vendeurs proposent des applications adaptées aux besoins de chaque entreprise.

# 38 %

**des marketeurs disposent d'une base de données centralisée pour les données clients, en 2014.**

## Sources de données internes

Les données internes envoyées vers la « voûte électronique » du Big Data, où elles sont suivies et enregistrées, affluent de tous les secteurs de l'entreprise et forment une base de données unifiée.

### Transactions

- Dépenses par client
- Taux de fréquentation des boutiques
- Durée par visite

### Journal de données

- Commentaires clients
- Service clientèle
- Fichiers audio des appels clients par exemple

### E-mails

- Échanges internes
- Contacts clients
- Campagnes d'e-mailing

## À SAVOIR

- **Apache Hadoop® :** Un framework open source permettant de stocker et de traiter de grands ensembles de données.
- **Téraoctet (To) :** $10^{12}$ octets
- **Pétaoctet (Po) :** Unité de mesure de quantité d'information numérique équivalant à 1 024 To.
- **Exaoctet (Eo) :** Unité de mesure de quantité d'information numérique équivalant à 1 024 pétaoctets.

## SURCHARGE INFORMATIONNELLE

Volume de données typiquement générées en ligne par seconde :

- **E-mails :** 2 314 084 envois
- **Tweets :** 7 231 envois
- **Instagram :** 1 129 photos chargées
- **Tumblr :** 1 362 posts
- **Skype :** 1 473 appels
- **Internet :** 22 148 Go de trafic
- **Google :** 44 490 requêtes
- **YouTube :** 84 841 consultations vidéo
- **Facebook :** 30 000 like, 5 nouveaux profils

## GESTION DE DONNÉES

Les entreprises choisissent des options de stockage en ligne ou hors-ligne et différentes solutions logicielles d'accès et d'analyse.

- **Stockage haute capacité :** Serveurs, unité et réseau de stockage capables de supporter de nombreux téraoctets de données.
- **Solution logicielle :** Incluant des applications de recherche et d'analyse, de stockage et d'accès, et de visualisation graphique des données
- **Cloud computing :** Tiers fournisseurs de services proposant des réseaux de stockage pour la gestion et l'accès aux mégadonnées.

# Gestion de la relation client (CRM)

**La gestion de la relation clients (CRM) est un système informatisé utilisé pour gérer et cordonner le marketing, les ventes et la base de données clients, afin de maintenir une bonne relation client et d'optimiser la rentabilité.**

## Mode de fonctionnement

Un CRM ou solution logicielle de gestion de la relation clients est intégré aux systèmes de IT (technologie de l'information) enregistrant les interactions de l'entreprise avec sa base clients. Cette information peut utilisée de différentes façons, par le service vente pour générer de nouveaux leads, par le service marketing pour récompenser la fidélité, ou par le service consommateur, pour gérer d'éventuels problèmes.

### À SAVOIR

- **TERM :** Gestion de la relation client par des processus automatisés issus des technologies de l'information.
- **ERP :** Planification des ressources de l'entreprise, précurseur de la CRM.
- **CRM cloud computing :** Système CRM basé dans le cloud ou nuage (en ligne).

## Système CRM

Le système fait appel à des processus fiables qui améliorent la qualité des relations de l'entreprise avec ses clients, pour leur proposer un meilleur service, et à long terme optimiser ses recettes.

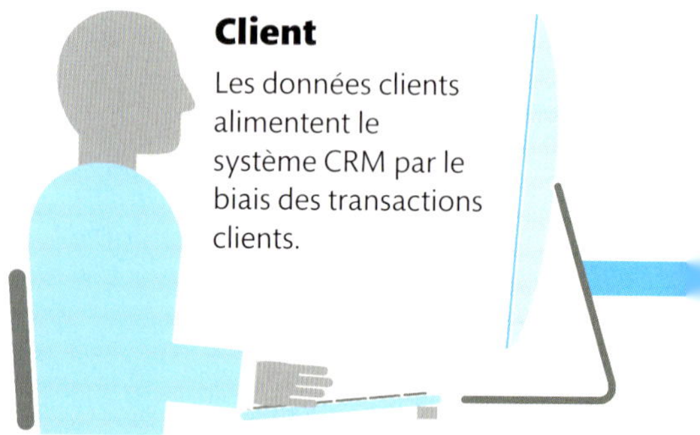

### Client

Les données clients alimentent le système CRM par le biais des transactions clients.

## AUTOMATISATION

Un système CRM peut utiliser l'automatisation pour réagir aux visites et requêtes clients sur un site Web.

### *Segmentation clientèle*

Le marché est segmenté en groupes pertinents par rapport au produit de l'entreprise.

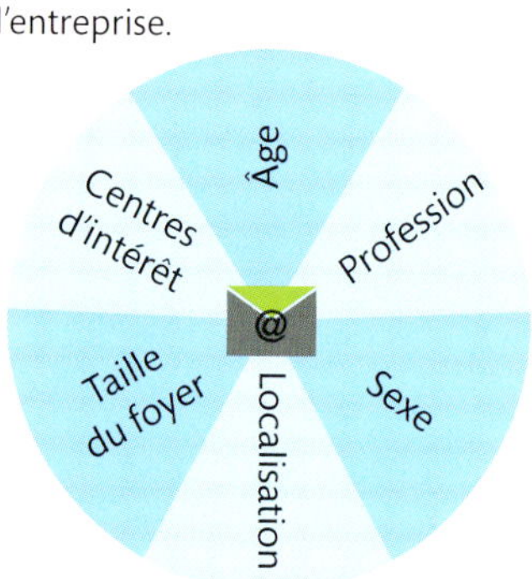


### *Gestion d'une campagne d'e-mailing*

Différents e-mails sont envoyés automatiquement aux groupes sélectionnés.

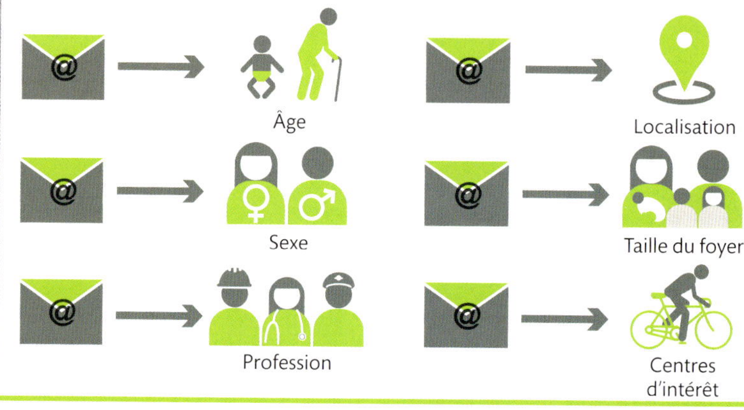

**871 % : taux moyen de retour sur investissement offert par un système CRM.**

### Marketing
Ciblage de groupes pour campagnes spéciales, surveillance et récompense de la fidélité, génération de leads.

### Vente
Conversion des nouveaux leads, recherche de prospects, opportunités de ventes croisées et incitatives, argumentaires personnalisés.

### Formulaires de contact client
Le CRM utilise les informations pour grouper les clients selon leurs habitudes d'achat.

### Devis
L'entreprise envoie un devis en réponse à l'intérêt que le client manifeste pour un produit.

### Retours commentaires clients
L'entreprise pose des questions pour recueillir des informations sur le ressenti des clients.

### Transaction du e-commerce
Le client paie pour le produit *via* Internet.

### Ticket de support client
Un ticket automatisé permettant au client de suivre la livraison du produit.

### Opérations
Améliore les performances au niveau de la fabrication, de la livraison, de la commande et du suivi.

### Service clients
Réponse aux problèmes du service, gestion des questions clients, regroupement des commentaires.

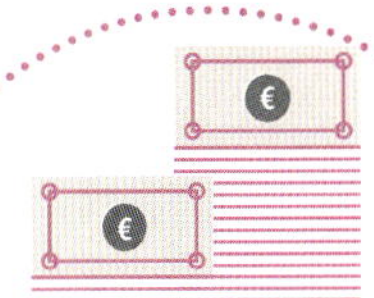

### Finance
Gestion des factures et des processus de paiement.

# Conformité

**Dans la plupart des pays, les entreprises doivent se conformer à un code de commerce, réglementant les usages en matière de ventes et de promotion. Cette réglementation doit garantir l'application de bonnes pratiques commerciales.**

### Mode de fonctionnement

La loi impose aux marketeurs le respect d'une réglementation, pour prévenir pratiques malhonnêtes, trompeuses ou inopportunes, comme la fausse publicité, le manquement à l'obligation de faire figurer les conditions générales de vente ou encore le recours aux spams (envoi massif d'e-mails non sollicités). L'instance régulatrice peut enquêter sur l'entreprise soupçonnée de manquements et imposer sanctions et amendes.

## Marketing et réglementation

Afin de protéger le consommateur, un cadre légal règlemente la vente et la promotion des produits.

| Domaines soumis à réglementation | Exemples de pratiques marketing |
|---|---|
| Allégations comparatives | « Notre modèle est meilleur que le modèle de la concurrence ! » |
| Recommandations | « Je dois ma réussite à leurs produits ! » |
| Offres spéciales | « Un acheté, un offert ! » |
| Tirages au sort et concours | « Participez au tirage pour avoir la chance de gagner des vacances à vie ! » |
| Télémarketing | « Bonsoir. Souhaiteriez-vous réaliser des économies sur vos factures d'énergie ? » |
| Marketing et enfants | « Avancez et entrez dans la Maison des Jouets... » |
| Données clients | « Remplissez, s'il vous plaît, le formulaire d'inscription » |
| E-mailing | « Aujourd'hui et pour 24 h seulement, ventes en ligne ! |
| Recours aux spams | « Félicitations ! Vous avez été sélectionné pour... » |
| Abonnement par défaut | « S'il vous plaît, décochez cette case si voulez pas... » |

# 66 %

du trafic d'e-mails en 2014 était constitué de spams.

## À SAVOIR

- **Opt-out :** Obligation à faire figurer dans chaque e-mail un lien de désabonnement.
- **Phishing :** Escroquerie par email qui consiste à prendre l'identité d'une entreprise connue, notamment pour inciter les destinataires à mettre à jour leurs coordonnées bancaires.

## Mesures types de protection du consommateur

- Un marketeur prétendant que son produit est supérieur au produit de la concurrence doit pouvoir en apporter la preuve.
- Un marketeur doit pouvoir prouver qu'une personne utilisée pour recommander un produit a utilisé le produit ou le service dont il fait la promotion.
- Un marketeur faisant la promotion d'un produit associé à une offre spéciale doit mentionner par écrit les conditions générales de vente.
- En France, tous les jeux et concours en ligne ou hors ligne sont régis par le Code de la consommation et doivent faire l'objet du dépôt d'un règlement chez un huissier de justice.
- Les téléopérateurs doivent mentionner tous les éléments clés en rapport avec la vente proposée, comme coût et quantité, restrictions et limitations, politique de retour.
- Un marketeur doit se conformer à la législation en vigueur en matière de publicité et de promotion d'un produit à l'attention des enfants.
- Les données clients doivent être entreposées, gérées et utilisées en accord avec la réglementation en vigueur concernant la protection des données personnelles.
- Il est interdit d'utiliser des listes de contacts de sources externes. Sur tous les e-mails envoyés doit figurer l'identité de l'annonceur.
- Il faut éviter l'envoi massif et non ciblé de spams ou messages commerciaux par e-mails.
- Tout article proposé en plus d'un produit acheté doit être présenté comme une option, et non comme un article obligeant le consommateur à mentionner son refus.

# LA FABRICATION ET LA PRODUCTION

Fabrication et production › Gestion de la production
Produit › Contrôle › Chaîne logistique

# Fabrication et production

**L'entreprise décide des biens ou des services qu'elle souhaite commercialiser, puis ses dirigeants optent pour le mode de production le plus adapté, selon la demande des consommateurs, le type de produit et le marché, sans perdre de vue la rentabilité de la méthode. On peut distinguer trois grands domaines de production, formant une chaîne de production qui alimente les consommateurs en produits finis.**

## Méthodes de production

Avant la révolution industrielle, les produits étaient élaborés de façon artisanale. Puis les usines ont réuni les hommes et introduit le travail mécanique. Mais il s'agissait encore d'un mode de production unitaire, avec un ouvrier se chargeant de l'élaboration complète d'un produit. L'économiste Adam Smith fut le premier à évoquer le concept de division du travail, qui donna naissance à la production de masse, lorsque le constructeur automobile Henry Ford conçut la ligne de production mobile, au début du XXe siècle. Aujourd'hui, les entreprises peuvent associer le meilleur de ces méthodes, pour produire à grande échelle des produits personnalisés. La production se divise en trois grands domaines, comme l'illustre l'exemple ci-contre, de la production de haricots blancs à celle de boîtes de conserve vendues en supermarché.

### Production primaire

Acquisition et traitement des matières premières, dans ce cas de haricots blancs, mais aussi de tomates, pour la sauce.

**LA PRODUCTION EN PRATIQUE**
Originaire d'Amérique du Sud, le haricot est cultivé pour ses gousses vertes immatures, consommées fraîches sous forme de haricots verts, ou pour ses graines, dans le cas du haricot blanc. Aux États-Unis, les graines séchées sont traditionnellement utilisées pour la préparation d'une spécialité originaire de Boston, dans le Massachusetts, les haricots blancs à la sauce tomate.

**CHOIX DE LA MÉTHODE DE PRODUCTION**

- **Production unitaire :** Les articles sont fabriqués individuellement. *Voir p. 272-273.*
- **Production par lot :** Les articles sont fabriqués simultanément, en un nombre défini. *Voir p. 274-275.*
- **Production en série :** Une méthode adaptée à la production de masse, avec la fabrication d'articles identiques sur une ligne de production. *Voir p. 276-277.*
- **Customisation de masse :** Production de masse d'articles personnalisables par les consommateurs. *Voir p. 278-279.*
- **Production en continu :** Ligne de production 24/24 et 7/7 pour des produits de grande consommation. *Voir p. 280-281.*
- **Processus hybrides :** Combinaison de méthodes de production par lot et en série, ou d'autres processus. *Voir p. 282-283.*

# 2,33

## milliards de dollars : valeur de la production manufacturière chinoise en 2011 – la plus élevée au monde.

### FACTEURS CLÉS DE PRODUCTION

***Pour la fabrication de ses produits, l'entreprise doit disposer de plusieurs ressources***

- **Capital :** Argent investi dans l'entreprise, y compris pour l'acquisition d'outils de production, comme les équipements, les machines et les bâtiments.
- **Ressources naturelles :** Ensemble des ressources naturelles utilisées pour créer biens de consommation et services, par exemple terres agricoles ou ressources extractibles, comme les minerais, le bois, le pétrole ou le gaz.
- **Main-d'œuvre :** Personnel utilisé à la production de biens de consommation et de services.
- **Logistique :** Entrepreneurs et/ou responsables se chargeant de l'organisation et de la gestion de la production afin d'assurer la régulation des flux de produits au sein de l'entreprise.

### Production secondaire

Fabrication et assemblage de matières premières, transformées en biens de consommation ou services, ici en boîtes de conserve de haricots blancs à la sauce tomate.

Les haricots blancs sont mélangés à de la sauce tomate, du sucre, du sel et un assortiment d'épices. Les ingrédients sont cuits dans de vastes autocuiseurs, pour garantir une texture uniforme et une longue durée de conservation, avant leur conditionnement en boîtes de conserve.

### Production tertiaire

Fonctions qui soutiennent la production et la distribution des boîtes de conserve de haricots blancs à la sauce tomate, comme le transport, la promotion, l'entreposage et l'assurance.

Après étiquetage, les boîtes de conserve de haricots blancs à la sauce tomate sont transportées vers des entrepôts, puis dans les supermarchés et autres points de vente, pour y être commercialisées. Aux États-Unis et au Royaume-Uni, plusieurs marques rivalisent pour occuper la première place sur le marché de ce produit alimentaire populaire, en usant de stratégies promotionnelles et en jouant le prix et les différences de saveurs.

# Production unitaire

**Dans ce mode de production adapté à une production à petite échelle ou à un projet ponctuel, les articles sont fabriqués individuellement. Chaque article correspond à un poste de travail et doit être achevé avant la fabrication d'un autre.**

## Mode de fonctionnement

La production unitaire est plus adaptée à une production visant à satisfaire les besoins spécifiques d'une clientèle. En règle générale, il s'agit de requêtes ponctuelles, avec une prise en charge du produit, du début jusqu'à la fin, par un individu ou une équipe. La confection de costumes ou de meubles sur-mesure relève de ce mode de production. Une méthode de production à petite échelle sollicitée par beaucoup d'entreprises à leur début, facile à initier et exigeant peu d'investissements. La production unitaire concerne aussi les projets complexes ou les projets faisant appel à une technologie de pointe, de la production cinématographique aux grands projets de construction, dans les domaines naval, architectural ou de l'ingénierie structurelle, comme la construction de ponts ou de tunnels.

**SERVICES**

La production unitaire s'applique aussi au secteur des services, comme la coiffure ou le transport. Les compagnies aériennes entrent dans la catégorie des services, avec un personnel navigant commercial adaptant ses prestations en fonction des exigences spécifiques des passagers.

## Production d'une robe de mariée

Une future mariée peut choisir une robe sur un portant (typiquement issue d'un mode de production par lot) ou conçue et confectionnée sur-mesure, ce qui influe significativement sur son prix.

**Future mariée en boutique**

La future mariée ne trouve pas la robe de ses rêves et décide de s'offrir une robe sur-mesure.

**Services d'un couturier**

Un couturier est engagé pour concevoir une robe sur-mesure, répondant aux attentes de la future mariée.

**Découpe de la robe**

Le couturier réalise le patron de la robe et coupe le tissu sélectionné par la future mariée.

## LE POUR ET LE CONTRE

**Avantages**

- Produits généralement de meilleure qualité.
- Plus de satisfaction personnelle à réaliser un produit du début à la fin.
- Possibilité pour le producteur de répondre aux exigences spécifiques d'un client.
- Une clientèle limitée suffit à obtenir des profits et, pour les petites structures, le bouche-à-oreille réduit les coûts marketing.

**Inconvénients**

- Pas d'économies d'échelle, coûts de production élevés.
- Intensité de main-d'œuvre.
- Matériaux spéciaux et, parfois, investissement dans une main-d'œuvre qualifiée.
- Prix élevé : frein à la consommation, notamment en période de récession.
- L'activité repose largement sur la confiance d'une poignée de consommateurs.

**750 € :** prix moyen d'une robe de mariée en France en 2014.

**Piquage de la robe**

Le couturier se consacre à l'assemblage, au piquage et aux finitions de la robe de mariée.

**Séance d'essayage**

Après les ultimes retouches, le couturier est satisfait et la robe répond aux attentes de la future mariée.

**Livraison de la robe**

Le prix est élevé, mais la robe correspond exactement aux souhaits de la future mariée. Le couturier peut passer à la création d'un autre modèle.

# Production par lot

**La production diversifiée de petites séries d'articles identiques est qualifiée de production par lot. Un lot doit avoir achevé chaque étape du cycle de production avant la mise en production d'un nouveau lot, dont l'élaboration suit les mêmes étapes.**

## Mode de fonctionnement

La production par lot permet à l'entreprise de fabriquer une quantité d'articles en un seul cycle de production. L'équipement de l'usine est adapté en termes d'échelle et d'équipement spécialisé, et peut être modulé pour chaque lot. Par exemple, une ligne de production industrielle adaptée à la fabrication de 200 robes en taille 8, dans un tissu rouge, peut être modifiée pour fabriquer 400 robes en taille 10, dans un tissu bleu.

Les quantités peuvent varier, de seulement quatre articles identiques pour un détaillant local, à des milliers d'articles pour un grand magasin, avec possibilité de produire un même lot d'articles autant de fois que nécessaire. La production par lot concerne notamment les secteurs de l'alimentation, l'habillement, la chaussure, les peintures, les colles, l'industrie pharmaceutique. La traçabilité de chaque lot fait l'objet d'une identification enregistrée comme l'exige la réglementation.

## Production de pain par lot

Le pain est généralement produit par lot. Un boulanger peut ainsi produire 100 petits pains blancs, puis 50 gros pains complets.

### Mélange des ingrédients

Les ingrédients nécessaires sont pétris pour former une pâte.

### Division de la pâte

Après le pétrissage, la pâte est divisée en petits pains.

### Levée de la pâte

La pâte repose et lève dans des moules.

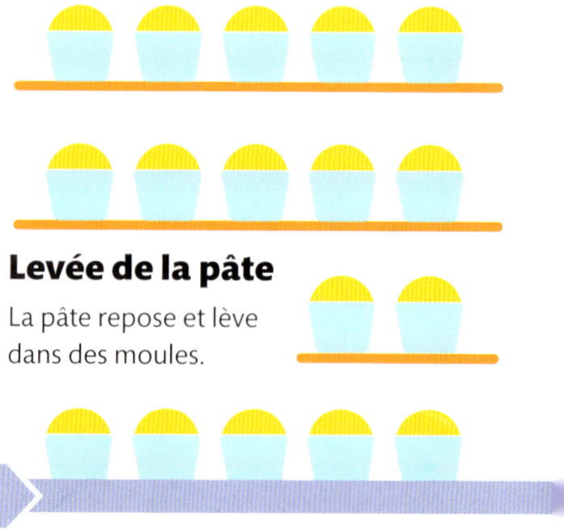

### Calibrage pour un second lot

L'équipement est calibré pour produire cette fois 50 gros pains complets.
Les ingrédients sont pétris pour former une pâte.

### Division de la pâte

Après le pétrissage, la pâte est divisée en petits pains.

### Levée de la pâte

La pâte repose et lève dans des moules.

**320**
**baguettes de pain sont produites en France chaque seconde.**

### LE POUR ET CONTRE

**_Avantages_**

- Économies d'échelle : faible coût unitaire en raison de volumes de production élevés.
- Plus grand choix pour le consommateur, en matière de taille, poids et saveur.
- Augmentation des volumes de production et de la productivité, avec un équipement spécialisé.

**_Inconvénients_**

- Tâches répétitives, main-d'œuvre moins motivée.
- Coûts liés au stockage des matières premières, des produits semi-finis et des produits finis *(voir p. 139)*.
- Exige une planification et une programmation précises.

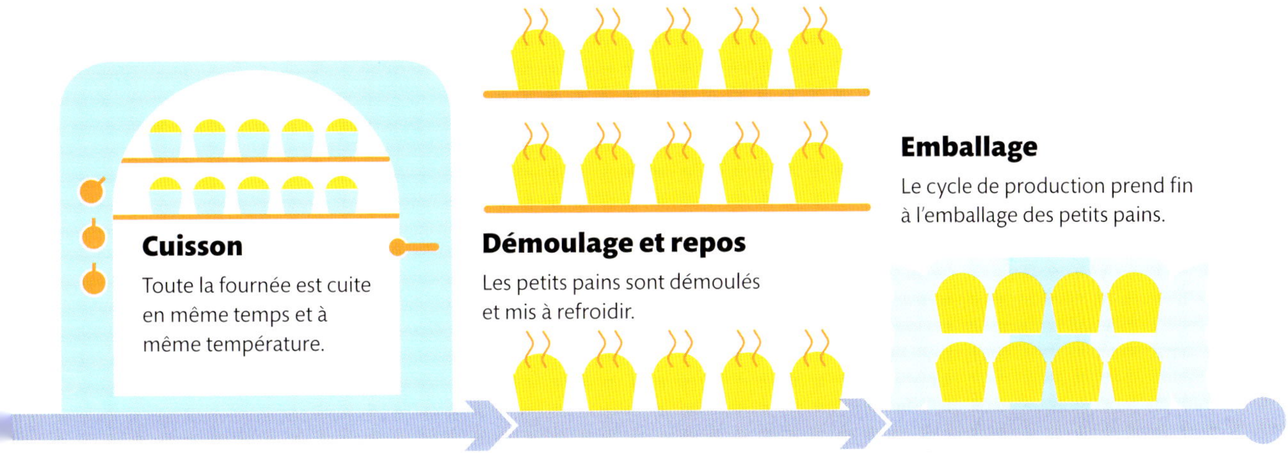


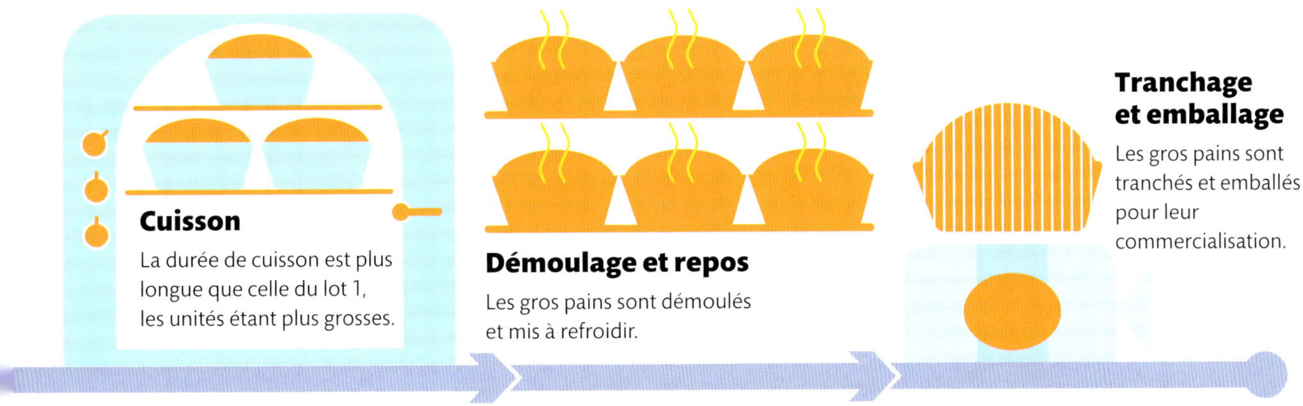

# Production en série

**L'objectif de la production en série (ou de masse) est la fabrication d'un grand nombre d'articles identiques et standardisés. Un mode de production généralement rencontré sur une ligne de production mobile, interrompue au changement de produit.**

### Mode de fonctionnement

Ce mode de production concerne surtout de grosses usines, équipées de bandes transporteuses et d'équipements coûteux, procédant à l'assemblage de composants individuels, parfois achetés à d'autres entreprises, et où les tâches sont automatisées. La construction automobile est un des secteurs industriels témoignant d'un mode de production en série, où les éléments d'une voiture sont assemblés le long d'une ligne de production, associant bras robotisés et ouvriers pour accomplir des tâches spécialisées. Une production de masse est possible, même avec un petit nombre d'ouvriers. Imprimeries, raffineries de pétrole et usines chimiques font aussi appel à ce mode de production.

## Ligne de production

Sur une ligne de production, l'article en cours de fabrication, une voiture par exemple, progresse sur une bande transporteuse et passe par différentes étapes de transformation, jusqu'à sa finition. Ses composants peuvent être acquis auprès d'un sous-traitant ou fabriqués dans une autre usine de l'entreprise. Tous les composants sont prêts à l'assemblage, le long de la ligne de production.

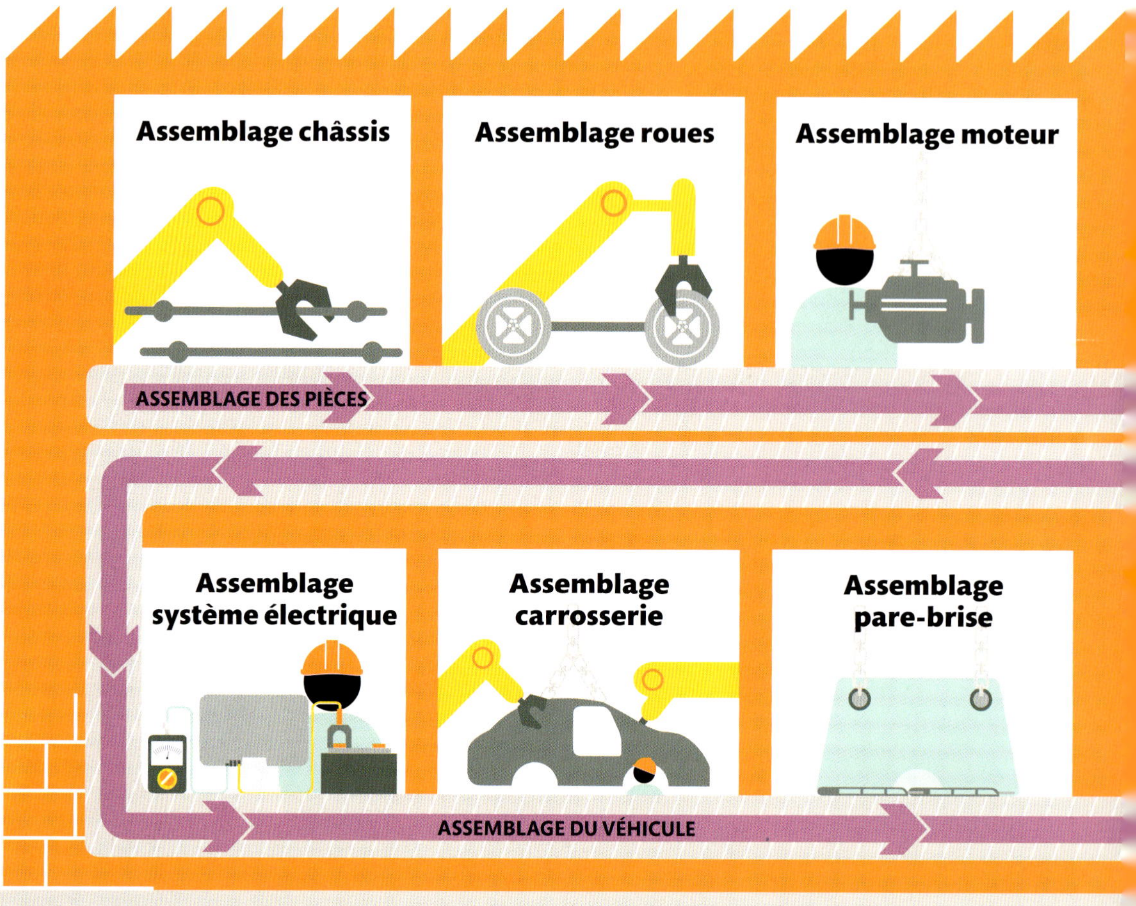

## LE POUR ET LE CONTRE

***Avantages***

- Économies d'échelle : production de masse plus économique.
- Faible coût de l'emploi d'une main-d'œuvre non spécialisée.
- Acquisition de matériaux en quantité, donc à moindre coût.

***Inconvénients***

- Coût des équipements exigeant un investissement lourd.
- Tâches répétitives, main-d'œuvre moins motivée.
- Dépendance vis-à-vis de l'équipement, en cas de défaillance au niveau de la ligne, la production est arrêtée.

**60 millions de voitures sont produites à travers le monde chaque année.**

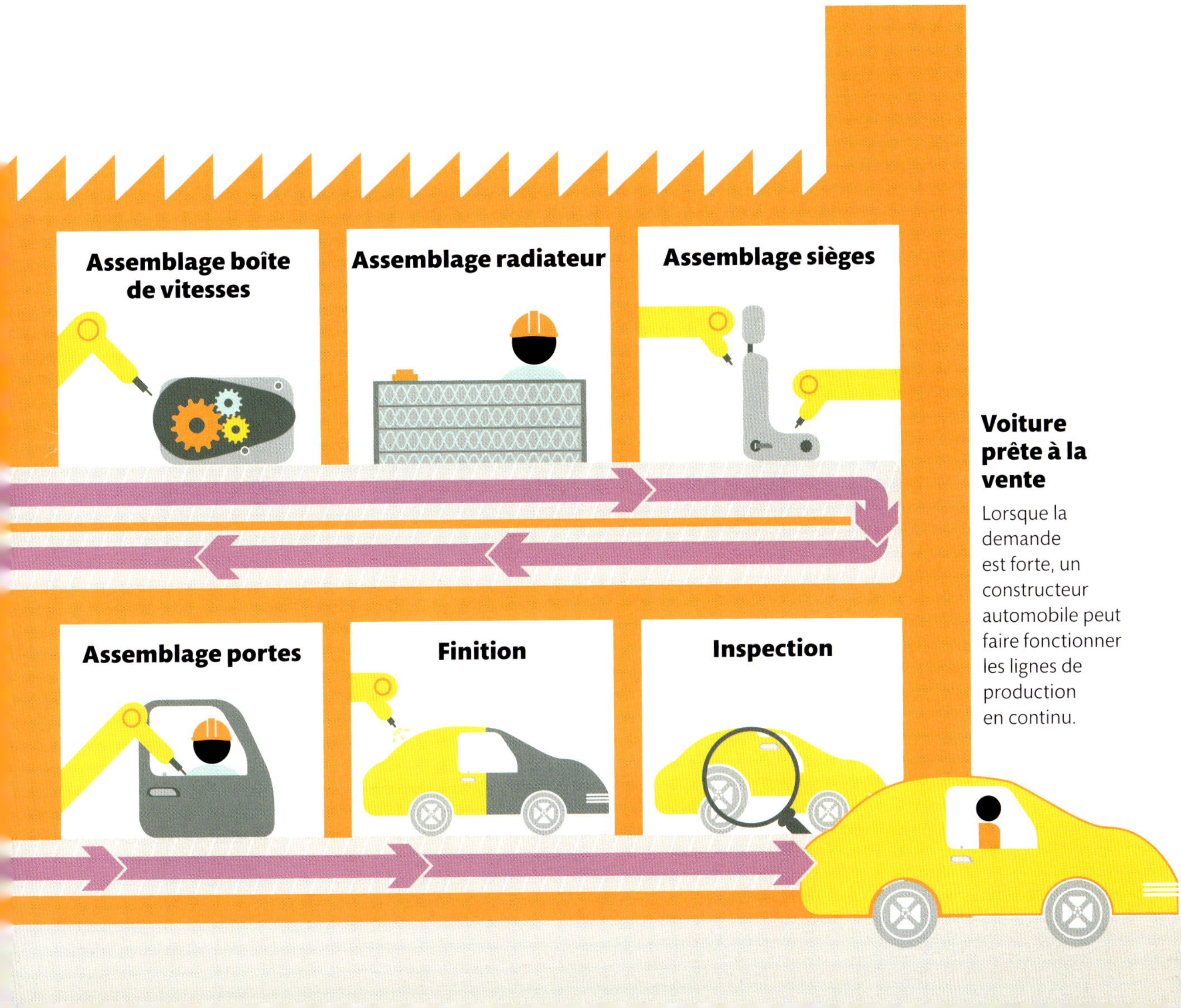


**Voiture prête à la vente**
Lorsque la demande est forte, un constructeur automobile peut faire fonctionner les lignes de production en continu.

# Customisation de masse

**Une technologie sophistiquée et le développement des processus de fabrication autorisent la personnalisation de produits de masse. Faible coût unitaire de la production de masse et opportunités marketing de la personnalisation du produit sont associés.**

## Mode de fonctionnement

La customisation de masse offre de nouvelles opportunités aux services et à l'industrie manufacturière. Médias sociaux, technologie en ligne, outils de modélisation 3D, logiciels de e-commerce, systèmes et processus de production flexible permettent aux consommateurs de configurer des produits selon leurs goûts et leurs besoins. Des industries comme celles de la chaussure (notamment la chaussure de sport) de l'habillement, de l'automobile, la bijouterie, mais aussi l'informatique, proposent déjà aux consommateurs la possibilité de customiser leurs achats. Le prix du produit est souvent plus élevé que celui d'un produit standard.

L'arrivée de technologies révolutionnaires devrait accroître cette possibilité de personnalisation des produits, en permettant par exemple aux consommateurs de scanner les contours de leur silhouette et d'utiliser la réalité augmentée pour concevoir et commander des vêtements uniques.

### PRÉPARATIONS ALIMENTAIRES

La génération des médias sociaux peut s'attendre à voir chacun des aspects de sa vie se prêter à la personnalisation, à commencer par l'alimentation et les boissons. Ainsi, des sites Web permettent aux consommateurs de préparer leurs propres mélanges de thé, café ou céréales, ce qui présente un avantage, notamment pour les consommateurs souffrant d'allergies.

## Conception du produit par le consommateur

La customisation de masse dispose d'un formidable potentiel, celui de changer notre façon de consommer. Ainsi, le consommateur peut désormais *via* Internet acheter une paire de chaussures répondant à ses propres attentes et exigences.

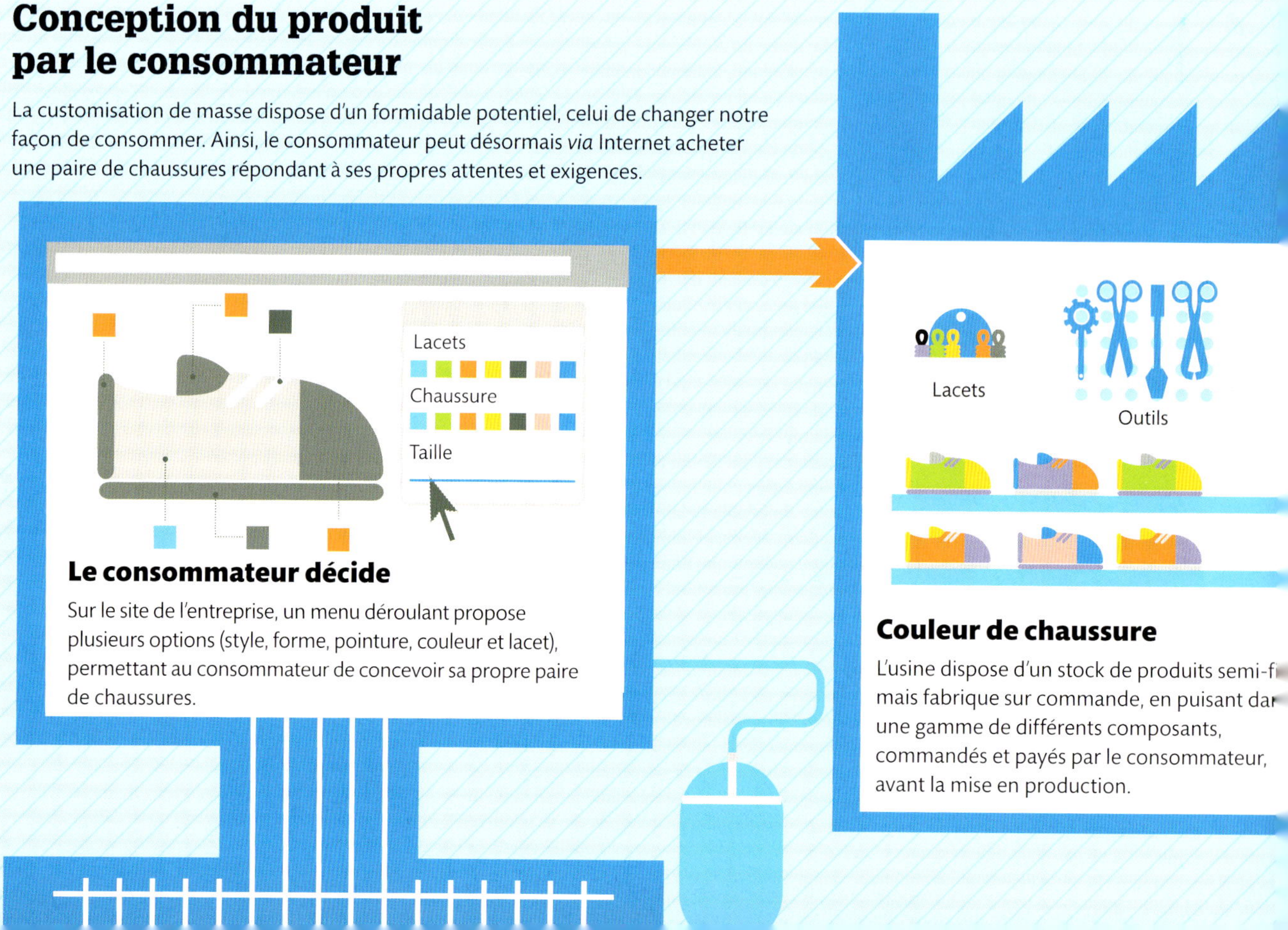


**Le consommateur décide**

Sur le site de l'entreprise, un menu déroulant propose plusieurs options (style, forme, pointure, couleur et lacet), permettant au consommateur de concevoir sa propre paire de chaussures.

**Couleur de chaussure**

L'usine dispose d'un stock de produits semi-f mais fabrique sur commande, en puisant da une gamme de différents composants, commandés et payés par le consommateur, avant la mise en production.

**10 millions de dollars : valeur des sucreries customisées vendues par Mars en 2007, dont ses M&M's de couleurs.**

## QUATRE TYPES DE CUSTOMISATION DE MASSE

Dans son ouvrage *Mass Customisation : The New Frontier in Business Competition*, B. Joseph Pine II distinguait quatre catégories :

- **Customisation collaborative :** Travail avec le consommateur à un produit spécifique, adapté à ses besoins. Par exemple, Dell assemble des ordinateurs selon les exigences du client.
- **Customisation adaptative :** Production de produits standardisés, personnalisés après achat par l'utilisateur. Par exemple, l'entreprise américaine Lutron produit un système d'éclairage qui laisse à l'utilisateur le choix de ses propres réglages, à partir de réglages programmés.
- **Customisation transparente :** Proposition de produits uniques, personnalisés, sans que ces derniers soient informés. Le groupe hôtelier Ritz-Carlton conserve les préférences de ses clients en matière de qualité d'oreillers et de préférence de journaux.
- **Customisation cosmétique :** Produit standardisé commercialisé différemment. Par exemple, le loueur de voitures Hertz distingue la location standard de son programme Gold Plus Rewards.

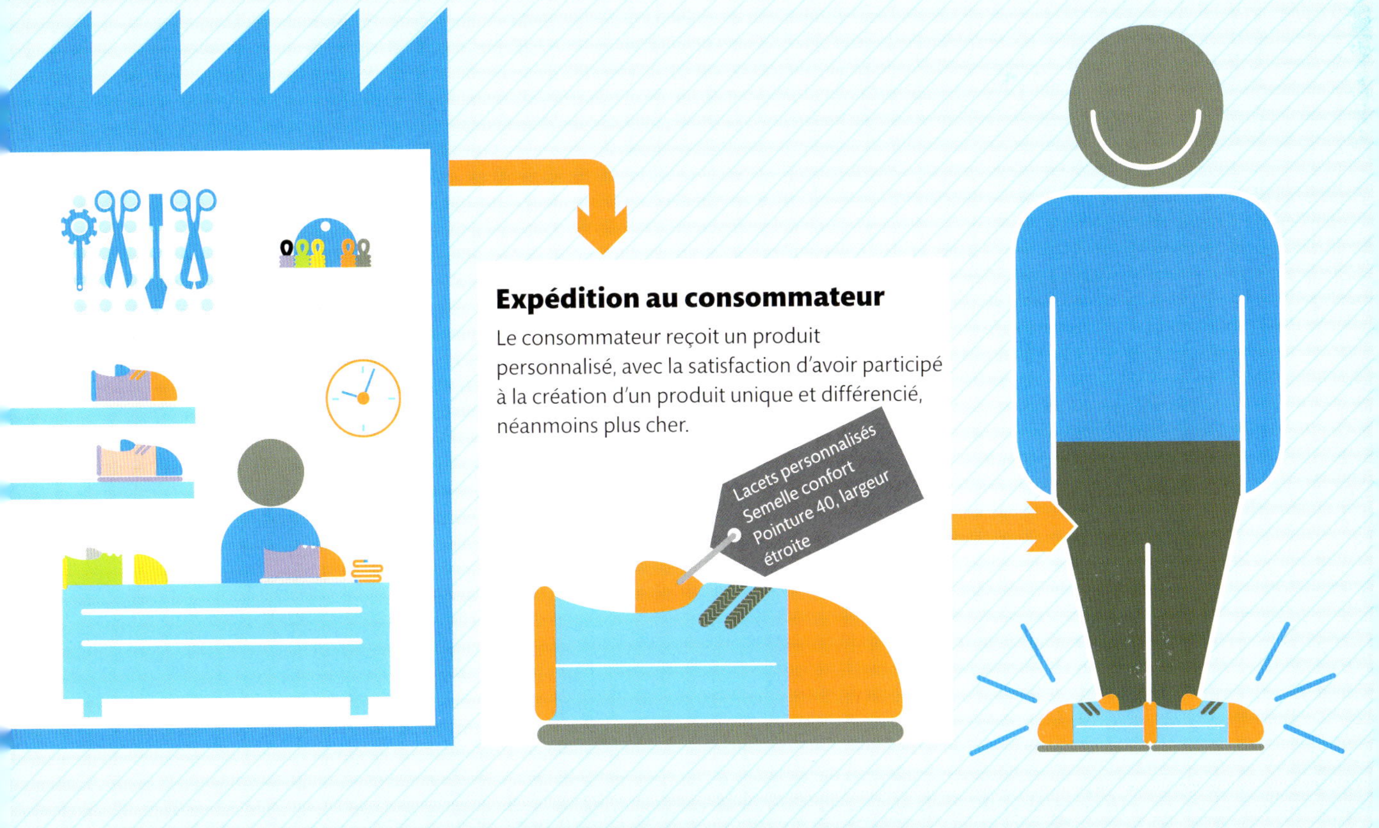


### Expédition au consommateur

Le consommateur reçoit un produit personnalisé, avec la satisfaction d'avoir participé à la création d'un produit unique et différencié, néanmoins plus cher.

# Production en continu

**Une production en continu signifie que le cycle de production se déroule 24 h/24 et 7 jours/7. La ligne de production tourne en continu pour satisfaire la demande, avec une organisation du travail par équipes.**

## Mode de fonctionnement

Dans le cadre d'une production en série ou de masse, la ligne de production est interrompue pour changer de produit ou de modèle. La production en continu fait appel au même concept, mais opère sans interruption tout au long de l'année. Elle est utilisée à la production de produits identiques faisant l'objet d'une forte et constante demande, comme papier, carton, emballages, lessives, composants électroniques et lubrifiants. Les processus sont automatisés et la main-d'œuvre réduite au minimum, mais le contrôle qualité revêt une importance particulière. La concurrence est féroce parmi les industries produisant en continu. Les marges bénéficiaires sont faibles, mais la demande est souvent relativement stable, ce qui encourage les investissements dans l'équipement.

## La filière papier

Le papier est utilisé à travers le monde et l'industrie papetière travaille 365 jours par an à satisfaire une demande constante. Le bois est la matière première de l'industrie papetière. Après déchargement, les troncs sont déchiquetés et réduits en pulpe, avant lavage et séchage des fibres. En fin de cycle de vie, le papier est parfois recyclé.

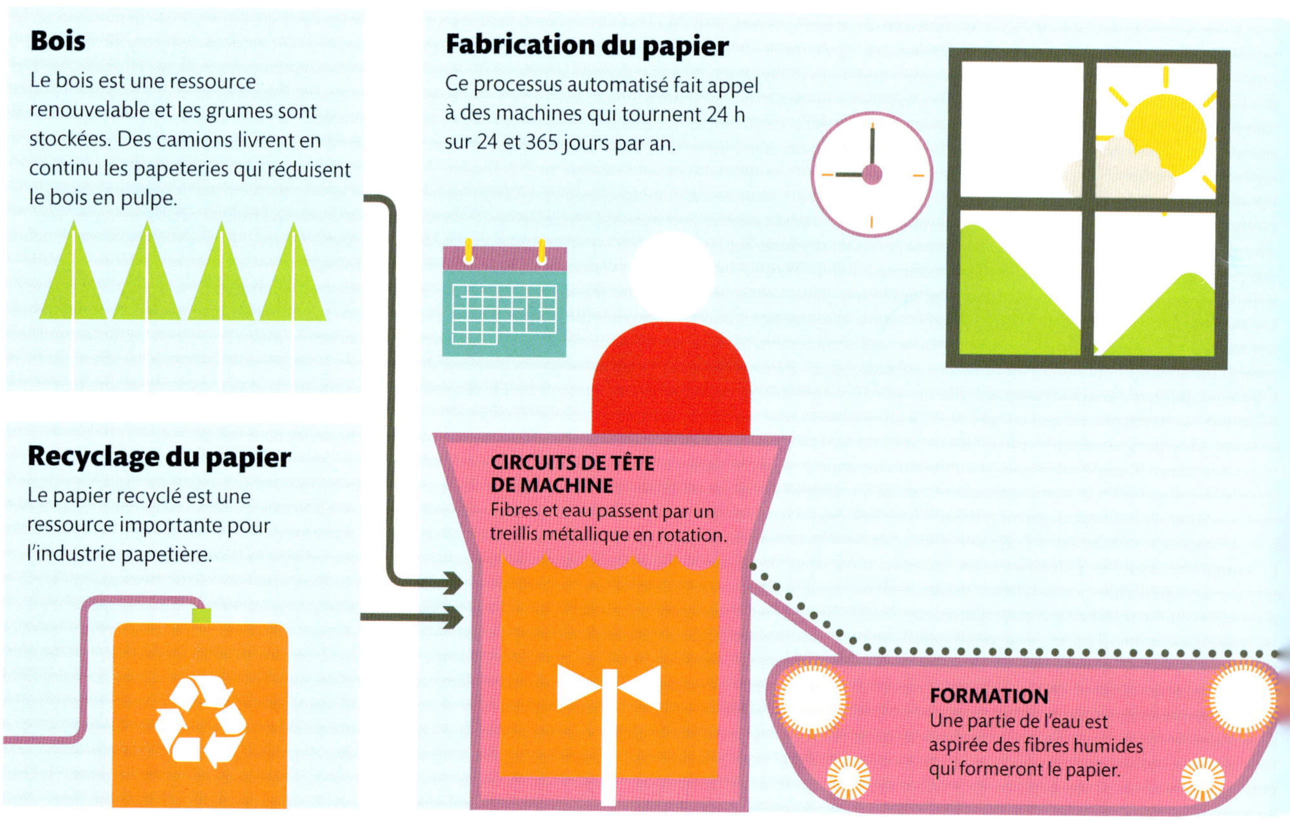

**4 milliards d'arbres sont abattus chaque année pour la fabrication du papier.**

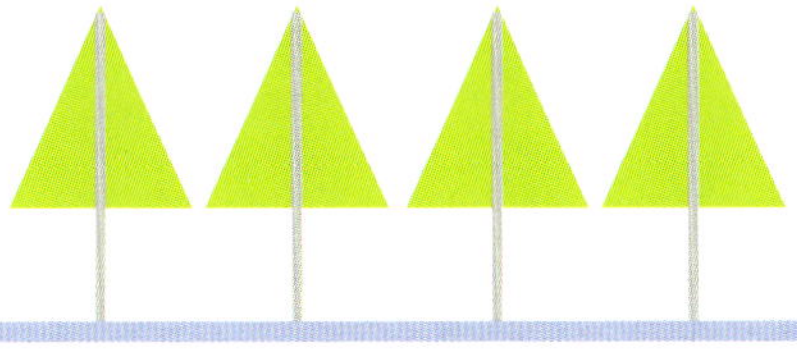

## UTILISATIONS TYPES

La production en continu est utilisée pour des produits indifférenciés, aux volumes importants et constants.

# Production hybride

**Une entreprise manufacturière peut adapter ses processus existants ou associer deux méthodes de production pour optimiser ses performances, notamment lorsqu'elle fabrique une large gamme de produits.**

## Mode de fonctionnement

Les processus hybrides sont nombreux. L'un de ces processus associe un mode de production par lot, exigeant seulement deux ou trois équipements, à une production discontinue, d'un processus à un autre. Une méthode courante dans l'industrie pharmaceutique. Ainsi, une entreprise peut fabriquer un médicament contre les céphalées et un autre contre le rhume des foins, sous différentes formes : comprimés, gélules et forme liquide, selon différents dosages. Chaque lot passe par des étapes différentes, selon sa composition et sa forme, de son traitement en masse à son conditionnement. Un autre exemple est celui de la production en cellule associant mode de production unitaire et de production en série (de masse).

### À SAVOIR

- **Incréments :** Amélioration progressive par petites étapes, sur une période de temps, plutôt qu'une rupture ou un changement transformationnel.
- **Hybridation :** Remplacement de plusieurs processus différents par un seul et même processus hybride.

## Combinaison de méthodes

Sur une ligne de production classique, chaque ouvrier est spécialisé dans la fabrication d'un type ou d'un composant du produit. À l'opposé, dans un mode de production unitaire, une personne se charge de toutes les étapes pour créer le produit fini, du début jusqu'à la fin. Le mode de production par îlots associe production par lot et production unitaire pour structurer des unités autonomes. Un certain nombre d'ouvriers sont chargés de la production ou d'une partie de la production de produits de natures différentes.

### Production en série

Ce processus est pris en charge par un ou plusieurs ouvriers, achevant une tâche avant que le produit en cours de fabrication ou un composant du produit soit déplacé au poste de travail suivant. Au poste de travail 1, l'ouvrier utilise un type d'outils pour le processus d'élaboration, avant le déplacement du produit au poste de travail 2, et ainsi de suite, tout le long de la ligne de production. *Voir p. 276-277.*

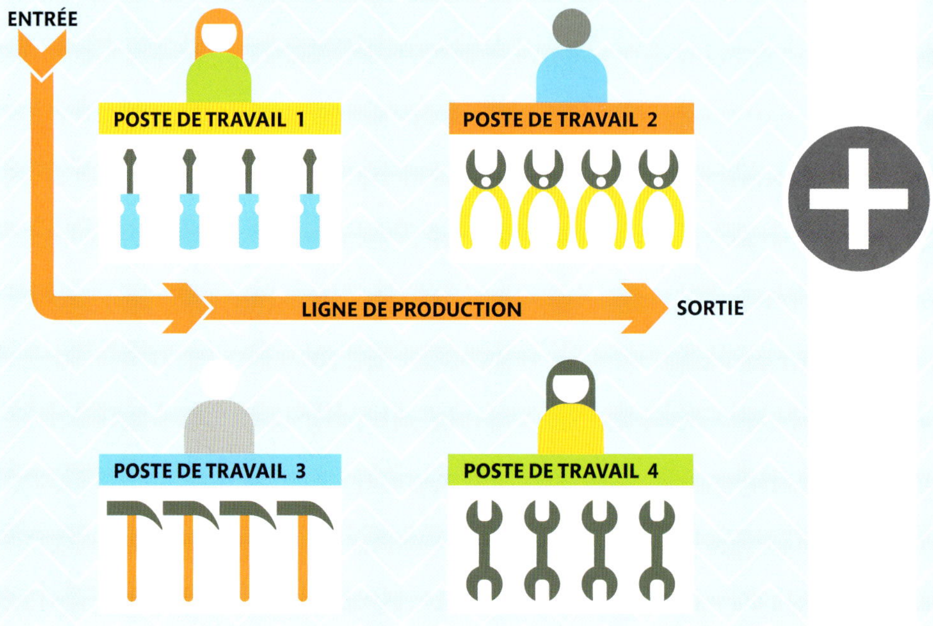

## DES PROCESSUS HYBRIDES POUR L'INNOVATION

En associant différents processus de fabrication, l'entreprise peut proposer des produits nouveaux et originaux. Par exemple, une entreprise agroalimentaire spécialisée dans la fabrication de pain et frites surgelés peut optimiser le cycle de production des frites en procédant à une précuisson des frites dans le four à pain. Ce processus a involontairement pour effet de rendre les frites plus diététiques. Un nouveau produit est créé, commercialisé sous une nouvelle appellation à l'attention de nouveaux consommateurs.

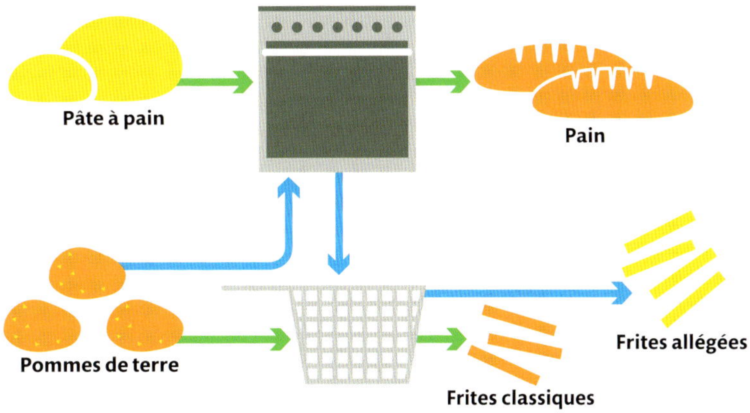


### Production unitaire

Un ouvrier élabore un produit unique, comme une cuisine sur-mesure, du début à la fin. Ce mode de production est plus gratifiant pour l'ouvrier, qui fait appel à différentes compétences, mais aussi plus coûteux pour le consommateur. *Voir p. 272–273.*

### Production par îlots

Association du meilleur de la production en série et de la production unitaire, se traduisant par la fabrication de produits ou de composants par de petites unités autonomes (îlots) réunissant un certain nombre d'ouvriers au sein de l'usine. Les ouvriers sont formés à la fabrication de tous les produits d'une gamme. Des produits disparates peuvent être fabriqués sans ralentir la ligne de production. Le concept vise à l'optimisation de la performance, en laissant une certaine autonomie à chaque îlot.

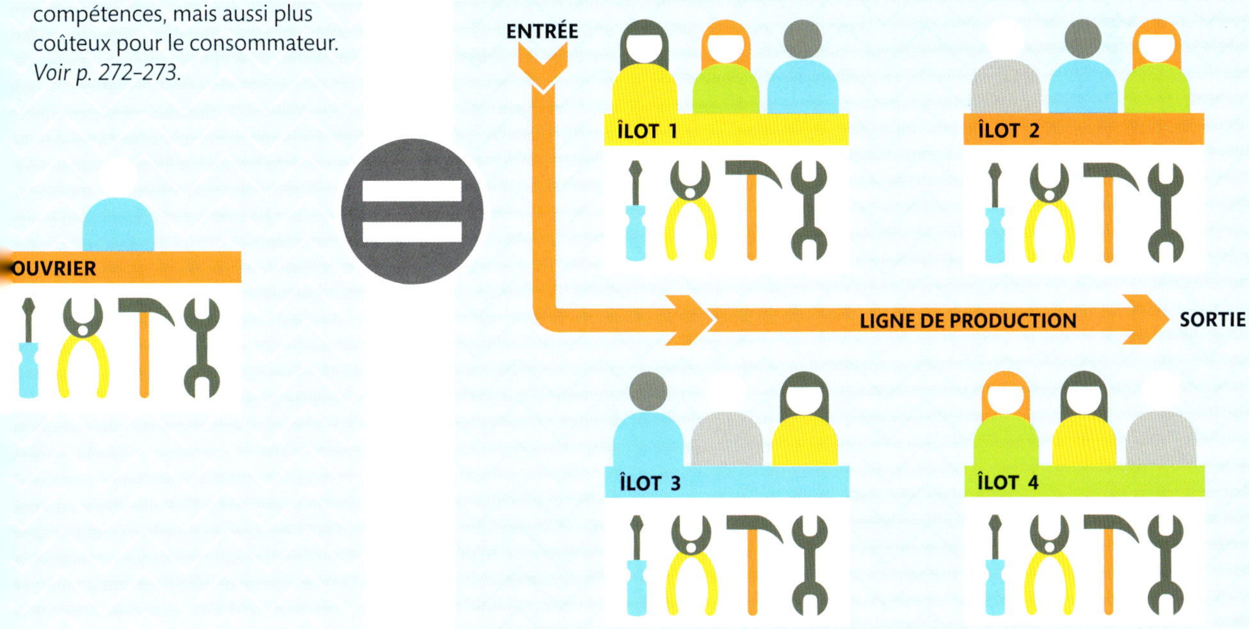

# Gestion de la production

**Tout dirigeant, notamment dans l'industrie manufacturière, doit s'assurer que les ressources de l'entreprise, du matériel à l'équipement en passant par la main-d'œuvre, soient utilisées de façon optimale, sans oublier la clientèle à qui s'adressent ses produits. Le dirigeant prend des décisions clés quant aux stratégies et aux normes à appliquer, sans cesser d'œuvrer à l'amélioration des processus, afin de maintenir la rentabilité de l'entreprise.**

## Question d'approche

L'organisation, tant sur le plan de la main-d'œuvre que des processus de fabrication et de distribution, est cruciale dans toute entreprise soucieuse de survivre au sein d'un environnement concurrentiel, et de s'adapter rapidement aux demandes de la clientèle d'un marché désormais globalisé. En décidant de la façon dont gérer les processus de production de l'entreprise pour répondre à ces objectifs, le dirigeant peut associer des approches, souvent étroitement liées.

### MANAGER OU LEADER ?

Management et leadership ne signifient pas la même chose, mais sont étroitement liés.

- Le manager **planifie**, **organise** et **coordonne**, le leader **galvanise** et **motive**.
- Le manager **organise la main-d'œuvre** pour optimiser la productivité, le leader **nourrit les compétences** et **développe les talents**.
- Le manager se concentre sur les **résultats**, le leader est aussi tourné vers **l'avenir**.
- Le manager dit au personnel **quoi faire**, le leader **pose des questions**.
- Le manager **veille à ce que la main-d'œuvre accomplisse** le travail qui doit être fait, le leader **encourage la main-d'œuvre** à vouloir faire plus que le travail demandé.

La distinction classique suivante est attribuée à deux dirigeants et auteurs différents, Peter Drucker et Warren Bennis : le management c'est bien faire les choses, le leadership c'est faire les bonnes choses.

**Gestion agile**

Comment être plus réactif pour s'adapter aux demanc des consommateurs ? *Voir p. 296–297.*

**Gestion du temps**

Comment optimiser la gestion du temps ? *Voir p. 294–295.*

**N°1 dans le monde pour l'innovation en 2014 : la Corée du Sud.**

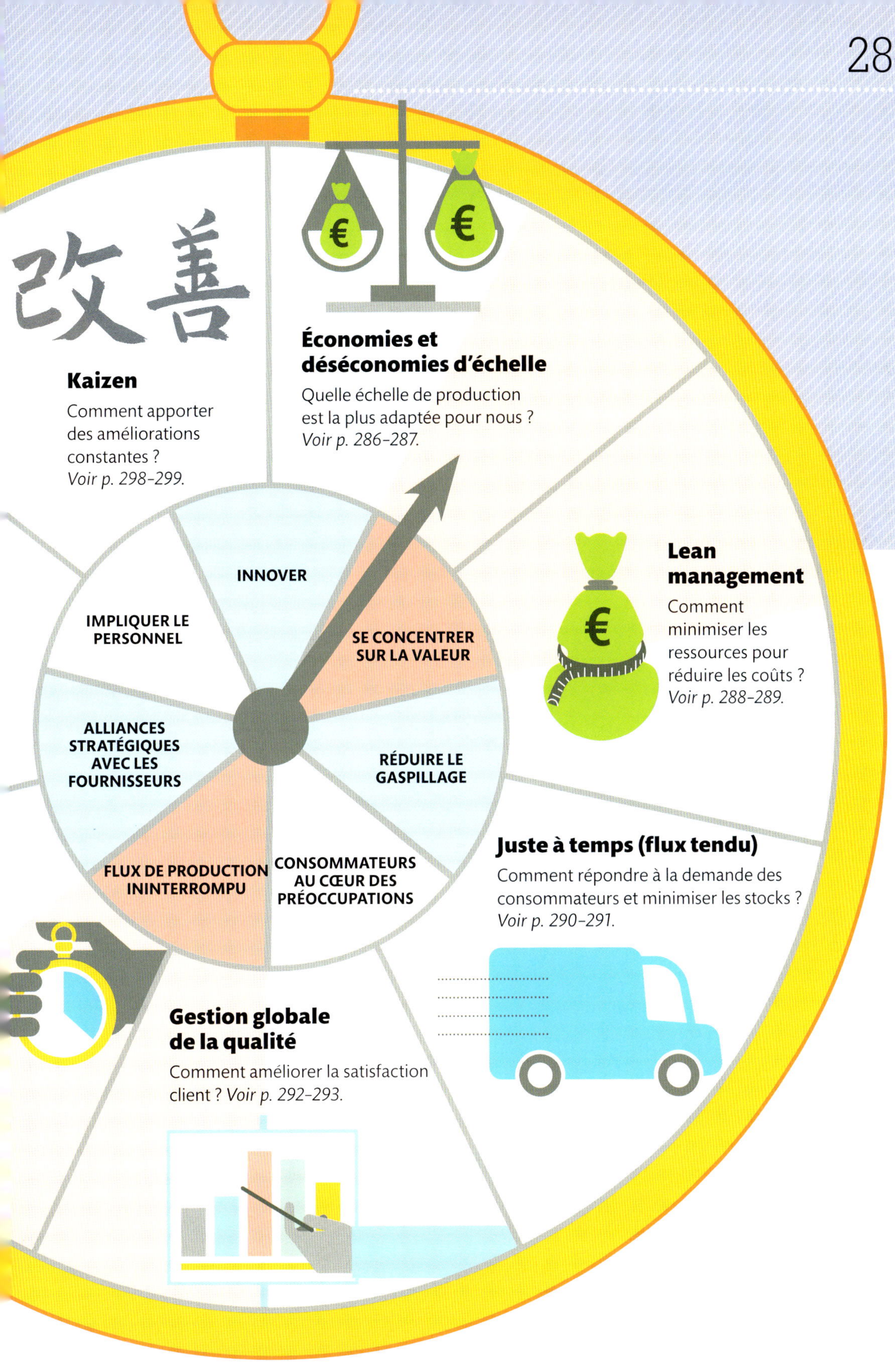
改善
Kaizen
Comment apporter des améliorations constantes ? *Voir p. 298–299.*
Économies et déséconomies d'échelle
Quelle échelle de production est la plus adaptée pour nous ? *Voir p. 286–287.*
Lean management
Comment minimiser les ressources pour réduire les coûts ? *Voir p. 288–289.*
Juste à temps (flux tendu)
Comment répondre à la demande des consommateurs et minimiser les stocks ? *Voir p. 290–291.*
Gestion globale de la qualité
Comment améliorer la satisfaction client ? *Voir p. 292–293.*
INNOVER
SE CONCENTRER SUR LA VALEUR
RÉDUIRE LE GASPILLAGE
CONSOMMATEURS AU CŒUR DES PRÉOCCUPATIONS
FLUX DE PRODUCTION ININTERROMPU
ALLIANCES STRATÉGIQUES AVEC LES FOURNISSEURS
IMPLIQUER LE PERSONNEL

# Économies et déséconomies d'échelle

**Les économies d'échelle sont un des avantages de la production de masse et participent à abaisser le coût unitaire de chaque produit. Mais les coûts peuvent aussi grimper au développement de l'activité, en entraînant des déséconomies d'échelle.**

### Mode de fonctionnement

Les économies d'échelle relèvent d'un constat simple : plus le nombre d'articles produits ou manipulés est élevé, plus le coût moyen (unitaire) est bas, car les coûts fixes et les coûts de rendement sont partagés entre les articles – de quoi offrir à l'entreprise un avantage compétitif. Des déséconomies d'échelle peuvent apparaître au développement de l'activité, en raison de coûts administratifs plus élevés, de gaspillage lié à un manque de contrôle ou d'un manque de productivité des employés.

## Économies d'échelle

Pour une petite laiterie, vendre son lait à un supermarché n'est pas nécessairement rentable, à la différence d'une laiterie industrielle produisant des milliers de bouteilles de lait. Mais lorsque le volume de production est trop important, le gaspillage peut grever les coûts associés.

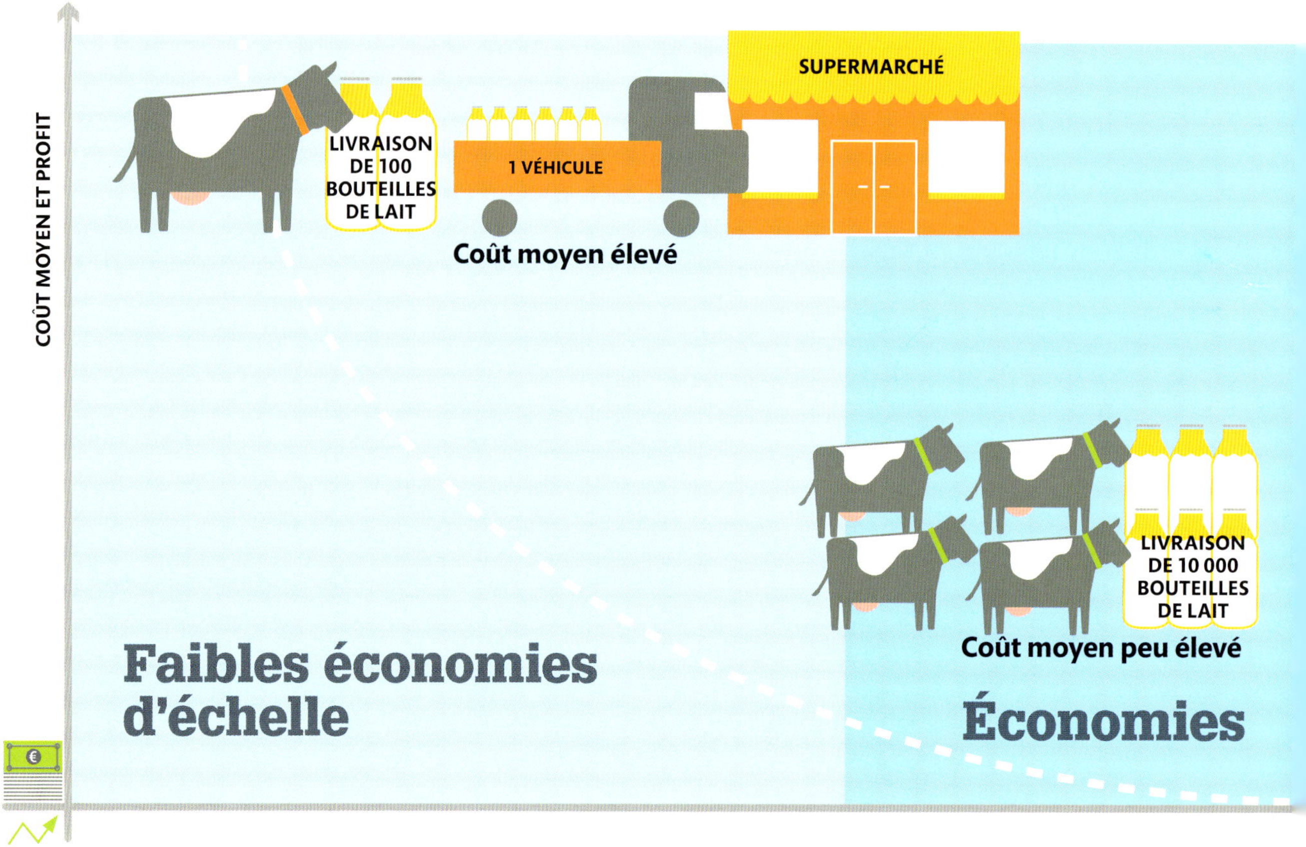

## ÉCONOMIE EN RÉSEAU

Les réseaux en ligne comme eBay ou Facebook sont rarement touchés par les déséconomies d'échelle. Ils parviennent néanmoins à réaliser des économies d'échelle même à un niveau international, car le coût lié au gain d'un utilisateur sur le réseau est pratiquement nul. Le bénéfice retiré peut quant à lui être colossal, car chaque nouvel utilisateur du réseau peut interagir ou commercer avec les autres membres du réseau.

**150 millions :** nombre d'utilisateurs d'eBay à travers le monde en 2014.

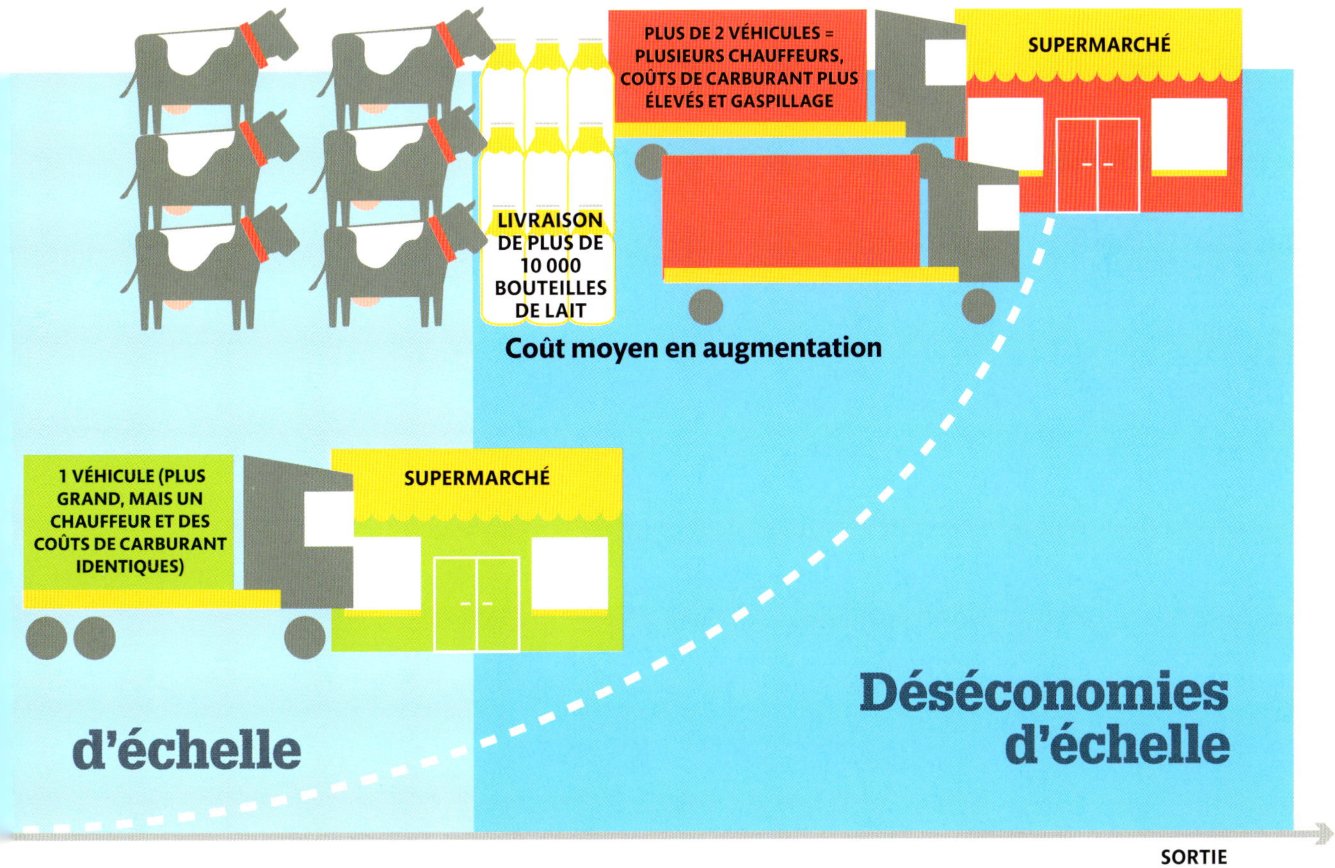

# Lean management

**L'objectif du lean management est d'optimiser les ressources productives de biens et services aux consommateurs. En réduisant efforts humains, matériaux, espace, capital et temps, le lean management parvient à réduire les coûts.**

## Mode de fonctionnement

Le lean management se concentre sur l'efficacité à optimiser la valeur du produit pour le consommateur, sans nuire à sa qualité. Le lean cherche à éliminer toute action qui n'ajoute pas de valeur au processus de production, comme la gestion de stock, la réparation de défauts, les déplacements inutiles du personnel ou des produits au sein d'une entreprise manufacturière.

L'optimisation du flux de produits et services à travers le flux de valeurs – séquences d'actions à circulation horizontale à travers les technologies, les actifs et les fonctions, jusqu'au consommateur – permet à l'entreprise de répondre plus rapidement à la demande des consommateurs. L'efficience simplifie et rend plus précise la gestion de l'information.

### ✓ À SAVOIR

› **Kanban :** Terme japonais signifiant « fiche » ou « étiquette ». Simple fiche fixée sur les bacs ou les conteneurs de pièces dans une ligne d'assemblage ou une zone de stockage. La méthode kanban limite la production du poste amont aux besoins exacts du poste aval.

## Étude de cas : élimination du gaspillage chez Toyota

Le lean management a pour objectif d'éliminer le gaspillage, parfois qualifié d'actions sans valeur ajoutée. Le constructeur automobile Toyota identifia huit sources de gaspillage et proposa une approche lean pour y remédier.

### Surproduction

**Gaspillage**

Production d'articles en nombre supérieur à la demande du client

**Solution lean**

Adoption d'une méthode de production à flux tendu pour s'adapter à la demande

### Temps d'attente

**Gaspillage**

Temps d'attente improductif de matériaux, informations, équipements ou outils

**Solution lean**

Adoption d'un système de pilotage de la production Juste à Temps (JAT), ni trop tôt, ni trop tard

### Inventaire en excès (stock)

**Gaspillage**

Détention d'un stock inutile

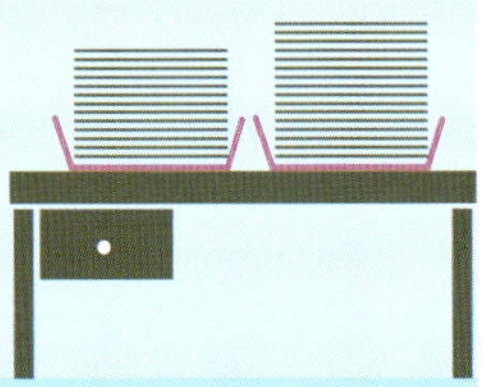

**Lean solution**

Recours à la méthode d'approvisionnement sur consommation avec l'utilisation de cartes kanban pour mieux gérer le stock

### Non-qualité et défauts

**Gaspillage**

Gaspillage de matériaux, travail inutile, insatisfaction du consommateur

**Solution lean**

Adoption d'une démarche de qualité totale pour améliorer tous les domaines

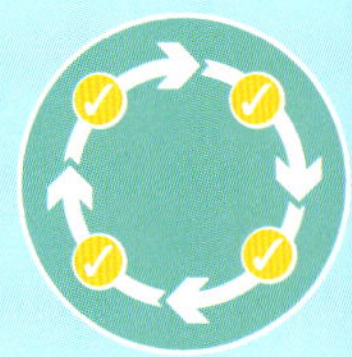

## BÉNÉFICES DU LEAN MANAGEMENT

Selon une étude du National Institute of Standards and Technology (NIST) américain, 40 entreprises ayant adopté le lean management enregistrèrent les bénéfices suivants :

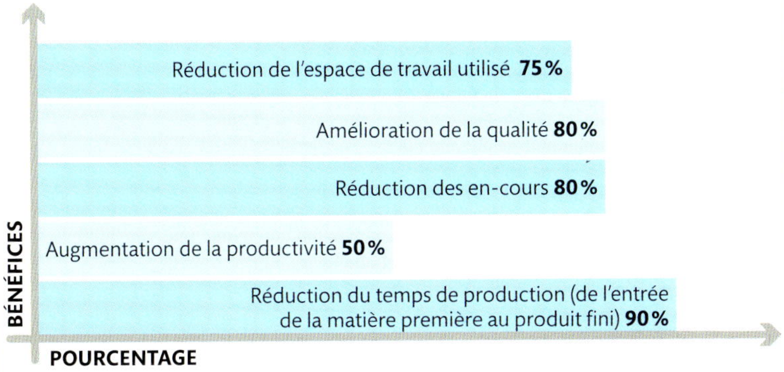


**10,23 millions : nombre de véhicules vendus par Toyota en 2014.**

### Transports inutiles

**Gaspillage**

Étapes superflues dans le processus de transport

**Solution lean**

Expédition directe du fournisseur à la ligne de production

### Opérations à non-valeur ajoutée

**Gaspillage**

Étapes non rentables dans la production ou réusinage d'un produit

**Solution lean**

Adoption de la cartographie du flux de valeurs pour identifier les étapes à non-valeur ajoutée dans le processus de production, afin de produire bien du premier coup

### Déplacements inutiles

**Gaspillage**

Flux de travail ralenti, mauvais agencement, méthode de travail incohérente

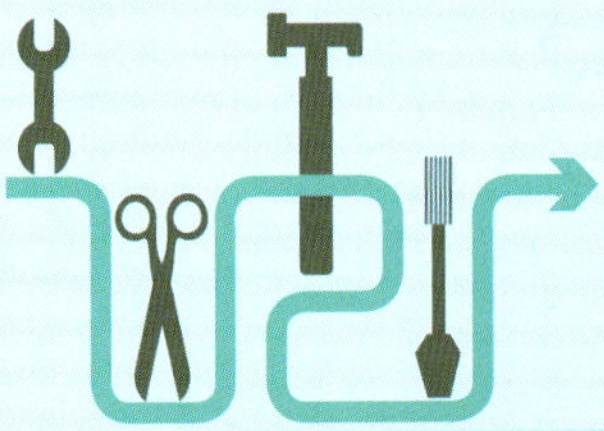

**Solution lean**

Adoption de la méthode des 5S pour optimiser l'organisation de l'espace de travail

### Mauvaise utilisation du potentiel humain

**Gaspillage**

Sous-utilisation des compétences, des capacités d'innovation et des aptitudes physiques du personnel

**Solution lean**

Implantation de production en îlots ou cellules, pour une meilleure utilisation du potentiel, une meilleure implication et une meilleure communication

# Juste à temps (JAT)

**Dans cette méthode d'organisation et de gestion de la production, la commande décide de la mise en fabrication du produit. Elle permet à une entreprise de produire la référence demandée, en quantité demandée, au moment demandé.**

## Mode de fonctionnement

La méthode de production dite Juste à Temps (JAT) ou à flux tendu permet d'optimiser les stocks de matières premières, composants, en-cours et produits finis, en les maintenant au niveau le plus bas possible pour réduire les coûts. La planification, l'échelonnement et la gestion détaillée du flux des ressources tout au long du processus de production sont désormais assurés par des solutions logicielles sophistiquées de planification optimisée de la production. La livraison directe, et au moment requis, des ressources alimentant la ligne de production exige le développement d'étroites relations avec les fournisseurs et des systèmes d'interconnexions. Les bénéfices tirés de la réduction des stocks sont contrebalancés par le coût des livraisons fréquentes et la perte des économies d'échelle (remises sur achats de gros). Ce système remonte à 1953, année où Toyota introduisit la méthode du pilotage de la production du Juste à Temps (JAT). Cette expression est aujourd'hui utilisée au sens large pour faire référence à toute stratégie de réduction du gaspillage des ressources.

### JUSTE À TEMPS : LE POUR ET LE CONTRE

***Avantages***

- **Faible stock**, moins d'espace d'entreposage et moins de manutention.
- **Flux tendu** évitant l'obsolescence et la péremption du stock.
- **Gain de temps** pour le personnel dans le contrôle et la manipulation.

***Inconvénients***

- **Pas de place pour l'erreur**, le moindre défaut entraîne l'arrêt de la production de la journée.
- **Opérations dépendantes** des fournisseurs.
- **Pas de stock tampon** en cas d'augmentation de la demande.

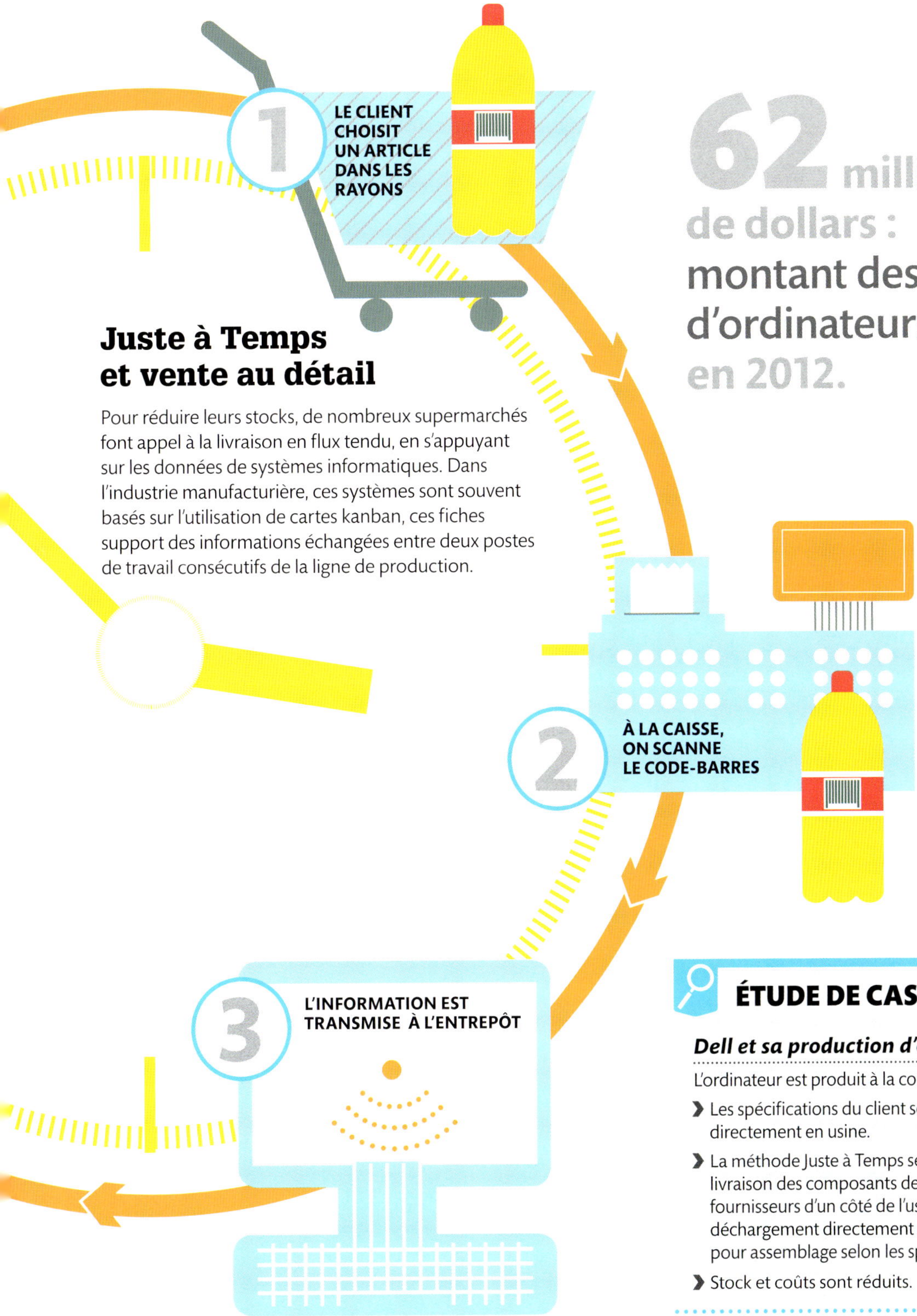


## Juste à Temps et vente au détail

Pour réduire leurs stocks, de nombreux supermarchés font appel à la livraison en flux tendu, en s'appuyant sur les données de systèmes informatiques. Dans l'industrie manufacturière, ces systèmes sont souvent basés sur l'utilisation de cartes kanban, ces fiches support des informations échangées entre deux postes de travail consécutifs de la ligne de production.

**62 milliards de dollars : montant des ventes d'ordinateurs Dell en 2012.**

## ÉTUDE DE CAS

### *Dell et sa production d'ordinateurs*

L'ordinateur est produit à la commande du client :

- Les spécifications du client sont envoyées directement en usine.
- La méthode Juste à Temps se traduit par la livraison des composants des différents fournisseurs d'un côté de l'usine et leur déchargement directement dans des containers pour assemblage selon les spécifications du client.
- Stock et coûts sont réduits.

# Gestion globale de la qualité

**Le succès par la satisfaction du client est au cœur de la gestion globale de la qualité ou concept de qualité totale du TQM. La stratégie se concentre sur la gestion et l'amélioration des processus, plutôt que sur les résultats.**

## Mode de fonctionnement

Les entreprises sollicitent la gestion globale de la qualité (TQM) pour créer une organisation centrée sur le client, impliquant tout le personnel dans une logique d'amélioration permanente. Cette approche stratégique et systématique place la qualité au cœur des activités et de la culture de l'organisation. Le niveau de qualité est déterminé par les consommateurs, par le biais de la mesure de leur satisfaction. L'organisation s'apparente à une série de processus horizontaux, des éléments entrants livrés par les fournisseurs, aux éléments sortants proposés au client. Les données d'enregistrement et de mesure de la performance sont vitales et constituent un moyen de communication efficace pour maintenir la dynamique.

### LE TQM EN BREF

- **Totale :** Implique tout le personnel et les activités de l'entreprise.
- **Qualité :** Conformité en adéquation avec les attentes du consommateur.
- **Management :** La qualité peut et doit être gérée par tous.

## Étude de cas : la Walt Disney Company

Les entreprises manufacturières qui centrent leur politique sur la satisfaction ou le dépassement des attentes des consommateurs en fabriquant des produits selon certaines spécifications sont souvent citées en exemple de gestion globale de la qualité, mais le TQM s'applique aussi aux industries du secteur des services, comme Walt Disney.

**4,26 millions : nombre de visiteurs de Disneyland Paris® en 2014.**

### Walt Disney Company

L'objectif de Disney est d'optimiser la valeur à long terme pour l'actionnaire, et cet objectif implique en partie de proposer une expérience magique aux visiteurs de ses parcs à thèmes.

### Centré sur le client

Disney intègre le concept de qualité totale du TQM dans l'approche du service client. Ses visiteurs sont perçus comme des invités, traités comme des VIP et à titre individuel.

### Implication de tous dans la qualité

Pour Walt Disney, la qualité était une priorité et le devoir de tous. Une mission qui ne pouvait être déléguée.

### Processus parfait

Pour Walt Disney, un parc à thème était une usine à rêves. Il concevait des processus de qualité et les répétait à grande échelle.

# 15 000

## employés sont présents à Disneyland Paris® pour satisfaire les visiteurs.

### Employés
Disney appelait ses employés des « membres de la troupe », formés à tous les aspects du service, y compris dans la posture, la gestuelle, les expressions et le ton de la voix à adopter.

### Service exceptionnel
Les membres de la troupe (employés) ont pour objectif la satisfaction du client, leur unique mission consiste à rendre les visiteurs heureux.

### Fournisseurs
Disney collabore avec des fournisseurs, notamment à travers un partenariat avec McDonald's et Coca-Cola, afin de proposer un niveau de qualité constant.

### Amélioration permanente
Pour Walt Disney, le parc à thème avait besoin d'améliorations. Aujourd'hui, celles-ci viennent de la base.

### L'heure de la parade
Les membres de la troupe sont formés pour répondre à cette question classique et doivent savoir informer le client de l'heure exacte de passage de la parade à n'importe quel endroit du parc.

### Vision partagée
Walt Disney commença par définir une culture d'entreprise entièrement basée sur la création d'une vision partagée que les gens seraient fiers de soutenir.

### Systèmes intégrés
La technologie soutient l'expérience. Ainsi, le volume de la musique en fond sonore est le même dans tous les parcs à thèmes, diffusée par le biais de milliers de haut-parleurs.

### À SAVOIR

- **ISC :** Indice de mesure de la satisfaction client, équivalent aux États-Unis à l'ACSI et au Royaume-Uni au NCSI
- **Net Promoter Score (NPS®) :** Outil de mesure de la fidélité, du pouvoir de recommandation et de la qualité des produits et des services, permettant de juger des performances de l'entreprise du point de vue du client.

# Gestion du temps

**Il s'agit d'une approche générale qui vise à reconnaître l'importance et la valeur du facteur temporel, tout en cherchant à réduire la part de temps improductif au sein d'une entreprise.**

## Mode de fonctionnement

Au cœur d'un environnement concurrentiel soumis à des changements rapides, l'entreprise qui réussit à optimiser la gestion du temps dispose d'un avantage compétitif déterminant. Cette gestion s'applique au développement d'un nouveau produit, à la réactivité face aux évolutions du marché et aux demandes des consommateurs, mais aussi à la réduction du gaspillage en matière de temps. L'entreprise qui intègre un système de gestion du temps doit disposer d'un personnel polyvalent, capable de passer rapidement d'une tâche à une autre, son équipement doit être assez souple pour autoriser des changements sans impacts majeurs sur le flux de production, et la culture d'entreprise doit être basée sur une confiance mutuelle entre employés et dirigeants.

## Étude de cas : gestion du temps chez Ford Electronics

Entre 1988 et 1994, la division produits électroniques de Ford Motor Company mit en place différents programmes visant au changement. L'un d'eux, basé sur la gestion du temps, eut un impact durable et spectaculaire sur la performance de l'entreprise.
Un responsable supervisa ce programme en y intégrant des visites régulières dans les ateliers, où les préoccupations avaient été recentrées sur la durée du cycle de production et la valeur ajoutée à chaque étape. L'usine travailla avec les fournisseurs à l'optimisation du transport par voie maritime, à la fiabilité et à la qualité des matières premières utilisées.

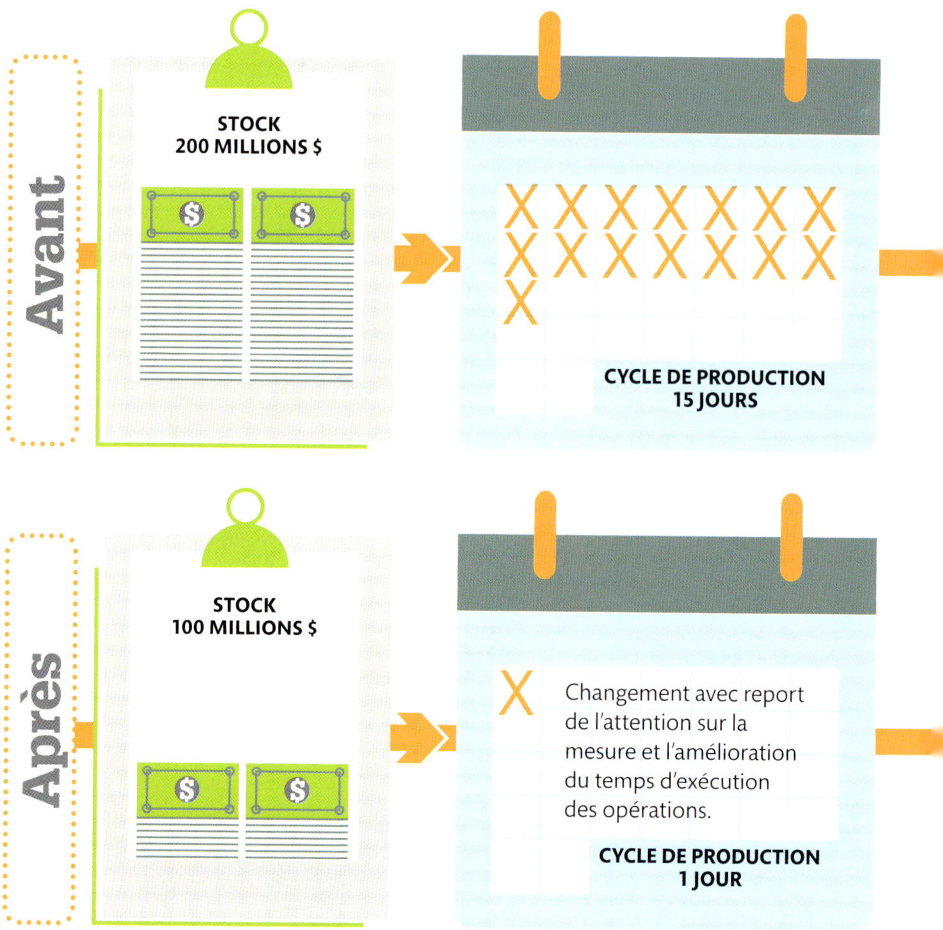

**70 %** des entreprises font appel à des méthodologies formelles de gestion de projet.

## UNE PARTIE DE LA GESTION DE PROJET

La gestion du temps est un aspect critique de la gestion de projet. Les aides à la gestion du temps incluent :

- **Outils** comme le diagramme de Gantt où l'avancement du projet apparaît sous la forme d'un histogramme facilitant le repérage et le contrôle de l'état d'avancement des opérations et des objectifs au quotidien.
- **Systèmes de gestion** de projet PRINCE2 (PRojects IN Controlled Environments) et méthodes similaires aident à structurer les projets étape par étape, de façon logique et organisée.
- **Méthodes** comme Agile pour aider le responsable de projet de développement informatique à faire preuve d'une plus grande réactivité face à l'imprévu. Elles sont souvent intégrées *via* un cadre méthodologique Scrum, où une personne prend en charge la détermination des priorités. Basé sur l'idée selon laquelle un logiciel ne peut être fabriqué comme un produit sur une ligne de production car il serait obsolète avant même d'être distribué, chaque aspect de son développement fait l'objet d'une réévaluation.

### Mesure par unité

La mesure des unités produites par personne avait créé un environnement où les responsables se focalisaient sur la production journalière et le maintien de l'occupation au sein des équipes de travail.

### Mesure par temps de cycle

Un changement de la mesure de la performance, sur un cycle de production plus court, propose de nouvelles opportunités au personnel.

# Gestion agile

**Rapidité et agilité sont les atouts compétitifs clés de la gestion agile. L'objectif est mis sur la rapidité du temps de réponse au client, permettant à l'entreprise de saisir les avantages offerts par de brèves fenêtres d'opportunités.**

## Mode de fonctionnement

L'objectif de la gestion agile est de toujours devancer la concurrence. Intégrant souvent des concepts de lean management (voir p. 288-289) la gestion agile s'enrichit d'une dimension supplémentaire : celle de répondre rapidement et efficacement à la demande des consommateurs. Elle s'appuie sur l'adaptabilité et la collaboration d'une main-d'œuvre, prompte à réagir efficacement. Ainsi, l'entreprise est rapidement capable de modifier ou d'accroître sa production. Le design doit incorporer le concept de modularité autorisant la customisation des produits, et de solides relations avec les fournisseurs sont indispensables.

**Réponse rapide**

L'organisation permet une réponse rapide et efficace aux demandes du marché et des consommateurs.

La demande du consommateur initie la production.

## Gestion agile de la production

L'entreprise doit se positionner de telle sorte qu'elle puisse changer de cap aussi rapidement et agilement qu'un félin en pleine course. Elle doit être capable de rééquiper ses sites de production à la demande, de modifier les accords passés avec les fournisseurs, sans cesser d'introduire innovations et améliorations.

Produit à disposition du consommateur.

**Technologie intégrée**

Systèmes d'information performants, souvent en lien avec les fournisseurs.

**Innovation continue**

Recherche permanente d'innovation et d'amélioration dans la distribution.

**Culture de la connaissance**
Capter les expériences, apprendre des erreurs.

**Produits modulaires**
Création de composants indépendants utilisés à la fabrication de produits différents ou customisés.

**Partenariats stratégiques**
Collaboration avec les fournisseurs, plutôt que négociation contractuelle.

**Main-d'œuvre flexible**
Équipes autonomes et adaptables.

**Logistique**
Système, installations et infrastructure conçus pour optimiser l'acheminement du produit au consommateur.

## ATOUTS DU LOCAL

La gestion agile est typiquement adoptée dans les environnements extrêmement concurrentiels où le coût du travail est élevé, comme en Amérique du Nord, où l'industrie manufacturière locale peut proposer un avantage compétitif :

- Proximité avec les consommateurs, pour un temps de réponse et de retour rapide
- De légères variantes dans la performance et la livraison suffisent à faire la différence sur les plans de la satisfaction client, de la réputation d'une entreprise et de ses résultats financiers.
- Rapidité de livraison et niveau de personnalisation du produit sont difficiles à égaler pour des entreprises concurrentes implantées à l'étranger.

**3 mois :**
**durée du développement par Wikispeed de sa voiture révolutionnaire en 2012.**

# Kaizen

**Apparu au Japon, le Kaizen est un système d'amélioration continue impliquant tous les acteurs de l'entreprise. Des dirigeants aux employés des ateliers, tous sont encouragés à initier et mettre à œuvre des améliorations au jour le jour.**

## Mode de fonctionnement

La philosophie du Kaizen pourrait se résumer à cette phrase : « Fais-le mieux, rends-le meilleur, améliore-le même s'il n'est pas cassé, parce que si nous ne le faisons pas, nous ne pouvons pas concurrencer ceux qui le font ». Loin d'encourager une réforme brutale, le Kaizen suggère une amélioration continue, systématique et incrémentale. En s'appliquant à éliminer au quotidien activités superflues, retards et gaspillages *(muda)*, le Kaizen commence par définir des standards élevés, puis cherche les moyens de les améliorer sans cesse. Inscrit dans une démarche englobant formation, communication et supervision, le système se solde par une amélioration de l'efficience, de la productivité, de la qualité, des délais et de la fidélité client.

## Le bon changement

Les événements Kaizen sont intégrés dans un cycle d'activités connu sous le nom de cycle PDCA, pour planifier, développer, contrôler, agir. Au cœur de la méthode se trouvent la qualité, l'effort continu, l'implication de tous les employés au quotidien, la volonté de changement et la communication.

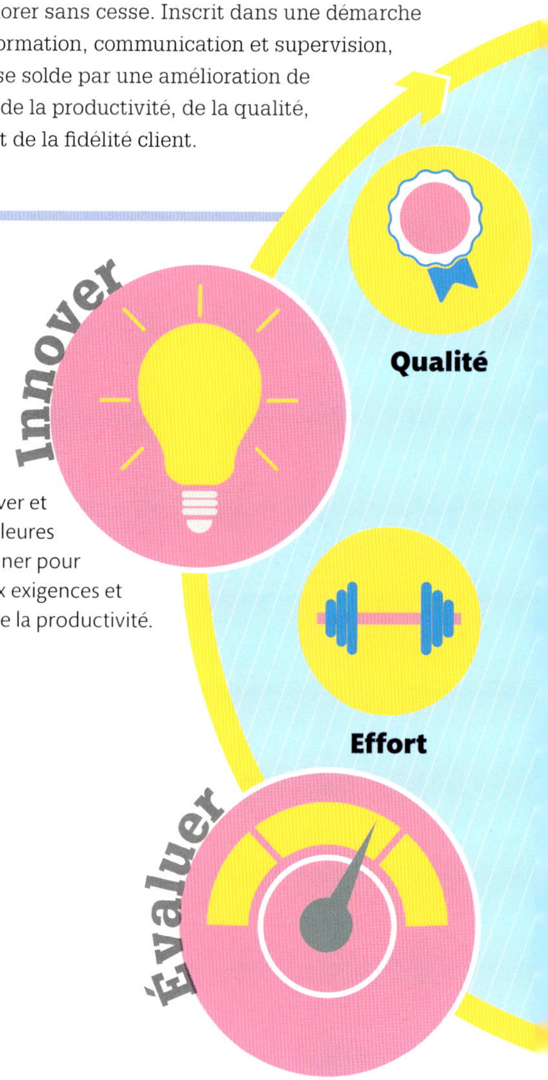


Innover, trouver et intégrer de meilleures façons de fonctionner pour satisfaire aux exigences et accroître la productivité.

Évaluer les mesures en les comparant aux standards requis.

### DE MIEUX EN MIEUX

La méthode Kaizen a vu le jour au Japon après la Seconde Guerre mondiale. Le terme associe les mots *kai* signifiant « changement » ou « correction » et *zen*, signifiant « meilleur ». Des entreprises comme Toyota ou Canon connurent des améliorations significatives en impliquant leurs employés dans cette démarche.

| KAI | ZEN |
| --- | --- |
| 改 | 善 |
| CHANGEMENT | MEILLEUR |

**70 :** nombre de suggestions par employé chez Toyota en 1983.

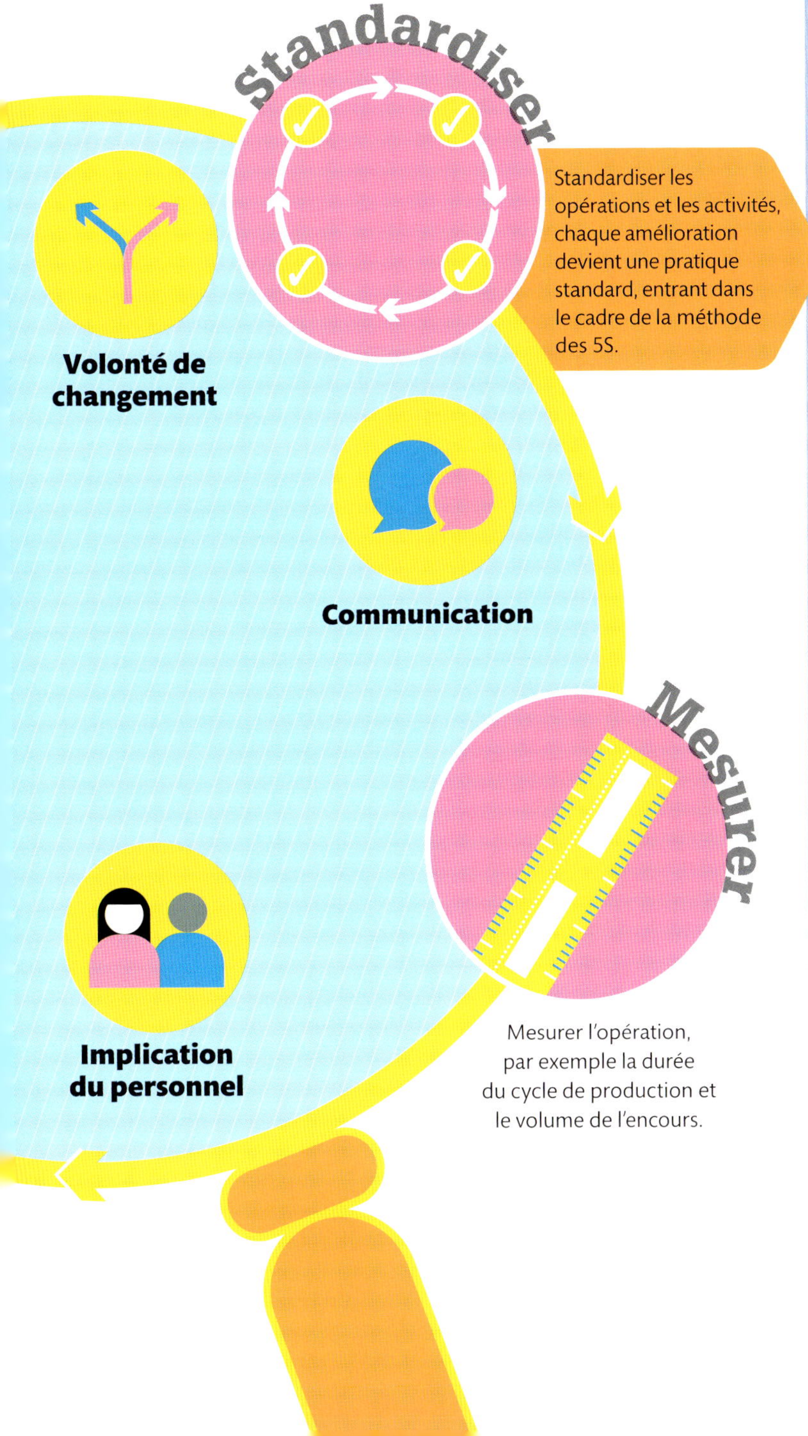


## LA MÉTHODE DES 5S

Les cinq étapes de l'organisation d'un chantier, ou méthode des 5S, constituent les bases de la démarche d'amélioration continue du Kaizen.

**Seiri (séparer-trier)**

Trier et ne conserver que l'essentiel au niveau de l'espace de travail. Retirer et stocker les outils inutiles.

**Seiton (situer-ranger)**

Ranger et classer les outils par ordre d'utilisation pour optimiser le flux.

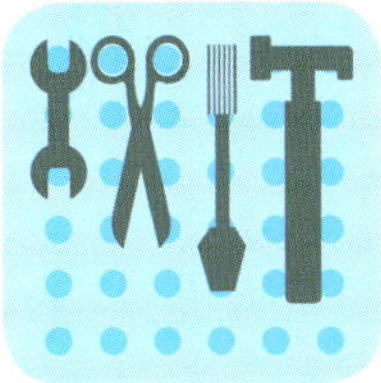

**Seiso (scintiller-nettoyer)**

Garder l'espace de travail propre, parce que la propreté génère de l'efficacité.

**Seiketsu (standardiser)**

Définir des règles au niveau du travail, des outils et des postes de travail, en clarifiant les rôles.

**Shitsuke (suivre-impliquer)**

Les quatre principes définis ci-dessus doivent devenir la norme et s'appliquer au quotidien.

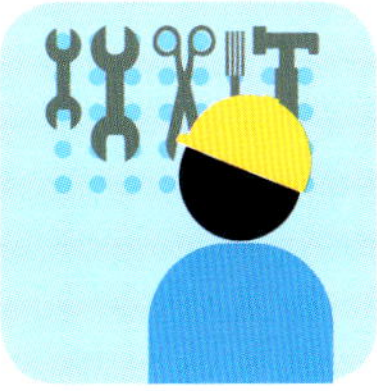

# Produit

**Les articles commercialisés pour répondre aux besoins des consommateurs et réaliser des profits sont regroupés sous le terme générique de « produits », qu'il s'agisse de biens matériels ou de biens immatériels, qualifiés de services. Le cycle de vie typique d'un produit débute par son développement, son lancement et son adoption par quelques consommateurs. L'effet domino entraîne sa distribution à plus grande échelle. La croissance s'essouffle sous l'effet de la saturation du marché, la courbe des ventes s'aplatit, puis décline avant que le produit ne soit plus rentable.**

## Évolution du produit

De sa conception à son développement, chaque produit, comme un dentifrice par exemple, suit un processus de test, d'innovation et de contrôle qualité, afin d'optimiser le plus possible son impact à son lancement et tout au long de son cycle de vie. Pour réussir, l'entreprise doit anticiper la durée de vie limitée du produit et investir dès les premières étapes de sa conception, afin d'optimiser sa future croissance.

« Très souvent, les gens ne savent pas ce qu'ils veulent, jusqu'à ce que vous leur montriez. »

Steve Jobs

### Conception d'un nouveau produit

Une entreprise décide de lancer un dentifrice avec un nouveau parfum. La viabilité du concept et sa position concurrentielle sont évaluées. Le nouveau dentifrice doit aussi réunir d'autres qualités, comme une action blanchissante et une protection de l'émail, pour capter un segment de marché. *Voir p. 304-305.*

### Test et développement

Un groupe cible est réuni pour tester le nouveau parfum du dentifrice et quelques variantes *(voir p. 302-303)*. Préférences et commentaires sont compilés et analysés, avant le développement du produit.

# 2,8

## billions d'euros : valeur des biens échangés entre États membres de l'Union européenne en 2013.

### CYCLE DE VIE DU PRODUIT

L'industrie du divertissement à domicile propose différents produits aux consommateurs. Ci-dessous quatre produits à différentes étapes de leur cycle de vie *(voir p. 184-185)*.

- **Introduction :** Téléviseur en 3D, une technologie encore récente pour le grand public.
- **Croissance :** Lecteur Blu-ray, ventes en augmentation, en raison de la qualité perçue du produit.
- **Turbulence :** Lecteur DVD, concurrence de technologies plus sophistiquées.
- **Déclin :** Lecteur vidéo, mauvaise qualité de l'image, format obsolète.

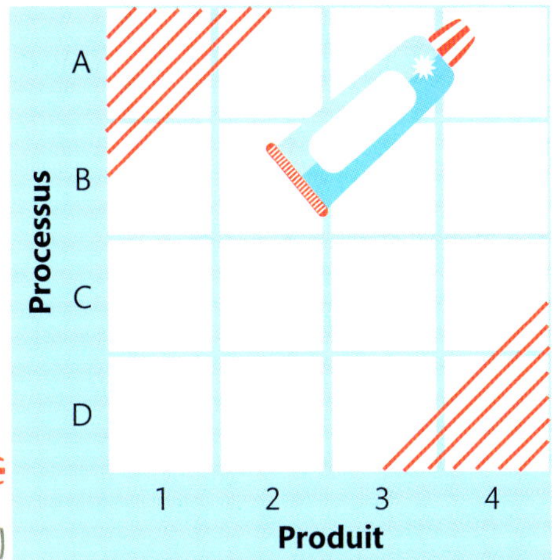


### Packaging et design

La silhouette du tube de dentifrice est étudiée pour être attractive, aux lignes épurées et de couleur vive. Le design doit tenir compte de la fonctionnalité, du coût des matériaux et des tendances esthétiques du moment. *Voir p. 306-307.*

### Gestion de la qualité

Le produit est soumis à un contrôle qualité, afin de s'assurer qu'il réponde aux exigences des normes de sécurité et de confort en vigueur. Il est moins coûteux de procéder à la correction défauts à cette étape du développement, plutôt qu'en cours de production. *Voir p. 308-309.*

### Matrice produit/processus

En utilisant une matrice produit/processus, l'entreprise définit une méthode de production pour le dentifrice. Parce que l'entreprise se limite à la fabrication de quelques produits, mais avec des volumes de production élevés, elle décide de recourir à une production de masse automatisée. *Voir p. 310-311.*

# Développement d'un nouveau produit

**Une entreprise ne peut subsister sans innover. Dans un contexte de compétitivité accrue, elle doit obligatoirement investir dans la recherche de nouveaux concepts et identifier de nouveaux produits à lancer sur le marché pour rester dans la course.**

## Mode de fonctionnement

Plusieurs étapes critiques président au développement d'un nouveau produit. L'entreprise doit veiller à investir sur un produit au succès de vente assuré et qui lui permettra de réaliser des profits. Au départ, l'objectif est d'améliorer ou de relancer un produit existant. Dans certaines entreprises, l'organisation de brainstormings permet d'encourager la créativité et de générer de nouvelles idées pour n'en retenir qu'un petit nombre. Clients potentiels et fournisseurs sont parfois associés au processus, au cas où une partie de la fabrication nécessiterait l'externalisation, mais aussi pour mieux affiner et développer le concept avant la fabrication du produit et sa mise sur le marché.

### TENDANCES ET INFLUENCES

Les tendances se reflètent dans les emballages d'un nouveau produit et la publicité. Aujourd'hui, l'une des tendances les plus fortes dans les produits alimentaires allie les concepts de « naturel », « biologique », « portion » et « frais ».

## Processus de développement

La nature du concept et la taille de l'entreprise influent sur chacune des étapes et sur la durée du développement d'un produit, avant sa mise sur le marché. Mais en règle générale, le processus reste le même.

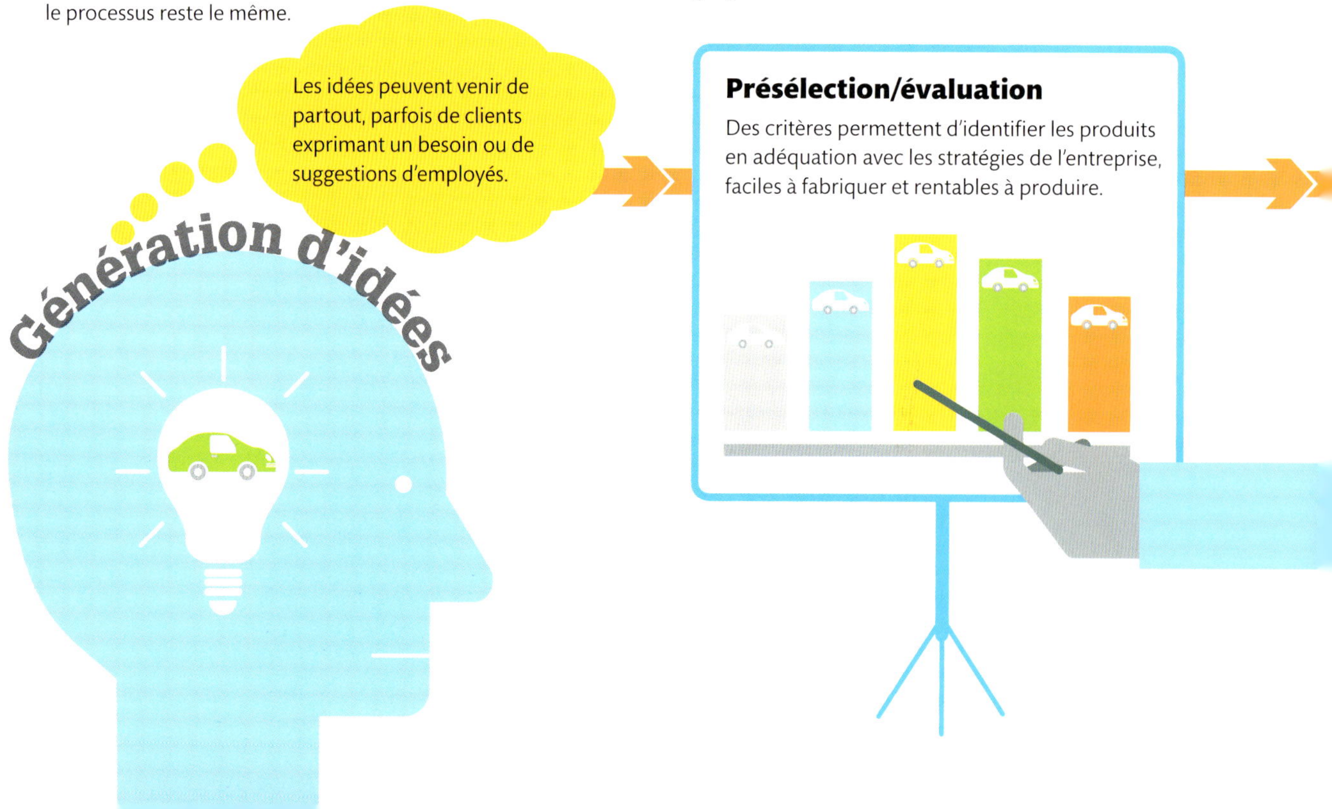

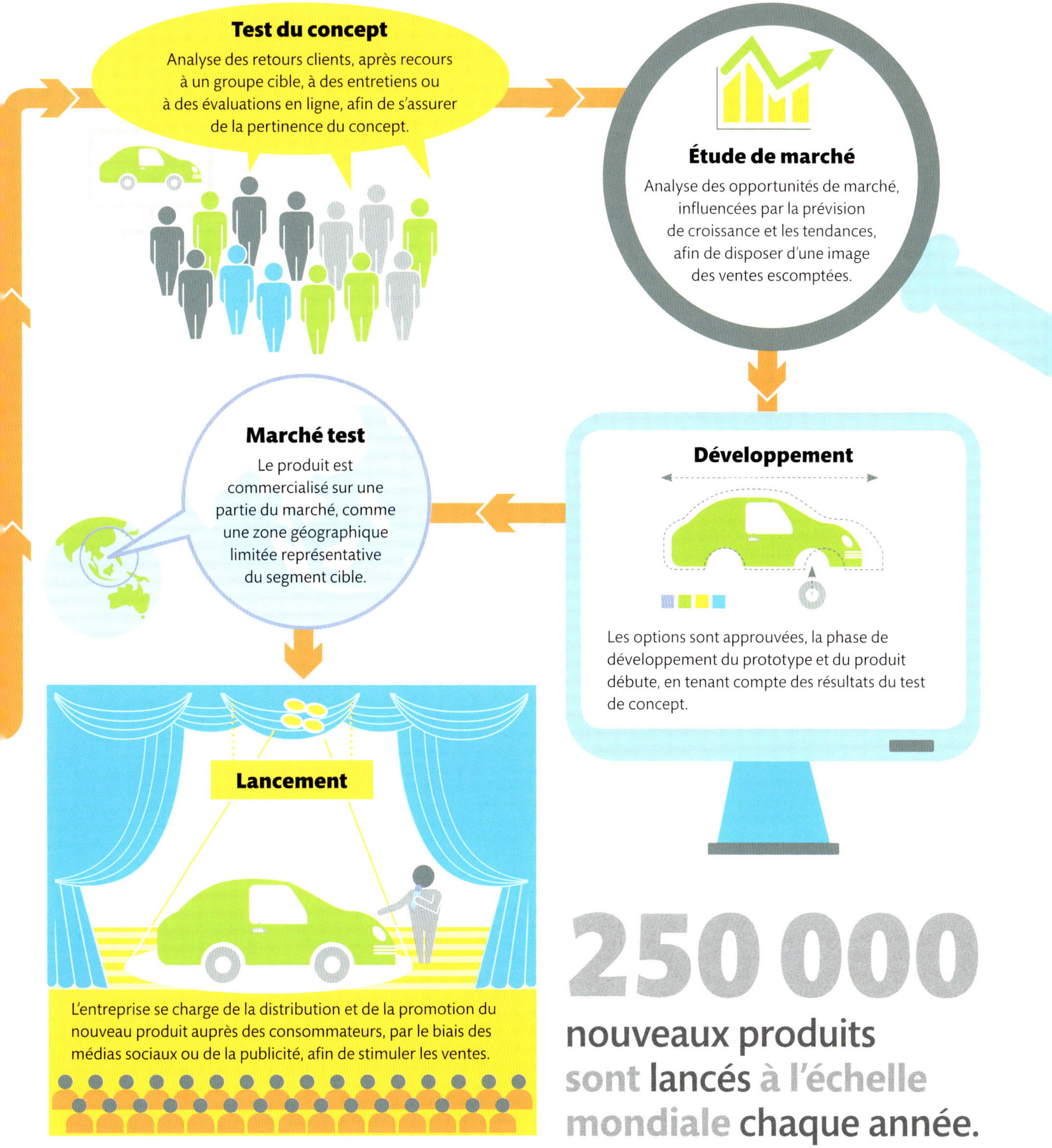


**250 000 nouveaux produits sont lancés à l'échelle mondiale chaque année.**

# Innovation et invention

**L'innovation ne se limite pas à un brillant concept, encore faut-il savoir transformer idées et inventions en succès commerciaux. Une étape cruciale pour l'entreprise, dont la survie dépend de sa capacité à savoir se renouveller.**

### Mode de fonctionnement

L'innovation nécessite une culture encourageant l'inventivité et la créativité. Elle exige aussi des processus à même de prendre en charge les idées brutes et de les développer. Une stratégie parfaitement maîtrisée par des entreprises technologiques comme 3M, Apple, Google. À la différence du changement incrémentiel, l'innovation est un changement transformationnel, consistant par exemple à solutionner un problème de façon inédite, à identifier un problème inconnu jusqu'alors et à inventer une solution.

## De l'idée au produit

De nombreux facteurs stimulent l'innovation. Un environnement favorable doit lui permettre de se développer et de faire la différence.

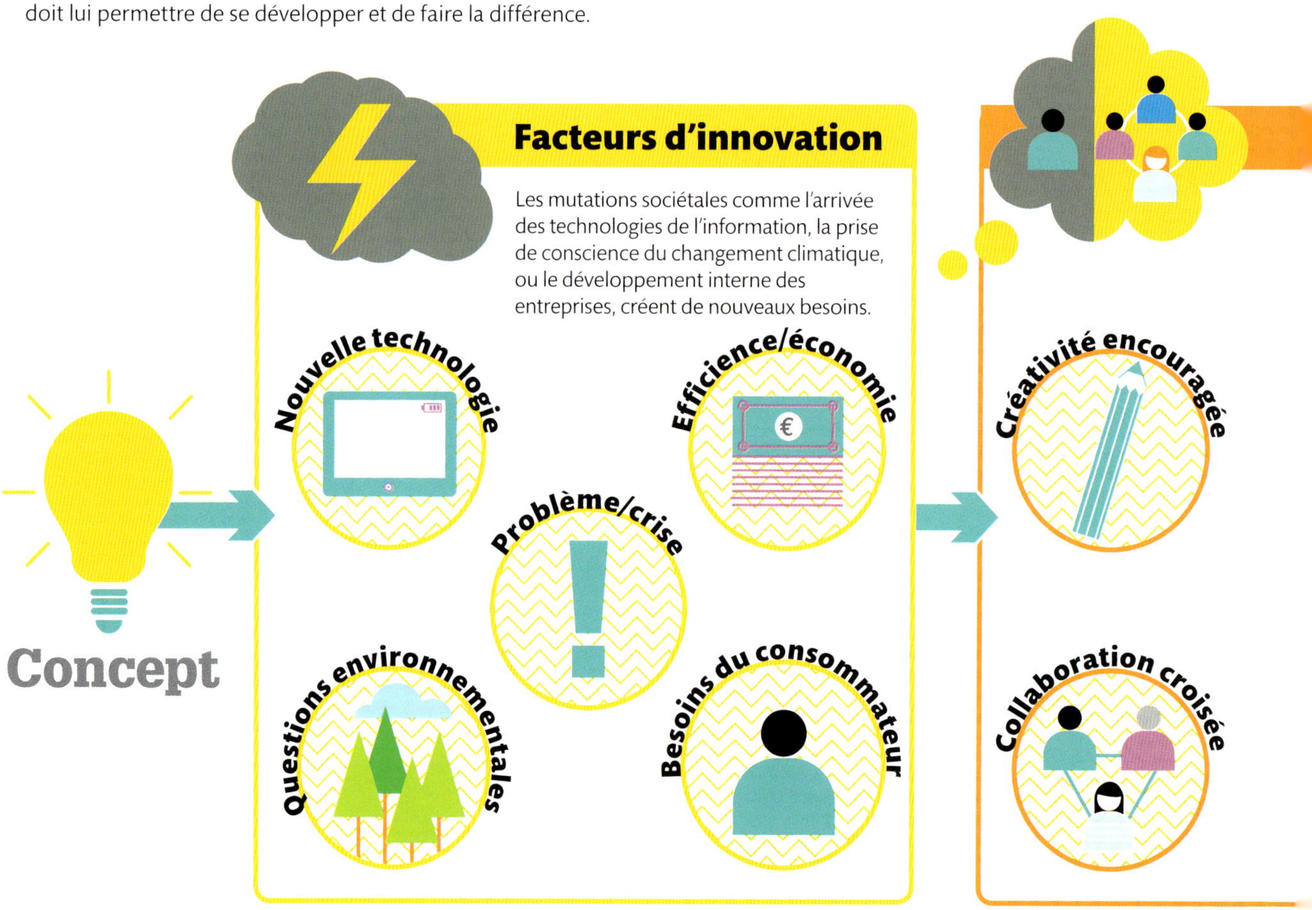

## DIFFÉRENTS TYPES D'INNOVATION

**Innovation soutenue :** Amélioration significative de produits existants, typiquement par le biais de la technologie, par exemple plus de pixels dans un appareil photo, ordinateurs portables plus petits et plus puissants.

**Éco-innovation :** Un nouveau produit à l'impact minimal sur l'environnement.

**Innovation frugale :** Produit bon marché pour un marché de masse émergent.

**Innovation de rupture :** Bien ou service qui à la fois se démarque du marché et apporte un changement radical à l'échelle mondiale, comme l'initiative du commerce équitable.

**Innovation disruptive :** Bouleversement du marché existant ou changement de norme, par exemple Internet ou l'iPad.

« Le génie est fait de 1 % d'inspiration et 99 % de transpiration.

Thomas Edison

La propriété intellectuelle est l'expression d'une idée. La propriété intellectuelle peut prendre la forme d'un design, d'une invention ou de tout autre type de création intellectuelle, et doit être protégée par le droit d'auteur, à travers le dépôt d'un brevet par exemple.

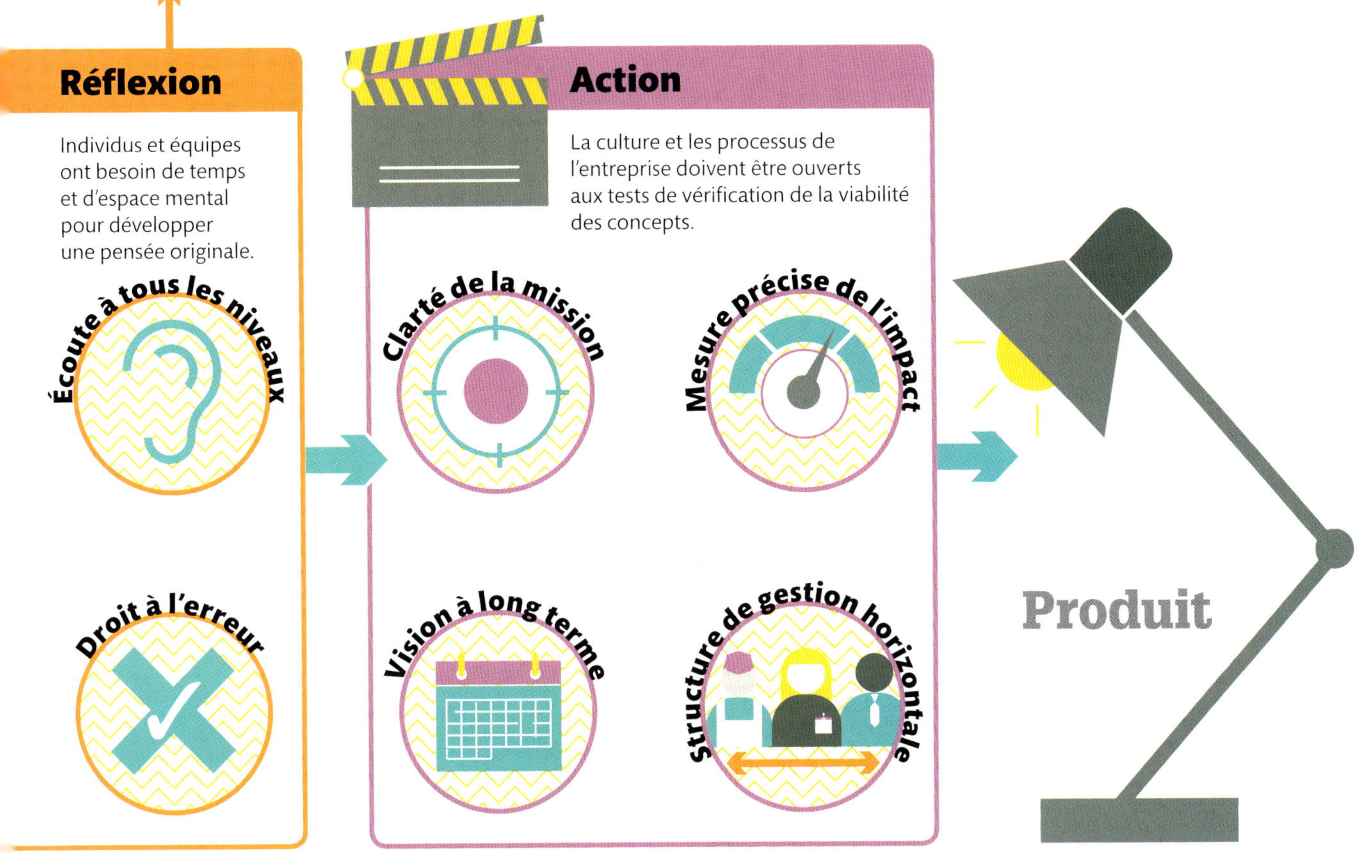

# Design

**Le design au service du quotidien nous a offert nom d'objets intemporels, témoins de notre mode de vie moderne, de la lampe d'architecte Anglepoise aux meubles de Philippe Starck.**

## Mode de fonctionnement

Le point de départ du design est un concept, celui d'un produit répondant à un besoin, qu'il s'agisse d'un objet spécialisé ou du quotidien. Le designer doit réfléchir à la façon dont le produit pourra répondre au besoin pour lequel il aura été conçu, tout en satisfaisant à d'autres critères – esthétique, coût, durabilité et autres considérations environnementales. Le design fait partie intégrante du produit, comme les tablettes rectangulaires de la marque Apple, aux coins arrondis désormais protégés par un brevet. Le design de certains objets est iconique, à l'image de celui de la bouteille Coca-Cola. Mais le design est bien plus qu'une question de forme. Il se soucie de fonctionnalité, mais aussi de matériaux et de couleurs, et concerne autant le produit que son emballage.

### DESIGN ET QUALITÉS : LES CLÉS DU SUCCÈS

- **Fonctionnel :** Adapté à une fonction.
- **Esthétique :** Harmonieux et agréable à utiliser.
- **Innovant :** Différent et inédit, utilisant si possible une technologie novatrice.
- **Facile à utiliser :** À la fois clair et utile.
- **Simple :** Sans élément superflu, subtil.
- **Durable :** Souci de durée, au-delà des tendances.
- **Écologique :** Minimise le gaspillage de ressources et la pollution.

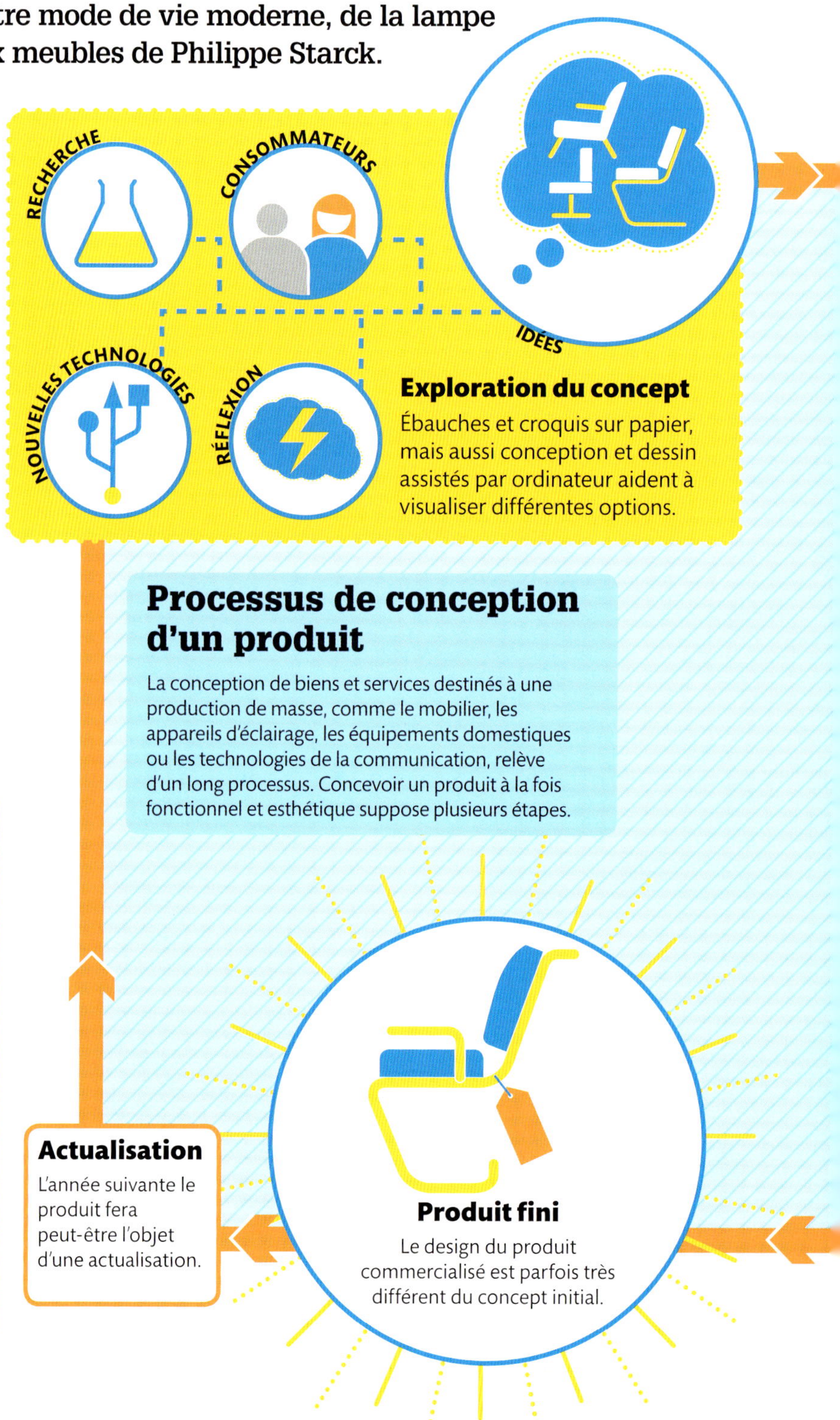


## Processus de conception d'un produit

La conception de biens et services destinés à une production de masse, comme le mobilier, les appareils d'éclairage, les équipements domestiques ou les technologies de la communication, relève d'un long processus. Concevoir un produit à la fois fonctionnel et esthétique suppose plusieurs étapes.

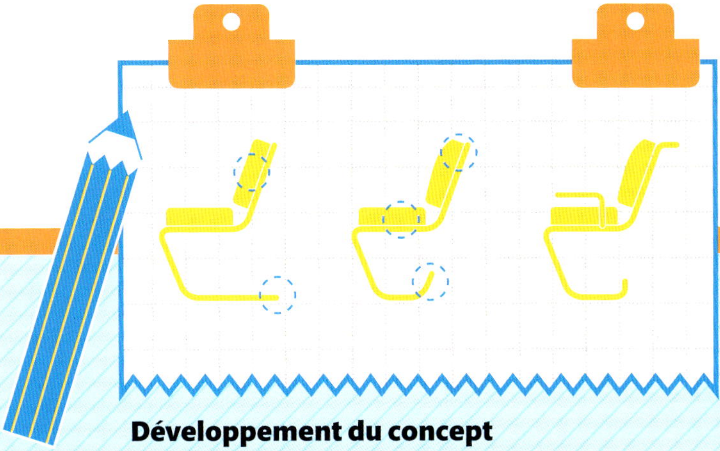

**Développement du concept**

La conception peut être divisée en différents éléments, comme les équipements fonctionnels et les options de production, chacun évalué indépendamment.

**Élaboration du prototype**

Il peut s'agir d'un simple modèle ou d'une série de prototypes, pour tester et améliorer la fonctionnalité du produit.

**10 à 18 %**

**du budget de développement d'un nouveau produit est consacré au design.**

**Retour sur expérience**

Il est temps de recueillir les avis de consommateurs après test du produit, afin de décider d'éventuelles améliorations.

**Validation**

Avant la fabrication du produit à grande échelle, toutes les décisions et formalités administratives, comme les droits de propriété intellectuelle, doivent être finalisées.

# Gestion de la qualité

**Pour une entreprise, la qualité n'est pas vague concept, mais une philosophie s'appliquant à satisfaire ou dépasser les attentes du consommateur. Une gestion de la qualité performante lui donne un avantage déterminant sur le plan compétitif.**

## Mode de fonctionnement

Pour de nombreux consommateurs, définir la qualité n'est pas toujours facile, tant cette appréciation relève de la subjectivité. De son côté, l'entreprise a besoin de définir et mesurer la qualité. Pour bâtir sa réputation et prospérer, elle doit dépasser les attentes des consommateurs sur le plan de la qualité des biens et services offerts. Pour y réussir, elle dispose de plusieurs standards ou indicateurs clés de performance adaptés au processus de fabrication et procède en continu à des mesures de contrôle. La qualité ne s'applique pas uniquement aux biens et services, elle se répercute au niveau des hommes et processus associés, mais aussi à travers l'environnement organisationnel tout entier.

## Coût de la qualité

La gestion de la qualité est essentielle à l'élimination de tout défaut, qui doit être repéré au plus tôt, avant même que le consommateur puisse s'en rendre compte.

### PRIORITÉ AU CLIENT

Avant les années 1970, la qualité était perçue comme une chose à contrôler et à corriger éventuellement. Puis les entreprises nord-américaines commencèrent à perdre du terrain face à la concurrence japonaise, comme Toyota et Honda, capables de produire des véhicules à moindre coût et de meilleure qualité. Tout reposait sur la qualité, revêtant un sens stratégique pour les firmes japonaises, qui firent du consommateur leur priorité et furent les premières entreprises à définir la qualité par la satisfaction ou le dépassement des attentes du client.

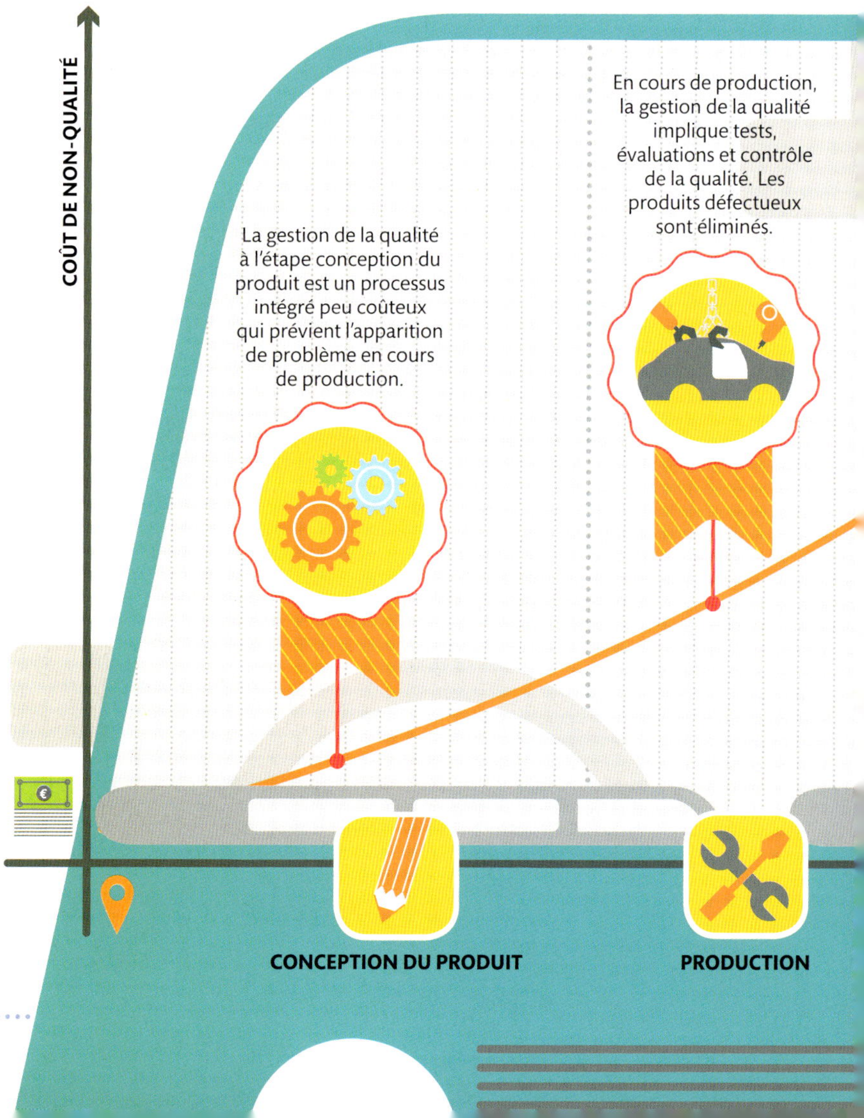

# 2,18 millions

**de dollars : montant des économies annuelles réalisées par le supermarché NTUC FairPrice de Singapour après intégration des normes ISO, entre 1999 et 2009.**

## À SAVOIR

- **ISO 9000 :** Familles de normes correspondant à un ensemble de référentiels de bonnes pratiques de management en matière de qualité, portés par l'organisme international de standardisation (ISO).
- **Prix des bonnes pratiques qualité et performance :** Prix national français récompensant la maîtrise de la qualité et le respect de normes en matière de bonnes pratiques.
- **Prix Deming :** Prix japonais en matière de gestion de la qualité, créé en 1950.

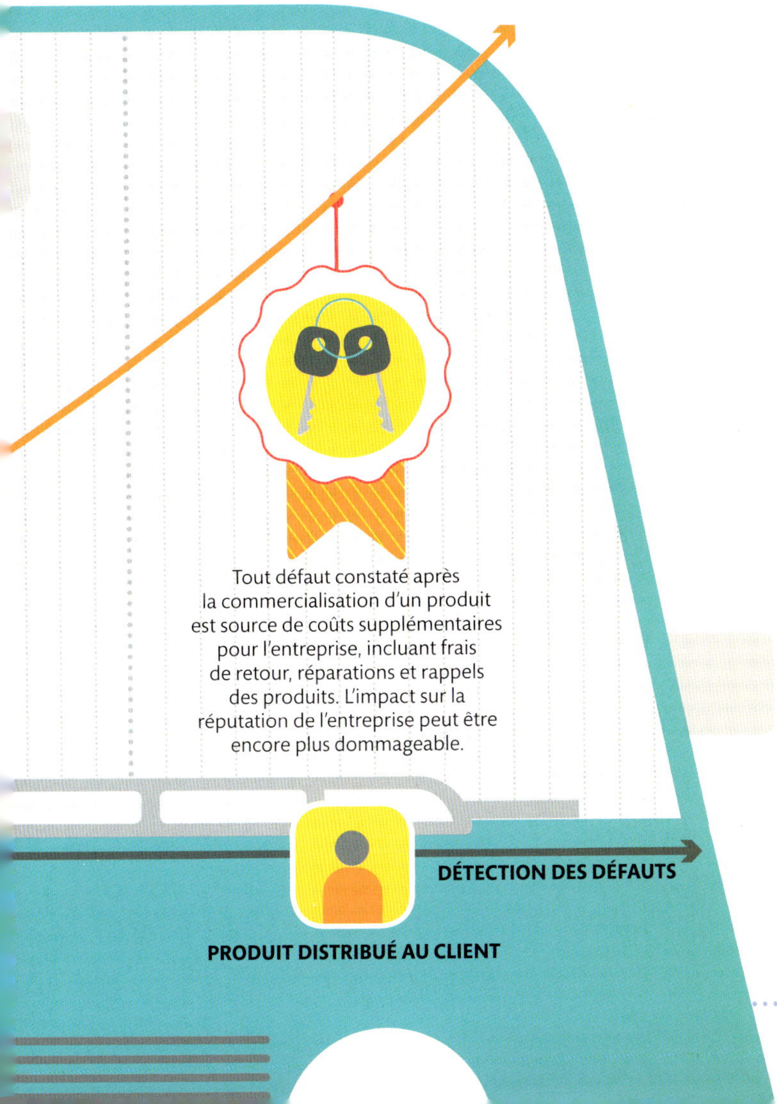


## CRITÈRES DE QUALITÉ

### *Industrie manufacturière*

- Conformité aux spécifications/normes
- Performance
- Fiabilité
- Fonctionnalité/fonctions
- Durabilité
- Aptitude à l'usage

### *Services*

- Obtention du résultat escompté
- Cohérence
- Réactivité face aux demandes des consommateurs
- Courtoisie/amabilité
- Promptitude
- Facteurs psychologiques, comme l'ambiance

# Matrice produit/ processus

**Une matrice produit/processus est un outil aidant l'entreprise à identifier le mode de production le plus pertinent pour un produit.**

## Mode de fonctionnement

En règle générale, l'entreprise présente un niveau de flexibilité élevé en début de cycle de vie du produit, mais un faible volume de production pour un coût élevé. Un atelier de confection représente l'exemple même de ces entreprises positionnées au niveau du coin inférieur gauche de la matrice produit/processus, avec postes de travail uniques et mode de production unitaire performant. Lors des phases ultérieures du cycle de vie du produit, la standardisation s'accroît, de la mécanisation à l'automatisation des opérations de production. Pour les entreprises positionnées au niveau du coin supérieur droit de la matrice, avec une production de masse et une gamme limitée de produits, la production en continu représente le mode de production le plus pertinent.

## Choisir la meilleure méthode

Un processus ou l'unité de fabrication d'une grande entreprise se situe au niveau d'une zone particulière de la matrice. À chaque produit son processus adapté, selon l'étape du cycle de vie du produit et l'échelle de l'entreprise.

### PROCESSUS EN ÉVOLUTION

La matrice produit/processus a été présentée par deux universitaires de Harvard, Robert H. Hayes et Steven C. Wheelwright, dans la Harvard Business Review, en 1979. Depuis, les entreprises se sont penchées sur l'apparente contradiction de la personnalisation des produits de masse (customisation de masse), mais la matrice produit/processus n'en reste pas moins pertinente dans de nombreux secteurs de l'industrie.

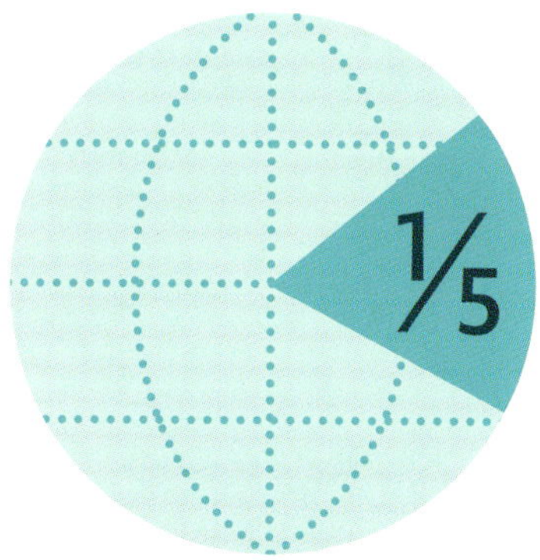


**La Chine réalise un cinquième de la production industrielle mondiale.**

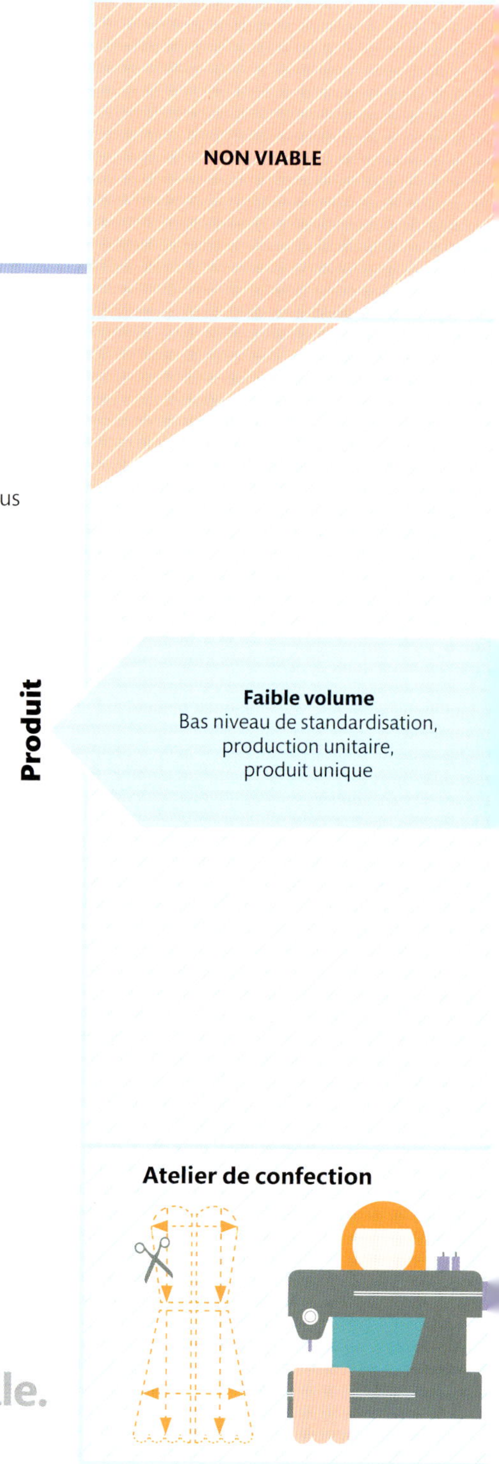

**Processus**

**Production de masse**
En continu, processus sans interruption
*(voir p. 280-281)*

**Raffinerie de sucre**

**RAREMENT VIABLE**
En règle générale, une ligne de production n'est pas adaptée à la fabrication de plusieurs produits à faible ou moyen volume.

**Ligne de production**
Flux connecté, processus répété pour chaque produit
*(voir p. 276-277)*

**Assemblage véhicule**

**Faible/moyen volume**
Faible niveau de standardisation, plusieurs produits

**Volume élevé**
Produits standardisés, fabriqués en grandes quantités

**Volume très élevé**
Haut niveau de standardisation, produit unique

**Boulangerie**

**Production par lot**
Flux déconnecté, processus similaire pour chaque lot
*(voir p. 274-275)*

**RAREMENT VIABLE**
En règle générale, la production par lot n'est pas adaptée à la fabrication de produits standardisés à volume élevé.

**Production unitaire**
Flux discontinu, processus de conception unique adapté à chaque commande
*(voir p. 272-273)*

**NON VIABLE**

# Contrôle

**Essentiel dans toute entreprise, le contrôle est fondamental lorsque l'objectif premier consiste à réaliser des bénéfices. Le contrôle doit s'attacher aux coûts, aux ressources et à la qualité des biens ou services proposés, afin de s'assurer de la bonne marche de l'entreprise. Le contrôle s'exerce entre services, mais aussi du sommet à la base de la hiérarchie, sous l'impulsion de dirigeants définissant des stratégies à l'attention de responsables, allouant ressources, hommes, matériels et équipements nécessaires aux opérations, tout en supervisant le travail des équipes et des individus.**

## La chaîne de contrôle

Pour simplifier, on peut imaginer l'entreprise comme une chaîne. En début de chaîne, les dirigeants fixent les objectifs et décident de la stratégie et de la politique à suivre. Une étape cruciale au contrôle qui s'exercera tout au long de la chaîne. En l'absence de décisions claires, des problèmes apparaîtront de façon de plus en plus aiguë au fil de la chaîne. Des contrôles sont mis en place tout au long de la chaîne, afin de s'assurer que la direction prise cible les objectifs fixés, en accord avec les standards établis, et que les individus ou les équipes ont clairement conscience de l'enjeu des tâches spécifiques qu'ils accomplissent.

### Contrôle stratégique

L'objectif de l'entreprise ABC Cake est de devenir le premier vendeur de cupcakes sur le marché. Ses dirigeants décident de la quantité et de la qualité des cupcakes vendus par l'entreprise, mais aussi de l'opportunité à acquérir une nouvelle usine. Ils fixent le montant de l'investissement, estiment le moment où l'entreprise commencera à bénéficier d'un retour sur investissement et le temps nécessaire au projet pour être amorti (période d'amortissement).

### Contrôle de gestion

L'équipe de responsables veille à ce que chaque service atteigne les objectifs fixés, communique avec d'autres liens de la chaîne et travaille de concert à faire de l'entreprise le premier vendeur de cupcakes du marché.

**FONCTIONS LE LONG DE LA CHAÎNE**
Les dirigeants définissent investissements stratégiques, politique et processus de contrôle, à travers une gestion s'appuyant sur différents outils comme Six Sigma *(voir p. 320-321)* pour optimiser le contrôle opérationnel.

**Investissement :** Il repose sur les profits générés par la vente de cupcakes, équilibrés par le coût de production.

**Politique de gestion :** Elle vise à optimiser les stocks tout au long de la chaîne, au niveau des fonctions finance, RH et technologie de l'information (IT).

**Processus :** Ils sont établis pour contrôler les coûts, et veillent en continu à optimiser l'utilisation des ressources.

**Approvisionnement :** Achat de matières premières à des fournisseurs satisfaisant aux critères stricts définis par l'entreprise.

**« Dirigez votre entreprise ou elle vous dirigera. »**
Benjamin Franklin

### CONTRÔLES OBLIGATOIRES

Dans de nombreux secteurs, entreprises et sociétés sont soumises à des contrôles obligatoires, en plus de contrôles exercés en interne.

- **Institutions financières :** Contrôles règlementaires, à l'échelon national et international.
- **Secteur de la publicité :** Contrôle de l'application de lois visant à protéger les intérêts du consommateur, à l'échelon national.
- **Établissements médico-sociaux :** Contrôle dans le cadre de la lutte contre la maltraitance et de la qualité des prestations délivrées, à l'échelon national.

### Contrôle des tâches

Mesures et indicateurs clés de performance sont mis en place pour chaque tâche, de façon à contrôler par exemple le temps passé au glaçage et à la décoration d'une fournée de cupcakes.

**Réception marchandises :** Contrôle des livraisons à leur arrivée et d'un niveau constant de qualité (*voir p. 318-319*).

**Contrôle des stocks :** Recours à des systèmes sophistiqués pour optimiser le niveau des stocks (*voir p. 316-317*).

**Production :** Mesures de la quantité et de la qualité des cupcakes (*voir p. 314-315*).

**Marketing :** Évaluations du prix et des promotions sur le produit comparés à la concurrence (*voir p. 332-333*).

**Ventes :** Définition de stratégies à destination des détaillants (*voir p. 314-315*).

# Gestion de la capacité

**En termes de production, la capacité renvoie à la quantité de travail pouvant être fourni en un temps donné. Idéalement, une entreprise adapte sa capacité en fonction de la demande des consommateurs, en optimisant l'utilisation de ses ressources.**

## Mode de fonctionnement

Chaque entreprise doit décider des ressources à engager pour ses opérations, mais aussi déterminer la façon de gérer sa capacité au jour le jour, et dans le futur. Cette gestion doit établir des priorités : décider d'augmenter sa capacité pour disposer d'un excellent service client, en proposant biens ou services à un prix élevé, ou bien optimiser la gestion de ses ressources pour un meilleur retour sur investissement, au risque de décevoir le client, au cas où la demande excède la capacité. Une entreprise peut proposer des mesures incitatives à l'attention des consommateurs, afin d'aider à la gestion de la capacité – par exemple proposer des tarifs de transport en commun moins élevés en fin de matinée, pour encourager les usagers à éviter les heures de pointe, et désengorger les rames en début de matinée. De même, de nombreuses chaînes hôtelières n'établissent pas de prix fixes pour leurs chambres, mais les établissent en fonction de la demande, de façon à gérer leur capacité.

## Décisions et capacité

La première des décisions consiste à choisir de compromettre la demande ou la capacité, autrement dit à donner priorité au client ou à la rationalisation des coûts opérationnels.

### Priorité au client

L'entreprise, ici un concessionnaire automobile, maintient un stock important de véhicules, afin de toujours pouvoir satisfaire la demande du client.

**Gestion de la capacité – augmentation des prix**

Les clients apprécient d'avoir un produit immédiatement disponible, mais ils paient un prix plus élevé pour couvrir les coûts liés au maintien d'un stock excédentaire.

**Augmentation de la demande**

Pour écouler le stock, une politique de prix accroît la demande en encourageant les clients à une décision d'achat plus rapide, par exemple en offrant des rabais sur site sur des modèles anciens.

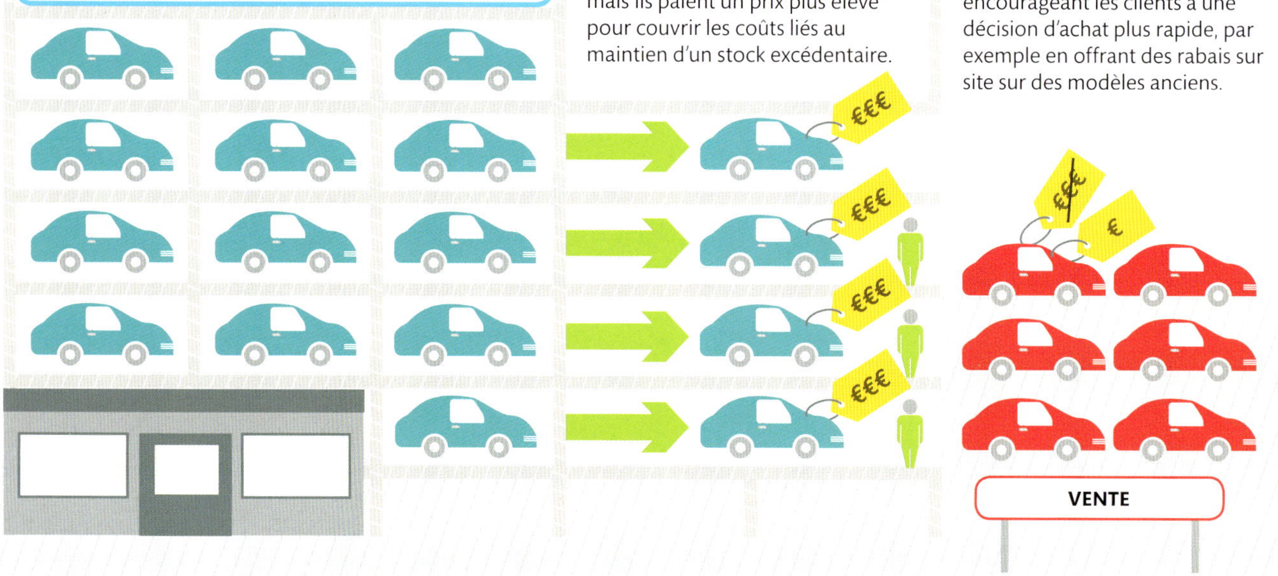

## INFLUENCE DE LA CAPACITÉ SUR L'ENTREPRISE

La gestion de la capacité est déterminante pour garantir entre autres que les opérations manufacturières disposent du niveau de ressources requis pour respecter un calendrier de production. Elle influe sur de nombreux domaines, tous liés et sources de coûts pour l'entreprise :

- Taille de l'usine ou des bureaux.
- Nature et nombre d'équipements requis.
- Taille des effectifs.
- Organisation du travail, par exemple par postes.
- Matériaux à utiliser, nombre/fréquence des commandes.
- Niveau des stocks.
- Calendrier de production.
- Vitesse et facilité des processus.
- Type de technologie d'information utilisé.

## ✓ À SAVOIR

- **Capacité potentielle :** Capacité susceptible d'être engagée à long terme, ce facteur influe sur les décisions d'investissement et sur le développement de l'entreprise.
- **Capacité immédiate :** Capacité potentielle maximale susceptible d'être engagée à court terme.
- **Capacité effective :** Capacité totale qui peut être mobilisée de façon réaliste, lorsque toutes les ressources sont sollicitées de façon optimale.

## Priorité aux ressources

L'entreprise optimise l'utilisation de ses ressources. Le gaspillage est réduit autant que possible, mais satisfaire la demande est plus difficile, car l'entreprise fonctionne au maximum de sa capacité et ne peut augmenter sa production.

**90 millions :** nombre d'Iphone 6 produits par un fabricant pour répondre à la demande, en 2014.

### Gestion de la capacité – maintien d'un stock bas

L'alimentation du stock est fonction de la demande et le maintien d'un stock bas réduit les dépenses inutiles et les coûts liés au stockage.

L'entreprise est incapable de faire face à un sursaut de la demande, les clients doivent attendre que la production rattrape son retard et l'entreprise peut perdre des parts de marché au profit de la concurrence.

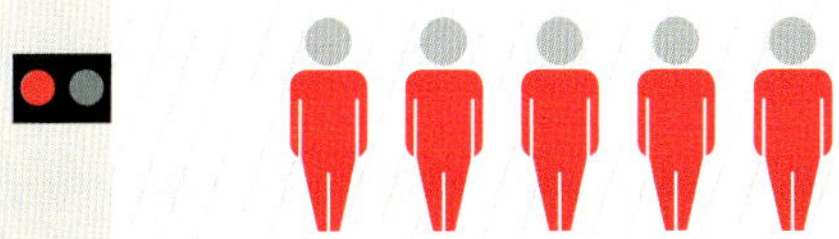

# Stock

**L'entreprise doit gérer son stock pour répondre à la demande de la clientèle, même lorsqu'elle commerce en ligne et ne dispose d'aucune vitrine physique. Le succès de la gestion d'un stock relève d'un processus complexe.**

## Mode de fonctionnement

Un stock peut inclure produits finis, semi-finis ou matières brutes. Le bon niveau est une question d'équilibre entre stock trop bas et impossibilité de faire face à la demande et stock excédentaire, coûteux en termes de produits finis, d'espace d'entreposage et de personnel employé dans les entrepôts. Un stock peut perdre de sa valeur en cas de produits périssables, ou devenir invendable, en cas de changements de mode ou d'obsolescence d'une technologie. La gestion performante d'un stock implique le recours à des systèmes et des programmes de prévisions des ventes, de ciblage de la production et d'inventaire du stock existant, mais aussi au suivi physique et à la manipulation de différents articles. Code-barres et système d'identification par radiofréquence (RFID) ont révolutionné la gestion des stocks, en facilitant les opérations de contrôle de leur niveau.

## Gestion de stock

La gestion efficace d'un stock relève d'un subtil équilibre entre satisfaction de la demande des clients et réduction du risque de maintien d'un stock excédentaire. Dans l'exemple suivant, une entreprise du secteur de l'habillement gère la livraison de T-shirts à destination de différents sites et la livraison directe aux consommateurs.

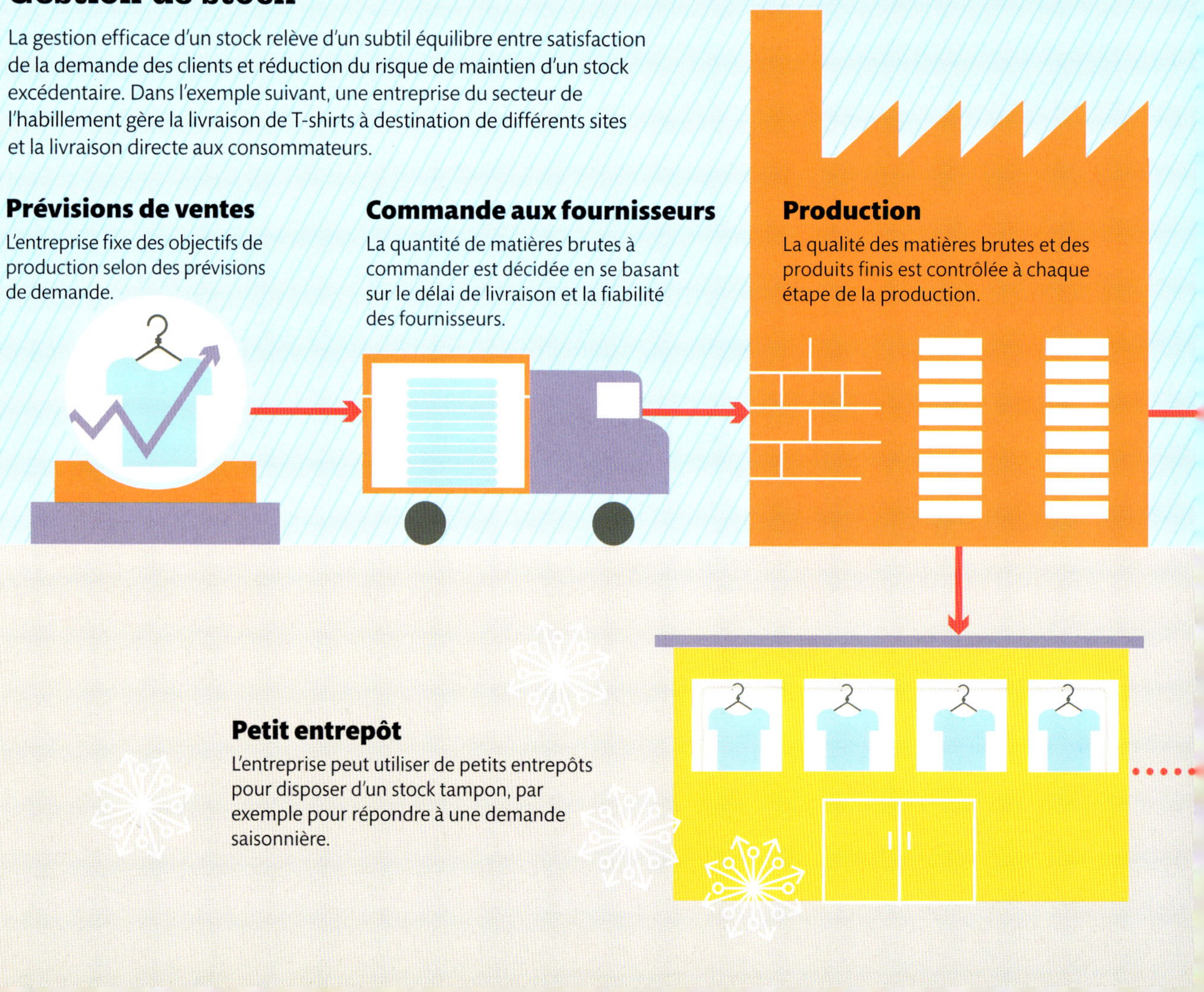

## À SAVOIR

- **FIFO (premier entré, premier sorti) :** Méthode de gestion des stocks consistant à faire sortir les marchandises par ordre d'entrée en stock.
- **LIFO (dernier arrivé, premier parti) :** Méthode de gestion des stocks consistant à faire partir en premier les derniers produits arrivés.
- **Unité de gestion de stock (UGS) :** Référence élémentaire dans un stock.
- **Étiquette RFID :** Support d'identification électronique abritant un numéro de série sur une puce reliée à une antenne.

**70 000 m² :** surface de l'entrepôt principal d'Amazon en France.

### Entrepôt principal

L'entreprise possède un entrepôt principal ou plusieurs entrepôts faisant office de plateformes logistiques, destinés à alimenter les stocks de petits entrepôts.

### Livraison client

Un service de livraison efficace et ponctuel fait partie de l'expérience globale du consommateur, notamment depuis l'envolée du e-commerce. Le niveau de stock est contrôlé par scan des code-barres ou des étiquettes RFID.

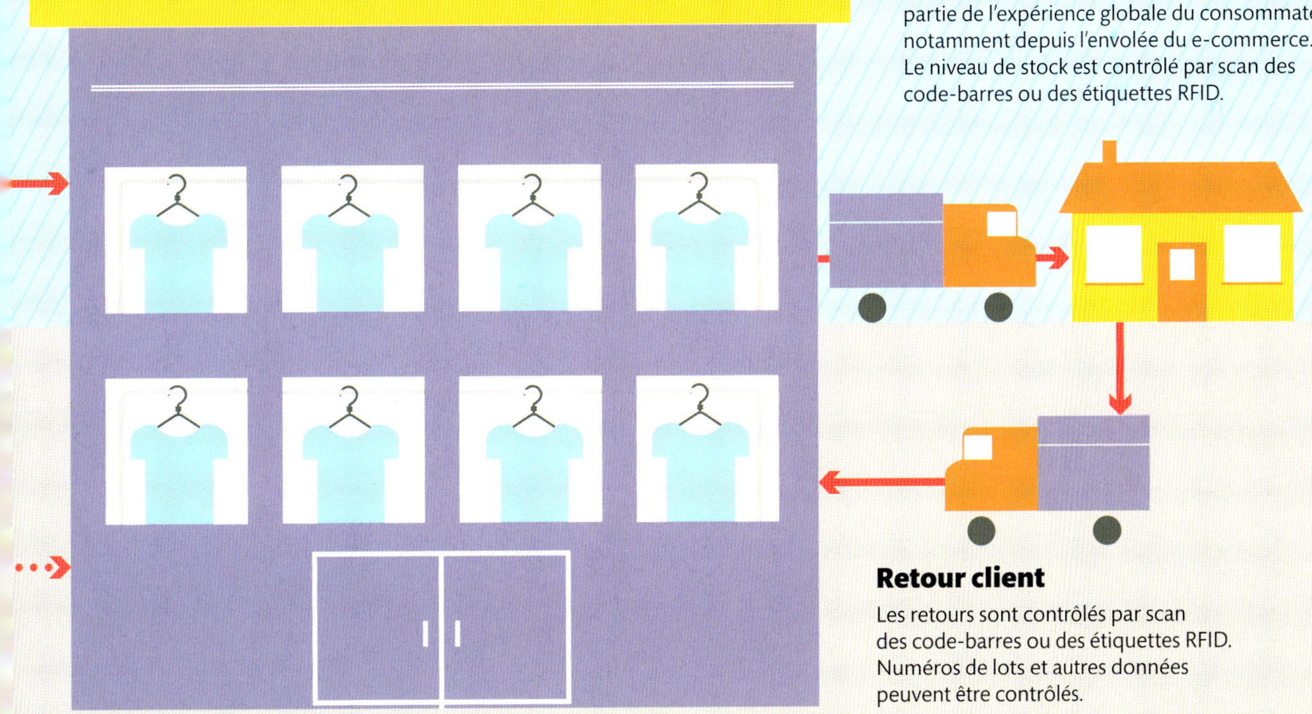

### Retour client

Les retours sont contrôlés par scan des code-barres ou des étiquettes RFID. Numéros de lots et autres données peuvent être contrôlés.

# Contrôle qualité

**Une série de processus permet de garantir le maintien du niveau de qualité requis de biens ou de services proposés par une entreprise. Le contrôle qualité est particulièrement important dans l'industrie où la sécurité se trouve au cœur des préoccupations.**

## Mode de fonctionnement

L'entreprise mesure et gère la qualité de sa production par rapport aux exigences de normes nationales et/ou internes. Ainsi, l'industrie manufacturière établit ses propres normes, différentes selon les secteurs. Des procédures de contrôle sont mises en place en différents points du processus de production, notamment à l'arrivée des matières premières dans l'usine, lors de la production et avant l'expédition des produits finis à destination des consommateurs. Le contrôle qualité implique l'inspection d'un pourcentage de produits, et la mise en place de mesures correctrices et de prévention afin de minimiser de futurs défauts. Les secteurs industriels où la sécurité est primordiale, comme l'alimentaire, l'habillement, l'industrie pharmaceutique, le bâtiment, l'automobile, le ferroviaire et l'aéronautique, sont soumis à des normes et réglementations des produits faisant l'objet de contrôles des plus stricts. Certaines normes relèvent de la protection des employés, d'autres veillent à garantir la sécurité des consommateurs.

## Le contrôle qualité au quotidien

L'hygiène et la sécurité sont incontournables dans le secteur de l'industrie alimentaire, comme l'illustre l'exemple suivant, celui d'une usine préparant des sandwiches. Des échantillons sont testés tout au long de la ligne de production. Tout manquement au niveau de la qualité peut être préjudiciable à la santé du consommateur, mais aussi à la réputation de l'entreprise.

### Livraison à l'usine

Avant l'assemblage, tous les ingrédients sont soumis à un contrôle, au niveau du poids, de la présence de produits chimiques, de bactéries, mais aussi de la saveur et des interactions entre différents ingrédients.

### Ligne d'assemblage

Lors de l'assemblage du produit, poids, température, hygiène et aspect visuel sont évalués.

**INDUSTRIE DU BÂTIMENT**

Dans ce secteur, une réglementation des plus strictes en matière de sécurité sur les chantiers de construction, concernant aussi bien les employeurs que les travailleurs, exige le respect de certaines normes relatives aux équipements de protection individuelle, aux moyens de protection collective, aux machines, aux installations, à la signalisation, au stockage des matériaux ou aux travaux en hauteur, à la circulation des engins et aux limitations d'accès.

**7,7 milliards d'euros : chiffre d'affaires du marché du sandwich en France, en 2013.**

### Emballage

Des échantillons sont testés, afin de s'assurer que l'emballage soit hermétique et correctement étiqueté, mais aussi de la bonne présentation générale du produit.

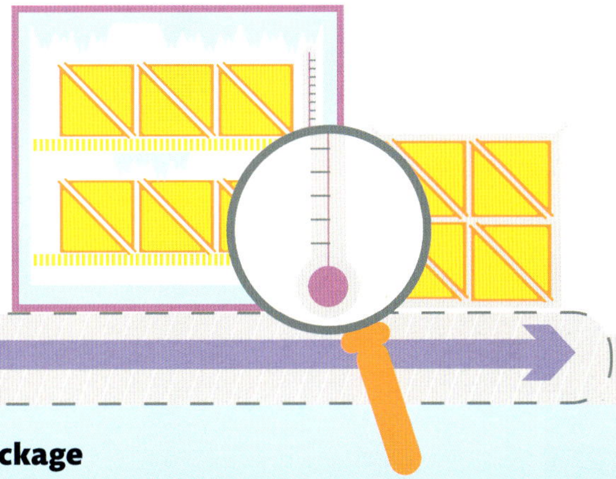

### Stockage

La température est contrôlée de façon précise et sécurisée, des échantillons sont testés, pour vérifier la saveur, la texture et d'éventuelles contaminations par des agents étrangers.

### Transport

La température des véhicules réfrigérés et les délais de livraison sont contrôlés, afin de garantir la fraîcheur du produit.

# Six Sigma

**Utilisée pour approcher la perfection dans la production de biens et services, Six Sigma est une méthode structurée de démarche qualité ciblant la réduction de la non-qualité dans les processus.**

## Mode de fonctionnement

Le principe de la méthode repose sur l'idée selon laquelle la mesure du nombre de défauts dans tout processus permet de travailler systématiquement à leur élimination, afin de s'approcher le plus possible du zéro défaut. Les individus formés à devenir des spécialistes de techniques et outils différents constituent un encadrement de black belts, green belts et champions. Tout projet Six Sigma est soigneusement documenté, selon une séquence définie d'étapes, avec des valeurs cibles, comme l'augmentation de la satisfaction client ou la réduction des coûts. Pour parvenir à la qualité Six Sigma, un processus manufacturier ne doit pas présenter plus de 3,4 défauts par million pour chaque produit.

### LES ACTEURS DE LA MÉTHODE SIX SIGMA

Les professionnels de Six Sigma, spécialistes de l'amélioration des processus, sont chargés de conduire l'intégration du changement.

**Master black belt :** Formateur et mentor des black et green belts, travaille au plus haut niveau, développe des mesures et objectifs stratégiques.

**Black belt :** Conduite de projets de résolution de problèmes, chef d'équipe, assigne rôles et responsabilités, forme les green belts.

**Green belt :** Conduite de projets d'amélioration, participe à la collecte et à l'analyse de données pour les black belts.

**Champion :** Diffuse la vision, la mission et les objectifs de l'entreprise, pour créer un plan de déploiement organisationnel et identifier les projets individuels.

**Cadres exécutifs :** Contribuent à diffuser l'esprit Six Sigma afin d'en faciliter la mise en œuvre, en établissant un recentrage stratégique sur la méthode au sein de la culture de l'entreprise et de sa vision des attentes du consommateur.

**320 millions de dollars : économies réalisées par General Electric après l'adoption de Six Sigma, en 1997.**

## Tendre vers la perfection

Partie intégrante de Six Sigma, la méthode présente cinq étapes fondamentales. Chacune des lettres du sigle DMAIC est l'initiale de la fonction significative de l'étape correspondante : Définir, Mesurer, Analyser, Améliorer (Improve) et Contrôler. La méthode est utilisée pour combler les écarts entre processus et objectifs et là où peuvent être mises en œuvre des améliorations progressives.

1

**Définir**

Définir l'objectif et le cadre du projet, identifier les processus à améliorer, déterminer les besoins et les avantages du client.

2

**Mesurer**

Utiliser les données des processus existants comme point de départ, repérer les problèmes et paramètres critiques, identifier les zones potentielles de progrès.

3

**Analyser**

Identifier les causes de problèmes et les comparer aux données, déterminer avec précision les améliorations à effectuer en priorité.

### CHAMPIONS

Le fabricant de téléphones mobiles Motorola fait appel à Six Sigma dans ses opérations manufacturières. Son président-directeur général intégra cette méthode au cœur de sa stratégie de management chez General Electric, dans les années 1990. L'entreprise technologique Dell utilise une méthode dérivée de Six Sigma depuis 2000, aujourd'hui sollicitée par d'autres entreprises.

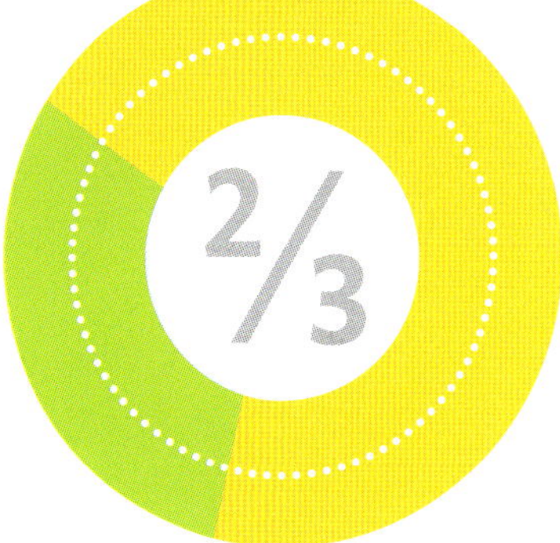


des 500 premières entreprises américaines avaient recours à des initiatives Six Sigma à la fin des années 1990 avec pour objectifs l'amélioration de la qualité et la réduction des coûts.

# Chaîne logistique

**L'entreprise doit maîtriser les différentes étapes de la chaîne logistique, des matières premières à la livraison de produits finis aux consommateurs. La gestion de la chaîne logistique implique plusieurs entités, individus, activités et ressources pour transformer par exemple les épis de maïs d'un champ en une boîte de céréales pour le petit-déjeuner. L'entreprise peut externaliser une partie de la chaîne à d'autres entreprises, mais aussi délocaliser à l'étranger certaines activités, en règle générale ses fonctions administratives.**

## Gestion de la chaîne logistique

Une chaîne logistique traditionnelle conduit matières brutes et ressources jusqu'au produit fini livré au consommateur. L'entreprise doit gérer les coûts et s'assurer du respect des normes en vigueur, en veillant particulièrement à ne pas nuire aux individus et à l'environnement, du versement de salaires décents à l'utilisation d'emballages en matériaux recyclables. La chaîne logistique est formidable pourvoyeur d'emplois, comme en témoignent aux États-Unis les 4,2 millions d'individus employés dans les seuls domaines du stockage et du transport.

### Matières brutes et ressources

Un champ ou une mine… Les matières premières proviennent toujours de quelque part.

### Fournisseur et transformateur

Les matières premières sont transformées, souvent près de leur source.

### Fabricant

Les entreprises assemblent les ressources pour fabriquer des biens, souvent à proximité des consommateurs.

# 87,8 % :

**part du transport routier dans le transport, en France, en 2014.**

## EXTENSION DE LA CHAÎNE

- **Valeur ajoutée :** L'entreprise peut chercher à ajouter de la valeur le long de la chaîne, plutôt que se contenter d'y voir un simple processus de transformation d'un produit A à un produit B. *Voir p. 324-325.*
- **Fonctions déléguées :** Pour réaliser des économies et utiliser l'expertise de spécialistes, l'entreprise peut externaliser certaines activités et/ou solliciter des entreprises locales ou une de ses filiales à l'étranger. *Voir p. 326-329.*
- **Retours de marchandises :** Une partie de la chaîne logistique doit compter sur un système de gestion efficace des retours clients. *Voir p. 330-331.*
- **Compétitivité :** À chaque étape, l'entreprise compare ses performances à celles de la concurrence, pour identifier les points à améliorer. *Voir p. 332-333.*
- **Éthique et environnement :** Mesures de prévention de la pollution et respect des droits des travailleurs font partie des préoccupations de l'entreprise. *Voir p. 334-335.*

### Distribution

Les produits finis sont transportés vers des entrepôts de stockage ou chez les détaillants.

### Détaillant

Le magasin organise la mise en rayon des produits pour attirer l'attention du consommateur.

### Consommateur

Le consommateur apprécie le produit fini et, dans le meilleur des cas, recycle l'emballage.

# Chaîne de valeur

**Plutôt que de considérer la chaîne logistique comme une succession d'activités, les entreprises s'intéressent à la façon de créer de la valeur à chacune des étapes du processus. Réduire les coûts et augmenter la performance en sont les clés.**

## Mode de fonctionnement

Michael Porter, professeur de stratégie d'entreprise de la Harvard Business School, introduisit le concept de chaîne de valeur dans son ouvrage *L'Avantage concurrentiel*. Pour la plupart, les entreprises mettent en œuvre des dizaines, et probablement des centaines, d'activités dans ce processus de la chaîne logistique, consistant à convertir des matières brutes (éléments entrants) en biens ou services (éléments sortants). Ces activités sont généralement classées en activités de base ou fonctions primaires et fonctions de soutien, que chaque entreprise doit prendre en charge. Le concept de la chaîne de valeur part du principe que la façon dont les activités sont organisées et mises en œuvre détermine les coûts et donc la marge bénéficiaire (profit) de l'entreprise. Chaque lien de la chaîne doit communiquer rapidement et précisément avec les autres services. Par exemple, les fonctions marketing et ventes transmettront des prévisions de ventes précises au service achats qui, lui-même, se mettra en lien avec la logistique entrante.

## Chaîne de valeur de Porter

Les fonctions primaires se chargent de créer un produit ou de réaliser un service, puis de le délivrer, alors que les fonctions de support gèrent leur coordination et améliorent leur efficacité. Pour mettre en place une chaîne de valeur, l'entreprise doit identifier chaque activité, pour réduire son coût ou la différencier de la concurrence pour ajouter de la valeur au produit.

### ÉTUDE DE CAS

***Chaîne de valeur de Pizza Hut***

Le principal atout de Pizza Hut est d'avoir scindé le processus complexe de fabrication d'une pizza en tâches simples.

- Achats groupés d'ingrédients à l'échelle mondiale.
- Cible des pays en fonction de leur intérêt pour la cuisine italienne, sur un modèle de franchise avec des équipes locales.
- Service sur place ou livraison à domicile.
- Différenciation avec les autres chaînes de pizza.
- Pizzas délicieuses, copieuses et à prix abordable.

**FONCTIONS PRIMAIRES**
Chaque service doit coopérer et faire circuler l'information nécessaire entre les activités de la chaîne de valeur pour générer du profit.

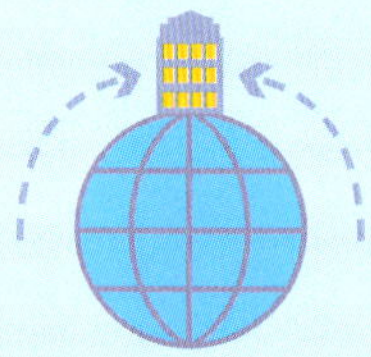

**Logistique entrante**
Implique les relations avec les fournisseurs, incluant toutes les activités de réception, entreposage et gestion des éléments entrants.

**Opérations**
Activités impliquées dans la transformation des éléments entrants en éléments sortants.

**FONCTIONS DE SUPPORT**
Elles contribuent indirectement aux éléments sortants, mais elles soutiennent les fonctions primaires, en améliorant leur efficacité et le succès de l'entreprise.

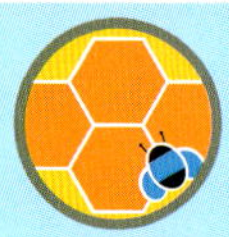

**Infrastructure de l'entreprise**

**Gestion de ressources humaines**

**Développement de la technologie**

**Achats**

## CHAÎNE DE VALEUR EN LIGNE

Plus d'un quart de la population mondiale utilise Internet pour ses activités quotidiennes (achats, opérations bancaires, partage de photos, visionnage de programmes TV). Pour prendre en charge un tel volume, une chaîne de valeur complexe délivre des services Internet, constitués d'entreprises globalisées et locales, aux actifs aussi variés que droits sur le contenu, infrastructures de communication et de technologie de l'information, logiciels propriétaires et marques internationales.

**1,93 billion de dollars : revenus générés par la chaîne de valeur d'Internet aux États-Unis, en 2008.**

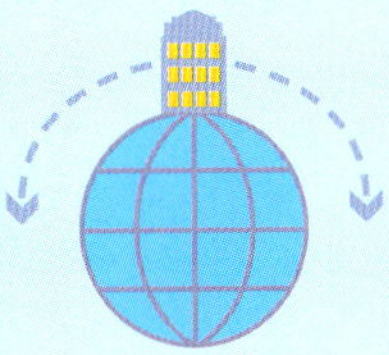

### Logistique sortante

Activités impliquées dans la collecte, l'entreposage et la distribution des éléments sortants.

### Marketing et ventes

Activités qui informent le consommateur, l'encouragent à l'achat et facilitent les transactions.

### Services

Activités chargées de maintenir la valeur du produit après sa réception par le client.

Fonctions comme la comptabilité, les affaires juridiques, les finances, la planification, la communication et le contrôle qualité.

Activités humaines : recrutement, embauche, formation, développement, primes et licenciement.

Équipement, systèmes d'information, logiciels, procédures, expertise technique dans la transformation des éléments entrants en éléments sortants.

Acquisition des éléments entrants (matières premières) pour l'entreprise.

**MARGE BÉNÉFICIAIRE**

La marge correspond à la différence entre la valeur donnée au produit ou au service et les coûts liés à sa création jusqu'à sa mise sur le marché.

# Externalisation

**L'entreprise peut rémunérer des prestataires extérieurs pour certaines de ses activités, plutôt que de les assumer en interne. Le transfert d'une partie ou de toute la production d'un produit ou d'un service à une tierce partie participe à accroître la flexibilité.**

## Mode de fonctionnement

L'externalisation s'est développée dans les années 1980, lorsque les entreprises, soucieuses de réduire leurs coûts, firent appel à des tiers pour assumer certaines de leurs activités périphériques. Aujourd'hui, l'externalisation ne se limite plus seulement à une question de réduction des coûts. Devenue outil stratégique, elle occupe une place de plus en plus importante dans l'économie globalisée du XXIe siècle.

Une entreprise peut opter pour l'externalisation de certaines étapes du processus de production, de fonctions de support, comme la comptabilité, ou en raison d'une absence d'expertise ou de compétences spécialisées en interne. L'externalisation peut impliquer une entreprise locale ou étrangère. L'expansion rapide des réseaux logistiques et des technologies de l'information facilite cette démarche et a participé à son développement au cours de la dernière décennie.

## Principales raisons de l'externalisation

Pour beaucoup d'entreprises, croissance et succès reposent sur l'externalisation, alors que nombre d'entre elles s'interrogent sur l'intérêt à se charger de tâches que d'autres peuvent réaliser plus vite, mieux ou à moindre coût. Les entreprises reconnaissent que de faire appel à des capacités, des compétences et des talents extérieurs ouvre des opportunités, en permettant à certaines de se recentrer sur leur cœur de métier. Lors d'une étude à l'échelle internationale, cet avantage était cité parmi les premières raisons poussant une entreprise à l'externalisation.

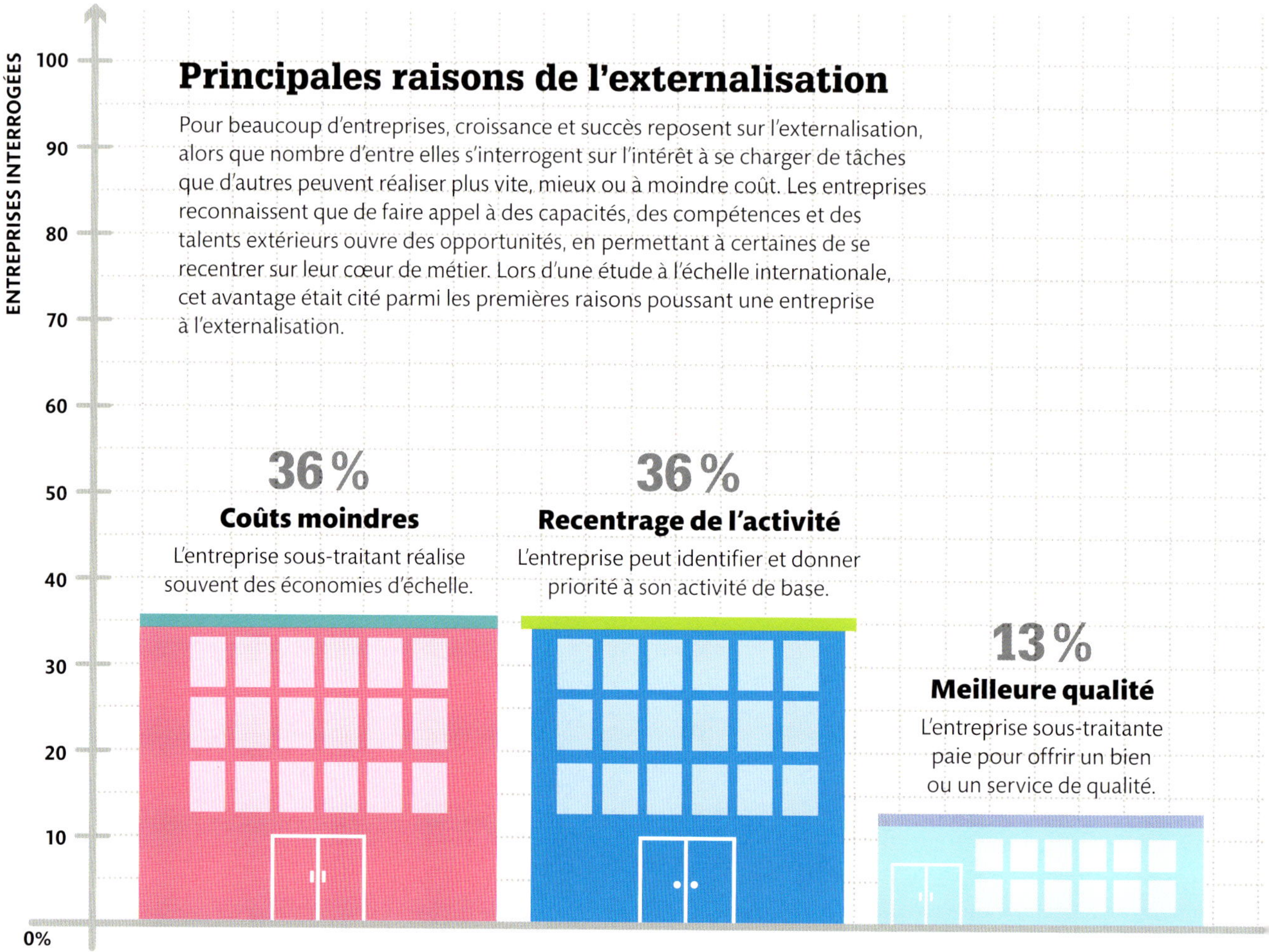

## ✓ À SAVOIR

- **Externaliser :** Sous-traiter une tâche à une autre entreprise ou acheter des composants d'un produit, plutôt que de les fabriquer soi-même.
- **Délocaliser :** Pratique consistant à transférer les opérations d'une entreprise dans un pays étranger, où le coût du travail est moins élevé.
- **Structure en réseau :** La tâche ou l'opération est réalisée par une autre entreprise, dans le même pays, un pays frontalier ou outremer, intégrée à une structure en réseau.

**90 %**

**des entreprises dans le monde jugent l'externalisation déterminante dans leurs stratégies de développement.**

## EXEMPLES DE TÂCHES SE PRÊTANT À L'EXTERNALISATION

L'externalisation de certaines activités et fonctions permet à l'entreprise de se recentrer sur son cœur de métier, ce qui l'aide à générer croissance et profit. Certaines tâches sont plus adaptées que d'autres à l'externalisation, en raison de facteurs comme l'expertise, le temps passé à effectuer cette tâche et le temps en face à face exigé. Par ailleurs, certaines opérations, comme celles relevant des technologies de l'information sont parfois très coûteuses, exigeant l'expertise de spécialistes, mais aussi faciles à gérer à distance. La fonction ressources humaines, mobilisant quant à elle beaucoup plus d'employés, est plus simple à gérer en interne.

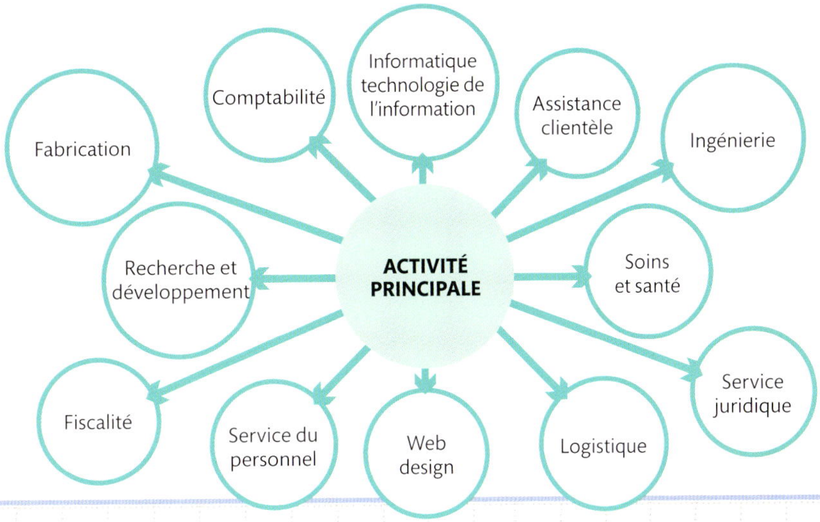


**10 %**

**Mise sur le marché plus rapide**

Une expertise extérieure permet souvent de raccourcir les délais de production.

**4 %**

**Encourage l'innovation**

Libère les compétences en interne, investissement dans les connaissances et les idées.

**1 %**

**Économie de capitaux**

Libère des capitaux pour investir dans des domaines sources de développement.

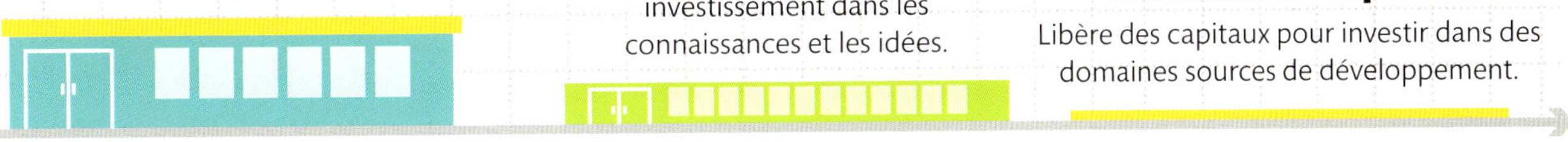

RAISON

# Délocalisation

**Le transfert des emplois vers le pays où s'implante une entreprise est qualifié de délocalisation. L'entreprise peut employer du personnel à l'étranger pour certaines fonctions ou confie les fonctions externalisées à une tierce partie à l'étranger.**

## Mode de fonctionnement

La délocalisation prit de l'ampleur dans les années 1980 lorsque les entreprises occidentales, confrontées à un coût du travail élevé, réalisèrent qu'elles pouvaient faire des économies significatives en fabriquant leurs produits dans des pays à bas salaires. La délocalisation des services de technologie de l'information ne tarda pas à suivre, portée par Internet et la globalisation des communications. Aujourd'hui, les entreprises repensent leurs stratégies, motivées par différents facteurs, dont le besoin de se rapprocher de leur clientèle, la mauvaise appréciation des centres d'appels à l'étranger, un taux de chômage élevé dans les pays occidentaux suite à la crise financière de 2008, une tendance à l'uniformisation des salaires à l'échelle mondiale, ou encore l'augmentation du coût des transports. Certaines entreprises pratiquent désormais la délocalisation de proximité.

## Expertise mondiale

La délocalisation débuta en Inde, qui reste à l'heure actuelle le pays attirant le plus d'entreprises étrangères. Dans le pays, le secteur des technologies de l'information et les activités liées à l'industrie de l'export emploient plus de 2,2 millions de personnes et représentent près de 100 milliards de dollars. D'autres régions du monde ont développé différents domaines d'expertise, comme l'Europe de l'Est, spécialisée dans les services des technologies de l'information.

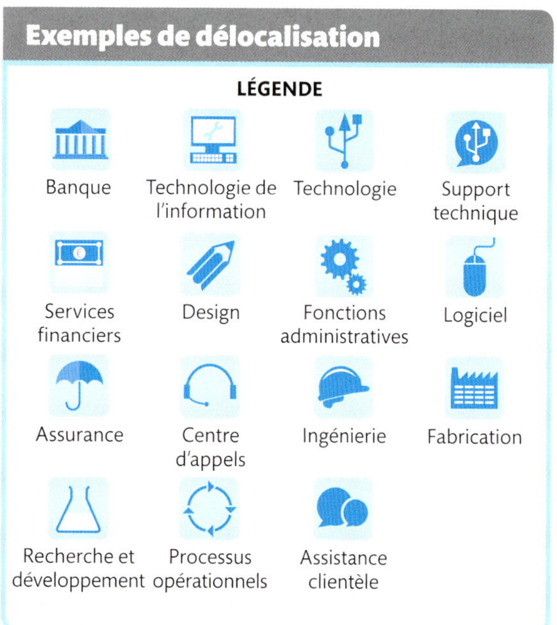


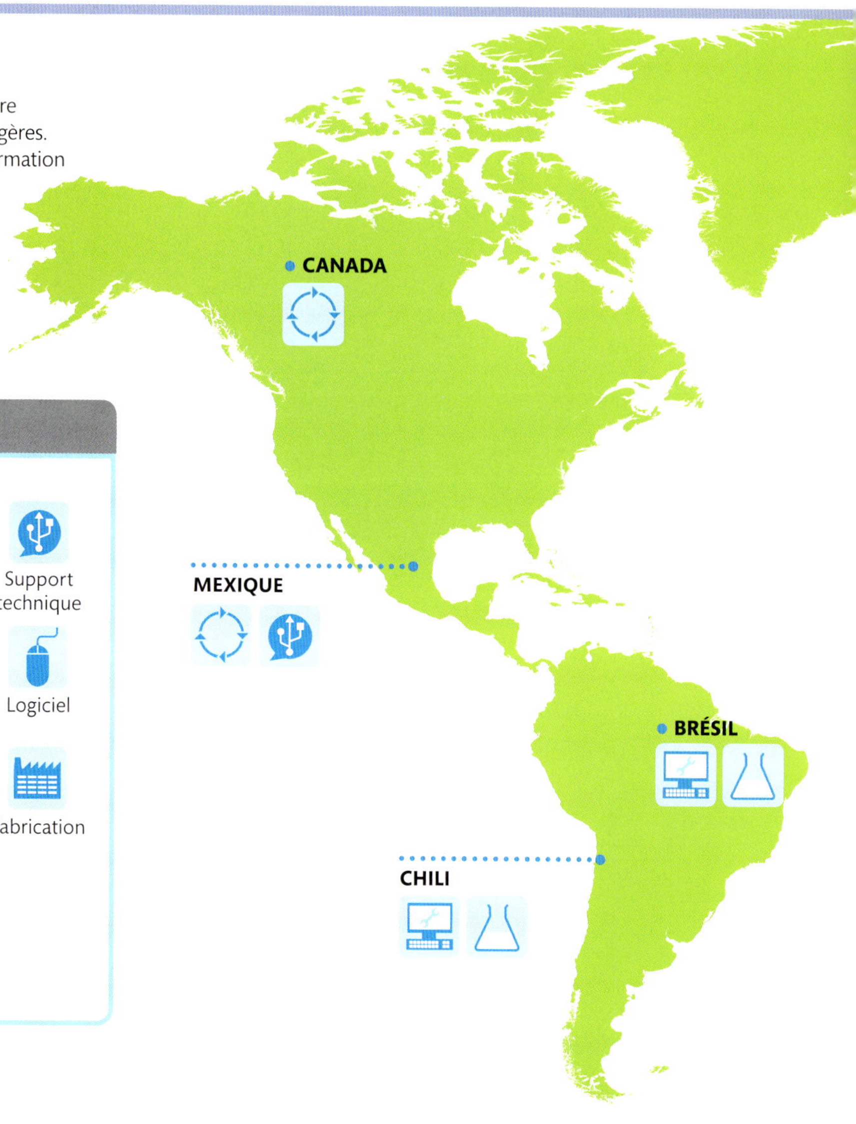

## INDE : LEADER MONDIAL DE LA DÉLOCALISATION

Les Amériques et l'Europe sont les plus gros clients de l'Inde, représentant respectivement 60 % et 31 % des technologies de l'information et des activités liées à l'industrie de l'export. Les services incluent services financiers (41%), haute technologie et télécommunications (20%), fabrication (17%) et commerce de détail (8%).

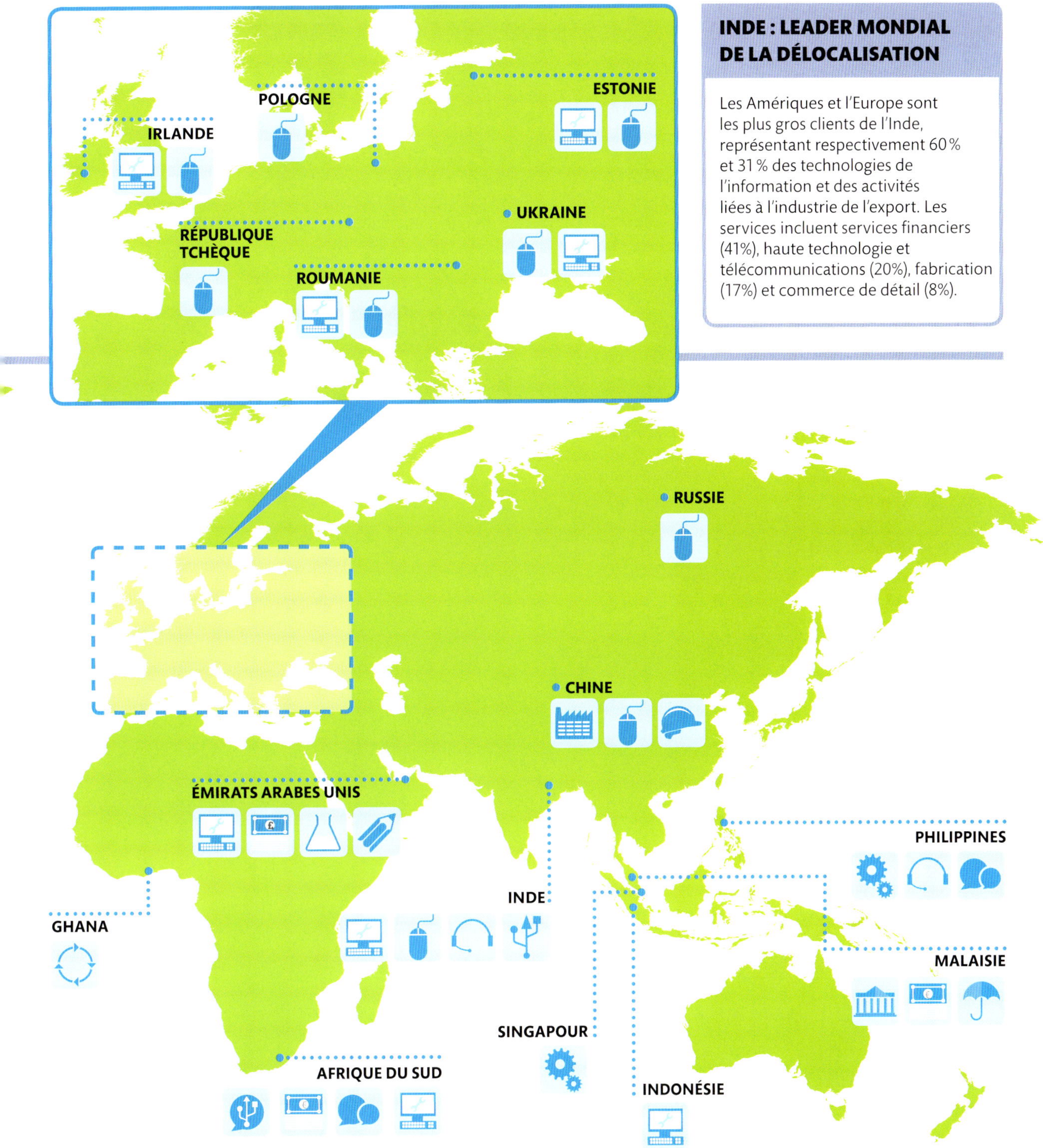

# Logistique des retours

**La logistique des retours concerne la gestion des flux du consommateur vers le producteur et englobe une série d'activités, du retour d'un article neuf non souhaité ou usagé, à sa mise au rebut, son recyclage ou sa revente.**

## Mode de fonctionnement

De nos jours, une logistique des retours performante est indispensable pour satisfaire le consommateur, notamment en raison du nombre sans cesse grandissant de détaillants en ligne. Les industriels, des fabricants de moquettes aux fabricants d'ordinateurs, ont également besoin d'une logistique des retours pour recycler leurs produits et satisfaire aux exigences des réglementations environnementales. L'entreprise doit prendre en charge le remboursement des articles retournés par les consommateurs, les retours d'invendus des détaillants au producteur, et le retour de produits en fin de vie, dont la mise au rebut exige parfois le respect d'une législation environnementale.

## Logistique inverse

Le coût de la logistique des retours est phénoménal pour une entreprise. Ainsi, aux États-Unis, des statistiques de la Reverse Logistics Association avancent que le coût du volume annuel des retours consommateurs est estimé entre 150 et 200 milliards de dollars, soit l'équivalent d'environ 0,7% du produit national brut (PNB) et 6% des 3,5 trillions de dollars que représentent les ventes au détail annuelles aux États-Unis.

### RETOUR CLIENT

Aux États-Unis, les magasins Sears et JCPenney furent les premiers à instaurer le retour client sans frais. Ce mouvement initié à la fin du XIXe siècle incitait les consommateurs à acheter dans leurs magasins et participa à fidéliser la clientèle. Jusqu'en 2005, l'enseigne britannique Marks & Spencer bénéficia de la politique retour la plus indulgente du monde de la distribution, avec aucune date limite de retour exigée, dès lors que le client pouvait produire une preuve d'achat.

### Enlèvement

L'entreprise doit disposer d'un processus d'enlèvement chez le consommateur ou le détaillant d'articles à retourner ou de produits en fin de vie.

La possibilité d'un recyclage ou d'un reconditionnement doit être envisagée dès la conception et la fabrication du produit.

### Traitement

## À SAVOIR

- **D3E :** Déchets d'équipements électriques et électroniques triés dans des centres de traitement spécialisés avant recyclage.
- **Entreposage :** Opération logistique à la fois administrative et physique consistant au stockage et à l'entretien des stocks de produits destinés à la vente ou au rebut.

# 32 %

**de la valeur d'origine d'un produit peut être récupérée avec une gestion performante de la logistique des retours.**

### Transport

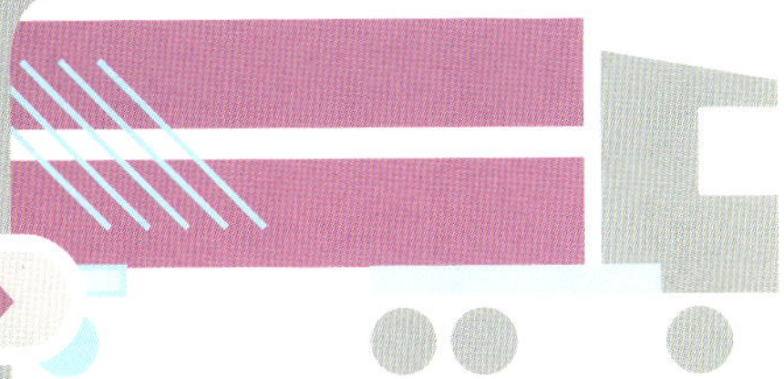

Un système performant doit permettre un retour rapide au vendeur des articles enlevés, par transporteur ou par un service de livraison.

### Réception

La gestion performante du stock est essentielle pour s'assurer que les produits retour soient enregistrés, afin que l'entreprise puisse procéder à leur suivi.

### Inspection

Les produits sont contrôlés à leur retour. Les produits destinés à être remis sur le marché doivent être en parfait état.

### Tri

Produits et composants sont triés et séparés, prêts pour la revente, le recyclage ou la mise au rebut.

# Benchmarking

**L'entreprise fait appel au benchmarking pour améliorer ses performances, en les comparant à celles de la concurrence. L'objectif est d'identifier et d'apprendre des méthodes de travail pratiquées en interne ou à l'extérieur de l'entreprise.**

## Mode de fonctionnement

Pour améliorer ses résultats, l'entreprise peut s'intéresser à une entreprise concurrente, un secteur industriel ou un pays, afin d'étudier leur niveau de performance et identifier les pratiques mises en œuvre pour y parvenir. Le benchmarking s'applique au coût unitaire, aux évaluations clients, aux rémunérations et aux avantages sociaux. Les évaluations portent sur différents facteurs, comme la formation, les plateformes technologiques et les équipements de fabrication. Par exemple, la Formule 1 est souvent utilisée comme référence pour le travail d'équipe qui permet le changement de quatre roues d'une voiture en moins de 7 secondes.

## Le processus du benchmarking

Le benchmarking est un processus exigeant la mise en œuvre de différentes procédures avant que l'entreprise commence à constater les économies réalisées et une amélioration de sa performance.

**Identification d'un besoin**
Dans cet exemple, une entreprise souhaite améliorer ses performances sur le plan énergétique.

**Comparaison avec la concurrence**
L'entreprise collecte des informations sur les systèmes et les coûts énergétiques chez la concurrence.

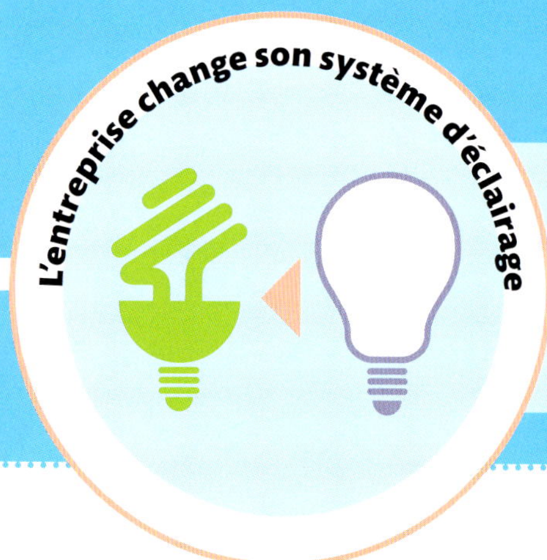


**Suivi des valeurs**
L'entreprise mesure le montant des économies réalisées en matière de dépenses énergétiques et les performances du nouveau système d'éclairage.

## LES MÉDIAS SOCIAUX ET LE BENCHMARKING

Il est aujourd'hui plus facile pour les entreprises de collecter des données sur la concurrence. Les médias sociaux sont une source de données sur les préférences clients, les marques, et les campagnes promotionnelles d'autres entreprises. Des outils d'analyse simplifient les procédures de benchmarking à travers différents canaux.

**49 %** des entreprises à travers 44 pays ont **fait appel** au **benchmarking** en 2008.

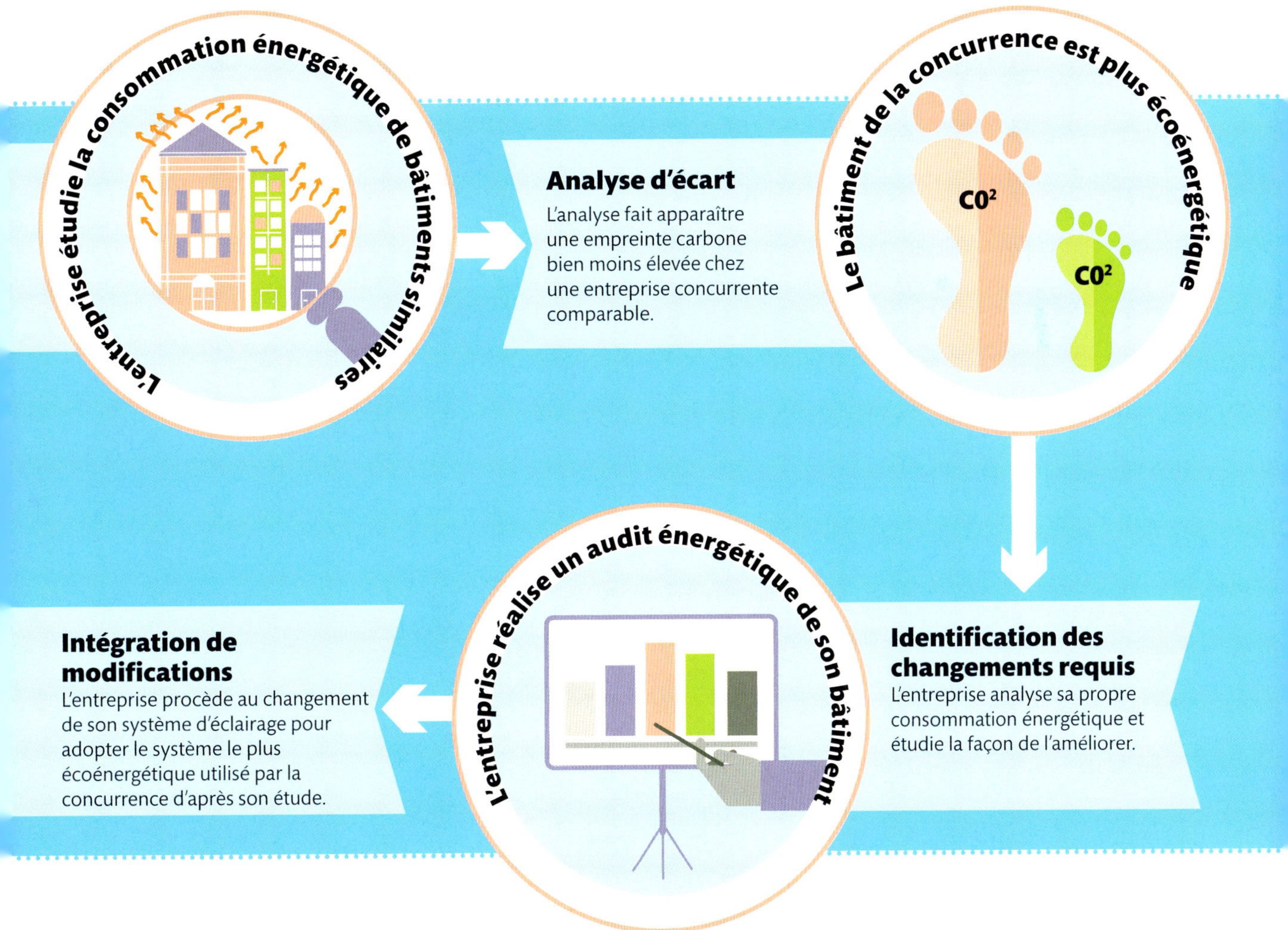

# Responsabilité sociétale de l'entreprise

**L'entreprise d'aujourd'hui doit non seulement veiller à ne pas porter préjudice à l'environnement, à l'individu et aux communautés, mais elle doit aussi faire preuve de son engagement à bâtir une société meilleure.**

## Mode de fonctionnement

Pour une entreprise, la responsabilité sociétale ne se limite pas au simple respect de lois en vigueur sur un plan national ou international, ou à la mise en place d'une politique de mécénat. La RSE fait partie intégrante de chacun des aspects de ses opérations, en contribuant au développement durable. Si les objectifs de compétitivité et de rentabilité demeurent, l'entreprise évite de cibler le profit à court terme. Elle doit tenir compte des impacts futurs de ses activités sur la société, l'environnement et un large éventail de parties prenantes. Les entreprises doivent désormais rendre compte annuellement des résultats de leurs engagements sur le plan sociétal et sont aussi soumises au benchmarking et à un classement vis-à-vis de la concurrence.

**Communauté**
Logement, santé, infrastructure, partenariat avec des institutions locales, initiatives de fournisseurs locaux, éducation, emploi local

**ISO 26000 : norme ISO qui définit comment les organisations doivent contribuer au développement durable.**

**Environnement**
L'empreinte carbone d'une entreprise inclut le recyclage, l'eau et la gestion de l'eau, la consommation d'énergie et le transport.

**Main-d'œuvre**
Sécurité sur le lieu de travail, santé, bien-être, diversité, égalité des chances, apprentissage et développement, politique éthique et pratiques

**Fournisseurs**
Commerce équitable, éthique de la chaîne logistique, développement durable (y compris recours au travail des enfants), code de conduite, politique de transport

## RSE et parties prenantes

Un grand nombre d'entreprises de différents secteurs sont désormais évaluées en fonction de leur engagement sociétal, de leur prise en compte des attentes des parties prenantes, à savoir les individus ou groupes ayant un intérêt dans les décisions ou activités de l'entreprise, mais aussi à une plus large échelle, sur l'impact de leurs activités sur l'environnement et les communautés.

**Opérations**
Commerce éthique, y compris pratiques marketing et politique de prix, gestion de la clientèle, reporting financier, politique, valeurs

### ÉTUDE DE CAS

***Fairtrade International***

De nombreux consommateurs attendent des entreprises qu'elles se conforment à des pratiques éthiques. En 2000, une campagne américaine fit pression sur Starbucks afin de l'obliger à proposer un café issu du commerce équitable. Le public voulait savoir à quel point la chaîne d'approvisionnement de ce géant du café était engagée dans la survie des petits producteurs de pays pauvres. Fairtrade International s'engage à ce que les producteurs de café perçoivent un prix équitable pour leur récolte, mais aussi une prime destinée à l'amélioration de leurs pratiques agricoles. Le café fut l'un des premiers produits à bénéficier du label de certification Fairtrade.

# L'entreprise

**Toute entreprise doit avoir un statut juridique. Ce statut sert à définir la manière dont le chef d'entreprise, l'entreprise et les clients de l'entreprise sont liés. Il détermine également l'activité de l'entreprise et la manière dont elle doit être perçue par les administrations fiscale et juridique.**

## Formes juridiques

La forme juridique d'une entreprise définit les règles qui lui sont applicables au regard de la loi : modalités de constitution, capital social minimum, rapport entre les associés ou modalités d'imposition des bénéfices. Bien qu'il existe un très grand nombre de formes juridiques pour les entreprises, impliquant chacun un cadre juridique et fiscal particulier, on peut les classer en deux grandes catégories : l'entreprise individuelle et la société.

## Entreprise individuelle

L'entreprise individuelle est la forme d'entreprise la plus répandue, car la plus simple à créer. L'entreprise, dirigée par une seule personne, est aussi qualifiée d'entreprise « en nom propre ». L'entrepreneur et l'entreprise constituent une seule et même personne sur le plan juridique. Cela signifie concrètement qu'il n'y a pas de différence entre le patrimoine personnel du dirigeant et le patrimoine professionnel de l'entreprise individuelle. Ainsi, en cas de sinistre (dettes professionnelles, par exemple), le patrimoine personnel du dirigeant peut être saisi au-delà du montant de ses apports. Il est toutefois possible pour l'entrepreneur de protéger sa résidence principale ainsi que ses biens fonciers non affectés à l'activité professionnelle en procédant à une déclaration d'insaisissabilité auprès de son notaire. Par ailleurs, depuis 2011, le statut d'entrepreneur individuel à responsabilité limitée (EIRL) permet à l'entrepreneur de protéger ses biens personnels, en créant un patrimoine affecté à son activité professionnelle distinct de son patrimoine privé et sans création de société.
L'entreprise individuelle est soumise à l'impôt sur le revenu. La déclaration des revenus d'activité est beaucoup plus simple et, de fait, l'entrepreneur individuel n'a pas obligation à faire appel aux services d'un comptable, pas plus que de publier ses comptes.
Comme toute activité réalisant des transactions économiques, l'entreprise individuelle est assujettie à la taxe sur la valeur ajoutée (TVA). L'entrepreneur peut opter pour le régime du micro-entrepreneur, et dans ce cas bénéficier d'une franchise de TVA. Néanmoins, toute entreprise individuelle nouvellement créée peut bénéficier de la franchise en base de la TVA, ce qui signifie qu'elle ne facture pas de TVA à ses clients, mais dans ce cas elle ne peut récupérer la TVA sur ses achats et investissements.
Les charges sociales d'une entreprise individuelle sont calculées sur le revenu de l'exploitant. Les charges sociales d'une entreprise individuelle sont déductibles.
Concrètement, elles sont considérées comme des charges comptables et viennent diminuer le bénéfice imposable.
Enfin, l'entreprise individuelle doit respecter des seuils d'activité prévus par la loi, sous peine de sanctions.

## Sociétés pluripersonnelles

Les sociétés pluripersonnelles sont, comme leur nom l'indique, des sociétés comportant plusieurs associés. La notion de société désigne également la personne morale créée par le contrat de société. En tant que personne morale, la société dispose d'un patrimoine composé à l'origine des biens apportés par les associés ou les actionnaires. La personnalité morale d'une société est acquise lors de son immatriculation au registre du commerce et des sociétés (RCS). Les sociétés peuvent revêtir une forme civile ou commerciale suivant la nature de l'activité exercée. Une société commerciale est une société dont la forme juridique et/ou l'objet social sont commerciaux. Une société civile est une société qui exerce une activité civile, n'impliquant pas d'actes commerciaux, mais seulement des actes civils (par exemple, activités libérales, immobilières, agricoles). Dans le cadre des sociétés civiles, et à la différence de la plupart des sociétés commerciales, la responsabilité des associés est illimitée, ce qui signifie que les associés doivent répondre personnellement des dettes de leur société. Un associé de société civile n'a pas le statut de commerçant, contrairement à l'associé d'une société commerciale. Enfin, au niveau de la fiscalité, la société civile relève en principe de l'impôt sur le revenu, alors que les sociétés commerciales relèvent de l'impôt sur les sociétés.

Les sociétés pluripersonnelles les plus courantes sont la société anonyme (SA), la société à responsabilité limitée (SARL) et la société par actions simplifiées (SAS).

Il faut distinguer parmi les sociétés pluripersonnelles, les sociétés de capitaux et les sociétés en nom collectif (SNC). Dans les sociétés de capitaux (SARL, SA), la responsabilité financière des associés est proportionnelle à leurs apports. Les bénéfices des sociétés de capitaux sont imposés à l'impôt sur les sociétés, mais les dividendes et les salaires des associés sont imposés à l'impôt sur le revenu. Aucun capital minimum n'est requis pour créer une société en nom collectif. La particularité des sociétés en nom collectif est que les associés sont soumis à l'impôt sur le revenu proportionnellement à leurs apports en capital. Une SNC doit être composée d'au moins deux commerçants associés.

## Société européenne

Le statut de société européenne (SE) est né d'un règlement et d'une directive européens de 2001, et a été transposé en droit français en 2005. Une société européenne est constituée d'au moins deux sociétés situées dans au moins deux États membres différents et doit avoir un capital social minimum de 120 000 euros. La rédaction de statuts est obligatoire et la création d'un SE doit faire l'objet d'une publication au Journal officiel de l'Union européenne et en France d'une immatriculation au registre du commerce et des sociétés.

## ORGANISMES ET RESSOURCES EN LIGNE

### *Formalités, statistiques et chiffres clés*

**CFEnet**

Plateforme de formalités d'entreprise en ligne des chambres de commerce et d'industrie françaises. Les CFE simplifient les formalités de création, de modification ou de radiation de toute entreprise commerciale.

*http://www.cfenet.cci.fr*

**Institut national de la statistique et des données économiques (INSEE)**

Accès à l'annuaire national des Centres de formalités des entreprises (CFE)

*http://www.insee.fr*

**MINEFE**

Le ministère de l'Économie, des Finances et de l'Emploi propose toutes les informations utiles sur la TVA, les régimes fiscaux des entreprises, les chiffres clés de l'économie.

*http://www.minefe.gouv.fr*

**Infogreffe**

Infogreffe assure la diffusion de l'information juridique et économique sur les entreprises pour le compte de l'ensemble des greffes des tribunaux de commerce français.

*https://www.infogreffe.fr*

### *Start-up*

**MyFrenchStartup**

Base de données de plus de 8 200 start-up françaises. Informations chiffrées et validées à la disposition de tous les acteurs de l'écosystème des start-up françaises des informations stratégiques pour optimiser leur activité.

*http://www.myfrenchstartup.com*

**Mission French Tech**

Initié en 2014 par le gouvernement français, la mission French Tech a pour vocation de donner toutes les chances de réussites aux start-up qui souhaitent se créer.

*http://www.lafrenchtech.com*

# Les finances

**Dans le cadre de l'information financière au sein des États-membres de l'Union européenne, la Commission européenne élabore des règlements et directives. Après approbation au niveau européen, chaque État-membre a l'obligation de transposer les directives dans sa législation nationale.**

## Obligations fiscales

Le code général des impôts impose à la plupart des entreprises la réalisation d'une liasse fiscale ou déclaration fiscale des entreprises. Toutes les entreprises qui ont des obligations légales en matière de formalisme comptable doivent établir une liasse fiscale annuelle. Concrètement, peu importe que l'entreprise soit soumise à l'impôt sur le revenu (IR) ou à l'impôt sur les sociétés (IS). La forme juridique (société commerciale ou entreprise individuelle) n'entre pas en ligne de compte. La liasse fiscale est une documentation standardisée. La standardisation a pour but de permettre l'examen équitable des comptes par l'administration fiscale, mais aussi de permettre la comparaison des données des entreprises par toute personne intéressée, puisque les déclarations fiscales sont, en France, des données publiques. La liasse fiscale doit être remise au service des impôts des entreprises dont dépend l'entreprise et être également déposée au greffe du tribunal de Commerce, qui en assure la publicité. La liasse fiscale comporte toujours les états financiers et l'annexe, autrement dit tous les éléments financiers nécessaires à l'administration pour calculer l'impôt sur les bénéfices réalisés au cours de l'année révolue.

## Reporting financier

Dans un souci de fournir des informations transparentes à la communauté des investisseurs, toutes les sociétés cotées sur les marchés réglementés ont pour obligation de déclarer dans leur intégralité toutes les informations de nature à influencer le marché de leurs titres. Toutes les entreprises doivent en outre se conformer à la directive européenne Transparence (transposée par chacun des États membres) qui établit les exigences relatives à l'information financière réglementée. La diffusion de l'information réglementée doit être réalisée par voie électronique conformément au règlement général de l'Autorité des marchés financiers (AMF) qui impose une diffusion permettant d'atteindre un public aussi large que possible, dans des délais aussi courts que possible et selon des modalités garantissant l'intégrité de l'information. L'information réglementée comprend les documents et informations suivants :

- rapport financier annuel ;
- rapport financier semestriel ;
- information financière trimestrielle ;
- pour les sociétés anonymes, rapport sur les procédures de contrôle interne et le rapport des commissaires aux comptes sur les rapports précités ;
- communiqué relatif aux honoraires des commissaires aux comptes ;
- information relative au nombre total de droits de vote et d'actions composant le capital social ;
- descriptif des programmes de rachat ;
- communiqué précisant les modalités de mise à disposition d'un prospectus ;
- information privilégiée ;
- communiqué précisant les modalités de mise à disposition ou de consultation des informations devant être mises à disposition des actionnaires préalablement à la convocation de l'Assemblée générale.

## Normes comptables

Depuis 2005, les groupes cotés en bourse doivent appliquer les normes IFRS (International Financial Reporting Standards). Les nouvelles normes comptables IFRS (règlement européen du 19 juillet 2002), inspirées des normes comptables américaines (US GAAP) sont communes à l'ensemble des pays européens. Elles permettent de comparer des entreprises au niveau mondial.

## Obligations comptables

Les comptes de l'entreprise doivent refléter de façon fidèle la situation patrimoniale d'une entreprise. Pour s'en assurer, plusieurs étapes de contrôle existent. En France, l'expert-comptable doit être inscrit auprès de l'Ordre des experts comptables. Outre sa mission d'élaboration des comptes annuels, l'expert-comptable est aussi le conseiller permanent du chef d'entreprise, dans les domaines de la gestion, du droit des affaires, du droit fiscal et social.
Le commissaire aux comptes est un acteur extérieur à l'entreprise, chargé de contrôler les comptes annuels à travers un audit comptable et financier. C'est une obligation légale pour les sociétés par actions (sociétés anonymes, sociétés en commandite par actions) et, dans certains cas, pour les SARL, les sociétés par actions simplifiées et les autres organismes (associations, fondations).
Pour les sociétés plus importantes et notamment les sociétés cotées, il y a même obligation de deux commissaires aux comptes. Ils peuvent soit certifier les comptes sans réserve, soit avec réserves, soit refuser la certification. Ils communiquent leur rapport aux dirigeants sociaux, aux associés et doivent informer le Procureur de la République de tout fait délictueux. Ils engagent leur responsabilité civile, pénale et disciplinaire. L'AMF contrôle que les comptes sont bien établis dans les temps et déposés au BALO (Bulletin des annonces légales obligatoires). Elle s'assure de la publication par les sociétés cotées d'un document d'information annuel qui reprend toutes les informations (y compris les comptes) rendues publiques par la société au cours des 12 derniers mois. En outre, chaque fois qu'une opération financière est soumise à son visa, l'AMF vérifie la cohérence des informations, comptables et extra comptables, pose des questions et demande le cas échéant de modifier la présentation des données. Enfin, elle impose aux sociétés d'informer le marché de tout fait important susceptible d'influencer le cours du titre.

### ORGANISMES ET RESSOURCES EN LIGNE

#### *Reporting financier*

**Autorité des marchés financiers (AMF)**

Régule les acteurs et produits de la place financière française. Elle réglemente, autorise, surveille et, lorsque c'est nécessaire, contrôle, enquête et sanctionne.

*http://www.amf-france.org*

**Site de la Direction de l'information légale et administrative**

Le mécanisme officiel français de stockage centralisé des informations réglementées.

*Info-financière.fr*

**Observatoire de la communication financière**

Une structure collégiale fondée en 2005, point d'observation en matière de communication financière ainsi que lieu d'échanges entre professionnels des marchés financiers.

*http://www.observatoirecomfi.com*

#### *Normes et obligations comptables*

**Comité de réglementation comptable européen (ARC)**

Créé par la Commission européenne, le rôle de l'ARC consiste à fournir un avis sur les propositions de la Commission d'adopter une ou des normes comptables internationales.

*http://ec.europa.eu*

**Autorité des normes comptables (ANC)**

L'ANC a pour missions de moderniser et de simplifier l'élaboration des normes comptables sur le territoire national.

*http://www.anc.gouv.fr*

**Ordre des experts Comptables (OEC)**

L'expert comptable est le conseil permanent du chef d'entreprise. À la demande de ce dernier, il intervient dans les domaines de la comptabilité, de la gestion, des obligations légales, de l'informatisation et de l'audit de l'entreprise.

*http://www.experts-comptables.fr/*

# La vente et le marketing

**Éléments indispensables du marketing, la publicité et la promotion, au même titre que le produit ou le prix, sont réglementés. L'ensemble de ces contraintes légales et réglementaires doit être intégré dans toute politique de communication ou stratégie publicitaire.**

## Publicité et promotion

Pour un commerçant, distribuer des prospectus sur la voie publique est un moyen peu onéreux de se faire connaître. Tout prospectus doit porter mention du numéro Siren, du numéro d'inscription au registre du commerce et du siège du tribunal de commerce où est immatriculé le commerçant. Si le commerçant est un franchisé, il doit préciser cette qualité. Par ailleurs, une loi sur l'emploi de la langue française indique de ne pas utiliser dans le message de termes étrangers lorsqu'il existe des termes français équivalents. Dans tous les cas, le message ne doit être ni mensonger, ni trompeur, ni même équivoque, sous peine de fortes amendes. La publicité comparative, bien qu'autorisée, peut constituer un acte de concurrence déloyale ou de publicité mensongère civilement et pénalement sanctionné si elle induit le consommateur en erreur, si elle compare des biens ou des services ne répondant pas aux mêmes besoins ou n'ayant pas le même objectif, ou si elle ne compare pas objectivement les caractéristiques essentielles du bien ou du service en question. La publicité relative au tabac, aux boissons alcoolisées, aux médicaments ou aux armes à feu est soit interdite, soit réglementée.

En matière de promotions commerciales, les opérations les plus courantes sont les ventes avec rabais, les ventes avec prime et le crédit gratuit.

**Ventes avec rabais :** le commerçant ne peut pas proposer à la clientèle des prix abusivement bas ou même effectuer des ventes à perte. Mais il peut annoncer des réductions de prix sur le lieu de vente, à condition de respecter certains principes. Ainsi, les affiches et étiquettes apposées dans le magasin doivent mentionner le prix réduit TTC et le prix le plus bas pratiqué au cours des trente derniers jours sur les articles similaires. Sur la vitrine et en dehors du magasin, la publicité du rabais doit indiquer l'importance de la réduction effectuée, en valeur absolue ou en pourcentage.

**Ventes avec prime :** le commerçant ne peut proposer aux clients un produit ou une marchandise sous la condition qu'il en achète un autre. En revanche, le commerçant a le droit d'offrir des cadeaux, des échantillons ou de petits objets publicitaires, dès lors qu'il n'y a pas d'obligation d'achat pour les consommateurs.

**Crédit gratuit :** le commerçant peut proposer un crédit gratuit sur des marchandises à la vente, à condition de ne pas en faire de publicité en dehors du magasin, de ne pas proposer un prix plus haut que le prix le plus bas auquel le produit a été vendu au cours des trente derniers jours, et de consentir au client qui paie comptant un escompte sur le prix affiché. Une publicité en magasin doit indiquer le prix pour paiement à crédit, le prix pour paiement comptant et le montant de l'escompte.

## E-commerce

Face au développement de la vente en ligne, de nouvelles lois visant à protéger le consommateur sont entrées en vigueur, contraignant les propriétaires de sites de e-commerce à respecter certaines règles.

**Informations préalables à la vente** :

- caractéristiques du produit/service et son prix ;
- date et délai de livraison ou de l'exécution du service ;
- coordonnées et identité du vendeur ;
- modalités des garanties contractuelles et légales ;
- modalités du droit de rétractation ;
- frais de retour.

**Informations à la commande :**

- moyens de paiement acceptés ;
- si besoin, restrictions de livraison.

La loi interdit formellement d'inciter le consommateur

à acheter des options payantes comme une assurance annulation, en l'ajoutant par défaut dans le panier.

**Informations à la livraison :**

- confirmation du contrat sur un support durable, tel que papier ou e-mail ;
- formulaire type de rétractation joint au contrat.

**Délais de livraison :** l'e-commerçant doit livrer le produit ou le service à la date indiquée lors de la commande. Si aucune date n'a été définie, la livraison ou la mise à exécution du service doit survenir dans les 30 jours après la commande.

**Droit de rétractation** : Le délai légal accordé au consommateur pour retourner son achat est passé de 7 à 14 jours. Pour les prestations de service, le compte à rebours est déclenché lorsque le contrat est conclu. Pour les produits, le droit de rétractation s'applique dès la réception du bien.

**Garantie de conformité :** la garantie de conformité, qui assure le remboursement ou le remplacement d'un bien dans le cas ou celui-ci ne serait pas conforme à la promesse de vente, a été étendue à deux ans.

**Remboursement :** si le consommateur retourne le produit dans le cadre du droit de rétractation ou parce que le délai de livraison n'a pas été respecté, le remboursement devra être effectué au maximum 14 jours après la demande.

## Protection des données

Conformément au droit communautaire, la collecte de données à caractère personnel n'est légale que dans des conditions strictes, et uniquement dans un but légitime. La création et le traitement de données personnelles (numéro d'identifiant, nom, adresse, numéro de téléphone) sont soumis à des obligations destinées à protéger la vie privée des personnes fichées et les libertés individuelles. L'exploitant de données personnelles doit respecter certaines obligations et notamment recueillir l'accord des clients, les informer de leur droit d'accès, de modification et de suppression des informations collectées, veiller à la sécurité des systèmes d'information, assurer la confidentialité des données, indiquer une durée de conservation des données.

### ORGANISMES ET RESSOURCES EN LIGNE

#### *Publicité*

**Union française du marketing direct et digital (UFMD)**

L'UMFD est une fédération d'associations professionnelles représentatives des différents intervenants du secteur, ayant pour vocation de promouvoir l'ensemble des méthodes et techniques de marketing direct et d'en développer la connaissance, tant auprès de ses adhérents que du grand public.

*http://www.ufmd.org*

**Autorité de régulation professionnelle de la publicité (ARPP)**

Organisme de régulation professionnelle de la publicité en France, l'ARPP est une association interprofessionnelle regroupant annonceurs, agences conseils en communication, supports de diffusion, associations et syndicats, dont la mission est de mener toute action en faveur d'une publicité loyale, véridique et saine, dans l'intérêt des consommateurs, du public et des professionnels de la publicité.

*http://www.arpp-pub.org*

#### *Protection des données*

**CNIL**

Créée en 1978 par la loi Informatique et Libertés, la CNIL est une autorité administrative indépendante qui, dans l'univers numérique, est le régulateur des données personnelles. Elle accompagne les professionnels dans leur mise en conformité et aide les particuliers à maîtriser leurs données personnelles et exercer leurs droits.

*https://www.cnil.fr*

**Opposetel**

Depuis le 1er juin 2016, les consommateurs peuvent s'inscrire gratuitement sur une nouvelle liste d'opposition au marketing téléphonique, gérée pour cinq ans par la société Opposetel. Les entreprises (en interne ou *via* un centre d'appels) ont l'interdiction formelle de contacter les personnes  inscrites sur cette liste.

*http://opposetel.io*

# La fabrication et la production

**Face aux défis de la mondialisation et à la pression de l'opinion publique de plus en plus soucieuse des modes de production/consommation, l'entreprise doit adapter ses pratiques et démontrer qu'elle inscrit son action dans une démarche de responsabilité sociétale, favorisant qualité environnementale et développement durable.**

## Responsabilité sociétale des entreprises (RSE)

La responsabilité sociétale des entreprises (RSE) est un concept né dans les années 1960. Ce concept suppose qu'elles intègrent dans leurs activités des préoccupations sociales, environnementales et économiques. La RSE s'applique aux multinationales cotées, comme aux petites et moyennes entreprises, qui prennent en compte dans leur stratégie de développement des problématiques environnementales comme le changement climatique ou la raréfaction des ressources. Elle implique aussi d'aller au-delà de leurs obligations légales pour adopter des politiques de diversité et de respect des droits humains.
La RSE concerne des sujets très variés dont l'importance est déterminée par le secteur de l'entreprise et son implantation géographique.
La RSE contribue à la performance économique de l'entreprise en lui permettant d'identifier et prévenir les risques auxquels elle est le plus exposée, mais aussi de concevoir des produits et d'adopter des modes de productions adaptés aux évolutions fortes de son marché.
La RSE suppose que les entreprises déterminent leur stratégie en tenant compte de leurs parties prenantes. Cela va des salariés aux investisseurs, en passant par ses fournisseurs et ses clients, sans oublier les ONG et les communautés locales.
La RSE étant une démarche volontaire, elle se développe par la généralisation de bonnes pratiques lancées par des entreprises pionnières susceptibles d'en entraîner d'autres. Ce cercle vertueux est encouragé par diverses instances européennes comme le CSR Europe et les réseaux qui se sont développés autour de la RSE. Il liste et diffuse les bonnes pratiques des entreprises.

## Normes ISO

L'Organisation internationale de normalisation (ISO) est une organisation internationale non gouvernementale, indépendante, dont les 165 membres sont les organismes nationaux de normalisation de 165 pays. Elle réunit des experts qui mettent en commun leurs connaissances pour élaborer des normes internationales d'application volontaire, fondées sur le consensus, pertinentes pour le marché, soutenant l'innovation et apportant des solutions aux enjeux mondiaux. Les normes internationales sont des rouages indispensables. Elles établissent des spécifications de premier ordre pour les produits, les services et les systèmes dans une optique de qualité, de sécurité et d'efficacité. Elles jouent un rôle prépondérant pour faciliter le commerce international. Les normes internationales garantissent des produits et services sûrs, fiables et de bonne qualité. Pour les entreprises, elles sont des outils stratégiques permettant d'abaisser les coûts en réduisant les déchets et les erreurs tout en améliorant la productivité. Elles aident les entreprises à accéder à de nouveaux marchés, établissent des règles du jeu équitables pour les pays en développement et facilitent le libre-échange et le commerce équitable dans le monde.
L'ISO a ainsi publié plus de 19000 normes internationales et publications associées qui couvrent la quasi-totalité des secteurs de l'industrie, des technologies à la sécurité des denrées alimentaires, de l'agriculture à la santé.
La famille ISO 9000 couvre les divers aspects du management de la qualité et comprend certaines des normes les plus connues de l'ISO. Elles offrent des lignes directrices et des outils aux entreprises et aux organismes qui veulent que leurs produits et services soient sans cesse en phase avec ce que leurs clients demandent et que la qualité ne cesse de s'améliorer.

ISO 9001:2015, la plus connue des normes ISO, est une norme qui établit les exigences relatives à un système de management de la qualité. Il s'agit de la seule norme de cette famille à pouvoir être utilisée pour la certification. ISO 9001:2015 est fondée sur les sept principes de management de la qualité que sont : l'orientation client, le leadership, l'implication du personnel, l'approche processus, l'amélioration, la prise de décision fondée sur les preuves et le management des relations avec les parties intéressées. Toute organisation, grande ou petite, quel que soit son domaine d'activité, peut l'utiliser. De fait, plus d'un million d'entreprises et organismes dans plus de 170 pays appliquent ISO 9001:2015.
La certification ISO 9001:2015 est une option, pas une obligation. L'obtention de la certification peut rassurer les clients quant à la conformité des produits et services fournis par l'entreprise. Pour obtenir une certification, l'entreprise doit faire appel à un organisme de certification accrédité opérant conformément aux normes internationales

## Propriété intellectuelle

La propriété intellectuelle recouvre plusieurs domaines dont les brevets et les marques. Elle protège les inventions, les signes désignant les produits et services, les formes et couleurs des produits, les logiciels, les savoir-faire…
Lorsque l'entreprise introduit une innovation sur le marché, elle peut décider de la protéger, en effectuant une demande auprès de l'Institut national de la propriété industrielle pour revendiquer la propriété de ce dispositif. Cet institut examine cette invention, pour vérifier les critères de nouveauté, de saut innovant et d'utilité industrielle.
Lorsque le brevet est accordé, sa description technique est disponible et les concurrents peuvent la consulter et décider de faire mieux. De l'invention ou idée innovante au produit final, un long processus a lieu pendant lequel les concurrents peuvent observer et peut-être copier.
Il est donc nécessaire d'utiliser des outils juridiques de protection de l'innovation pour éloigner les concurrents de l'innovation recherchée

### ORGANISMES ET RESSOURCES EN LIGNE

#### *Responsabilité sociétale des entreprises (RSE)*

**Observatoire de la responsabilité sociétale de l'entreprise (ORSE)**

L'ORSE fédère diverses parties prenantes (entreprises, syndicats, investisseurs) et agit en tant que structure de veille permanente sur les questions touchant à la responsabilité sociale et environnementale des entreprises, au développement durable et aux placements éthiques.

*http://www.orse.org*

**Réseau Alliances**

Le premier réseau régional d'entreprises en matière de RSE, basé dans la région Nord Pas-de-Calais, il a développé depuis plus de dix ans une base de données de bonnes pratiques de plusieurs centaines d'entreprises, consultable librement. Le réseau accompagne l'entreprise dans l'amélioration de ses performances économiques dans le respect de l'homme et de l'environnement.

*http://www.reseau-alliances.org*

#### *Normes ISO*

**Organisation internationale de normalisation (ISO)**

Organisation privée, non gouvernementale, réunissant des experts qui mettent en commun leurs connaissances pour élaborer des normes internationales.

*http://www.iso.org*

#### *Propriété intellectuelle*

**Institut européen entreprise et propriété industrielle (IEEPI)**

Créé en 2004 à l'initiative du ministère de l'Industrie et de l'Institut national de la propriété intellectuelle, cet institut développe des formations sur les aspects stratégiques et managériaux de la propriété intellectuelle à destination des entreprises, notamment des PME, des organismes publics de recherche, des universités et des praticiens de la propriété intellectuelle.

*http://www.ieepi.org*

# Index

Les numéros de page en **gras** renvoient aux entrées principales.

# D

# N



# O



# P

# Q



# R



# S

# Remerciements et sources

L'éditeur tient à remercier Douglas Bell et Debra Wolter pour leur aide précieuse dans la rédaction de cet ouvrage ; Margaret McCormack pour l'établissement de l'index et Nicola Gary, Vaibhav Rastogi et Riti Sodhi pour leur contribution au graphisme de ces pages.

## Crédits

L'éditeur tient également à remercier Wessex Water pour leur aimable autorisation de reproduire des extraits de leur revue annuelle et de leurs comptes aux **p. 100-123** ; le Radio Advertising Bureau pour son autorisation de reproduction du graphique de la **p. 212** ; et enfin Upstream/ YouGov pour son autorisation de reproduction du graphique **p. 214**.

**Sources des statistiques, informations et citations :**

**Chapitre L'entreprise :** Portail de l'Économie et des Finances, www.economie.gouv.fr ; Entreprises et sociétés, droit-finances.commentcamarche.net ; NetPME Création d'entreprise, formes sociales, conseil d'administration www.netpme.fr ; www.data.gouv.fr ; www.insee.fr ; **p. 13 :** Roach, B., *Corporate Power in a Global Economy*, Global Development And Environment Institute, Tufts University, 2007 ; **p. 15 :** www.brusselsnetwork.be/eu-news-m/563-smes-contribution-to-a-dynamic-europe.html ; **p. 16 :** www.insee.fr ; **p. 18 :** Biery, M.E., *4 Things You Don't Know About Private Companies*, forbes.com, 26 mai 2013 ; www.larousse.fr ; **p. 19 :** London Stock Exchange ; **p. 24 :** *The Nonprofit Almanac*, 2012 ; **p. 26 :** Kauffman Index of Entrepreneurial Activity ; **p. 27 :** France Digitale ; **p. 29 :** Harvard Business School ; **p. 30 :** IBISWorld ; **p. 32 :** Panel Study of Entrepreneurial Dynamics, University of Michigan, 2008 ; **p. 35 :** www.asf-france.com ; **p. 39 :** National Business Incubation Association ; www.lefigaro.fr ; www.lesechos.fr ; **p. 41 :** www.boursorama.com ; **p. 43 :** Humber, Y., *Japan Mergers Fall to Nine-Year Low as Yen Volatility Surges*, bloomberg.com, 8 juillet 2013 ; **p. 45 :** *Hashem, N., Demerger Study : Analysing the value of demergers through share price performance*, Deloitte & Touche, mars 2002 ; **p. 47 :** Grant Thornton International Business Report, 2014 ; **p. 49 :** Craven, N., *KKR Agrees to Buy Alliance Boots, Beating Guy Hands*, bloomberg.com, 24 avril 2007 ; **p. 51 :** www.lemonde.fr ; **p. 53 :** Huang, S., *Zombie Boards : Board Tenure and Firm Performance*, INSEAD – Finance ; Singapore Management University – School of Accountancy, 29 juillet 2013 ; **p. 55 :** Tribbett, C., *Splitting The CEO and Chairman Roles – Yes Or No?, The Corporate Board*, Russell Reynolds Associates, vol. XXXIII, n° 197, novembre/décembre 2012 ; **p. 56 :** *Born to be digital : How leading CIOs are preparing for a digital transformation*, EY, 2014 ; **p. 57 :** Guadalupe, M., Li, H., Wulf, J., *Who Lives in the C-Suite? Organizational Structure and the Division of Labor in Top Management* Working Paper, Harvard Business School, 18 juin 2013 ; **p. 59 :** National Bureau of Economic Research, 2003 ; **p. 60 :** Kappel, V., Schmidt, P., Ziegler, A., *Human rights abuse and corporate stock performance – an event study analysis*, white paper, 21 décembre 2009 ; **p. 63 :** *The Sustainability Edge : Sustainability Update*, Bloomberg LP, 2011 ; **p. 65 :** Booz & Company, 2013 ; **p. 67 droite et gauche :** Shaw, M., *Communication networks*, in L. Berkowitz (sous la dir.), *Advances in Experimental Social Psychology*, Academic Press, 1964, pp. 111-147 ; **p. 69 :** Econsultancy ; **p. 71 :** Bowman, H., Singh, H., Useem, M., Bhadury, R., *When Does Restructuring Improve Economic Performance?, California Management Review*, 41 :2, 1999, p. 48 ; **p. 73 :** *The Rise of the Networked Enterprise : Web 2.0 finds its payday, McKinsey Quarterly*, 2010 ; **p. 77 :** Hartman, C., *Managing the Journey : Interview with CEO Ralph Stayer*, inc.com, 1er novembre 1990 ; **p. 79 :** International Labour Organization Global Employment Trends 2014 ; **p. 80 :** Society for Human Resources Management ; **p. 82 :** www.lemonde.fr ; **p. 87 :** Gallup State of the Global Workplace 2013 ; **p. 93 :** Ruddick, G., *John Lewis pays staff more than £200m in bonuses for first time, The Telegraph*, 7 mars 2013 ; **p. 95 :** Insights and Trends : Current Portfolio, *Programme, and Project Management Practices : The third global survey on the current state of project management*, PwC, 2012 ; **p. 97 :** Barbara & Allan Pease, *The Definitive Book of Body Language*, 2006 ; **Chapitre Les finances :** Medef Reporting RSE – Les nouvelles dispositions légales et règlementaires www.medef.com ; *La Revue fiduciaire*, revuefiduciaire.grouperf.com ; ActuFinance, les coulisses de la finance www.actufinance.fr ; Autorité des marchés financiers (AMF), www.amf-france.org ; Dico du commerce international, www.glossaire-international.com ; Portail de l'Économie et des Finances, www.economie.gouv.fr ; **p. 100 :** Caux Round Table, *Lehman Brothers, Repo 105 Sales, Lawyers and Ethical Abuse*, 2 avril 2010 ; **p. 103 :** Occupational Outlook Handbook (édition 2014-2015), US Bureau of Labor Statistics ; **p. 107 :** Wessex Water, *Striking the Balance : Annual Review and Accounts 2013*, p. 7 ; **p. 111 :** www.accounting-degree.org/scandals ; **p. 125 :** The AA ; **p. 131 :** The Association of Accountants and Financial Professionals in Business ; **p. 135 :** Pangburn, E., *Cash Flow Problems in Small Business Startups and How to Tackle Them*, modestmoney.com, 28 janvier 2014 ; **p. 136 :** *Forecasting with confidence*, KPMG, 2007 ; **p. 141 :** MasterCard, décembre 2005 ; **p. 142 :** Ernst & Young 2003 Survey of Management Accounting ; **p. 145 :** *Management Barometer, Price Waterhouse Coopers and BSI Global Research Inc*, 2002 ; **p. 147 :** Gartner Research *Predicts 2013 : Business Process Reinvention is Vital to Digital Business Transformation* ; **p. 149 :** www.inc.com/encyclopedia/financial-ratios.html ; **p. 151 :** Gartner Research *Predicts 2013 : Business Process Reinvention is Vital to Digital Business Transformation* ; www.lesechos.fr ; **p. 152 :** US Securities and Exchange Commission, in *Forbes*, 2010 ; www.lemonde.fr ; **p. 154 :** Graham, J., Harvey, C., *The Theory and Practice of Corporate Finance : Evidence from the Field, Journal of Financial Economics*, vol. 60, 2001, pp. 187-243 ; **p. 157 :** Credit Management Research Centre, Leeds University Business School, 2008 ; **p. 158 :** Domowitz, I., Glen, J., Madhavan, A., *International Evidence on Aggregate Corporate Financing Decisions*, in A. Demirgüç-Kunt and R. Levine (sous la dir.), *Financial Structure and Economic Growth : A Cross-Country Comparison of Banks, Markets and Development*,

The MIT Press, 2004, p. 274 ; **p. 161 :** The U.S. Small Business Administration ; **p. 163 :** Index characteristics, NYSE Composite Index ; **p. 165 :** Ewing, T., Gomes, L., Gasparino, C., *VA Linux Registers a 698% Price Pop*, *The Wall Street Journal*, 10 décembre 1999 ; **p. 171 :** *Bank for International Settlements Quarterly Review*, mars 2014 ; **p. 181 :** Adams, M., *Findings from the PDMA Research Foundation CPAS Benchmarking*, 2004 ; **Chapitre La vente et le marketing :** portail de l'Économie et des Finances, www.economie.gouv.fr ; LesEchos.fr ; Statistiques mondiales en temps réel, www.planetoscope.com ; Centre de ressources en économie gestion, www.creg.ac-versailles.fr/theories-des-organisations **p. 185 :** The Federal Trade Commission ; **p. 186 :** Marketing guru Peter Doyle ; **p. 187 (graphique) :** Basé sur les directives de l'industrie hôtelière aux États-Unis ; **p. 188 :** Columbus, L., *IDC : 87% Of Connected Devices Sales By 2017 Will Be Tablets And Smartphones*, forbes.com, 12 septembre 2013 ; **p. 190 :** Gartner Research, 2013 ; **p. 193 :** US Bureau of Labor Statistics 2012 ; **p. 197 :** she-conomy.com ; **p. 198 :** The Pareto principle, suggéré par l'expert en gestion Joseph M. Juran, intégré au concept marketing de la « longue traîne » Joseph M. Juran ; **p. 201 :** Rizen Creative 2012 Idaho Marketing Tactic Survey ; **p. 203 graphiques à droite :** Barnard, J., *ZenithOptimedia Forecasts 4.1% Growth in Global Adspend in 2013*, zenithoptimedia.com, 3 décembre 2012 ; **p. 203 :** Statista, 2014 ; **p. 205 :** Shaw, C., Ivens, J., *Building Great Customer Experiences*, Palgrave Macmillan, 2002 ; **p. 206 :** JWT Intelligence, *Data point : Constantly connected Millennials crave sensory experiences*, 2013 ; **p. 211 :** Axonn Research Content Marketing Trends in 2013 ; **p. 212 :** Statista, 2013 ; **p. 212 graphique :** *Radio : The ROI Multiplier*, Radio Advertising Bureau (www.rab.co.uk), 2013, p. 23 ; **p. 213 :** YouGov for Deloitte, 2010 ; **p. 214 :** eMarketer, septembre 2014 ; **p. 214 graphique :** 2012 Digital Advertising Attitudes Report, Upstream/YouGov, p. 8 ; **p. 215 :** eMarketer, janvier 2014 ; **p. 216 :** Direct Marketing Association 2010 Response Rate Trend Report ; **p. 218 :** Holman, D., Batt. R., Holtgrewe, U., *The Global Call Center Report, International Perspectives on Management and Employment*, 2007 ; **p. 221 :** Hubspot 2013 State of Inbound Marketing ; **p. 223 :** HubSpot 2013 State of Inbound Marketing ; **p. 225 :** comScore, 2011 ; **p. 226 :** *Apple : One billion iTunes podcast subscriptions and counting*, macworld.com, 2013 ; **p. 229 :** Office national des statistiques allemand (Destatis), 2013 ; **p. 230 :** Chitika Insights, *The Value of Google Result Positioning*, 7 juin 2013 ; **p. 233 :** The Bloom Group LLC, *Integrating Marketing and Business Development in Professional Services Firms*, 2007 ; **p. 237 graphique en bas à droite :** Content Marketing Institute/ MarketingProfs : 2014 B2B Content Marketing Trends – North America ; **p. 238 :** MarketingSherpa 2012 Website Optimization Benchmark Report ; **p. 241 :** Probstein, S., *Listen to the Voice of the Customer*, destinationCRM.com, 1 avril 2009 ; **p. 243 :** IBM research report 2011, *From Stretched to Strengthened : Insights From the Global Chief Marketing Officer Study* ; **p. 247 :** Harvey Nash CIO survey 2014 ; **p. 249 :** Barua, A., Mani, D., Mukherjee, R., *Measuring the Business Impacts of Effective Data*, universté du Texas à Austin/Sybase, 2010 ; **p. 250 :** Vanson Bourne Intelligent Market Research, 2013 ; **p. 253 :** Accenture, *CMOs : Time for digital transformation or risk being left on the sidelines*, CMO Insights 2014 ; **p. 255 :** *Marketing ROI in the Era of Big Data : The 2012 BRITE/NYAMA Marketing in Transition Study*, Columbia Business School's Center on Global Brand Leadership and the New York American Marketing Association ; **p. 256 :** Independent Oracle Users Group, *A New Dimension to Data Warehousing : 2011 IOUG Data Warehousing Survey* ; **p. 259 :** Forrester Consulting, *Delivering New Levels Of Personalization In Consumer Engagement*, novembre 2013 ; **p. 263 :** Celebrus Technologies, Digital Marketing Insights report 2014 ; **p. 265 :** Nucleus Research juin 2014 – Report O128 : *CRM pays back $8.71 for every dollar spent* ; **p. 267 :** Symantec Internet Security Threat Report 2014, vol. 19 ; **Chapitre La fabrication et la production :** LesEchos.fr ; Statistiques mondiales en temps réel www.planetoscope.com ; **p. 271 :** World Bank *via* www.themanufacturer.com/ uk-manufacturing-statistics ; **p. 273 :** Hall, M., Jury, L., *I do … cost a lot : Weddings by the numbers*, CNN.com, 9 août 2013 ; **p. 275 :** UK Agriculture and Horticulture Development Board 2014 ; **p. 277 :** International Organization of Motor Vehicle Manufacturers, www.worldometers.info/ cars ; **p. 279 :** Scanlon, J., *How Mars Built a Business*, businessweek.com, 28 décembre 2009 ; **p. 281 :** Paperchase ; **p. 284 :** Intellectual Property report, Kilburn and Strode LLP ; **p. 287 :** Statista, 2014 ; **p. 289 :** Toyota Motor Corporation ; lexpansion.lexpress.fr ; **p. 291 :** Dell Computers ; **p. 293 :** Stratton, B., *How Disneyland Works*, *Quality Progress*, vol. 24, n° 7, 1991 ; www.disneylandparis.fr ; **p. 295 :** Information Week ; **p. 297 :** Denning, S., *Wikispeed : How a 100 mpg Car Was Developed in 3 Months*, forbes.com, 10 mai 2012 ; **p. 298 :** Bernard, J. M., *Business at the Speed of Now : Fire Up Your People, Thrill Your Customers, and Crush Your Competitors*, Wiley, 2011 ; **p. 301 :** Eurostat ; **p. 303 :** Mintel ; **p. 307 :** Artefact ; **p. 309 :** *Singapore supermarket saves 4.5m Singaporean dollars a year with standards*, iso.org, 25 mars 2014 ; **p. 310 :** *The end of cheap China*, economist.com, 10 March 2012 ; **p. 313 :** High Pay Centre ; **p. 315 :** *Pegatron expanding China factory capacity for Apple iPhone 6 production*, tech.firstpost.com, 18 mars 2014 ; **p. 317 :** www.latribune.fr ; **p. 319 :** British Sandwich Association ; www.planetoscope.com ; **p. 320 :** *How Jack Welch Runs GE*, businessweek.com, 1998 ; **p. 321 :** De Feo, J., Barnard, W., *Juran Institute's Six Sigma Breakthrough and Beyond : Quality Performance Breakthrough Methods*, Tata McGraw-Hill Publishing, 2003 ; **p. 323 :** Council of Supply Chain Management Professionals ; www.insee.fr ; **p. 325 :** A .T. Kearney, Internet Value Chain Economics report 2010 ; **p. 327 :** Corbett, M. F., *The Outsourcing Revolution*, Dearborn, 2004 ; **p. 331 :** *The Hidden Value in Reverse Logistics*, Deloitte, janvier 2014 ; **p. 333 :** Global Benchmarking Network, *Global Survey on Business Improvement and Benchmarking*, 2010 ; **p. 334 :** Pilot, S., *Companies are embracing corporate responsibility in their annual reports*, *The Guardian*, 29 septembre 2011 ; www.afnor.org ; **Chapitre Ressources :** portail de l'Économie et des Finances, www.economie.gouv.fr ; La Revue fiduciaire, http://revuefiduciaire.grouperf.com ; Autorité des marchés financiers (AMF), www.amf-france.org ; Entreprises et sociétés, http://droit-finances.commentcamarche.net ; dico du commerce international, www.glossaire-international.com ; **Couverture :** 1re de couverture : 123RF.com: Anton Deviatnikov. Spine: 123RF.com: Anton Deviatnikov. Autres images © Dorling Kindersley. Pour d'autres informations : voir : www.dkimages.com.